本书得到
教育部人文社科重点研究基地重庆工商大学成渝地区双城经济圈建设研究院、
重庆工商大学成渝经济区城市群产业发展协同创新中心、西南财经大学成渝经
济区发展研究院、成渝地区双城经济圈建设与区域协调发展研究智库、成都大
学成渝地区双城经济圈与成都都市圈建设研究中心、艾思产业研究院的
联合资助

成渝地区
双城经济圈
发展研究报告

2023
2024

《成渝地区双城经济圈发展研究报告》
编委会

著

中国财经出版传媒集团
经济科学出版社
Economic Science Press
·北京·

图书在版编目（CIP）数据

成渝地区双城经济圈发展研究报告. 2023—2024 / 《成渝地区双城经济圈发展研究报告》编委会著. -- 北京：经济科学出版社，2024.8. -- ISBN 978-7-5218-6014-6

Ⅰ. F127.711；F127.719

中国国家版本馆CIP数据核字第2024MZ3794号

责任编辑：周国强
责任校对：李　建
责任印制：张佳裕

成渝地区双城经济圈发展研究报告（2023—2024）

CHENGYU DIQU SHUANGCHENG JINGJIQUAN FAZHAN YANJIU BAOGAO (2023—2024)

《成渝地区双城经济圈发展研究报告》编委会　著
经济科学出版社出版、发行　新华书店经销
社址：北京市海淀区阜成路甲28号　邮编：100142
总编部电话：010-88191217　发行部电话：010-88191522
网址：www.esp.com.cn
电子邮箱：esp@esp.com.cn
天猫网店：经济科学出版社旗舰店
网址：http://jjkxcbs.tmall.com
固安华明印业有限公司印装
710×1000　16开　22.5印张　350000字
2024年8月第1版　2024年8月第1次印刷
ISBN 978-7-5218-6014-6　定价：128.00元
（图书出现印装问题，本社负责调换。电话：010-88191545）
（版权所有　侵权必究　打击盗版　举报热线：010-88191661
QQ：2242791300　营销中心电话：010-88191537
电子邮箱：dbts@esp.com.cn）

《成渝地区双城经济圈发展研究报告》编委会

编委会名誉主任：

洪银兴　杨泉明

编委会主任：

赵建军　曾维伦　刘　强

编委会委员（以姓氏笔画为序）：

万　琳　朱　明　刘　强　刘志彪　李永强　李保海
杨继瑞　肖金成　陈　耀　邵　波　赵建军　姜　怡
倪鹏飞　黄　潇　曾维伦　温　涛

《成渝地区双城经济圈发展研究报告（2023—2024）》编写组

编写组组长：

杨继瑞

编写组副组长：

黄潇　马胜　宋瑛

编写组成员（以姓氏笔画为序）：

马　胜　付　莎　杜思远　杨继瑞　何　悦　宋　瑛
张千友　胡歆韵　黄　潇　梁甄桥　熊　兴　谢　伟

前　言

　　川渝两地深入学习贯彻习近平新时代中国特色社会主义思想，贯彻落实习近平总书记来渝来川视察重要指示精神，唱好"双城记"，建强"经济圈"，成渝地区双城经济圈发展能级持续提升，"一极一源、两中心两地"形成新局面。

　　2024年4月23日，习近平总书记在重庆主持召开新时代推动西部大开发座谈会时强调，要"大力推进成渝地区双城经济圈建设，积极培育城市群，发展壮大一批省域副中心城市，促进城市间基础设施联通、公共服务共享"。2024年7月召开的党的二十届三中全会提出，"完善实施区域协调发展战略机制"。这是新时代新征程党中央对统筹区域协调发展作出的重大部署，对于健全宏观经济治理体系，推动构建新发展格局和高质量发展具有重大意义。

　　2024年6月1日出版的第11期《求是》杂志发表了中共中央总书记、国家主席、中央军委主席习近平的重要文章《发展新质生产力是推动高质量发展的内在要求和重要着力点》。习近平总书记在这篇重要文章中指出："去年7月以来，我在四川、黑龙江、浙江、广西等地考察调研时，提出要整合科技创新资源，引领发展战略性新兴产业和未来产业，加快形成新质生产力。"习近平总书记2023年7月在四川考察调研时，之所以首提新质生产力，正是基于"发展新质生产力是推动高质量发展的内在要求和重要着力点"。

川渝两地要不负习近平总书记的嘱托，加快培育和发展新质生产力，夯实国家发展的战略腹地。

2024年是成渝地区双城经济圈建设的第五个年头。四年多来，成渝地区双城经济圈着力发展新质生产力，经济增长极和新的动力源凸显，科技创新能力不断增强，经济结构调整优化，经济能级稳健提升，改革开放新高地进一步凸显，高品质生活宜居地进一步优化，成渝地区双城经济圈建设成效斐然。

四年多来，川渝两地牢固树立一体化发展理念，经济区与行政区适度分离取得新成效，持续强化战略协作、政策协同和工作协调，推动重点区域、关键领域取得实质性突破，经济实力稳步增强。2023年，成渝地区双城经济圈实现地区生产总值81986.7亿元，占全国的比重为6.5%，占西部地区的比重为30.4%；地区生产总值比上年增长5.7%。在中国西部保持了与全国发展水平的同步，可圈可点。

四年多来，川渝两地携手共建中国经济新增长极和新动力源，推动产业转型升级，塑强发展优势。2023年，成渝地区双城经济圈第一产业增加值6558.94亿元，占全国的7.3%，比上年增长3.6%，低于全国平均增长水平约0.5个百分点；第二产业增加值30253.09亿元，占全国的6.2%，比上年增长5.6%，增速高于全国平均水平约1个百分点；第三产业增加值45174.67亿元，占全国的6.6%，比上年增长6.6%，增速高于全国平均水平约0.8个百分点。三次产业结构为8.0∶36.9∶55.1。第三产业占比比上年提高1.9个百分点。

四年多来，川渝两地整合优势产业，立足汽车、电子信息等重点行业，加快打造先进制造业集群，推动制造业高质量发展。2023年，成渝地区双城经济圈规模以上工业企业实现营业收入约75344.7亿元；实现利润总额约6006.1亿元，比上年增长1.6%，高于全国水平3.9个百分点。

四年多来，川渝两地、成渝双城厚植巴蜀特色，以推动重庆、成都培育建设国际消费中心城市为重点，打造富有巴蜀特色的国际消费目的地。2023

年,成渝地区双城经济圈实现社会消费品零售总额41443.65亿元,占全国的比重为8.8%。

四年多来,川渝两地强化西部陆海新通道建设,在连接西南西北,沟通东亚与东南亚、南亚的独特优势进一步显现。川渝两地发挥多层次合作机制作用,优化成都和重庆主城区极核功能,推动成渝地区双城经济圈打造成为国家区域发展新高地和对外开放新支点。共同推动区域市场一体化进程,实施"市场准入异地同标"行动,推进税收征管一体化,联动做强中欧班列(成渝)和国际班列品牌,建设川渝自由贸易试验区协同开放示范区等方面取得了新成效。

四年多来,川渝两地协同推进金融组织体系、市场体系、服务体系、创新体系、开放体系、生态体系建设,为推动双城经济圈建设蓄势赋能。2023年,成渝地区双城经济圈金融机构人民币存款余额17.45万亿元,比上年增长19.8%。金融机构人民币贷款余额16.06万亿元,比上年增长18.1%。两地财政在基础设施、产业发展、科技创新、市场开放、生态环保、公共服务、引才育才等方面支持有力。2023年,成渝地区双城经济圈地方一般公共预算收入7969.9亿元,地方一般公共预算支出18036.3亿元。

四年多来,川渝两地、成渝两城的竞合关系正日趋良性,以"协同发展"正取代"各自为政和无序竞争"。成渝地区双城经济圈建设是一项大系统工程。两年多来,川渝两地加强顶层设计和统筹协调,突出中心城市带动作用,强化要素市场化配置,牢固树立一体化发展理念,做到统一谋划、一体部署、相互协作、共同实施,取得了有目共睹的成绩。尤其在加强交通基础设施建设、加快现代产业体系建设、增强协同创新发展能力、优化国土空间布局、加强生态环境保护、推进体制创新、强化公共服务共建共享等方面,成效十分明显。

为充分发挥成渝地区双城经济圈研究机构和智库功能,体现研究机构与智库的使命与担当,为持续推进成渝地区双城经济圈建设赋能,西南财经大学、重庆工商大学、成都大学等相关研究机构的专家学者,在编撰《成渝地区双城经济圈发展研究报告（2021）》《成渝地区双城经济圈发展研究报告（2022）》的基础上，接续编撰《成渝地区双城经济圈发展研究报告（2023—2024）》。

《成渝地区双城经济圈发展研究报告（2023—2024）》，汇聚了成渝地区双城经济圈建设的重大进展以及相关研究成果、咨询建议，聚焦成渝地区双城经济圈高质量发展的重大问题，持续进行相关问题的深入探讨和指数测算，以为相关部门推进成渝地区双城经济圈建设提供智力支持、决策支撑，为专家学者提供数据资料、研究素材和研究参考。

《成渝地区双城经济圈发展研究报告（2023—2024）》编撰，由西南财经大学、重庆工商大学、成都大学联合资助。在《成渝地区双城经济圈发展研究报告》编委会的领导下，由重庆工商大学成渝经济区城市群产业发展协同创新中心、西南财经大学成渝经济区发展研究院、成都大学成渝地区双城经济圈与成都都市圈建设研究中心为主，组织相关专家调研撰写。

《成渝地区双城经济圈发展研究报告（2023—2024）》，也是四川省社科重大项目"四川促进区域协调发展的战略与路径研究"（SC22ZDYC03）、"成渝地区双城经济圈建设"重大项目："成渝地区双城经济圈农业高质量一体化发展研究"（SC22ZDCY01）、成都市重大社科项目"成渝地区双城经济圈战略引领下的成都都市圈建设研究"（2022B04）、重庆市教育科学规划重点项目"成渝地区双城经济圈空间演进与高等教育人力资本布局研究"（K23YD2080092）、重庆市教委科学技术项目"成渝地区双城经济圈区域经济一体化测度及推进路径研究"（KJQN202100810）等项目的阶段性、关联性、支撑性、后续性成果。

目　录

第一篇
成渝地区双城经济圈发展指数

成渝地区双城经济圈协同发展水平分析　　3
成渝地区双城经济圈协同发展区域的竞争力评价　　13
成渝地区双城经济圈县域竞争力分析　　22

第二篇
成渝地区双城经济圈制造业产业链分析

先进材料产业链分析　　39
新一代电子信息制造业产业链分析　　74
智能网联新能源汽车产业链分析　　130

i

第三篇

成渝地区双城经济圈的专题研究

专题一	两区分离改革视角下跨行政区域产业合作园区体制机制障碍分析与对策研究	209
专题二	探索经济区与行政区适度分离改革的广安实践研究	220
专题三	以数字经济助推成渝地区双城经济圈高质量发展	227
专题四	加快成资临空经济产业带建设助推资阳高质量发展	243
专题五	成渝地区双城经济圈协同立法研究	256
专题六	川渝两地流域生态环境公益诉讼检察协作研究	273
专题七	成渝地区双城经济圈建设背景下的川渝毗邻乡镇协调发展研究报告——以安岳县为例	284
专题八	成渝地区双城经济圈建设背景下泸州融入重庆都市圈的对策研究	298
专题九	成渝地区双城经济圈卫生健康一体化发展策略研究	311
专题十	成渝地区县域社会治理现代化新模式研究	326

后记   347

第一篇
成渝地区双城经济圈发展指数

成渝地区双城经济圈协同发展水平分析

近年来，川渝两地通力合作，进一步夯实创新发展能力和水平，多层次协调促进资源高效流动与集聚，以绿色发展促进人与自然和谐共生，以开放发展统筹国际国内两大循环，以共享发展增强人民获得感与幸福感，推动成渝地区双城经济圈高质量发展。本章围绕新发展理念，构建成渝地区双城经济圈协同发展指标体系，继去年对成渝地区双城经济圈2010~2021年的协同发展水平进行动态量化基础上，进一步收集2022年的相关数据进行追踪分析，科学评估当前成渝地区双城圈协同发展成就、存在的问题以及未来发展趋势。

关于指标体系构建的原则及设计思路，在往年的《成渝地区双城经济圈发展研究报告》中已经做过详细说明，在此不再赘述。这里，仅罗列出指标体系及数据来源，并着重对测度结果进行分析。

一、指标说明与数据选择

（一）指标体系

以新发展理念为指导，根据指标可得性和表征性，获得评价成渝地区双城经济圈协同发展三级评价指标体系，如表1所示，一级指标为理念层，包含新发展理念的五个维度；二级指标共15项，对各理念层关注的重点事项进行明确；三级指标共32项，作为五大理念量化标准构建要素。根据指标体系构建原则，下文将对基础指标选择进行列示（见表1）。

表1　　　　　　成渝地区双城经济圈协同发展指标体系

理念层	二级指标	三级指标	指标说明	方向
创新发展	创新投入	研发支出增长	研发支出占地区生产总值的比重	+
		技术交易额增长	省级技术交易额占地区生产总值的比重	+
	创新产出	高新技术产业产出效率增长	高新技术产业总产值占规模以上工业总产值比重	+
		专利授权产出效率增长	专利授权量占研发投入的比重	+
	创新活力	经济主体增长	新增企业数/总企业数	+
		人才储备	每万人高等教育学生人数	+
协调发展	经济协调	产业分工	产业同构指数	−
		经济增长能力协调	人均GDP地区差异	−
		非农产业生产效率协调	单位建成区面积创造的非农产业增加值差异	+
	社会协调	城乡居民收入协调	城乡居民收入差距占人均GDP的比重	−
		城市规模协调	成都和重庆常住人口规模占成渝地区人口规模的比重	−
		生产与生活协调	商品房销售价格与GDP变动差异	−
	发展安全	环境安全	地区突发环境事件次数	−
		生产安全	亿元地区生产总值生产安全事故死亡人数	−
绿色发展	环境治理	废水污染	每万元化学需氧量排放量	−
		空气污染	单位产值氮氧化物排放量	−
	生态建设	城市绿化	人均城市绿化面积	+
		生态投资	水利、环境和公共设施管理业全社会固定资产投资/社会固定资产投资	+
	资源利用	工业耗水量	单位工业增加值耗水量	−
		单位地区生产总值能耗	单位地区生产总值能耗	−

续表

理念层	二级指标	三级指标	指标说明	方向
开放发展	经济开放	贸易开放	进出口总额占地区生产总值的比重	+
		金融开放	实际利用外资和对外投资额之和与固定资产投资额比重	+
	区域合作	工业生产价格一致性	两地工业品出厂价格指数波动的一致性	+
		铁路和公路货物交流量	铁路和公路货物周转量	+
	开放基础	高速公路和铁路的路网密度	每百平方公里高速公路和铁路长度	+
		航空业发展	航空业从业人员规模	+
共享发展	成果共享	经济发展共享	人均居民收入增长情况	−
		公共服务共享	人均一般民生性财政支出占地区财政支出比例	−
	机会共享	教育机会共享	每万人普通小学专任教师数量	+
		健康机会共享	每万人执业（助理）医师数量	+
	全民共享	就业共享	就业人口占劳动年龄人口（15~65岁）的比重	+
		共同富裕	社会兜底人口占地区总人口的比重	−

（二）数据来源

本研究测算所使用的数据均为国家统计局、四川省统计局和重庆市统计局或职能部门公开发布的数据，主要数据来源为历年《中国统计年鉴》《中国科技统计年鉴》《中国教育统计年鉴》《中国城市统计年鉴》《四川统计年鉴》《重庆统计年鉴》，并通过相关部门如统计局、海关、生态环境部门，以及地方政府等官方发布的统计公报来完善相关数据。在数据的使用过程中，需要根据研究目标和研究目的进行加权和标准化处理。另外，个别指标缺失部分年度数据，可根据年平均增长率或用临近年份指标值、所处领域的年度平均增长率补齐，具体方法依据数据可得性和数据研究目的而定。

二、测算结果分析

(一) 协同发展指数的整体趋势

成渝地区双城经济圈协同发展指数进一步提升。此次根据国家和地方公布的最新数据进行校验匹配，得分与《成渝地区双城经济圈发展研究报告2022》得分略有差异，但总体趋势保持一致。可以发现成渝地区双城经济圈协同发展指数除了2011年略低于基期水平外，其余年份呈现出稳定上升趋势（见图1），到2022年，协同发展指数得分达到215.4分，协同发展水平较2010年翻了一番，年均增长率超过6.7%。自成渝地区双城经济圈建设提出以来，2020~2022年成渝两地协同发展水平显著提升，年均提升超17分，三年平均增速接近10%，说明成渝地区双城经济圈建设的明确对成渝地区协同发展具有显著促进作用。

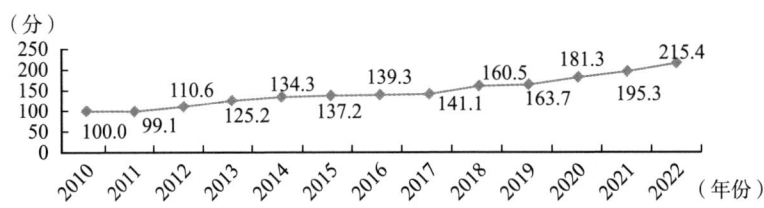

图1 2010~2022年成渝地区双城经济圈协同发展指数

资料来源：根据历年《四川统计年鉴》《重庆统计年鉴》数据计算得到。

以新发展理念为切入点，在2010~2019年时间段，成渝地区五大指标呈现出"一微升、三劲升、一飙升"的特点。"一微升"是指协调发展指数上升幅度小；"三劲升"是指创新发展指数、开放发展指数和共享发展指数在这几年提升迅速；"一飙升"是指绿色发展指标飞速发展，成为拉动成渝地区协同发展最主要的力量。

自 2020 年初成渝地区双城经济圈建设提出以来，协同发展水平持续提升，也出现一些新变化。一是创新发展活力明显提升，2020 年以后，川渝两地抢抓发展机遇，在创新投入、产出转化等方面加大合作力度，提升创新能力，创新发展指数增长到 241.4 分。二是开放发展止落回升，尽管新冠疫情影响以及国际形势日益复杂，该指数在 2022 年仍然保持稳定。三是协调发展指数明显提升。成渝地区双城经济圈建设提出以后，两地在产业分工、社会发展方面通力合作，2022 年增加了 17 分，增速达到 12.5%。四是共享发展指数存在波动性，但 2022 年增长明显，需进一步夯实成渝地区双城经济圈共享发展基础。五是绿色发展指数得分依然保持超高的增长得分，两地贯彻绿色发展理念至关重要且成效显著。从对协同发展的贡献率来看，到 2022 年，五大理念层中绿色发展贡献率最高，其次为创新发展，其他三大理念层贡献率共 1/4（见图 2）。成渝地区还应该进一步增强协调、开放与共享发展的内生动力。

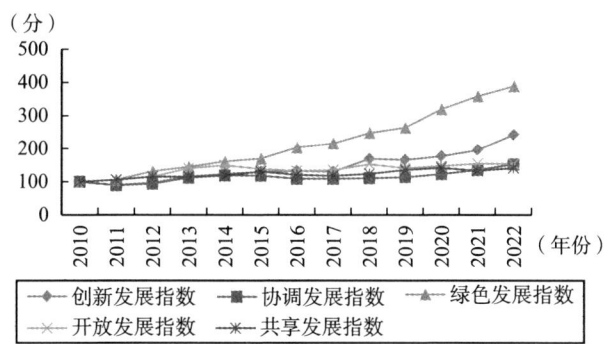

图 2　2010~2022 年成渝地区双城经济圈新理念协同发展情况

资料来源：根据历年《四川统计年鉴》《重庆统计年鉴》数据计算得到。

（二）创新发展指数分析

创新发展增长明显，但创新投入、创新产出和创新活力呈现出不同的发展特点。创新投入在 2011~2012 年相对疲弱，但随后逐年增加（见图 3）。

2022年虽然地区发展面临许多困难，但研发支出依然保持显著增长。创新产出维度经历了"快速发展—波动前行—加速发展"三个阶段。2022年创新产出维度基础得分虽有所提高，但增速减缓明显，这主要是川渝两地专利产出效率略有下滑。创新活力指标在前期呈现出波动上升的增长形态并在2022年表现出显著增加。2022年，川渝两地新增企业数量规模超过63万家，四川省当年新增企业接近58万家，使该维度基础得分较2021年增加74分，特别是在高新技术企业方面，两地高新技术企业数量由2020年的12244家增长至2022年24689家，增长101.6%，远高于全国48.2%的增长水平。[①]

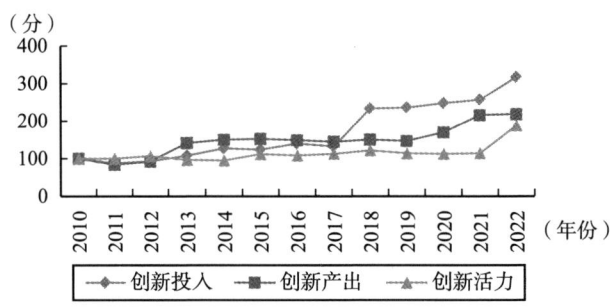

图3　2010~2022年成渝地区双城经济圈创新发展指数情况

资料来源：根据历年《四川统计年鉴》《重庆统计年鉴》数据计算得到。

（三）协调发展指数分析

成渝地区经济、社会协调性还有待增强（见图4）。2022年，经济协调维度得分增加至121.2分，这主要得益于人均GDP差异缩小以及非农产值效率进一步提高；社会协调维度得分增长明显，从2021年112.8分提升至144.0分，同比增加27.8%，这主要得益于房地产市场发展逐渐平稳，城乡居民收入差距也进一步降低；发展安全维度逐渐改善并实现快速提升，这主要得益于生产安全指标改善程度明显，成为促进成渝地区发展安全的主要推动力。

---

① 《成渝地区双城经济圈一体化发展指数报告（2022—2023）》。

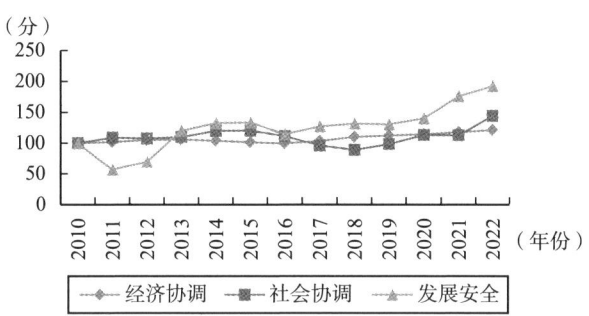

图 4　2010~2022 年成渝地区双城经济圈协调发展指数情况

资料来源：根据历年《四川统计年鉴》《重庆统计年鉴》数据计算得到。

（四）绿色发展指数分析

成渝地区绿色发展成效卓著（见图 5）。2022 年资源利用对绿色发展的贡献度进一步提升，环境治理维持稳定，但生态建设维度贡献率略有下降。环境治理得益于污染治理和排放管理，得分实现快速增长。生态建设中，成渝地区城市绿化和生态投资都提升明显，城市绿化得分呈现出逐年稳定上升的态势。资源利用下，单位能源和水资源的利用效率均明显提升，且效率提升稳定，每年均有较快增长，成为拉动绿色发展能力提高的重要因素。

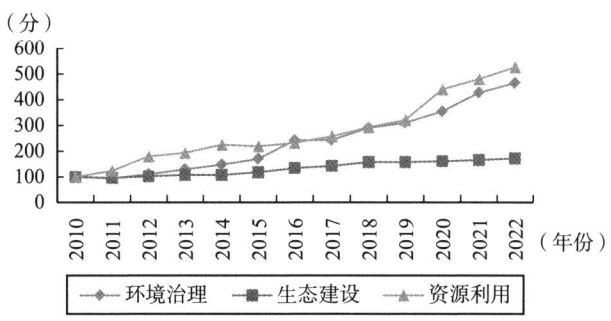

图 5　2010~2022 年成渝地区双城经济圈绿色发展指数情况

资料来源：根据历年《四川统计年鉴》《重庆统计年鉴》数据计算得到。

（五）开放发展指数分析

2022年，川渝两地通力合作，携手共建对外开放大通道，区域合作走深走实（见图6）。尽管国际国内环境的不确定性对开放发展带来一定负面影响，但区域合作和开放基础两大维度的稳步提升，使得成渝双城经济圈的开放发展能够保持基本稳定，未来成渝地区双城经济圈应该进一步扩大对外开放，在稳外贸的基础上，进一步扩大金融开放。

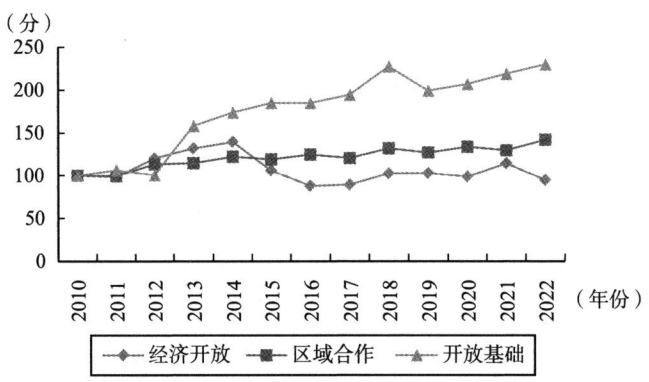

图6　2010~2022年成渝地区双城经济圈开放发展指数

资料来源：根据历年《四川统计年鉴》《重庆统计年鉴》数据计算得到。

（六）共享发展指数分析

综观成渝地区共享发展水平，其增长同样呈现出波动上升的情况（见图7），就2022年度三项维度对共享发展的贡献度而言，成果共享的贡献度达到74%，全民共享达到17%，机会共享贡献度不到9%。细分来看，成果共享维度波动性较强，2022年得分回升主要得益于人均可支配收入增长速度较快且川渝两地在社会福利、教育等民生支出增加超400亿元，提升明显。机会共享稳定增强，但需要注意的是，2022年机会共享指标得分增速明显降低，随着我国人口结构的变动，成渝地区双城经济圈不同阶段教育的资源配置也会发生相应变化,未来将适时调整指标,从量的观察向质的分析转变。在2022年,全民共享实现稳步增长。可以发现,成渝地区健康机会和教育机会共享水平进一步提升,居民获得的医疗和教育服务水平持续提高。

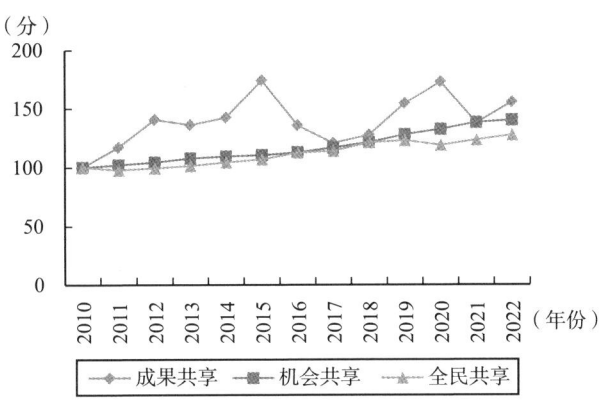

图7　2010～2022年成渝地区双城经济圈共享发展指数

资料来源:根据历年《四川统计年鉴》《重庆统计年鉴》数据计算得到。

三、小结

本研究以创新、协调、绿色、开放、共享的新发展理念为指导对成渝地区2010～2022年的协同发展水平和发展趋势进行了量化分析。主要研究发现:

一是成渝地区协同发展指数稳步提升,2020～2022年协同发展指数增长显著。2020～2022年协同发展水平年平均增速接近10%,远高于2019年以前水平,成渝地区双城经济圈战略的提出对成渝地区协同发展水平有显著正向作用。

二是"双城圈"建设提出以来,新发展理念在协同发展中的作用差异明显,但结构有所优化。2010～2019年,新发展理念的五大维度呈现出"一微升、三劲升、一飙升"的情况,成渝地区双城经济圈战略提出以后,呈现出"一飙升、四提升"的发展情况,协调发展从"一微升"转变为"四提升"

之一，年均增长率超过10%。未来，成渝地区还需要增强"内功修炼"通过营商环境提升等措施，增强抵御外部风险的能力，提升经济发展韧性。

三是分维度来看，未来成渝地区还需要在以下领域重点发力：在创新发展中，着力提高创新产出效率；在协调发展中，以产业协调为主抓手促进经济社会协调发展；在绿色发展中，优化绿色发展投入，增强绿色发展效益的社会实现；在开放发展中，以建设西部金融中心为契机，增强金融在对外开放中的串联能力；在共享发展中，以成渝地区一体化建设助推共享发展水平提升。

成渝地区双城经济圈协同发展区域的竞争力评价

一、指标说明与数据来源

本章从宏观经济竞争力、产业经济竞争力、财政金融竞争力、知识经济竞争力、生活水平竞争力和发展水平竞争力六个方面构建成渝地区双城经济圈协同发展区域的综合竞争力指标评价体系。体系包括1个一级指标、6个二级指标、17个三级指标和42个四级指标（见表1）。关于指标体系构建的原则及设计思路，在《成渝地区双城经济圈发展研究报告（2022）》中已经做过详细说明，在此不再赘述。这里，仅罗列出指标体系及数据来源，并着重对测度结果进行分析。

表1　成渝地区双城经济圈协同发展区域综合竞争力指标评价体系

二级指标	三级指标	四级指标	方向	指标代码
宏观经济竞争力	经济实力竞争力	人均地区生产总值（万元）	+	X1
		地区生产总值增长率（%）	+	X2
		人均地区生产总值增长率（%）	+	X3

续表

二级指标	三级指标	四级指标	方向	指标代码
宏观经济竞争力	投资实力竞争力	固定资产投资额占地区生产总值的比重（%）	+	X4
		人均固定资产投资额（万元）	+	X5
		固定资产投资额增长率（%）	+	X6
	贸易实力竞争力	全社会消费品零售额占地区生产总值的比重（%）	+	X7
		人均全社会消费品零售额（万元）	+	X8
		出口总额占地区生产总值的比重（%）	+	X9
产业经济竞争力	第一产业竞争力	第一产业增加值占地区生产总值的比重（%）	+	X10
		农林牧渔增加值占地区生产总值的比重（%）	+	X11
		第一产业增加值增长率（%）	+	X12
		人均粮食播种面积（公顷）	+	X13
		人均粮食产量（吨）	+	X14
	第二产业竞争力	第二产业增加值占地区生产总值的比重（%）	+	X15
		第二产业增加值增长率（%）	+	X16
	第三产业竞争力	第三产业增加值占地区生产总值的比重（%）	+	X17
		第三产业增加值增长率（%）	+	X18
	企业竞争力	每万人工业企业单位数（个）	+	X19
财政金融竞争力	财政竞争力	财政收入占地区生产总值的比重（%）	+	X20
		人均财政收入（万元）	+	X21
	金融竞争力	人均金融机构人民币存款余额（万元）	+	X22
		人均金融机构人民币贷款余额（万元）	+	X23
知识经济竞争力	教育竞争力	万人中小学学校个数（个）	+	X24
		每万人中小学在校学生数（人）	+	X25
		每万人中小学专任教师数（人）	+	X26
		每万人普通中学学校数（个）	+	X27
		每万人普通中学在校学生数（人）	+	X28
		每万人普通中学专任教师数（人）	+	X29
	文化竞争力	广播覆盖率（%）	+	X30
		电视覆盖率（%）	+	X31

续表

二级指标	三级指标	四级指标	方向	指标代码
生活水平竞争力	收入水平竞争力	城镇常住居民人均可支配收入（万元）	+	X32
		农村常住居民人均可支配收入（万元）	+	X33
	消费水平竞争力	城镇常住居民人均生活消费支出（万元）	+	X34
		农村常住居民人均生活消费支出（万元）	+	X35
发展水平竞争力	人力资源竞争力	年末常住人口（万人）	+	X36
		人口自然增长率（%）	+	X37
	绿色发展竞争力	森林覆盖率（%）	+	X38
	城市化发展竞争力	城镇化率（%）	+	X39
	协调发展竞争力	全社会消费品零售总额与外贸出口总额比差	−	X40
		城乡居民家庭人均收入比差	−	X41
		城乡居民家庭人均消费支出比差	−	X42

由于研究对象是成渝地区双城经济圈 9 个协同发展区域，因此，根据协同发展区域范围，选取重庆市万州区、渝北区、长寿区、江津区、合川区、永川区、大足区、潼南区、荣昌区、开州区、梁平区、城口县、垫江县，四川省达州市、广安市、遂宁市、资阳市、内江市、泸州市，以及达州市达川区、大竹县、开江县、宣汉县、万源市，广安市邻水县的 2022 年国民经济和社会发展统计公报中的相关数据，进行收集整理，通过数据整合、统计和测算，获得 9 个协同发展区域四级指标的具体数据。

二、测算结果分析

按照成渝地区双城经济圈 9 个协同发展区域的一级、二级、三级指标竞争力分值进行排序，以反映排序位差。某方面竞争力处于上游区（1~3 位）的区域具有该方面竞争力的相对优势，处于中游区（4~6 位）的区域在该方面竞争力上既没有相对优势也没有相对劣势，处于下游区（7~9 位）的区域具有该方面竞争力的相对劣势。某方面竞争力排在第 1 位的区域具有该方面竞争力的绝对优势，排在最后 1 位的区域具有该方面竞争力的绝对劣势。从表 2 可以看出，2022 年成渝地区双城经济圈 9 个协同发展区域综合竞争力处于上游区的依次为环重庆主城都市区经济协同发展示范区、城宣万革命老区振兴发展示范区、高滩茨竹新区；排在中游区的依次为一体化发展先行区、融合发展示范区、万达开川渝统筹发展示范区；排在下游区的依次为文旅融合发展示范区、现代农业高新技术产业示范区、明月山绿色发展示范带。

表 2   成渝地区双城经济圈协同发展区域综合竞争力排位

区域	综合	宏观经济	产业经济	财政金融	知识经济	生活水平	发展水平
万达开川渝统筹发展示范区	6	4	4	5	4	4	5
明月山绿色发展示范带	9	8	2	6	5	6	9
城宣万革命老区振兴发展示范区	2	9	6	8	1	9	8
高滩茨竹新区	3	1	8	1	8	1	1
环重庆主城都市区经济协同发展示范区	1	5	7	4	2	3	4
一体化发展先行区	4	3	5	2	3	7	2
文旅融合发展示范区	7	6	3	7	9	5	6
现代农业高新技术产业示范区	8	7	1	9	6	8	7
融合发展示范区	5	2	9	3	7	2	3

资料来源：根据各市（区、县）2022 年国民经济和社会发展统计公报计算得到。

（一）成渝地区双城经济圈协同发展区域宏观经济竞争力评价分析

从表 3 可以看出，宏观经济竞争力处于上游区的依次为高滩茨竹新区、融合发展示范区、一体化发展先行区；排在中游区的依次为万达开川渝统筹发展示范区、环重庆主城都市区经济协同发展示范区、文旅融合发展示范区；

排在下游区的依次为现代农业高新技术产业示范区、明月山绿色发展示范带、城宣万革命老区振兴发展示范区。

表3　　成渝地区双城经济圈协同发展区域宏观经济竞争力排位

区域	宏观经济	经济实力	投资实力	贸易实力
万达开川渝统筹发展示范区	4	4	8	4
明月山绿色发展示范带	8	8	7	2
城宣万革命老区振兴发展示范区	9	9	6	8
高滩茨竹新区	1	6	9	1
环重庆主城都市区经济协同发展示范区	5	5	4	7
一体化发展先行区	3	3	1	5
文旅融合发展示范区	6	7	3	6
现代农业高新技术产业示范区	7	2	5	9
融合发展示范区	2	1	2	3

资料来源：根据各市（区、县）2022年国民经济和社会发展统计公报计算得到。

（二）成渝地区双城经济圈协同发展区域产业经济竞争力评价分析

从表4可以看出，产业经济竞争力处于上游区的依次为现代农业高新技术产业示范区、明月山绿色发展示范带、文旅融合发展示范区；排在中游区的依次为万达开川渝统筹发展示范区、一体化发展先行区、城宣万革命老区振兴发展示范区；排在下游区的依次为环重庆主城都市区经济协同发展示范区、高滩茨竹新区、融合发展示范区。

表4　　成渝地区双城经济圈协同发展区域产业经济竞争力排位

区域	产业经济	第一产业	第二产业	第三产业	企业
万达开川渝统筹发展示范区	4	5	6	2	7
明月山绿色发展示范带	2	1	7	7	6

续表

区域	产业经济	第一产业	第二产业	第三产业	企业
城宣万革命老区振兴发展示范区	6	2	8	6	8
高滩茨竹新区	8	9	9	5	9
环重庆主城都市区经济协同发展示范区	7	6	3	4	4
一体化发展先行区	5	3	2	9	5
文旅融合发展示范区	3	4	5	3	3
现代农业高新技术产业示范区	1	7	4	1	1
融合发展示范区	9	8	1	8	2

资料来源：根据各市（区、县）2022年国民经济和社会发展统计公报计算得到。

（三）成渝地区双城经济圈协同发展区域财政金融竞争力评价分析

从表5可以看出，财政金融竞争力处于上游区的依次为高滩茨竹新区、一体化发展先行区、融合发展示范区；排在中游区的依次为环重庆主城都市区经济协同发展示范区、万达开川渝统筹发展示范区、明月山绿色发展示范带；排在下游区的依次为文旅融合发展示范区、城宣万革命老区振兴发展示范区、现代农业高新技术产业示范区。

表5　成渝地区双城经济圈协同发展区域财政金融竞争力排位

区域	财政金融	财政	金融
万达开川渝统筹发展示范区	5	5	6
明月山绿色发展示范带	6	7	3
城宣万革命老区振兴发展示范区	8	6	9
高滩茨竹新区	1	9	1
环重庆主城都市区经济协同发展示范区	4	2	4
一体化发展先行区	2	1	5
文旅融合发展示范区	7	4	8

续表

区域	财政金融	财政	金融
现代农业高新技术产业示范区	9	8	7
融合发展示范区	3	3	2

资料来源：根据各市（区、县）2022年国民经济和社会发展统计公报计算得到。

（四）成渝地区双城经济圈协同发展区域知识经济竞争力评价分析

从表6可以看出，知识经济竞争力处于上游区的依次为城宣万革命老区振兴发展示范区、环重庆主城都市区经济协同发展示范区、一体化发展先行区；排在中游区的依次为万达开川渝统筹发展示范区、明月山绿色发展示范带、现代农业高新技术产业示范区；排在下游区的依次为融合发展示范区、高滩茨竹新区、文旅融合发展示范区。

表6　成渝地区双城经济圈协同发展区域知识经济竞争力排位

区域	知识经济	教育	文化
万达开川渝统筹发展示范区	4	6	5
明月山绿色发展示范带	5	7	4
城宣万革命老区振兴发展示范区	1	1	9
高滩茨竹新区	8	9	3
环重庆主城都市区经济协同发展示范区	2	2	6
一体化发展先行区	3	3	1
文旅融合发展示范区	9	5	8
现代农业高新技术产业示范区	6	4	7
融合发展示范区	7	8	2

资料来源：根据各市（区、县）2022年国民经济和社会发展统计公报计算得到。

（五）成渝地区双城经济圈协同发展区域生活水平竞争力评价分析

从表7可以看出，生活水平竞争力处于上游区的依次为高滩茨竹新区、融合发展示范区、环重庆主城都市区经济协同发展示范区；排在中游区的依次为万达开川渝统筹发展示范区、文旅融合发展示范区、明月山绿色发展示范带；排在下游区的依次为一体化发展先行区、现代农业高新技术产业示范区、城宣万革命老区振兴发展示范区。

表7　　　成渝地区双城经济圈协同发展区域生活水平竞争力排位

区域	生活水平	收入水平	消费水平
万达开川渝统筹发展示范区	4	7	4
明月山绿色发展示范带	6	6	5
城宣万革命老区振兴发展示范区	9	9	9
高滩茨竹新区	1	2	1
环重庆主城都市区经济协同发展示范区	3	5	2
一体化发展先行区	7	8	6
文旅融合发展示范区	5	4	7
现代农业高新技术产业示范区	8	3	8
融合发展示范区	2	1	3

资料来源：根据各市（区、县）2022年国民经济和社会发展统计公报计算得到。

（六）成渝地区双城经济圈协同发展区域发展水平竞争力评价分析

从表8可以看出，发展水平竞争力处于上游区的依次为高滩茨竹新区、一体化发展先行区、融合发展示范区；排在中游区的依次为环重庆主城都市区经济协同发展示范区、万达开川渝统筹发展示范区、文旅融合发展示范区；排在下游区的依次为现代农业高新技术产业示范区、城宣万革命老区振兴发展示范区、明月山绿色发展示范带。

表 8　成渝地区双城经济圈协同发展区域发展水平竞争力排位

区域	发展水平	人力资源	绿色发展	城市化发展	协调发展
万达开川渝统筹发展示范区	5	2	2	5	8
明月山绿色发展示范带	9	9	3	9	7
城宣万革命老区振兴发展示范区	8	5	1	8	9
高滩茨竹新区	1	1	9	1	5
环重庆主城都市区经济协同发展示范区	4	4	5	3	6
一体化发展先行区	2	3	6	4	4
文旅融合发展示范区	6	7	7	7	1
现代农业高新技术产业示范区	7	8	8	6	3
融合发展示范区	3	6	4	2	2

资料来源：根据各市（区、县）2022年国民经济和社会发展统计公报计算得到。

三、小结

成渝地区双城经济圈协同发展区域综合竞争力是通过1个一级指标、6个二级指标、17个三级指标和42个四级指标进行综合评价的结果，综合反映了一个协同发展区域在经济竞争力、产业、财政、金融、教育、环境、统筹协调发展等各方面的发展能力，及其在成渝地区双城经济圈的竞争地位，各方面的发展相互促进、相互制约，共同影响协同发展区域综合竞争力的排位，表现出一定的特征。

成渝地区双城经济圈县域竞争力分析

一、指标说明和数据来源

本章主要以《中国县域统计年鉴 2023（县市卷）》、四川省和重庆市两地各市（区、县）政府公布的 2023 年国民经济和社会发展统计公报，以及《四川统计年鉴（2023）》《成都统计年鉴（2023）》为数据来源，对 2022 年度的县域综合竞争力进行评价。本章根据成渝地区双城经济圈划定的行政区划范围，拟对成渝地区双城经济圈中分别隶属于四川省和重庆市的 133 个县（区）进行县域综合竞争力的评价与分析，并对其进行排序位次比较。评价指标体系及权重如表 1 所示。

表1　成渝地区双城经济圈县域综合竞争力指标体系及权重

二级指标	权重	三级指标	权重	四级指标	权重
宏观经济竞争力	0.278	经济产出	0.038	人均地区生产总值（万元）	0.019
				近 3 年地区生产总值平均增长率（%）	0.019
		投资增长	0.19	固定资产投资额占地区生产总值的比重（%）	0.009
				人均固定资产投资额（万元）	0.016
				实际利用外资金额（万美元）	0.173
		消费需求	0.05	全社会消费品零售额占地区生产总值的比重（%）	0.046

续表

二级指标	权重	三级指标	权重	四级指标	权重
产业经济竞争力	0.161	产业结构	0.102	第二产业增加值（万元）	0.039
				第三产业增加值（万元）	0.041
				第二产业占地区生产总值的比重（%）	0.015
				第三产业占地区生产总值的比重（%）	0.007
		产业效率	0.059	第二产业近3年平均增长速度（%）	0.007
				第三产业近3年平均增长速度（%）	0.012
				每万人规模以上工业企业单位数（个）	0.040
财税金融竞争力	0.093	财政实力	0.027	人均财政收入（万元）	0.027
		金融实力	0.064	人均金融机构人民币存款余额（万元）	0.024
				人均金融机构人民币贷款余额（万元）	0.040
		税收负担	0.002	地方财政一般预算内收入占地区生产总值的比重（%）	0.002
基础设施竞争力	0.212	交通运输	0.194	等级公路密度（公里/平方公里）	0.069
				铁路密度（公里/平方公里）	0.117
				距离港口的最近距离（公里）	0.008
		信息通信	0.018	移动电话年末用户数（人）	0.018
人力资本竞争力	0.179	教育资源	0.11	每万人中小学学校个数（个）	0.027
				每万人中小学专任教师数（人）	0.013
				每万人中普通中学学校数（个）	0.021
				每万人中普通中学专任教师数（人）	0.011
				每百万人公共图书馆藏书（千册/百万人）	0.038
		医疗资源	0.069	每万人卫生技术人员数（人/万人）	0.029
				每万人执业医师数（人/万人）	0.017
				每万人医院床位数（张/万人）	0.012
				每万人提供住宿的社会工作机构床位数（张/万人）	0.011

续表

二级指标	权重	三级指标	权重	四级指标	权重
可持续发展竞争力	0.075	人口素质	0.045	近3年人口机械增长率均值（%）	0.005
				大专以上人口比例（%）	0.040
		绿色发展	0.03	$PM_{2.5}$	0.012
				每万人拥有公园绿地广场数（个/万人）	0.018

二、测算结果分析

（一）县域综合竞争力评价结果

2022年成渝地区双城经济圈内133个区（县）综合竞争力排序情况如表2所示。相较于2020年，成都市所辖区（县）占前10名的席位增加了1位。重庆市下辖区县进入前45名的比例增加了约3个百分点，如表3所示；位于成渝两地中间地带的区（县）的综合竞争力开始攀升，如表4所示。此前在一定程度上存在的"中部塌陷"问题得到了改善。

表2　　　　县域综合竞争力总体排序（前20位）

县（市、区）	综合竞争力	宏观经济	产业经济	财税金融	基础设施	人力资本	可持续发展
渝中区	1	7	2	1	1	1	8
武侯区	2	3	3	56	3	99	1
锦江区	3	1	43	104	5	121	4
成华区	4	4	23	85	2	115	11
青羊区	5	2	34	103	6	102	2
金牛区	6	5	30	105	4	97	10
江北区	7	17	11	2	7	2	9
龙泉驿区	8	6	15	110	20	112	12
沙坪坝区	9	103	28	86	8	6	3
新都区	10	9	4	26	12	127	29

续表

县（市、区）	综合竞争力	宏观经济	产业经济	财税金融	基础设施	人力资本	可持续发展
温江区	11	13	13	12	14	124	5
九龙坡区	12	52	5	69	11	130	16
璧山区	13	12	7	4	38	122	66
渝北区	14	18	1	34	83	133	7
翠屏区	15	110	9	13	15	113	62
南岸区	16	48	14	63	19	132	6
青白江区	17	8	53	66	22	98	53
涪城区	18	81	8	46	16	101	73
北碚区	19	111	84	41	9	104	15
彭州市	20	23	22	10	42	81	47

资料来源：根据《中国县域统计年鉴（县市卷）》《四川统计年鉴》《重庆统计年鉴》以及各市（区、县）2022年国民经济和社会发展统计公报计算得到。

表3　　2022年成渝地区双城经济圈县域综合竞争力排序归类

类型	层次	区（县）	综合竞争力
上游县域类型（前45位）	第一层次（居第1~25位）	渝中区、武侯区、锦江区、成华区、青羊区、金牛区、江北区、龙泉驿区、沙坪坝区、新都区、温江区、九龙坡区、璧山区、渝北区、翠屏区、南岸区、青白江区、涪城区、北碚区、彭州市、金堂县、都江堰市、长寿区、巴南区、涪陵区	绝对竞争优势
	第二层次（居第26~45位）	江津区、合川区、广汉市、大足区、崇州市、綦江区、西充县、永川区、什邡市、邻水县、大渡口区、旌阳区、金口河区、蒲江县、彭山区、邛崃市、垫江县、潼南区、黔江区、丰都县	一般竞争优势
中游县域类型（第46~90位）	第一层次（居第46~70位）	宣汉县、忠县、荣昌区、江油市、宝兴县、南川区、石棉县、华蓥市、大邑县、峨眉山市、铜梁区、平武县、渠县、万州区、绵竹市、泸县、龙马潭区、青神县、南部县、仁寿县、船山区、南溪区、阆中市、兴文县、江阳区	优势不显著
	第二层次（居第71~90位）	屏山县、营山县、市中区、盐亭县、武胜县、夹江县、自流井区、合江县、顺庆区、乐至县、岳池县、芦山县、威远县、江安县、大竹县、达川区、天全县、三台县、长宁县、古蔺县	

表 4　县域综合竞争力得分［前 20 位，按区（市）和县划分］

区（市）	得分	县	得分
渝中区	0.558	金堂县	0.208
武侯区	0.516	西充县	0.197
锦江区	0.469	邻水县	0.193
成华区	0.466	蒲江县	0.191
青羊区	0.421	垫江县	0.189
金牛区	0.390	丰都县	0.187
江北区	0.376	宣汉县	0.186
龙泉驿区	0.294	忠县	0.184
沙坪坝区	0.273	宝兴县	0.180
新都区	0.268	石棉县	0.179
温江区	0.263	大邑县	0.175
九龙坡区	0.246	平武县	0.173
璧山区	0.231	渠县	0.171
渝北区	0.228	泸县	0.168
翠屏区	0.218	青神县	0.166
南岸区	0.215	南部县	0.165
青白江区	0.213	仁寿县	0.165
涪城区	0.212	兴文县	0.160
北碚区	0.209	屏山县	0.160
彭州市	0.209	营山县	0.159

资料来源：根据《中国县域统计年鉴（县市卷）》《四川统计年鉴》《重庆统计年鉴》，以及各市（区、县）2022 年国民经济和社会发展统计公报计算得到。

（二）县域宏观经济竞争力评价结果

如表 5 所示，川渝县域之间的经济竞争力非常接近。靠近成都和重庆这两座核心城市的县域宏观经济竞争力得分均显著高于双城经济圈平均水平，表现出更高的经济发展水平。

表 5　县域宏观经济竞争力得分［前 20 位，按区（市）和县划分］

区（市）	得分	县	得分
锦江区	0.214	宣汉县	0.044
青羊区	0.169	蒲江县	0.042
武侯区	0.157	金堂县	0.040
成华区	0.147	丰都县	0.034
金牛区	0.127	石棉县	0.031
龙泉驿区	0.116	屏山县	0.031
渝中区	0.064	珙县	0.030
青白江区	0.060	夹江县	0.030
新都区	0.051	高县	0.028
船山区	0.049	长宁县	0.028
璧山区	0.044	忠县	0.026
温江区	0.043	江安县	0.026
涪陵区	0.040	平武县	0.026
江北区	0.038	泸县	0.025
渝北区	0.037	兴文县	0.025
永川区	0.037	垫江县	0.025
彭山区	0.036	古蔺县	0.024
潼南区	0.036	天全县	0.024
崇州市	0.035	南部县	0.024
彭州市	0.035	青神县	0.024

资料来源：根据《中国县域统计年鉴（县市卷）》《四川统计年鉴》《重庆统计年鉴》，以及各市（区、县）2022 年国民经济和社会发展统计公报计算得到。

（三）县域产业经济竞争力评价结果

如表 6 所示，重庆市县域的产业经济竞争力强于四川省县域的产业经济竞争力。靠近成都和重庆这两座核心城市的县域产业经济竞争力得分均显著高于双城经济圈平均水平，表现出更高的经济发展水平。这与当前双城经济圈内"双引擎驱动"的发展格局相互吻合。

表6　县域产业经济竞争力得分［前20位，按区（市）和县划分］

区（市）	得分	县	得分
渝北区	0.084	金堂县	0.045
渝中区	0.083	宣汉县	0.041
武侯区	0.079	忠县	0.041
新都区	0.075	仁寿县	0.038
九龙坡区	0.070	泸县	0.037
江津区	0.068	大竹县	0.036
璧山区	0.066	大邑县	0.036
涪城区	0.063	丰都县	0.035
翠屏区	0.061	三台县	0.035
合川区	0.060	威远县	0.035
江北区	0.058	南部县	0.035
青白江区	0.057	垫江县	0.034
温江区	0.056	渠县	0.033
南岸区	0.054	蒲江县	0.031
龙泉驿区	0.054	中江县	0.030
綦江区	0.053	夹江县	0.030
长寿区	0.052	犍为县	0.029
荣昌区	0.051	高县	0.028
大足区	0.050	富顺县	0.028
永川区	0.049	兴文县	0.028

资料来源：根据《中国县域统计年鉴（县市卷）》《四川统计年鉴》《重庆统计年鉴》，以及各市（区、县）2022年国民经济和社会发展统计公报计算得到。

（四）县域财税金融竞争力评价结果

如表7所示，重庆市县域的财税金融竞争力强于四川省县域的财税金融竞争力。靠近成都和重庆这两座核心城市的县域财税金融竞争力得分均显著高于双城经济圈平均水平，表现出更高的财税实力和金融发展水平。

表7　县域财税金融竞争力得分［前20位，按区（市）和县划分］

区（市）	得分	县	得分
渝中区	0.074	石棉县	0.042
江北区	0.067	蒲江县	0.040
涪陵区	0.048	夹江县	0.036
璧山区	0.044	大邑县	0.034
峨眉山市	0.043	丰都县	0.033
都江堰市	0.042	仁寿县	0.033
彭山区	0.041	青神县	0.033
什邡市	0.041	洪雅县	0.033
彭州市	0.040	丹棱县	0.032
温江区	0.039	金堂县	0.032
翠屏区	0.038	荥经县	0.032
邛崃市	0.038	宝兴县	0.029
江津区	0.037	忠县	0.029
广汉市	0.037	天全县	0.029
绵竹市	0.037	屏山县	0.028
南川区	0.034	垫江县	0.028
崇州市	0.034	芦山县	0.027
大足区	0.034	平武县	0.026
新都区	0.033	犍为县	0.026
华蓥市	0.032	荣县	0.025

资料来源：根据《中国县域统计年鉴（县市卷）》《四川统计年鉴》《重庆统计年鉴》，以及各市（区、县）2022年国民经济和社会发展统计公报计算得到。

（五）县域基础设施竞争力评价结果

如表8所示，重庆市县域的基础设施竞争力强于四川省县域的基础设施竞争力。靠近成都和重庆这两座中心城市的县域基础设施竞争力指数均值高于双城经济圈平均水平。

表8　县域基础设施竞争力得分〔前20位，按区（市）和县划分〕

区（市）	得分	县	得分
渝中区	0.181	邻水县	0.068
成华区	0.181	西充县	0.052
武侯区	0.168	垫江县	0.036
金牛区	0.129	安岳县	0.035
锦江区	0.126	宝兴县	0.029
青羊区	0.113	盐亭县	0.028
江北区	0.089	金堂县	0.021
沙坪坝区	0.079	荣县	0.020
北碚区	0.071	泸县	0.020
九龙坡区	0.066	乐至县	0.020
新都区	0.055	仁寿县	0.019
温江区	0.049	忠县	0.019
翠屏区	0.048	合江县	0.018
涪城区	0.047	富顺县	0.018
长寿区	0.046	北川羌族自治县	0.018
荣昌区	0.046	丰都县	0.017
南岸区	0.043	资中县	0.017
龙泉驿区	0.042	古蔺县	0.016
自流井区	0.042	马边彝族自治县	0.016
青白江区	0.039	大邑县	0.015

资料来源：根据《中国县域统计年鉴（县市卷）》《四川统计年鉴》《重庆统计年鉴》，以及各市（区、县）2022年国民经济和社会发展统计公报计算得到。

（六）县域人力资本竞争力评价结果

如表9所示，重庆市县域的人力资本竞争力与四川省县域的人力资本竞争力十分接近。靠近成都和重庆这两座中心城市的县域人力资本竞争力指数均值高于平均水平。

表9　县域人力资本竞争力得分［前20位，按区（市）和县划分］

区（市）	得分	县	得分
渝中区	0.111	平武县	0.073
江北区	0.080	渠县	0.065
市中区	0.067	武胜县	0.058
沙坪坝区	0.061	西充县	0.058
涪陵区	0.057	兴文县	0.058
黔江区	0.056	营山县	0.058
阆中市	0.053	岳池县	0.056
南溪区	0.051	忠县	0.056
高坪区	0.049	仪陇县	0.054
雁江区	0.049	南部县	0.054
万源市	0.049	宝兴县	0.054
大足区	0.048	芦山县	0.053
达川区	0.048	合江县	0.052
嘉陵区	0.047	泸县	0.051
华蓥市	0.046	筠连县	0.051
安居区	0.046	邻水县	0.051
荣昌区	0.044	北川羌族自治县	0.051
顺庆区	0.044	江安县	0.051
合川区	0.043	蓬安县	0.050
綦江区	0.041	丰都县	0.050

资料来源：根据《中国县域统计年鉴（县市卷）》《四川统计年鉴》《重庆统计年鉴》，以及各市（区、县）2022年国民经济和社会发展统计公报计算得到。

(七）县域可持续发展竞争力评价结果

如表 10 所示，重庆市县域的可持续发展竞争力与四川省县域的可持续发展竞争力并无显著差异。靠近成都和重庆这两座中心城市的县域可持续发展竞争力指数均值高于双城经济圈平均水平。

表 10　县域可持续发展竞争力得分［前 20 位，按区（市）和县划分］

区（市）	得分	县	得分
武侯区	0.055	宝兴县	0.034
青羊区	0.050	北川羌族自治县	0.029
沙坪坝区	0.049	大邑县	0.029
锦江区	0.049	青神县	0.029
温江区	0.048	石棉县	0.028
南岸区	0.048	平武县	0.027
渝北区	0.046	芦山县	0.027
渝中区	0.045	金堂县	0.027
江北区	0.044	梓潼县	0.026
金牛区	0.044	垫江县	0.025
成华区	0.044	蒲江县	0.025
龙泉驿区	0.044	荥经县	0.024
大渡口区	0.040	天全县	0.023
都江堰市	0.040	丹棱县	0.022
北碚区	0.039	洪雅县	0.021
九龙坡区	0.037	汉源县	0.020
游仙区	0.037	夹江县	0.020
永川区	0.036	大英县	0.019
雨城区	0.035	南部县	0.019
涪陵区	0.034	仪陇县	0.019

资料来源：根据《中国县域统计年鉴（县市卷）》《四川统计年鉴》《重庆统计年鉴》，以及各市（区、县）2022 年国民经济和社会发展统计公报计算得到。

三、小结

本研究运用熵权法对县域竞争力进行了多维度的测算和分析。主要得出以下三点结论。第一，成渝地区双城经济圈内的县域发展"双擎驱动"特征依旧显著。双城经济圈内成都、重庆两个核心城市所下辖的县域经济实力非常接近，靠近成都、重庆这两座核心城市的县域综合竞争力得分均显著高于双城经济圈县域平均水平。第二，成渝地区双城经济圈内县域发展面临的"中部塌陷"问题得到缓解。位于成渝两地中间地带区县的综合竞争力开始显著提升，此前在一定程度上存在的"中部塌陷"问题得到了改善。第三，成渝地区双城经济圈内的县域发展应立足产业政策，推动基础设施建设，完善人才等关键要素流动机制。产业结构的升级、产业效率的提升，以医疗资源和教育资源为基础的人力资本积累水平提升，可以显著地提高县域的综合竞争力水平。

第二篇
成渝地区双城经济圈制造业产业链分析

第二篇　成渝地区双城经济圈制造业产业链分析

制造业是稳住经济基本盘的"压舱石"、推动高质量发展的"顶梁柱"。党的二十大报告提出，"建设现代化产业体系。坚持把发展经济的着力点放在实体经济上，推进新型工业化，加快建设制造强国、质量强国、航天强国、交通强国、网络强国、数字中国"。党的二十大报告为制造业高质量发展提供了根本遵循、指明了前进方向。为抓住新一轮科技革命和产业变革的历史机遇，川渝两地政府把制造业高质量发展作为提升战略竞争力的关键举措和重要标志，其中四川省出台了《关于推动制造业高质量发展的意见》《四川省"十四五"制造业高质量发展规划》等政策，重庆市出台了《深入推进新时代新征程新重庆制造业高质量发展行动方案（2023—2027年）》。通过找准着力点、突破口，开辟发展新领域、新赛道，塑造发展新动能、新优势，加快推进成渝地区双城经济圈制造业高质量发展。基于川渝两地产业基础和资源部分，两地政府分别提出了本地的主导制造业，其中，四川省包括：电子信息产业、重大装备制造产业、食品饮料产业、先进材料产业、绿色化工产业、应急产业。成都市包括：智能网联新能源汽车、新一代电子信息制造业、先进材料、智能装备及智能制造、食品及农产品加工、软件信息服务[①]。基于川渝两地产业的可对比性和数据的可获得性，本篇重点选择了先进材料、新一代电子信息制造业、智能网联新能源汽车三个主导制造业方面进行了产业链分析。

为准确获得产业链层面的数据，本书编写组以川渝两地有关先进制造业集群建设的相关官方文件为指导，并广泛调研了先进材料、新一代电子信息制造业、智能网联新能源汽车这三个行业，对相关技术专家和生产一线的技术人员进行了深度访谈，由此梳理出三个主要产业的产业链上中下游结构。在此基础上，可以通过呈现不同产业链环节上的企业数量及其统计特征，来反映出产业集群的生产力布局，并从地域、经营状况和创新能力等方面进行

---

① 川渝两地主导制造业分类来源：中共四川省委、四川省人民政府《关于推动制造业高质量发展的意见》，以及《四川省"十四五"制造业高质量发展规划》；中共重庆市委办公厅、重庆市人民政府办公厅印发《深入推进新时代新征程新重庆制造业高质量发展行动方案（2023—2027年）》。

形象刻画。为此，我们采用以下步骤来实现上述目的：第一，通过大数据挖掘来构建产业链环节的语义库，并运用自然语言处理大模型来生成不同产业链环节的特征词；第二，采用人工智能方法对产业链环节的对应企业进行匹配，以工商企业公示数据、企业专利数据、企业招投标数据、搜索引擎热点数据等为训练集，采用机器学习的方式来精确筛选匹配企业；第三，根据匹配到的企业，按产业链环节，采用正则表达式等方法进行地址清洗和指标汇总计算，由此归结出不同产业链环节对应的统计特征，并以此为基础展开分析。如无特殊说明，本篇研究数据均来自对2023年成渝地区双城经济圈工商企业公示数据、企业专利数据、企业招投标数据、搜索引擎热点数据等的计算结果。

诚然，受制于训练集的数据丰裕度、及时度，以及人工智能算法设计本身的适用性，上述方法并不能完全确保产业链环节企业标识的精确性，对于当前产业建设的最新进展也客观存在一些滞后。但这种方法的尝试和使用，能够从更大量级、更细颗粒度的层面上，去构建成渝地区双城经济圈主要制造业（先进材料、新一代电子信息制造业、智能网联新能源汽车）的"产业大脑"，从而更为科学地研判产业发展态势、更为细致地解构产业发展特征、更为精准地呈现产业发展优劣势，在系统呈现产业发展状态的同时，也能为提升产业发展质量提出有效的政策建议，不失为人工智能先进分析方法与区域经济学、产业经济学研究相结合的一种有益尝试。

先进材料产业链分析

先进材料产业既是实体经济的根基,也是产业基础再造的主力军和工业绿色发展的主战场。为此2023年12月重庆市经济信息委印发《重庆市先进材料产业集群高质量发展行动计划(2023—2027年)》(以下简称《行动计划》),提出到2027年,全市先进材料产业产值突破1万亿元。同时,先进材料产业作为四川省重点培育的六大优势产业之一,预计到2025年,四川省先进材料产业产值将达到1.1万亿元。目前成渝地区双城经济圈先进材料产业已形成了较为完整的产业链链条。其中,产业链上游产业主要涵括了化工原料、基质材料、矿物原料三大产业,产业链中游产业主要聚集了高端合成材料、绿色建材、气凝胶材料、石墨烯材料、先进钢铁材料、先进有色合金材料、纤维及复合材料七大产业,产业链下游产业主要布局有设备及交通装备制造、建筑家装及包装材料、汽车制造、生物医药四大产业,如图1所示。接下来,本研究将分链条剖析成渝地区双城经济圈先进材料生产力格局。

一、产业链上游的生产力布局

(一)基于产业链环节的生产力布局

截至2023年底,成渝地区双城经济圈先进材料产业链上游产业主要有化工原料、基质材料、矿物原料三大产业,共涉及2834家企业(见图2)。其

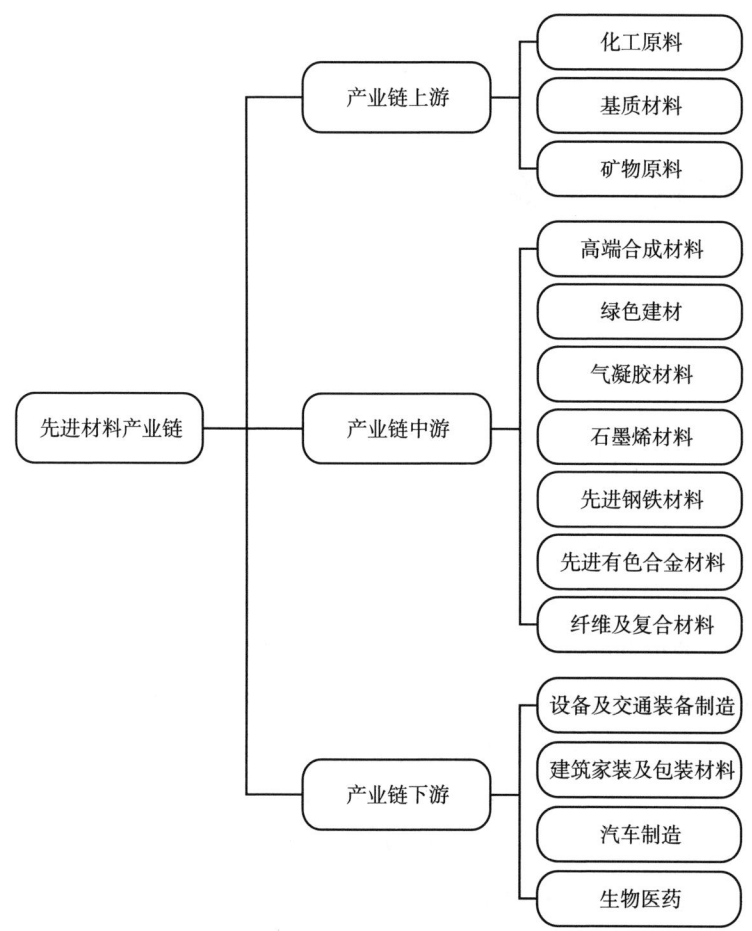

图 1　成渝地区双城经济圈先进材料产业链结构

中,化工原料企业占比最大,共有 2814 家;基质材料和矿物原料数量相对较少,企业数量分别为 5 家和 15 家。

(二)基于地域的生产力布局

就地市层面的划分而言(见图3),成渝地区双城经济圈先进材料产业链上游产业主要集中布局在重庆都市圈和成都都市圈。截至 2023 年底,化工原料企业重庆主城都市区有 870 家,渝东北城镇群 131 家,渝东南城镇群 44 家。

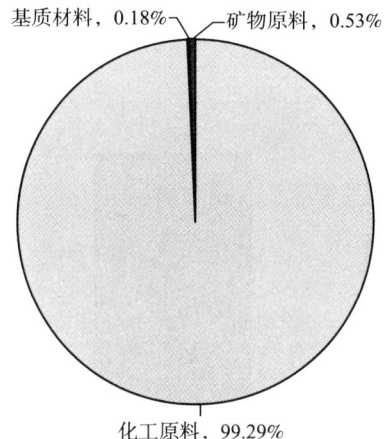

图 2　按产业链环节划分的生产力布局情况（上游）

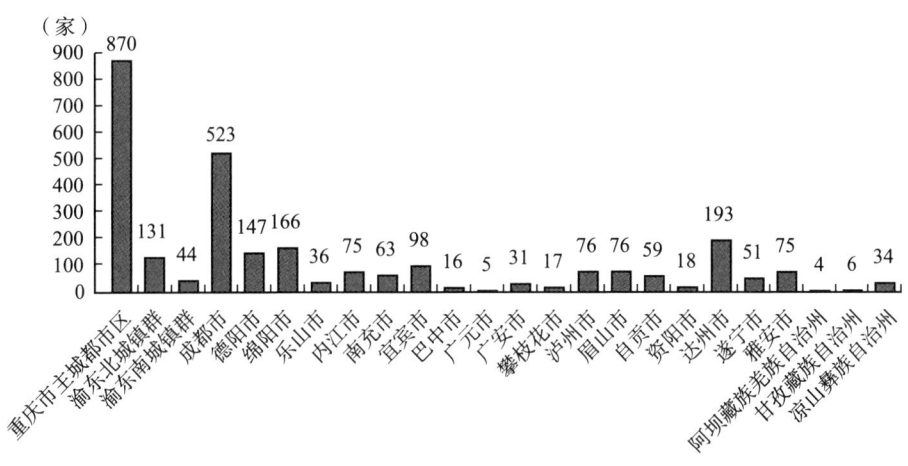

图 3　按地域划分的生产力布局（化工原料）

四川省化工原料企业成都市最多，为 523 家，其次是达州市 193 家，绵阳市 166 家，德阳市 147 家，甘孜藏族自治州、广元市和阿坝藏族羌族自治州这些区域的化工原料企业布局相对较少，均在 10 家以下。

在基质材料企业空间格局方面（见图 4），截至 2023 年底，重庆市基质材料企业均集中在主城都市区；四川省基质材料企业有 2 家在成都市，有 1

家在攀枝花市。整体企业数量相对较少。

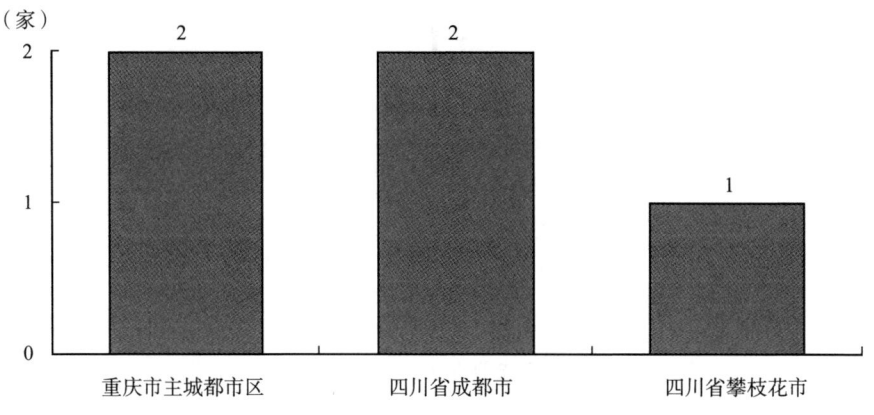

图 4　按地域划分的生产力布局（基质材料）

从矿物原料企业的空间格局来看（见图 5），截至 2023 年底，重庆地区共有 7 家矿物原料企业，且 6 家集中在主城都市区，渝东北城镇群有 1 家；四川地区矿物原料企业共 8 家，有 4 家在成都市，广安市、攀枝花市、眉山市和阿坝藏族羌族自治州各有 1 家矿物原料企业。

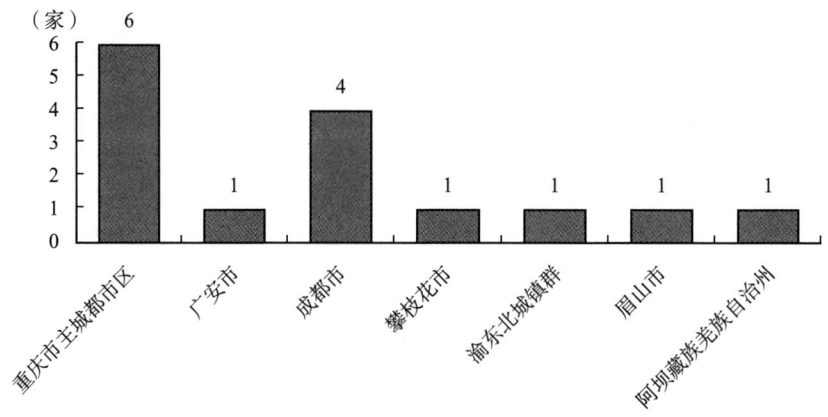

图 5　按地域划分的生产力布局（矿物原料）

（三）基于经营状况的生产力布局

企业经营状况主要反映在企业营业收入规模和纳税额规模上，基于此本研究按照企业营业收入规模和纳税额规模将企业经营状况分为21个等级，如表1所示。后续企业经营状况分析中的营业收入等级和纳税额等级划分标准均相同。

表1　　　　　营业收入等级和纳税额等级划分标准　　　　单位：万元

等级	营业收入	纳税额
A	［0，500）	［0，50）
B	［500，1000）	［50，100）
C	［1000，1500）	［100，150）
D	［1500，2000）	［150，200）
E	［2000，2500）	［200，250）
F	［2500，3000）	［250，300）
G	［3000，3500）	［300，350）
H	［3500，4000）	［350，400）
I	［4000，4500）	［400，450）
J	［4500，5000）	［450，500）
K	［5000，5500）	［500，550）
L	［5500，6000）	［550，600）
M	［6000，6500）	［600，650）
N	［6500，7000）	［650，700）
O	［7000，7500）	［700，750）
P	［7500，8000）	［750，800）
Q	［8000，8500）	［800，850）
R	［8500，9000）	［850，900）

续表

等级	营业收入	纳税额
S	[9000,9500)	[900,950)
T	[9500,10000)	[950,1000)
U	[10000,+∞]	[1000,+∞]

依据表1的营业收入等级划分标准，可以对成渝地区双城经济圈化工原料企业进行比对（见图6）。结果显示，截至2023年底，成渝地区双城经济圈约60.85%的化工原料企业营业收入属于A级，即营业收入小于500万元，共有1133家。值得注意的是，有175家企业营业收入大于1亿元。

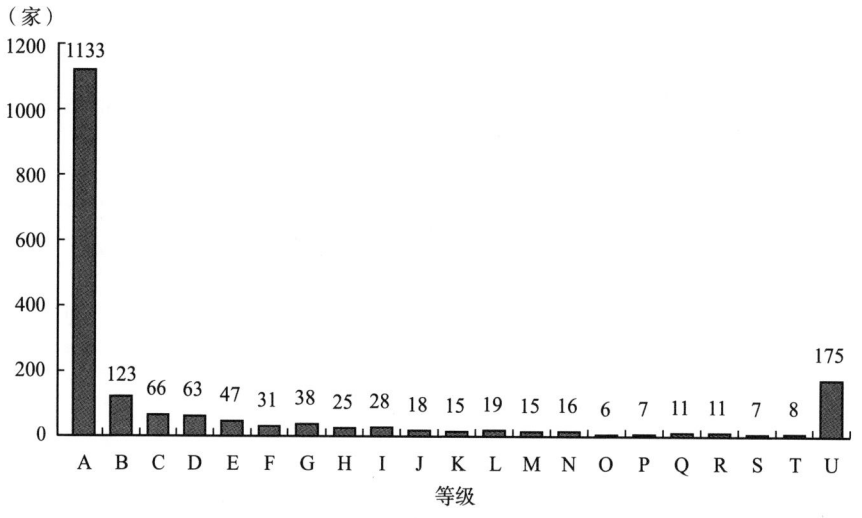

图6 按营业收入等级划分的生产力布局（化工原料）

从纳税额等级来看，依据表1的纳税额等级划分标准对成渝地区双城经济圈化工原料企业进行比对（见图7）。结果显示，截至2023年底，成渝地区双城经济圈约77.65%的化工原料企业属于A级，即纳税额入小于50万元，共有1456家。

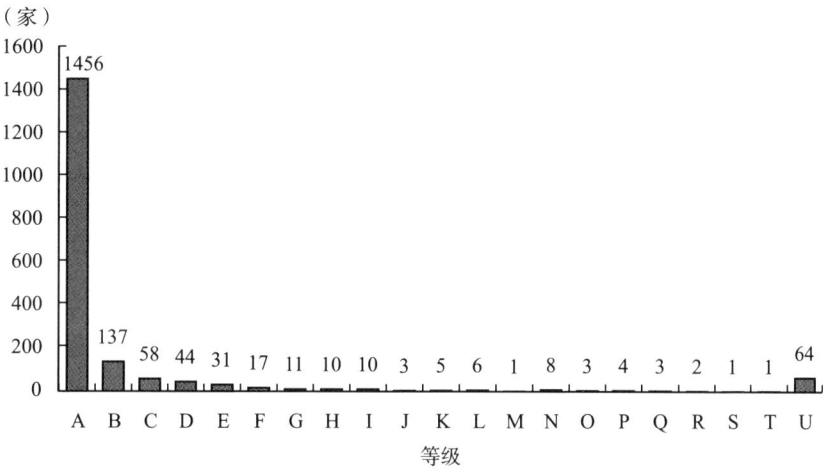

图7 按纳税等级划分的生产力布局（化工原料）

进一步，还可以考察不同产业链环节的企业营收等级分布和纳税等级分布（见图8）。在基质材料产业发展方面，成渝地区双城经济圈基质材料企业经营规模存在较大的两极分化现象。按照表1的营业收入等级划分标准，截至2023年底，成渝地区双城经济圈基质材料企业营业收入主要集中在规模最小的A级和规模最大的U级。其中，营业收入小于500万元的A级基质材料企业有1家；营业收入超过10000万元的U级基质材料企业有2家。

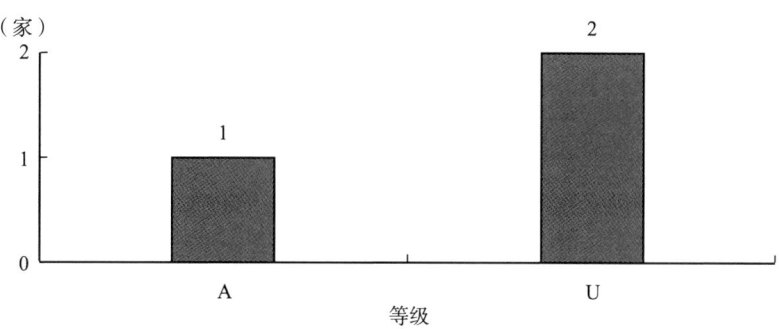

图8 按营收等级划分的生产力布局（基质材料）

截至2023年底，成渝地区双城经济圈基质材料企业纳税额等级分布情况和营业收入等级分布情况一致，双城经济圈基质材料企业纳税额也主要集中在规模最小的A级和规模最大的U级（见图9）。其中，纳税额小于50万元的A级基质材料企业有1家；纳税额超过1000万元的U级基质材料企业有2家。

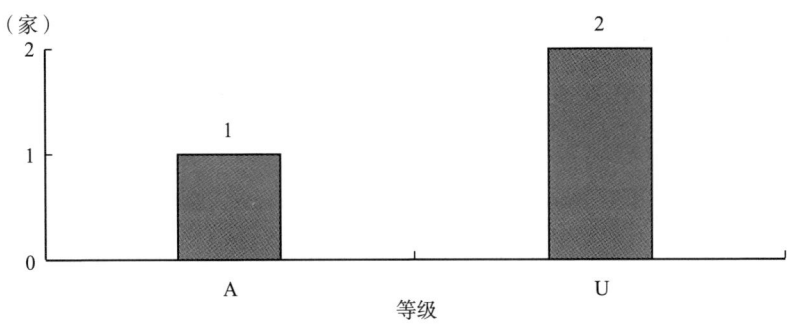

图9　按纳税等级划分的生产力布局（基质材料）

在矿物原料产业发展方面，截至2023年底，成渝地区双城经济圈矿物原料企业营业收入主要分布在A、U、D、Q四个等级（见图10）。其中，营业收入小于500万元的A级矿物原料企业有4家；营业收入属于D级（大于等于1500万元小于2000万元）的矿物原料企业有1家；营业收入属于Q级（大于等于8000万元小于8500万元）的矿物原料企业有1家；营业收入超过10000万元的U级矿物原料企业有6家。

从企业纳税额来看，截至2023年底，成渝地区双城经济圈矿物原料企业纳税额主要集中在A、E、J、U四个等级（见图11）。其中，纳税额小于50万元的A级矿物原料企业有4家；纳税额属于E级（大于等于200万元小于250万元）的矿物原料企业有1家；纳税额属于J级（大于等于450万元小于500万元）的矿物原料企业有1家；纳税额超过1000万元的U级矿物原料企业有6家。

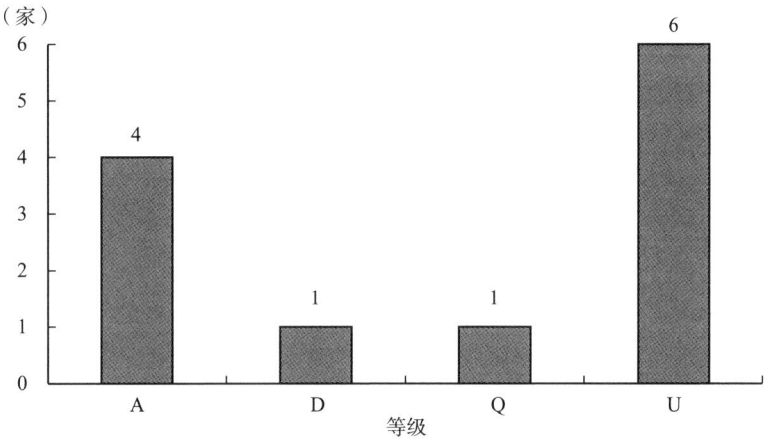

图10　按营收等级划分的生产力布局（矿物原料）

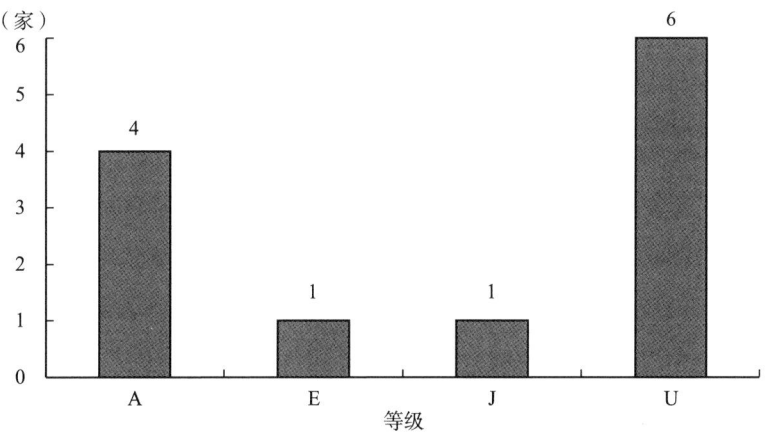

图11　按纳税等级划分的生产力布局（矿物原料）

（四）基于创新能力的生产力布局

从成渝地区双城经济圈先进材料产业链上游产业发展创新能力来看（见图12），化工原料环节的创新能力最强，截至2023年底，其专利个数为27022个，占比60.38%，软件著作权个数1638个，占比63.76%。其次是矿物原料环节，其专利个数为9515个，占比21.26%，软件著作权个数668个，占比26.00%。而基质材料环节创新能力相对较为薄弱,其专利个数为8215个,占比18.36%;软件著作权个数263个,占比10.24%。

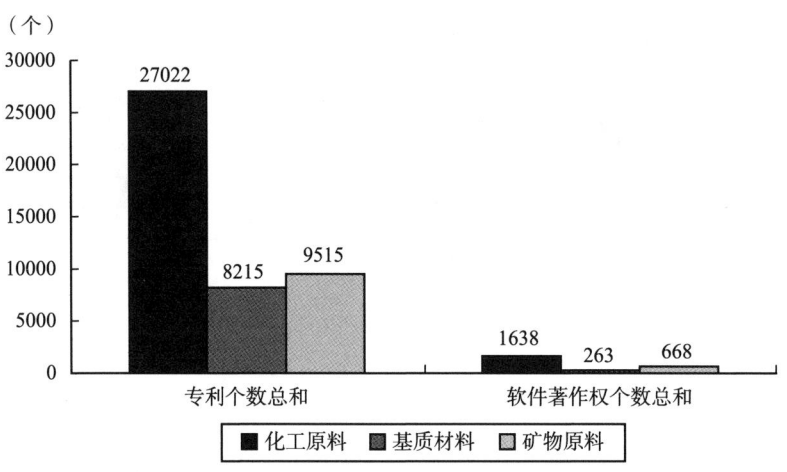

图12 先进材料产业链上游创新能力(产业链环节)

二、产业链中游的生产力布局

(一)基于产业链环节的生产力布局

当前,成渝地区双城经济圈先进材料产业链中游产业主要有高端合成材料、绿色建材、气凝胶材料、石墨烯材料、先进钢铁材料、先进有色合金材料、纤维及复合材料七大产业(见图13),截至2023年底,共有6365家企业,其中主要为石墨烯材料和纤维及复合材料产业,分别有2817家、2810家,占比约88%。气凝胶材料和先进有色合金材料数量相对较少,分别为31家和45家。

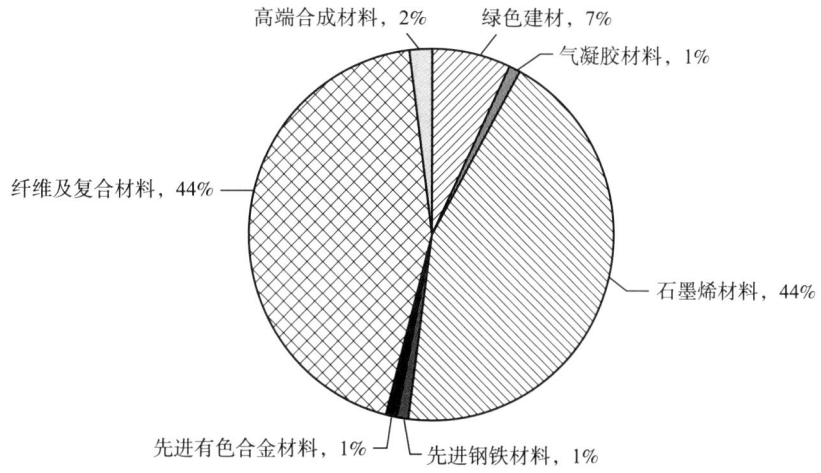

图 13　按产业链环节划分的生产力布局情况（中游）

（二）基于地域的生产力布局

从空间格局来看，成渝地区双城经济圈高端合成材料企业主要集中布局在重庆主城都市区和成都市（见图 14）。截至 2023 年底，重庆主城都市区有 52 家，占比 43.33%。四川地区高端合成材料企业成都市最多，有 25 家，其他区域的高端合成材料企业布局相对较少，均在 10 家以下。

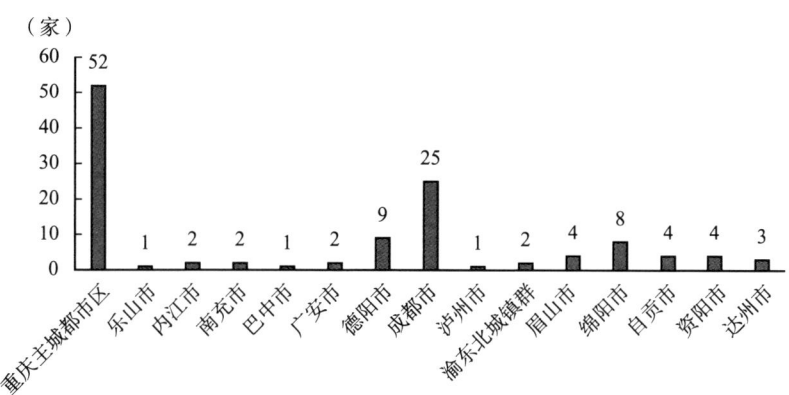

图 14　按地域划分的生产力布局（高端合成材料）

在绿色建材企业空间格局方面（见图15），截至2023年底，重庆地区绿色建材企业主要集中在主城都市区，有127家；四川地区主要分布在成都市，有85家，其次为绵阳市29家、宜宾市25家、德阳市25家、泸州市22家、南充市22家。

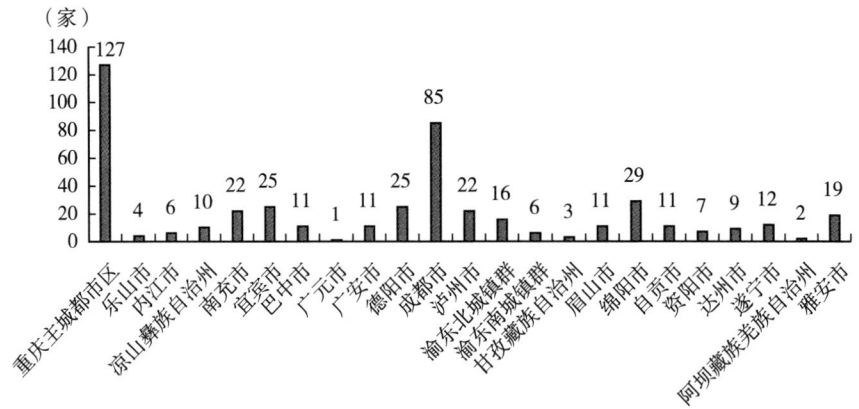

图15　按地域划分的生产力布局（绿色建材）

从气凝胶材料企业空间格局分布来看（见图16），截至2023年底，重庆地区气凝胶材料9家企业集中分布在重庆主城都市区；四川地区气凝胶材料主要分布在成都市，其次德阳市、攀枝花市、绵阳市、遂宁市各有1家企业。

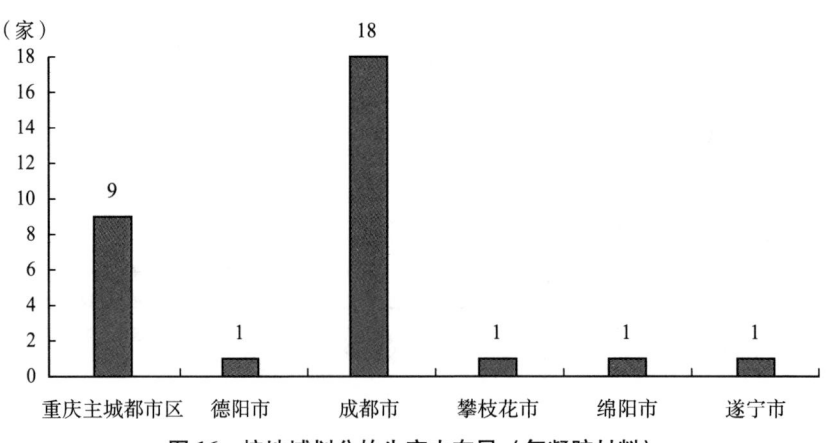

图16　按地域划分的生产力布局（气凝胶材料）

从石墨烯材料企业空间格局分布来看（见图17），截至2023年底，重庆主城都市区分布最多，有980家，其次渝东北城镇群有83家，渝东南城镇群有62家。四川地区成都市分布最多，有860家，其次为绵阳市151家，德阳市105家，广元市、甘孜藏族自治州以及阿坝藏族羌族自治州分布最少，分别为4家、3家和2家。

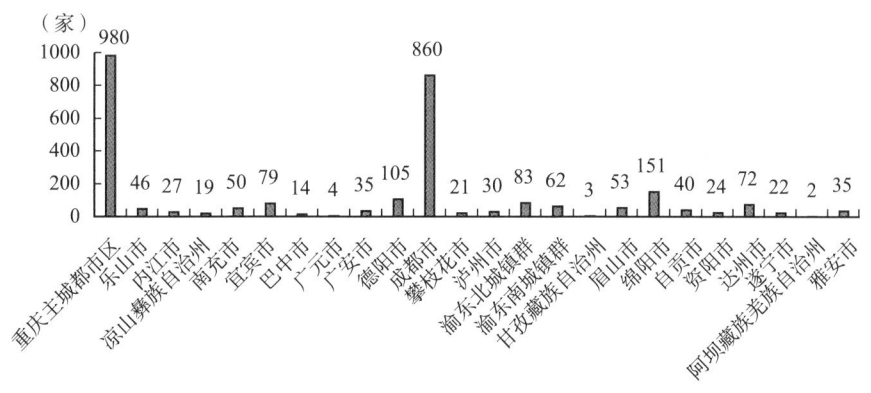

图17 按地域划分的生产力布局（石墨烯材料）

从先进钢铁材料企业空间格局分布来看（见图18），截至2023年底，重庆地区共有23家先进钢铁材料企业集中在重庆主城都市区。四川地区先进钢铁材料16家企业分布在成都市，12家分布在绵阳市，德阳市、内江市、乐山市各有4家、3家和2家，自贡市、南充市、广安市最少，各有1家。

在先进有色合金材料企业空间格局方面（见图19），截至2023年底，重庆地区20家先进有色合金材料企业分布在重庆主城都市区，2家分布在渝东北城镇群。四川地区成都市有11家企业，自贡市有3家，攀枝花市、绵阳市、乐山市各有2家，凉山彝族自治州、南充市、德阳市各有1家。

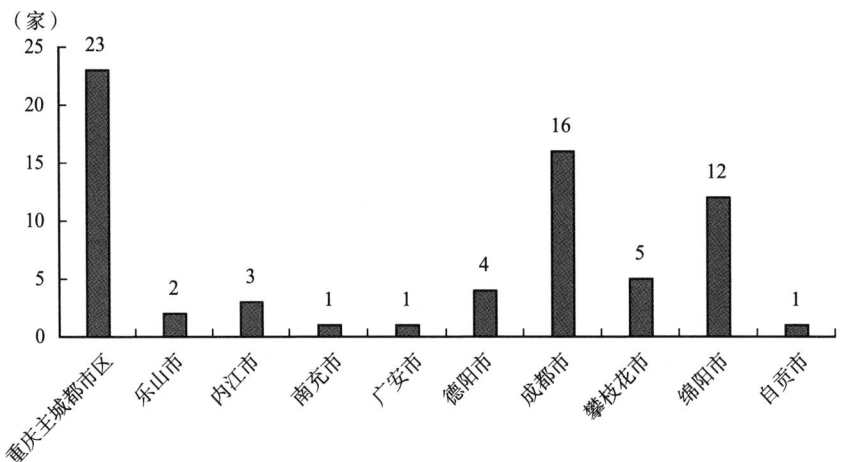

图 18　按地域划分的生产力布局（先进钢铁材料）

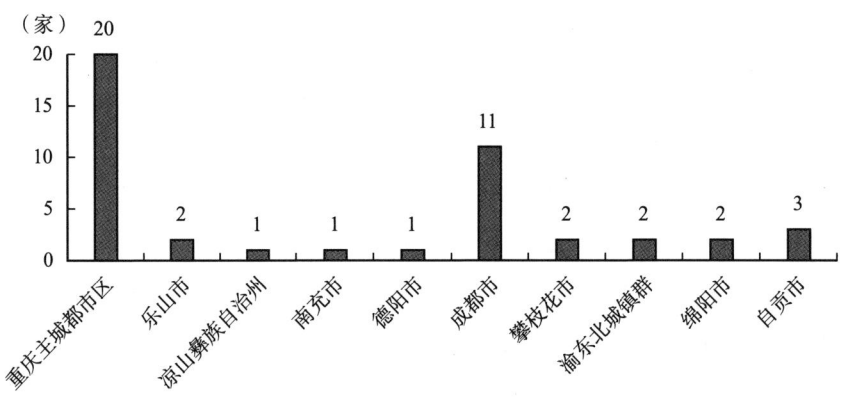

图 19　按地域划分的生产力布局（先进有色合金材料）

在纤维及复合材料企业空间格局方面（见图 20），截至 2023 年底，重庆地区 873 家纤维及复合材料企业分布在重庆主城都市区，66 家分布在渝东北城镇群，59 家分布在渝东南城镇群；四川地区 961 家企业分布在成都市，其次为绵阳市 139 家企业，巴中市、广元市、甘孜藏族自治州、阿坝藏族羌族自治州企业分布最少，分别为 13 家、4 家、4 家和 5 家。

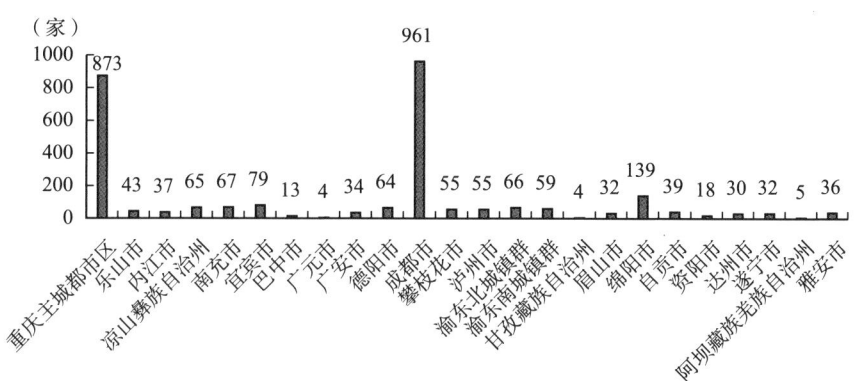

图 20　按地域划分的生产力布局（纤维及复合材料）

（三）基于经营状况的生产力布局

依据营业收入等级划分标准，对成渝地区双城经济圈高端合成材料企业进行分析（见图 21）。结果显示，截至 2023 年底，成渝地区双城经济圈约 68.75% 的高端合成材料企业营业收入属于 A 级，即营业收入小于 500 万元，共有 55 家；营业收入属于 U 级（大于等于 10000 万元）的高端合成材料企业有 5 家，占比 6.25%；营业收入在 B、C、D、E、F、H、I、K、N、Q 等级的高端合成材料企业占比均在 4% 以下。

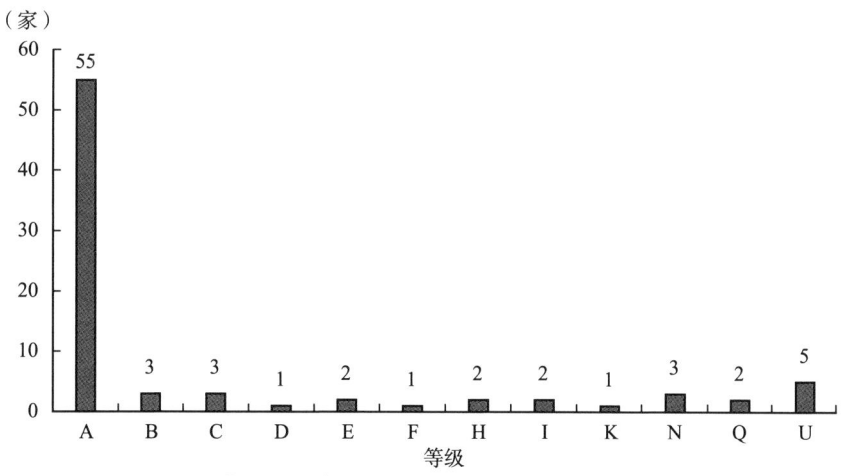

图 21　按营业收入等级划分的生产力布局（高端合成材料）

从纳税额等级来看（见图22），截至2023年底，约86.08%的高端合成材料企业属于A级；纳税额在B、C、D、E、K等级的高端合成材料企业占比均在3%以下；纳税额在U等级的高端合成材料企业有3家，即纳税额大于等于1000万元的高端合成材料企业占比3.80%。

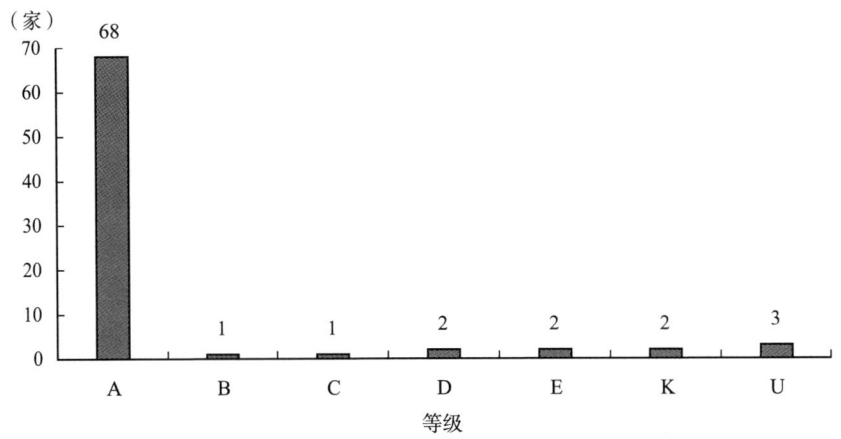

图22 按纳税等级划分的生产力布局（高端合成材料）

在绿色建材产业发展方面（见图23），截至2023年底，成渝地区双城经济圈约79.19%的绿色建材企业属于A级；约6.71%的绿色建材企业属于B级（大于等于500万元，小于1000万元），有20家；约2.68%的绿色建材企业属于E级（大于等于2000万元，小于2500万元），有8家；营业收入在C、D、F、G、H、J、L、M、N、O、Q、U等级的绿色建材企业占比均在2.00%以下，约4.03%的绿色建材企业属于U级（大于等于10000万元），有12家。

从纳税额等级来看（见图24），截至2023年底，约90.30%的绿色建材企业属于A级；约2.34%的绿色建材企业纳税额在B等级（大于等于50万元，小于100万元），共有7家；纳税额在C、E、F、H、I、J、K、M、T等级的绿色建材企业占比均在1%以下；约1.34%的绿色建材企业纳税额在D

等级（大于等于150万元，小于200万元），共有4家；纳税额在U等级的绿色建材企业有7家，即纳税额大于等于1000万元的绿色建材企业占比2.34%。

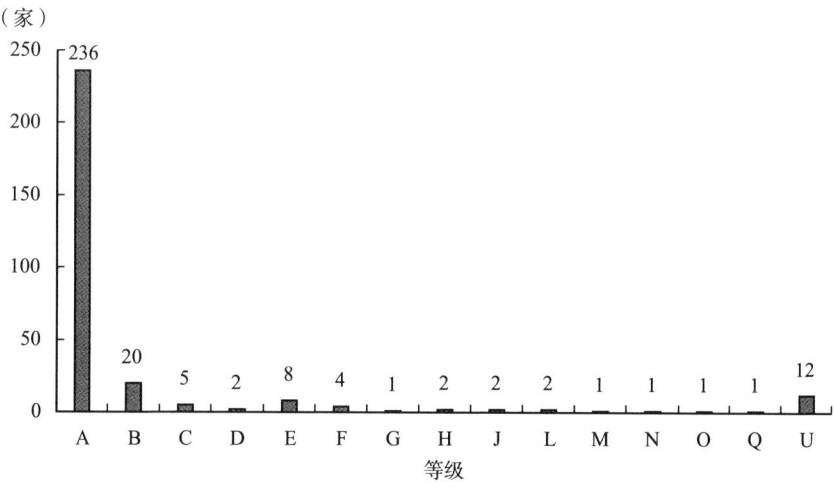

图23 按营业收入等级划分的生产力布局（绿色建材）

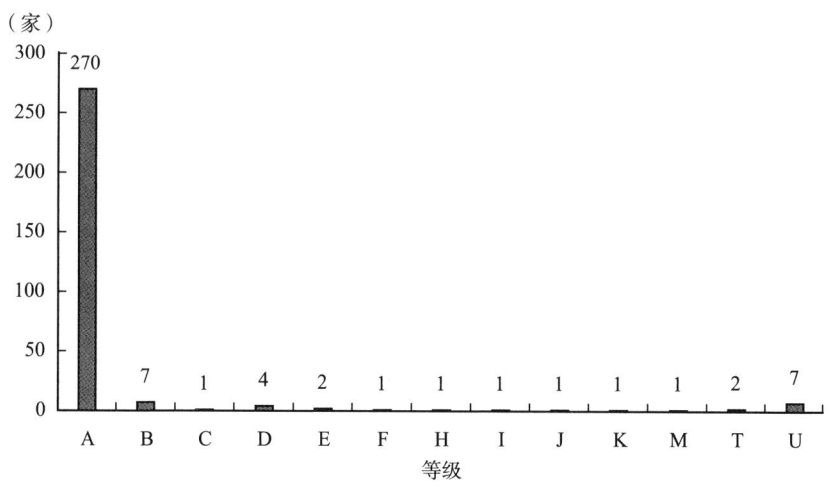

图24 按纳税等级划分的生产力布局（绿色建材）

在气凝胶材料产业发展方面（见图25）。截至2023年底，成渝地区双城经济圈约32%的气凝胶材料企业属于A级，即营业收入小于500万元，共有8家；营业收入在B、D、H、I、O等级的气凝胶材料企业占比都为4%，各有1家；约48%的绿色建材企业属于U级（大于等于10000万元），有12家。

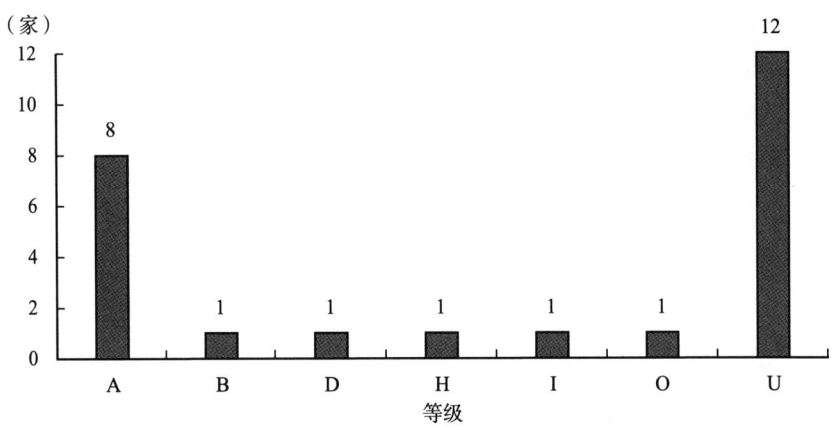

图25　按营业收入等级划分的生产力布局（气凝胶材料）

从纳税额等级来看（见图26），截至2023年底，约40.00%的气凝胶材料企业属于A级，即纳税额小于50万元，共有10家；约8.00%的气凝胶材料企业属于B级（50万~100万元），8.00%的气凝胶材料企业属于I级（400万~450万元），各有2家；约4.00%的企业属于T级，有1家。有40.00%的企业属于U级（大于等于1000万元）。

在石墨烯材料产业发展方面（见图27），截至2023年底，约82.09%的石墨烯材料企业属于A级（小于500万元）；约5.52%的石墨烯材料企业属于B级（大于等于500万元，小于1000万元），有82家；约2.63%的企业属于C级（大于等于1000万元，小于1500万元），有39家；约1.48%的企业属于D级（大于等于1500万元，小于2000万元），有22家；约1.82%的企业属于E级（大于等于2000万元，小于2500万元），有27家；营业收入为F、G、H、J、K、L、M、N、O、P、Q、S、T等级的企业占比都在

1.00%以下；约2.56%的企业属于U级（大于等于10000万元）。

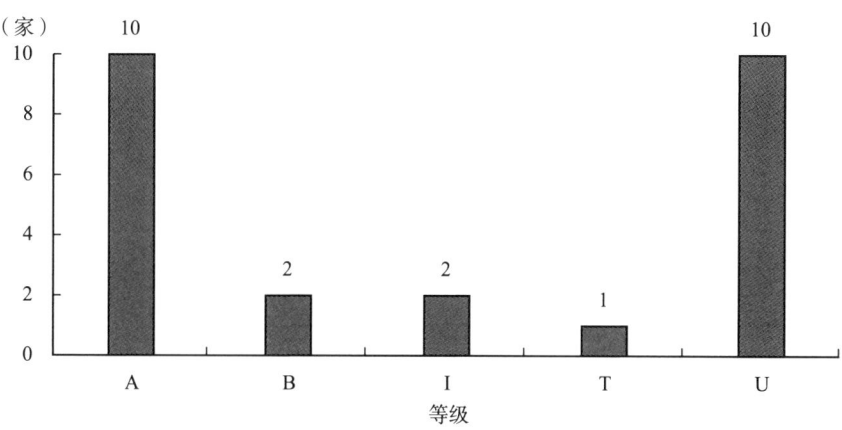

图26　按纳税等级划分的生产力布局（气凝胶材料）

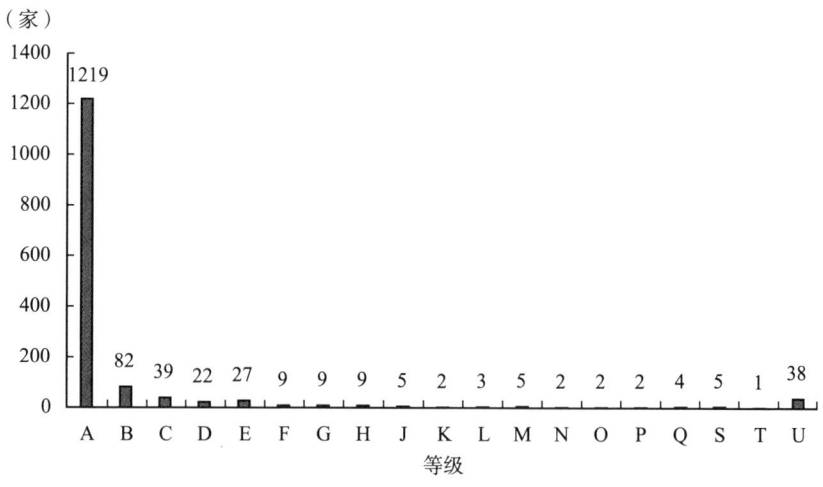

图27　按营业收入等级划分的生产力布局（石墨烯材料）

从纳税额等级来看（见图28），截至2023年底，约92.07%的石墨烯材料企业属于A级（纳税额小于50万元），共有1358家；约2.44%的石墨烯材料企业属于B级（大于等于50万元，小于100万元），共有36家；约

1.02%的石墨烯材料企业属于C级（大于等于100万元，小于150万元），共有15家；纳税评级为D、E、F、G、H、I、J、K、N、O、P、Q、S等级的石墨烯材料企业占比都小于1.00%；约1.76%的石墨烯材料企业属于U级（大于等于1000万元），共有26家。

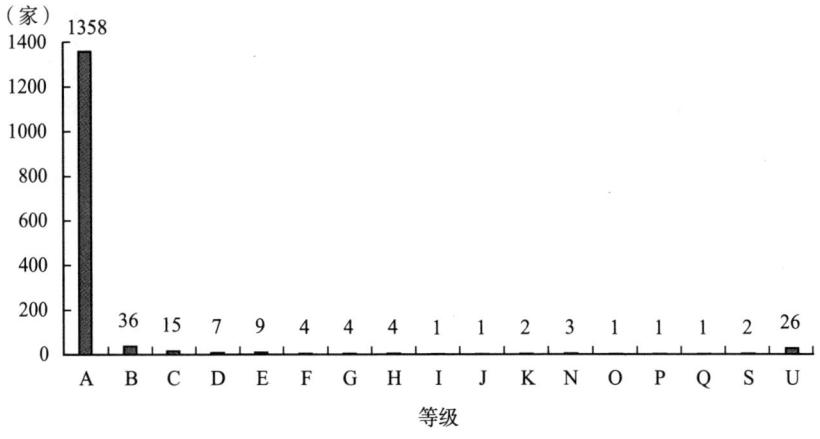

图28 按纳税等级划分的生产力布局（石墨烯材料）

在先进钢铁材料产业发展方面（见图29），截至2023年底，约29.55%的先进钢铁材料企业属于A级；约6.82%的先进钢铁材料企业属于B级，即营业收入大于等于500万元，小于1000万元，共有3家；营业收入评级为D、E、F、J、M等级的先进钢铁材料企业占比都不超过5%；约47.73%的先进钢铁材料企业属于U级，营业收入大于等于10000万元，共有21家。

从纳税额等级来看（见图30），截至2023年底，成渝地区双城经济圈约40.91%的先进钢铁材料企业属于A级，共有18家；纳税评级为B、C、D、E、H、I、K、Q等级的先进钢铁材料企业占比都不超过5.00%；约38.64%的先进钢铁材料企业属于U级（大于等于1000万元），共有17家。

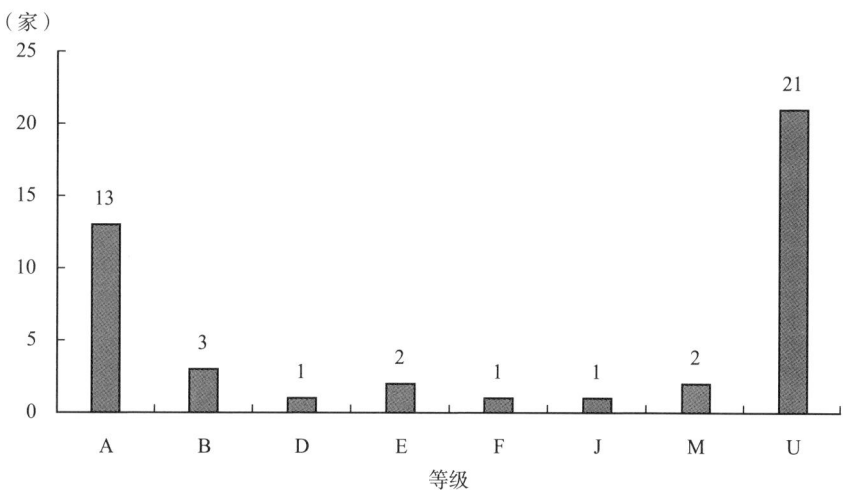

图 29 按营业收入等级划分的生产力布局（先进钢铁材料）

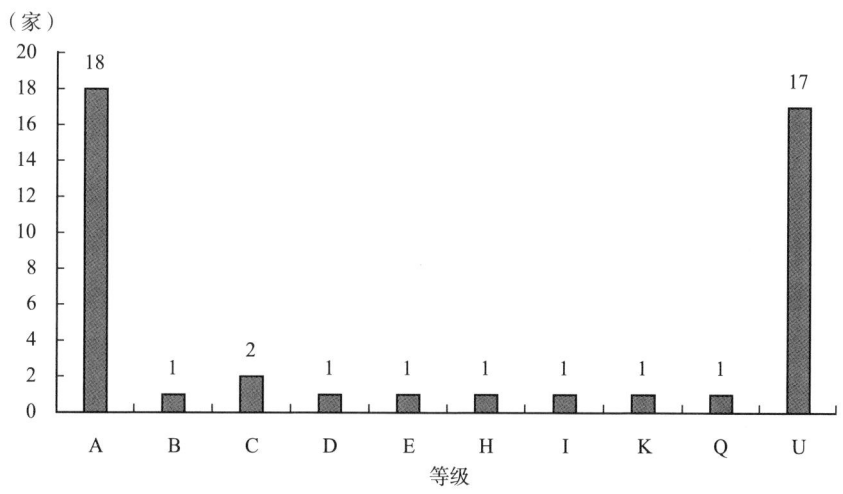

图 30 按纳税等级划分的生产力布局（先进钢铁材料）

在先进有色合金材料产业发展方面（见图 31），截至 2023 年底，约 13.33% 的先进有色合金材料企业属于 A 级，共有 4 家；约 10.00% 的先进有色合金材料企业属于 B 级，即营业收入大于等于 500 万元，小于 1000 万元；约 40.00% 的先进有色合金材料企业属于 U 级，即营业收入大于等于 10000 万元。

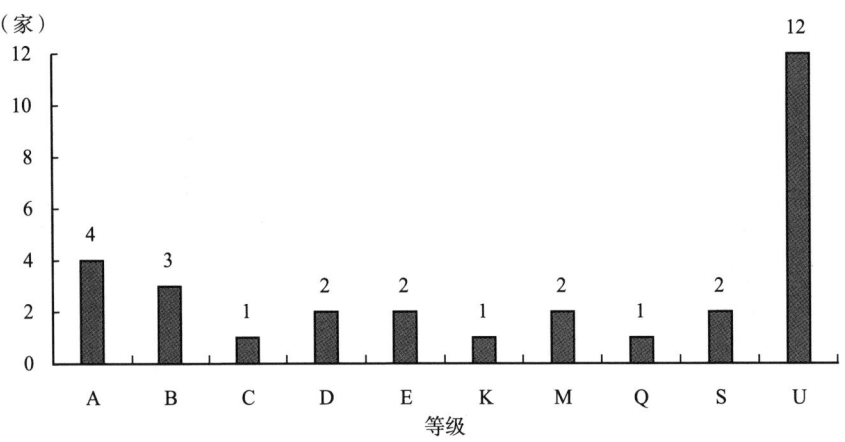

图31 按营业收入等级划分的生产力布局（先进有色合金材料）

从纳税额等级来看（见图32），截至2023年底，约43.33%的先进有色合金材料企业属于A级，共有13家；有2家先进有色合金材料企业属于B级（纳税额大于等于50万元，小于100万元）；纳税评级为E、F、G、J等级的先进有色合金材料企业各有1家；约36.67%的先进有色合金材料企业属于U级（大于等于1000万元）。

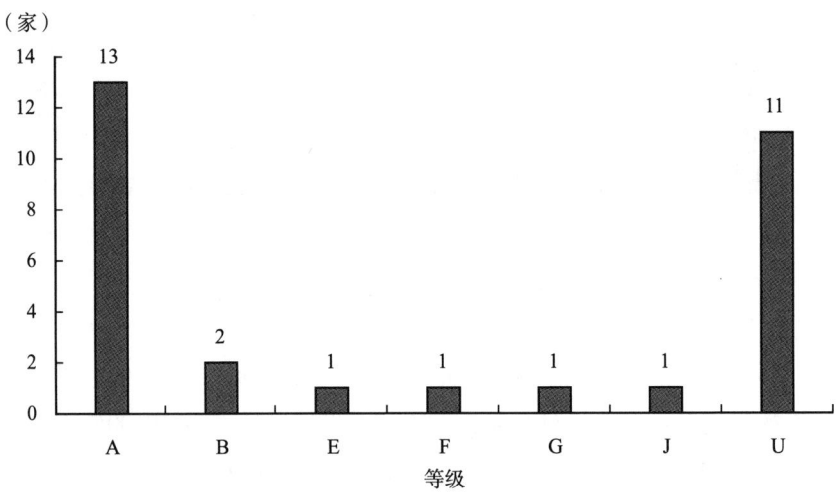

图32 按纳税额等级划分的生产力布局（先进有色合金材料）

在纤维及复合材料产业发展方面（见图33），截至2023年底，约78.47%的纤维及复合材料企业属于A级（营业收入小于500万元），共有1086家；约5.56%的纤维及复合材料企业属于B级（营业收入大于等于500万元，小于1000万元），共有77家；约2.75%的纤维及复合材料企业属于C级（营业收入大于等于1000万元，小于1500万元），共有38家；营业收入评级为D、E、F、G、H、I、J、K、L、M、N、O、P、Q、R、S、T等级的纤维及复合材料企业占比均不超过2.00%；约5.71%的纤维及复合材料企业属于U级（营业收入大于等于10000万元），共有79家。

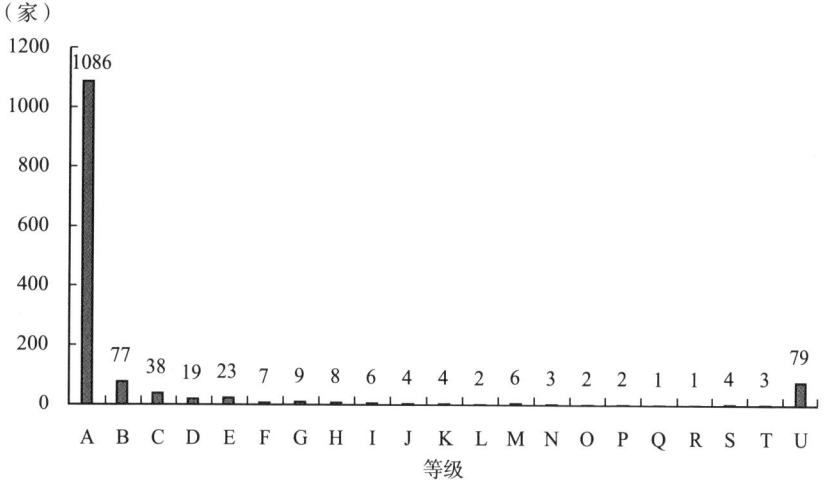

图33 按营业收入等级划分的生产力布局（纤维及复合材料）

从纳税额等级来看（见图34），截至2023年底，约90.47%的纤维及复合材料企业属于A级，共有1243家；约1.75%的纤维及复合材料企业属于B级（纳税额大于等于50万元，小于100万元），共有24家；约1.16%的纤维及复合材料企业属于C级（纳税额大于等于100万元，小于150万元），共有16家；纳税评级为D、E、F、G、H、I、J、K、L、M、N、O、P、Q、R、S等级的纤维及复合材料企业占比均小于1.00%；约2.55%的纤维及复合材料企业属于U级（纳税额大于等于1000万元），共有35家。

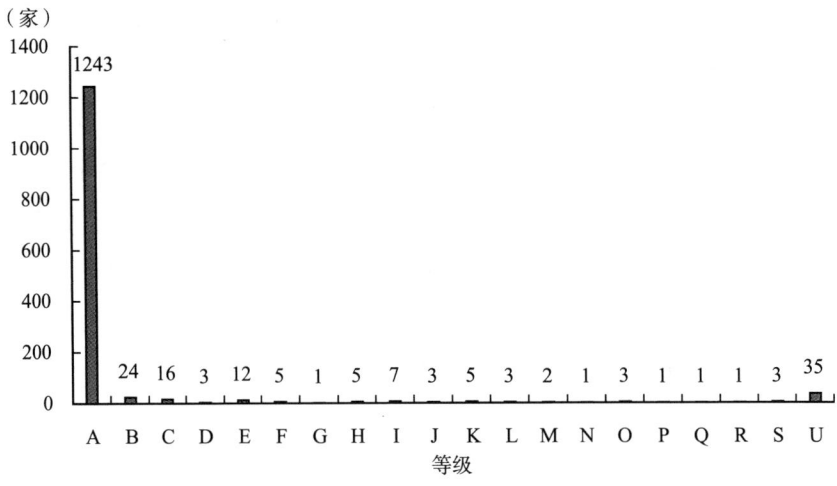

图 34　按纳税额等级划分的生产力布局（纤维及复合材料）

（四）基于创新能力的生产力布局

从成渝地区双城经济圈先进材料产业链中游产业发展创新能力来看（见图 35），成渝地区双城经济圈纤维及复合材料创新能力最强，截至 2023 年底，纤维及复合材料产业的专利个数为 92614 个，占比 39.08%；软件著作权个数为 4968 个，占比 37.33%。其次是石墨烯材料产业，石墨烯材料产业的专利个数为 52688 个，占比 22.23%；软件著作权个数为 3640 个，占比 27.35%；绿色建材的创新能力相对较为薄弱，绿色建材产业的专利个数为 4508 个，占比 1.90%；软件著作权个数为 263 个，占比 1.98%。

三、产业链下游的生产力布局

（一）基于产业链环节的生产力布局

当前，成渝地区双城经济圈先进材料产业链下游产业主要有设备及交通装备制造、建筑家装及包装材料、汽车制造、生物医药四大产业，截至 2023

第二篇 成渝地区双城经济圈制造业产业链分析

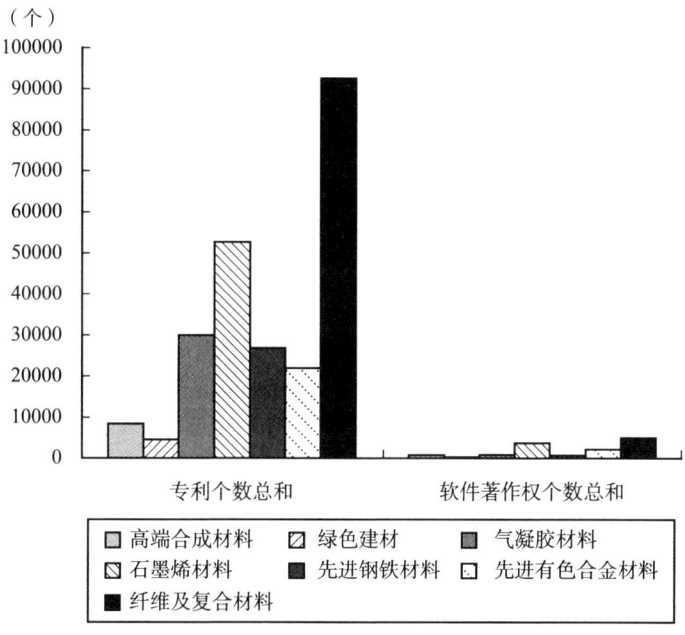

图35 先进材料产业链中游创新能力（产业链环节）

年底，共有12322家企业。由图36可知，其中主要为汽车制造和建筑家装及包装材料产业，分别为7421家和3894家，占比达92.10%。设备及交通装备制造和生物医药数量相对较少，分别为476家和531家。

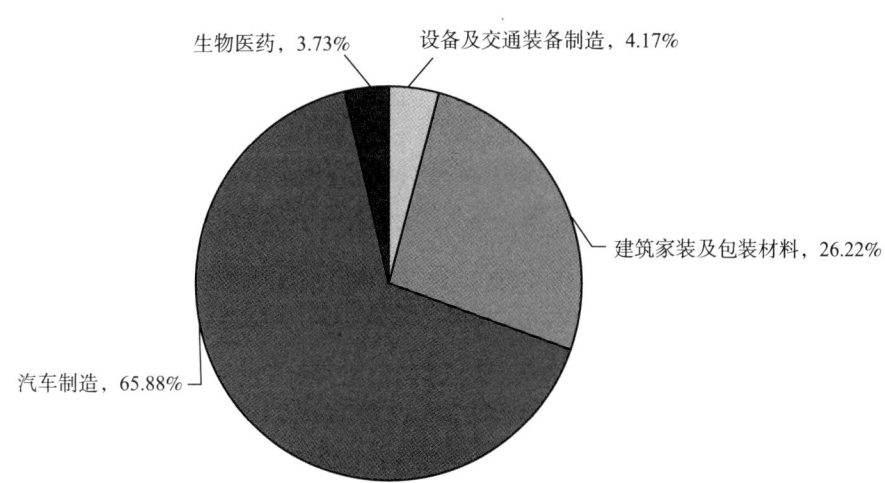

图36 按产业链环节划分的生产力布局情况（下游）

63

（二）基于地域的生产力布局

从空间格局来看（见图37），成渝地区双城经济圈先进材料产业链下游产业主要集中布局在重庆主城都市区和成都市。其中，截至2023年底，设备及交通装备制造企业重庆主城都市区有179家，占比37.61%。四川地区设备及交通装备制造企业成都市最多，有173家，占比36.34%；其次为德阳市，共22家，占比4.62%，绵阳市21家，占比4.41%；其他区域的设备及交通装备制造企业布局相对较少，均在15家以下。

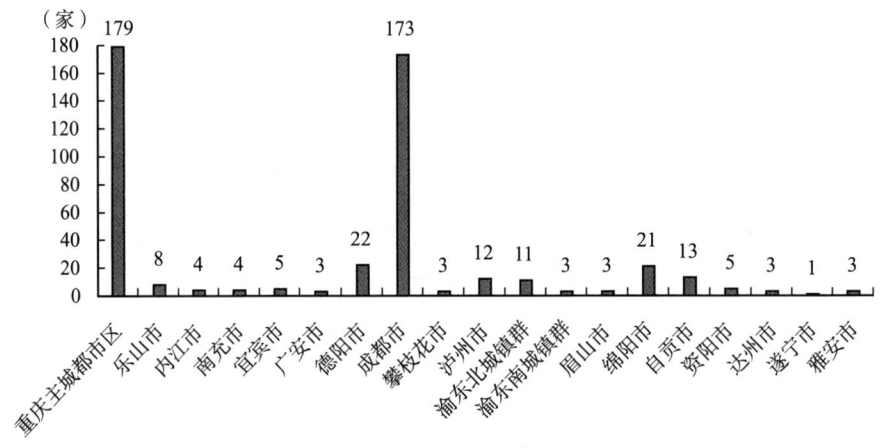

图37 按地域划分的生产力布局（设备及交通装备）

在建筑家装及包装材料企业空间格局方面（见图38），截至2023年底，重庆地区主要集中于重庆主城都市区，共有1548家，占比39.75%，其次为渝东北城镇群和渝东南城镇群，分别为400家和166家，占比分别为10.27%和4.26%；四川地区主要集中于成都市，共有858家，占比22.03%，其次为南充市119家，占比3.06%。其余地区的建筑家装及包装材料企业占比均不超过3.00%，分布较少。

第二篇　成渝地区双城经济圈制造业产业链分析

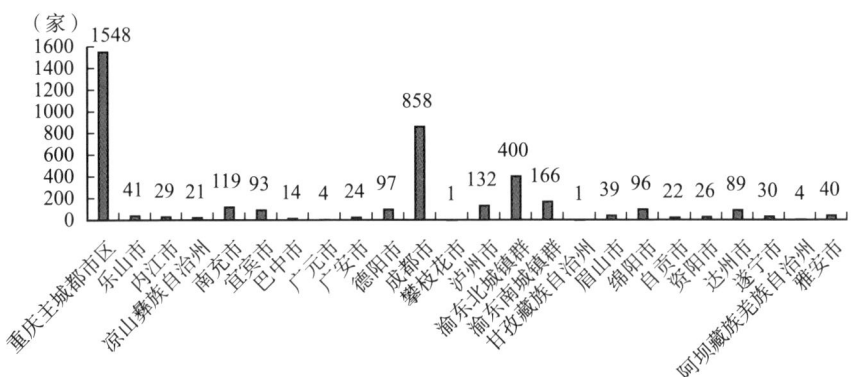

图 38　按地域划分的生产力布局（建筑家装及包装材料）

在汽车制造企业空间格局方面（见图 39），截至 2023 年底，重庆地区主要集中于重庆主城都市区，共有 2347 家，占比 31.63%，其次为渝东北城镇群和渝东南城镇群，各为 417 家和 185 家，占比分别为 5.62% 和 2.49%；四川地区主要集中于成都市，共有 2439 家，占比 32.87%，其次为泸州市，有 271 家，占比 3.65%。其余地区的汽车制造企业占比均不超过 3.00%，分布较少。

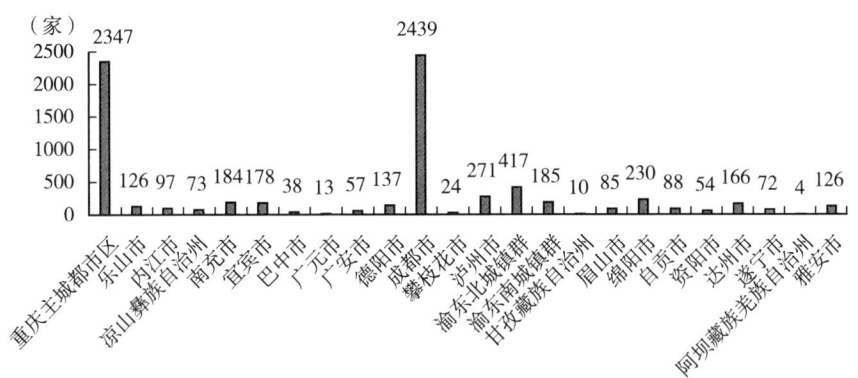

图 39　按地域划分的生产力布局（汽车制造）

在生物医药企业空间格局方面（见图40），重庆地区主要集中于主城都市区，截至2023年底，共有257家，占比48.40%；四川地区主要集中于成都市，共有83家，占比15.63%，其次是绵阳市和泸州市，各有31家和21家，占比分别为5.84%和3.95%。其他其余地区的汽车制造企业占比均不超过3.00%，分布较少。

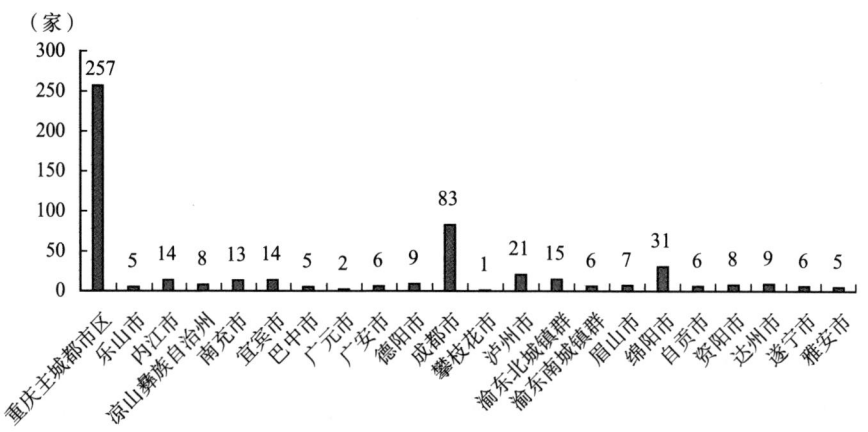

图40 按地域划分的生产力布局（生物医药）

（三）基于经营状况的生产力布局

依据营业收入等级划分标准（见图41），对成渝地区双城经济圈设备及交通装备制造企业进行分析，截至2023年底，成渝地区双城经济圈约38.14%的设备及交通装备制造企业营业收入属于A级，共有111家；营业收入属于U级（大于等于10000万元）的设备及交通装备制造企业有110家，占比37.80%；营业收入在B、C、D、E、F、G、H、I、J、K、L、M、O、P、R、S、T等级的设备及交通装备制造企业占比均在4.00%以下。

从纳税额等级来看（见图42），截至2023年底，成渝地区双城经济圈约43.79%的设备及交通装备制造企业属于A级，共有127家；约4.14%的设备及交通装备制造企业纳税额属于B级；纳税额在C、D、E、F、G、H、I、

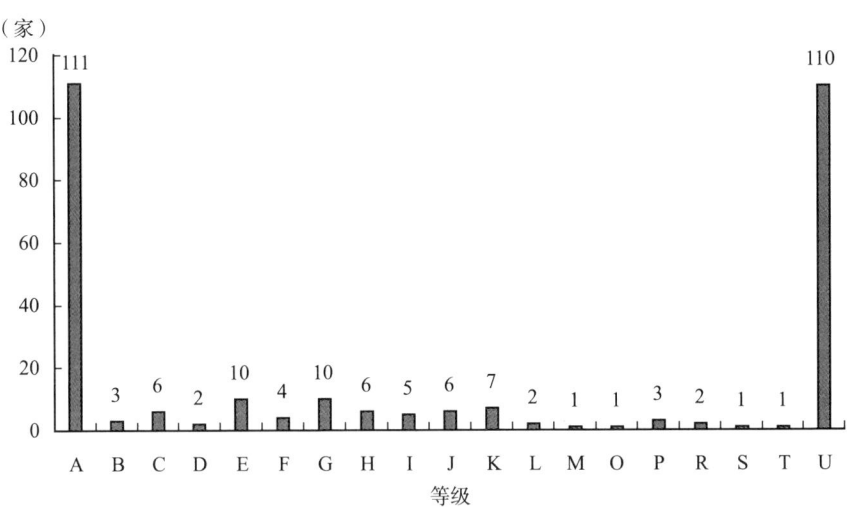

图 41　按营业收入等级划分的生产力布局（设备及交通装备）

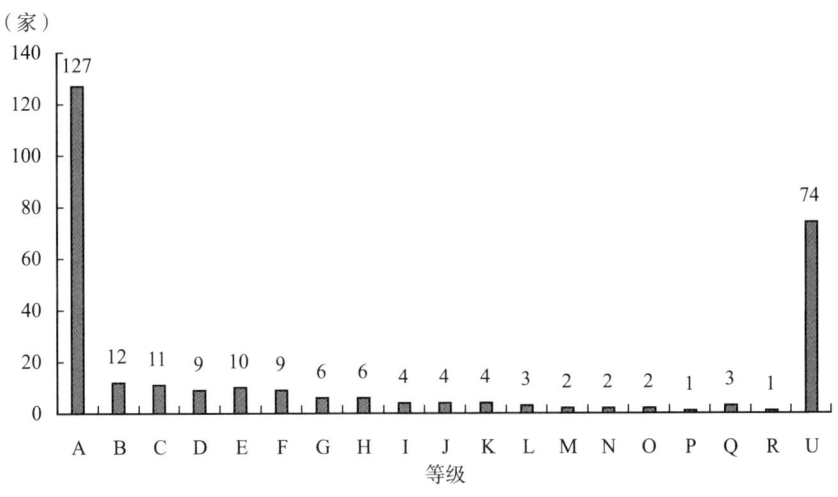

图 42　按纳税额等级划分的生产力布局（设备及交通装备）

J、K、L、M、N、O、P、Q、R 等级的设备及交通装备制造企业占比均在 4% 以下；纳税额在 U 等级的设备及交通装备制造企业有 74 家，即纳税额大于等于 1000 万元的设备及交通装备制造企业占比 25.52%。

在建筑家装及包装材料产业发展方面（见图43），截至2023年底，约84.42%的建筑家装及包装材料企业属于A级，共有2292家；约5.01%的建筑家装及包装材料企业营业收入等级属于B级（营业收入大于等于500万元，小于1000万元），共有136家；约2.32%的建筑家装及包装材料企业营业收入等级属于C级（营业收入大于等于1000万元，小于1500万元），共有63家；营业收入等级在D、E、F、G、H、I、J、K、L、M、N、O、P、Q、R、S、T、U等级的建筑家装及包装材料企业占比均在2.00%以下。

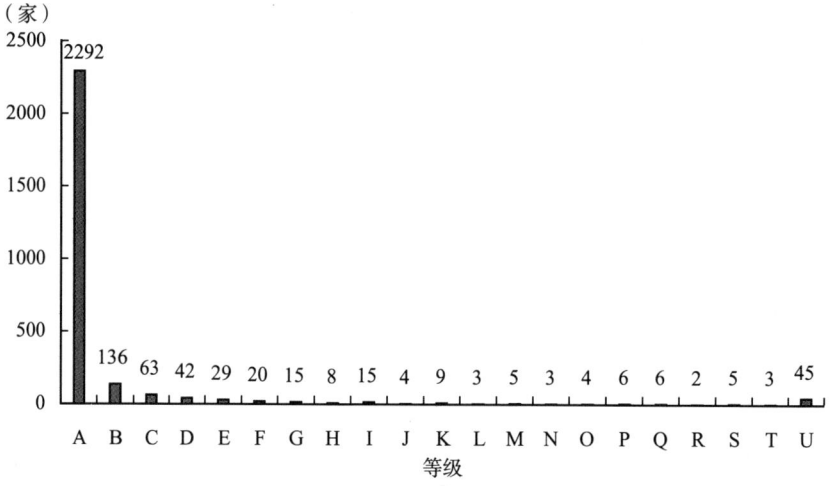

图43 按营业收入等级划分的生产力布局（建筑家装及包装材料）

从纳税额等级来看（见图44），截至2023年底，约93.57%的建筑家装及包装材料企业属于A级，共有2533家；约2.14%的建筑家装及包装材料企业属于B级（纳税额大于等于50万元，小于100万元）；其余纳税等级的建筑家装及包装材料企业占比均不超过1.00%。

在汽车制造产业发展方面（见图45），截至2023年底，约83.59%的汽车制造企业属于A级，即营业收入小于500万元，共有3729家；约3.90%的汽车制造企业属于B级，即营业收入大于等于500万元，小于1000万元，

第二篇 成渝地区双城经济圈制造业产业链分析

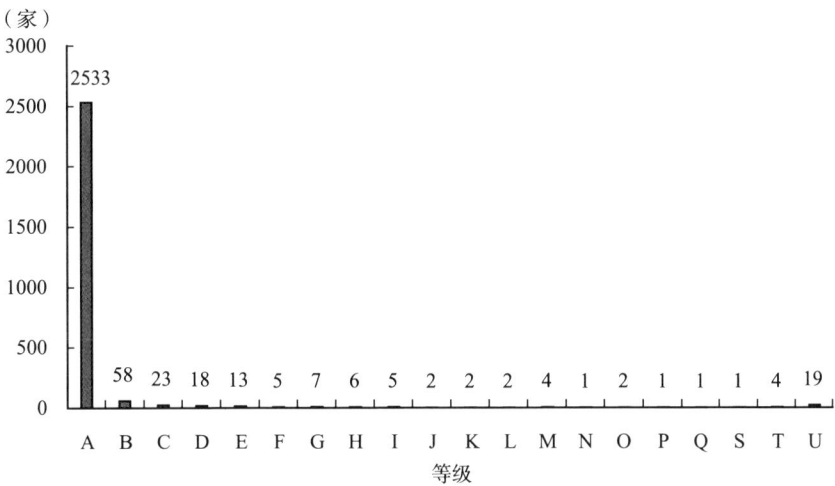

图 44 按纳税额等级划分的生产力布局（建筑家装及包装材料）

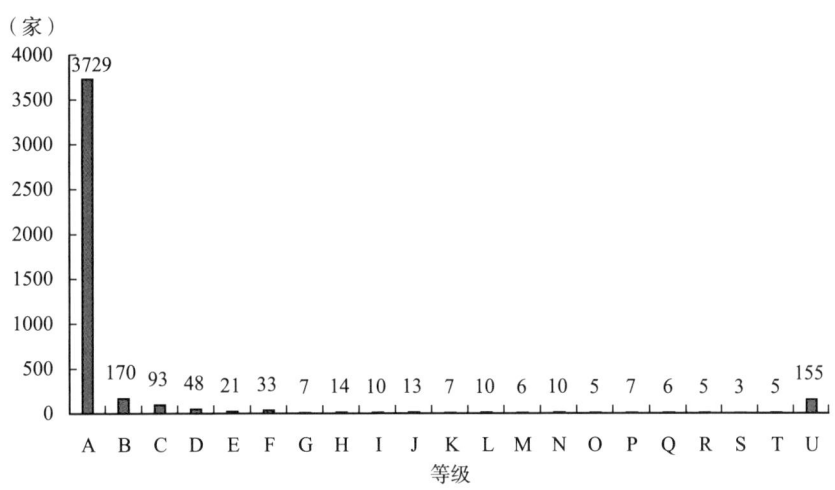

图 45 按营业收入等级划分的生产力布局（汽车制造）

共有 170 家；约 2.13% 的汽车制造企业属于 C 级，即营业收入大于等于 1000 万元，小于 1500 万元，共有 93 家；约 3.56% 的汽车制造企业属于 U 级，即营业收入大于等于 10000 万元，共有 155 家；其余营业收入等级的汽车制造企业占比均在 1.00% 上下。

从纳税额等级来看（见图46），截至2023年底，约93.15%的汽车制造企业属于A级（纳税额小于50万元），共有4147家；其余纳税额等级的汽车制造企业占比均不超过2.00%。

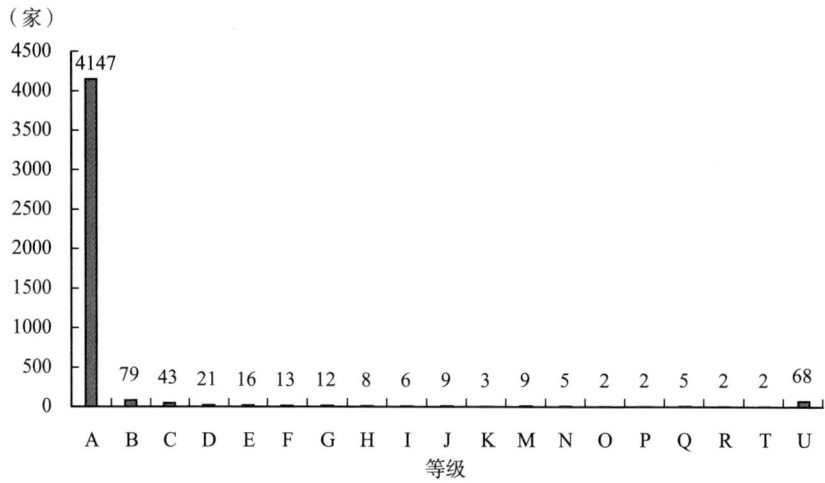

图46　按纳税额等级划分的生产力布局（汽车制造）

在生物医药产业发展方面（见图47），截至2023年底，约69.04%的生物医药材料企业属于A级（营业收入小于500万元），共有272家；约9.39%的生物医药材料企业属于B级（营业收入大于等于500万元，小于1000万元），共有37家；约4.82%的生物医药材料企业属于D级（营业收入大于等于1500万元，小于2000万元），共有19家；约3.55%的生物医药材料企业属于U级（营业收入大于等于10000万元）。

从纳税额等级来看（见图48），截至2023年底，约80.71%的生物医药材料企业属于A级，共有318家；约7.61%的生物医药材料企业属于B级（纳税额大于等于50万元，小于100万元），共有30家；约2.28%的生物医药材料企业属于C级（纳税额大于等于100万元，小于150万元），共有9家；约2.79%的生物医药材料企业属于U级（纳税额大于等于1000万元），共有11家。

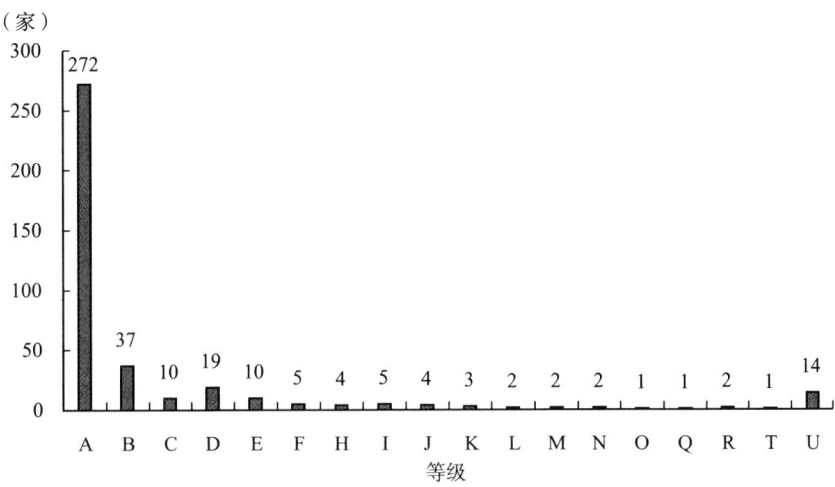

图 47　按营业收入等级划分的生产力布局（生物医药材料）

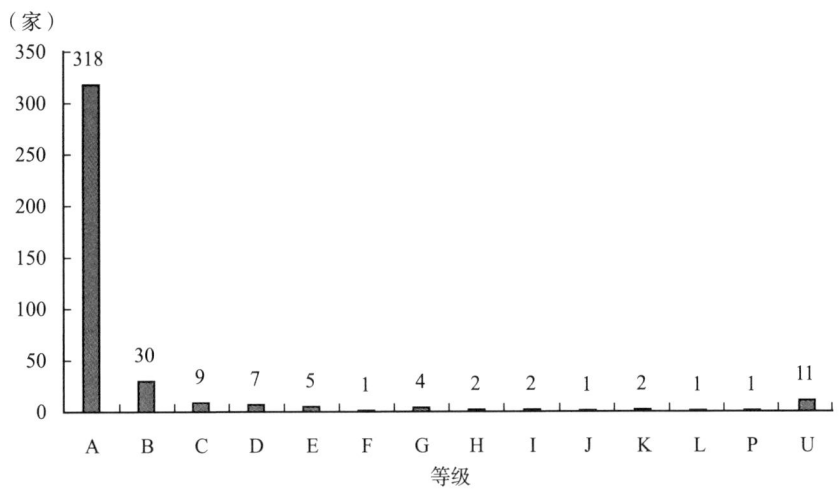

图 48　按纳税额等级划分的生产力布局（生物医药材料）

（四）基于创新能力的生产力布局

从成渝地区双城经济圈先进材料产业链下游产业发展创新能力来看（见图49），截至2023年底，设备及交通装备制造产业创新能力最强，专利个数

71

为 90558 个，占比 60.05%，软件著作权个数 9009 个，占比 72.67%；其次是汽车制造产业，汽车制造产业的专利个数为 46220 个，占比 30.65%，软件著作权个数 2453 个，占比 19.79%；生物医药产业的创新能力相对较为薄弱，生物医药产业的专利个数为 3942 个，占比 2.61%，软件著作权个数 332 个，占比 2.68%。

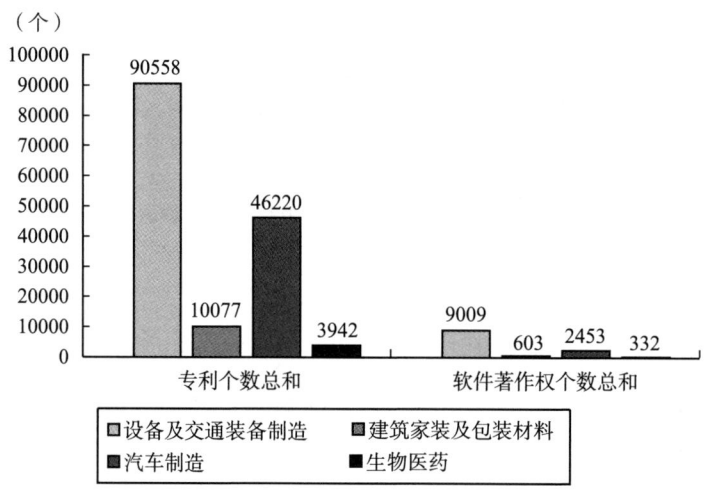

图 49 先进材料产业链下游创新能力（产业链环节）

四、小结

近年来，成渝地区双城经济圈联手推进产业链补链成群，共建成渝地区先进装备制造产业集群，携手打造国家重要先进制造业基地。从产业链来看，成渝地区双城经济圈先进材料产业链上游产业主要有化工原料、基质材料、矿物原料三大产业，其中，化工原料企业占比最大，占比约 99%；基质材料和矿物原料产业发展相对不足。从区域来看，四川地区先进材料产业链上游企业数量明显多于重庆地区，占比约 62.81%。从营收等级来看，化工原料 A 级企业数量相对较多，但基质材料和矿物原料 U 级企业数量更为集中，表明基质材料和矿物原料行业企业规模相对较大，而在化工原料行业市场竞争程度更为激烈。在创新能力方面，化工原料环节的创新能力最强，其专利个数为 27022 个；其次是矿物原料环节，其专利个数为 9515 个；基质材料环节创新能力相对较为薄弱，其专利个数为 8215 个。

在产业链中游，主要有端合成材料、绿色建材、气凝胶材料、石墨烯材料、先进钢铁材料、先进有色合金材料、纤维及复合材料七大产业，其中主要为石墨烯材料和纤维及复合材料产业，分别为 2817 家和 2810 家，占比约达 88%。气凝胶材料和先进有色合金材料数量相对较少。从地区分布来看，重庆地区先进材料产业链中游产业企业数量（2380 家）略多于四川地区（2293 家）。在创新能力方面，纤维及复合材料创新能力最强，专利个数为 92614 个；其次是石墨烯材料产业，专利个数为 52688 个；绿色建材的创新能力相对较为薄弱，专利个数为 4508 个。

在产业链下游，主要有设备及交通装备制造、建筑家装及包装材料、汽车制造、生物医药四大产业，其中主要为汽车制造（7421 家）和建筑家装及包装材料（3894 家），设备及交通装备制造（476 家）和生物医药（531 家）企业数量相对较少。从空间格局来看，主要集中布局在重庆主城都市区和成都市，四川地区企业数量（6788 家）略多于重庆地区（5534 家）。从营收等级来看，汽车制造 U 级企业（大于等于 10000 万元）数量最多，有 155 家；其次设备及交通装备制造 U 级企业数量也有 110 家；生物医药材料企业规模相对较小，U 级企业数量仅有 11 家。在创新能力方面，设备及交通装备制造产业创新能力最强，专利个数达 90558 个；其次为汽车制造产业，专利个数为 46220 个；生物医药产业的创新能力相对较为薄弱，专利个数为 3942 个。

新一代电子信息制造业产业链分析

电子信息产业是成渝地区创新实力最强、产业基础最好、渗透范围最广、经济增长贡献最多的支柱产业之一。在2023年12月28日召开的推动成渝地区双城经济圈建设重庆、四川党政联席会议第八次会议上川渝两地正式启动了"成渝地区电子信息先进制造集群培育提升三年行动",提出到2025年,两地电子信息先进制造集群规模将突破2.2万亿元。目前,成渝地区双城经济圈新一代电子信息制造业已形成了较为完整的产业链链条。其中,产业链上游产业主要包括电子专用材料(例如,半导体材料、合金磁性材料、电镀封装材料、陶瓷铜箔材料、发光显示材料等);产业链中游产业主要聚集了电子元器件、集成电路、计算机零部件及外围设备、发光显示面板制造等产业;产业链下游产业主要布局有高灵敏度雷达、通信设备、智能车载设备和智能终端四大产业。成渝地区双城经济圈新一代电子信息制造业产业链格局,如图1所示。接下来,本书将分链条剖析成渝地区双城经济圈新一代电子信息制造业生产力格局。

一、产业链上游的生产力布局

(一)基于产业链环节的生产力布局

从细分产业来看(见图2),截至2023年底,电子专用材料产业中,陶瓷

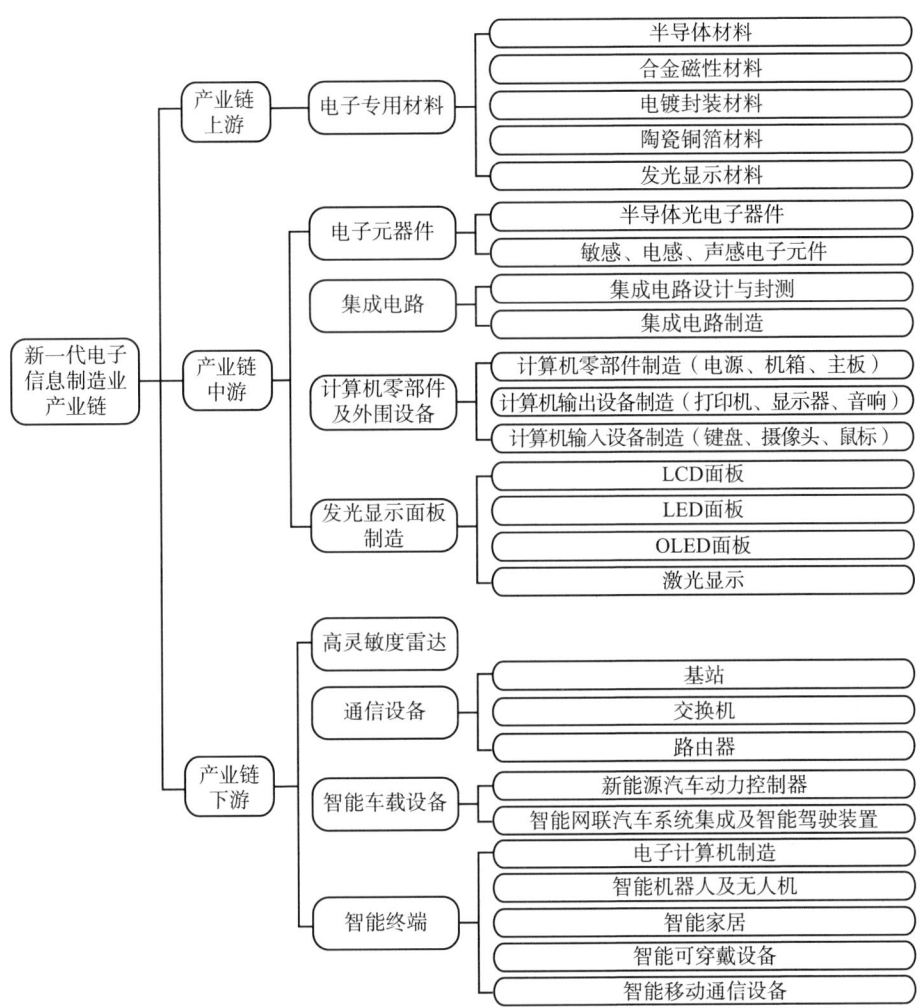

图 1　成渝地区双城经济圈新一代电子信息制造业产业链格局

铜箔材料均为四川和重庆地区新一代电子信息制造业上游产业的主要行业，其中四川地区陶瓷铜箔材料企业 325 家，重庆地区陶瓷铜箔材料企业 281 家；半导体材料企业四川地区 35 家，重庆地区 17 家；合金磁性材料四川以及重庆地区的企业分布数量都较少，四川地区 2 家，重庆地区 1 家；电镀封装材料企业四川地区 12 家，重庆地区 18 家；发光显示材料企业四川地区 32 家，重庆地区 11 家。

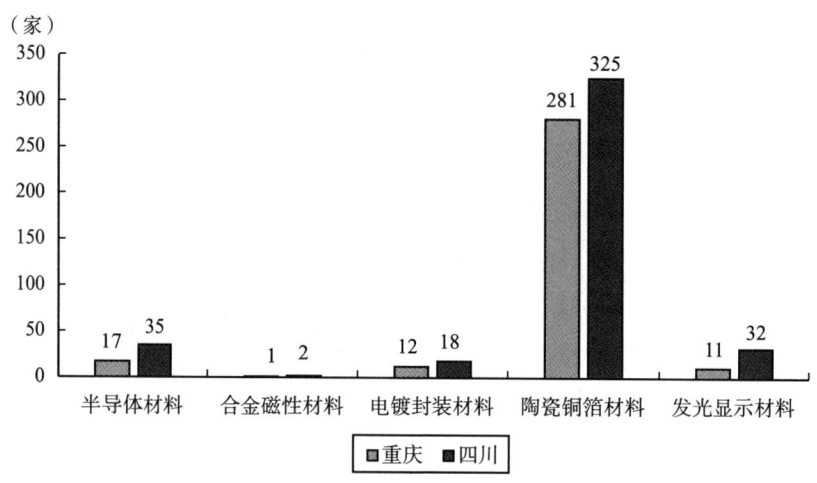

图 2　按省域及产业链环节划分的生产力布局（上游）

（二）基于地域的生产力布局

从空间格局来看，截至 2023 年底，新一代电子信息制造业产业链上游产业主要集中布局在重庆都市圈和成都市。

在半导体材料企业空间分布格局方面（见图 3），截至 2023 年底，重庆地区主城都市区有 17 家，占比 32.69%。其次为四川地区主要分布在成都市，有 15 家，占比 28.85%；乐山市 7 家，占比 13.46%；内江市和雅安市最少，各自都只有 1 家。

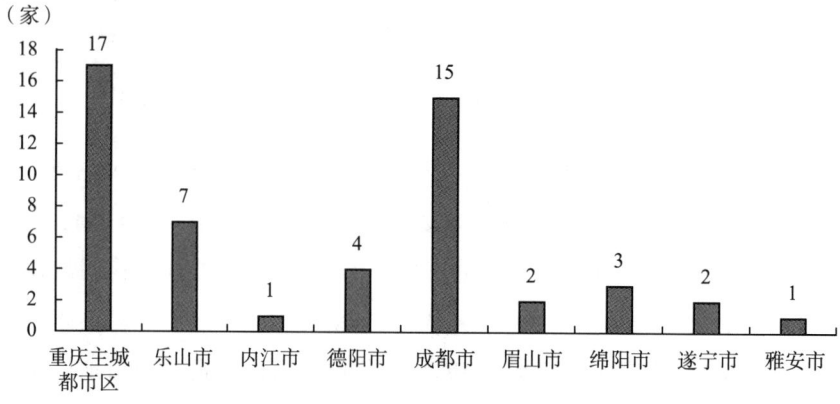

图 3　按地域划分的生产力布局（半导体材料）

在合金磁性材料企业空间格局方面（见图4），重庆地区和四川地区的分布都较少。截至2023年底，重庆地区分布于主城都市区，有1家；四川地区分布于成都市，有2家。

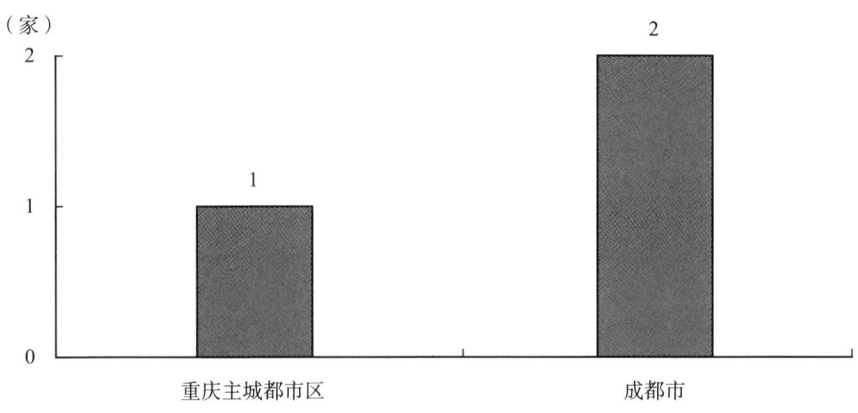

图4　按地域划分的生产力布局（合金磁性材料）

在电镀封装材料企业空间格局方面（见图5），截至2023年底，重庆地区主要分布于重庆主城都市区，有10家，占比33.33%。其次为渝东北城镇群和渝东南城镇群，各有1家。四川地区主要分布于成都市，有12家，占比40.00%；其次为绵阳市和遂宁市，各为3家。

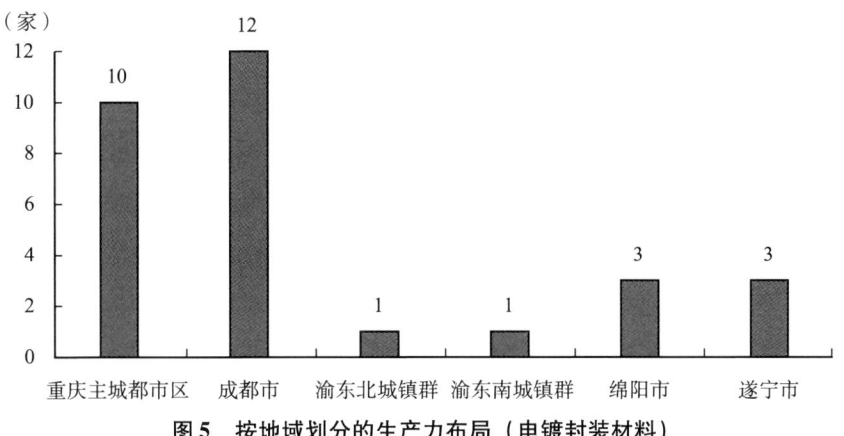

图5　按地域划分的生产力布局（电镀封装材料）

在陶瓷铜箔材料企业空间格局方面（见图6），截至2023年底，重庆地区主要分布于重庆主城都市区，有261家，占比43.07%；其次为渝东北城镇群，有16家，占比2.64%。四川地区主要分布于成都市以及绵阳市。成都市有104家，占比17.16%；绵阳市有101家，占比16.67%；其余地区分布较少。

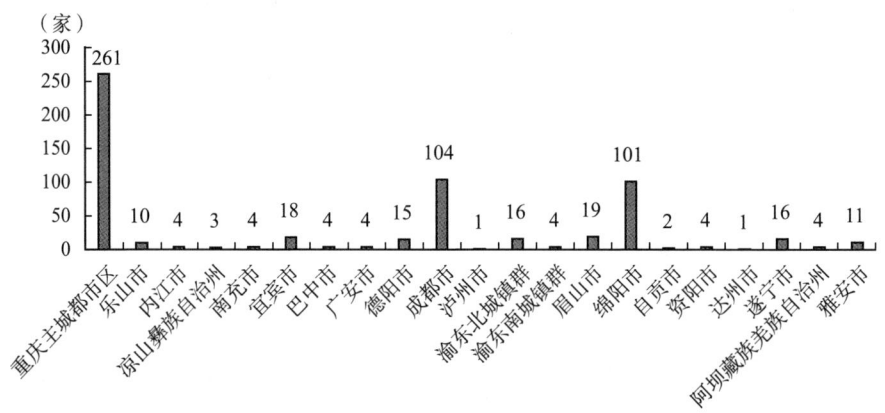

图6　按地域划分的生产力布局（陶瓷铜箔材料）

在发光显示材料企业空间格局方面（见图7），截至2023年底，重庆地区主要分布于重庆主城都市区，有11家，占比25.58%。四川地区主要分布于成都市，有16家，占比37.21%；其次为绵阳市和遂宁市，各为6家；其他城市如眉山市有3家，德阳市有1家。

（三）基于经营状况的生产力布局

依据营业收入等级划分标准（见图8），截至2023年底，对成渝地区双城经济圈半导体材料企业进行分析，结果显示，成渝地区双城经济圈约25.00%的半导体材料企业营业收入属于A级，共有8家；约6.25%的半导体材料营业收入属于C级（营业收入大于等于1000万元，小于1500万元），共有2家；约6.25%的半导体材料营业收入属于D级（营业收入大于等于

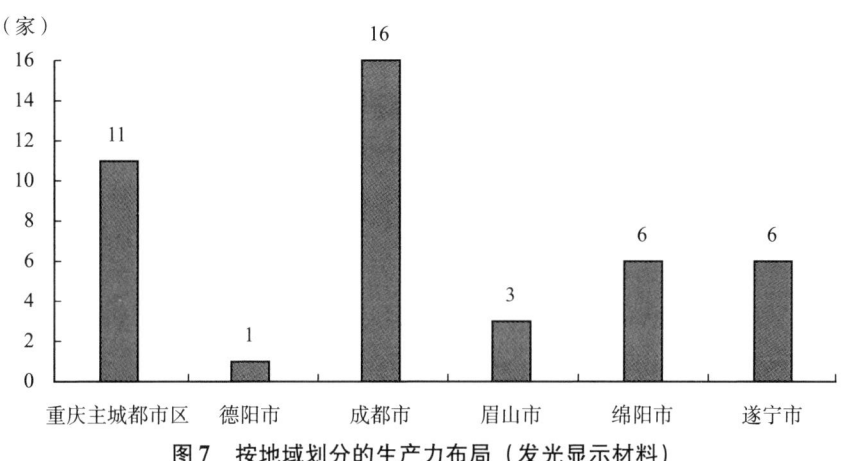

图7 按地域划分的生产力布局（发光显示材料）

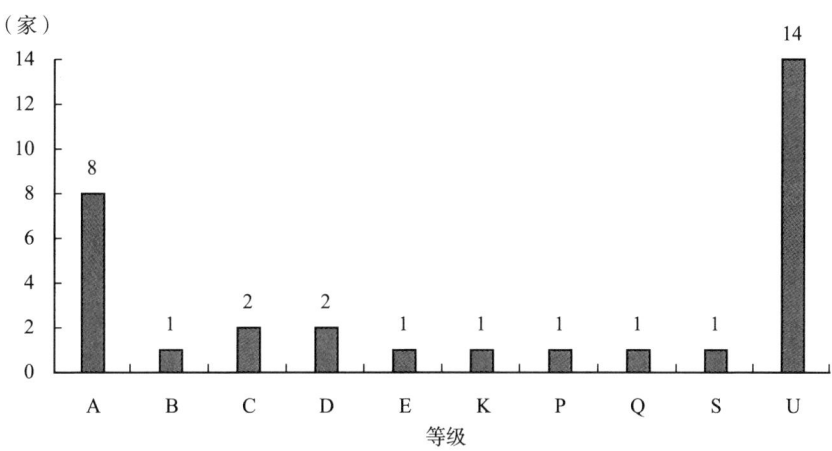

图8 按营业收入等级划分的生产力布局（半导体材料）

1500万元，小于2000万元），共有2家；约43.75%的半导体材料营业收入属于U级（营业收入大于等于10000万元）；其他营业收入等级的半导体材料企业数量各有1家。

从纳税额等级来看（见图9），截至2023年底，约31.25%的半导体材料企业属于A级，共有10家；有2家半导体材料企业属于B级（大于等于50万元，小于100万元）；约37.50%的半导体材料企业属于U级（大于等于

1000万元）；其余纳税等级的半导体材料企业数量较少。

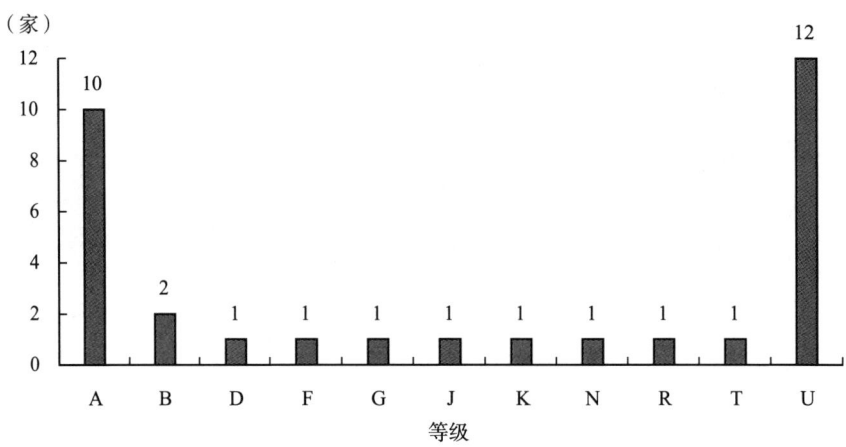

图 9　按纳税额等级划分的生产力布局（半导体材料）

从营业收入等级来看（见图10），截至2023年底，有2家合金磁性材料企业均属于U级（营业收入大于等于10000万元），且其纳税等级也属于U级（纳税额大于等于1000万元）。

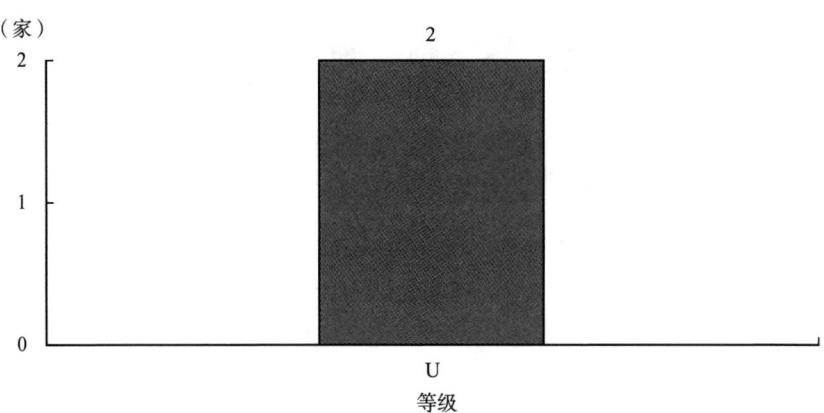

图 10　按营业收入等级划分的生产力布局（合金磁性材料）

在电镀封装材料产业发展方面（见图11），截至2023年底，约40.91%的电镀封装材料企业属于A级，共有9家；约31.82%的电镀封装材料企业属于U级，即营业收入大于等于10000万元；其他营业收入等级的电镀封装材料企业数量较少。

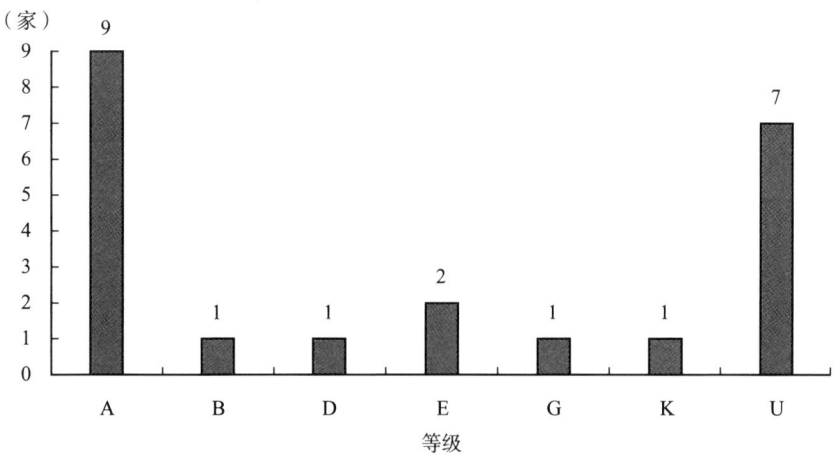

图11　按营业收入等级划分的生产力布局（电镀封装材料）

从纳税额等级来看（见图12），截至2023年底，成渝地区双城经济圈有45.45%的电镀封装材料企业属于A级（纳税额小于50万元）；约22.57%的电镀封装材料企业属于U级（纳税额大于等于10000万元）；其余纳税等级的电镀封装材料企业数量较少。

在陶瓷铜箔材料产业发展方面（见图13），截至2023年底，40.91%的陶瓷铜箔材料企业属于A级，共有276家；约8.91%的陶瓷铜箔材料企业属于B级（营业收入大于等于500万元，小于1000万元），共有36家；约3.47%的陶瓷铜箔材料企业属于C级（营业收入大于等于1000万元，小于1500万元），共有14家；约5.49%的陶瓷铜箔材料企业属于U级（营业收入大于等于10000万元），共有24家；其余营业收入等级的陶瓷铜箔材料企业数量均不超过10家。

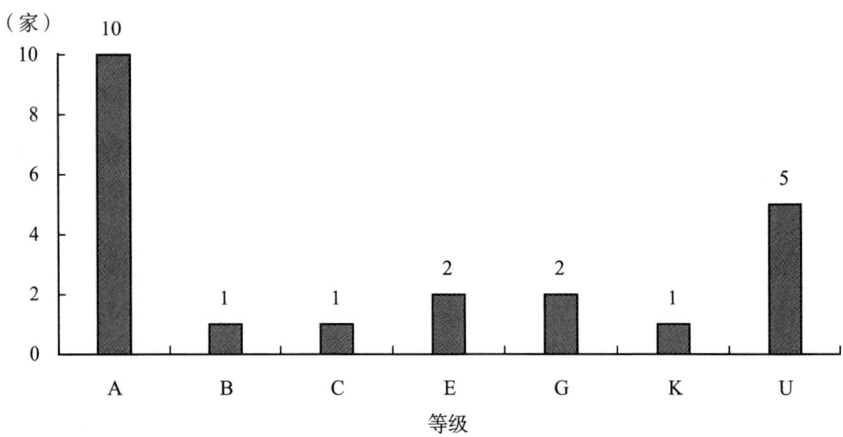

图 12　按纳税额等级划分的生产力布局（电镀封装材料）

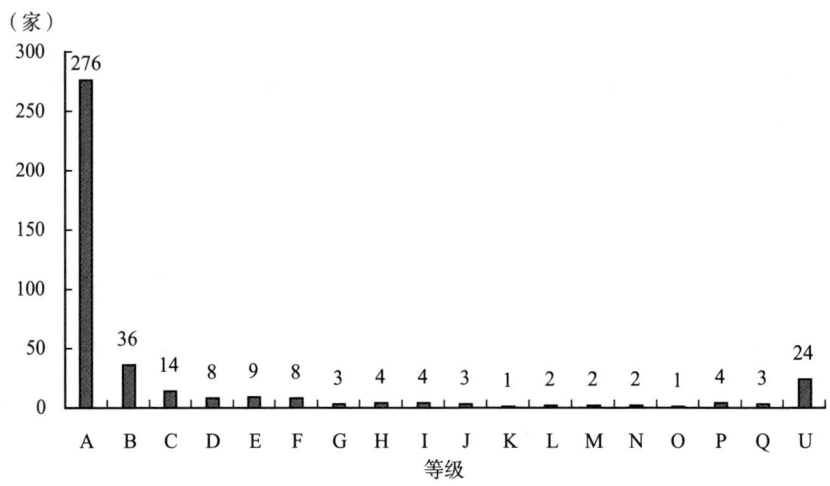

图 13　按营业收入等级划分的生产力布局（陶瓷铜箔材料）

从纳税额等级来看（见图 14），截至 2023 年底，约 83.25% 的陶瓷铜箔材料企业属于 A 级，共有 338 家；约 3.94% 的陶瓷铜箔材料企业属于 B 级（纳税额大于等于 50 万元，小于 100 万元），共有 16 家；约 3.20% 的陶瓷铜箔材料企业属于 C 级（纳税额大于等于 100 万元，小于 150 万元）；其余纳税等级的陶瓷铜箔材料企业数量均不超过 6 家。

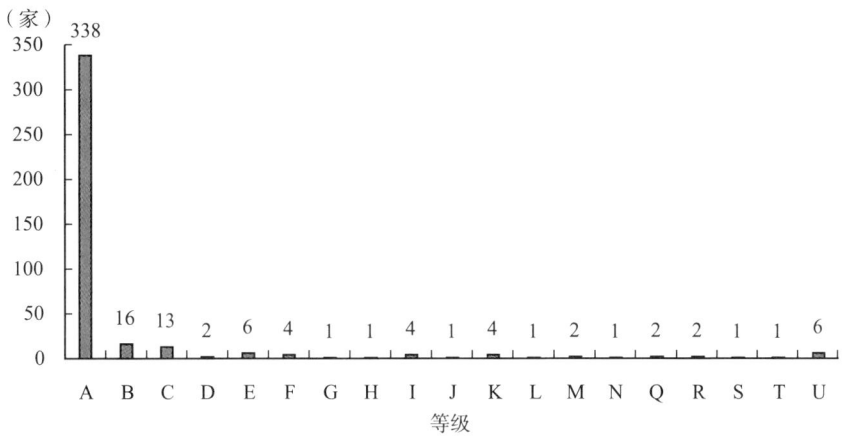

图 14　按纳税额等级划分的生产力布局（陶瓷铜箔材料）

在发光显示材料产业发展方面（见图 15），截至 2023 年底，约 24.14% 的发光显示材料的企业属于 A 级，共有 7 家；约 37.93% 的发光显示材料的企业属于 U 级（营业收入大于等于 10000 万元），共有 11 家；其余营业收入等级的发光显示材料企业数量均不超过 3 家。

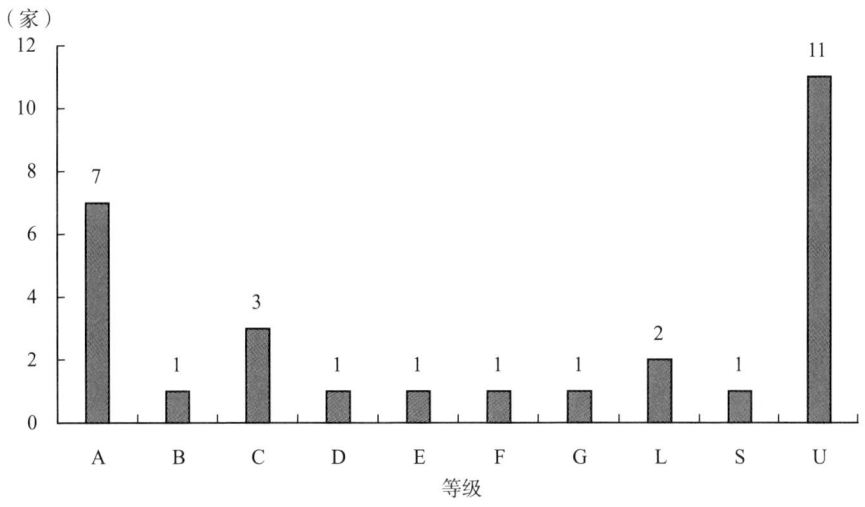

图 15　按营业收入等级划分的生产力布局（发光显示材料）

从纳税额等级来看（见图16），截至2023年底，约48.28%的发光显示材料企业属于A级，共有14家；约44.83%的发光显示材料企业属于U级（纳税额大于等于1000万元），共有13家；纳税等级为B、L等级的企业各有1家。

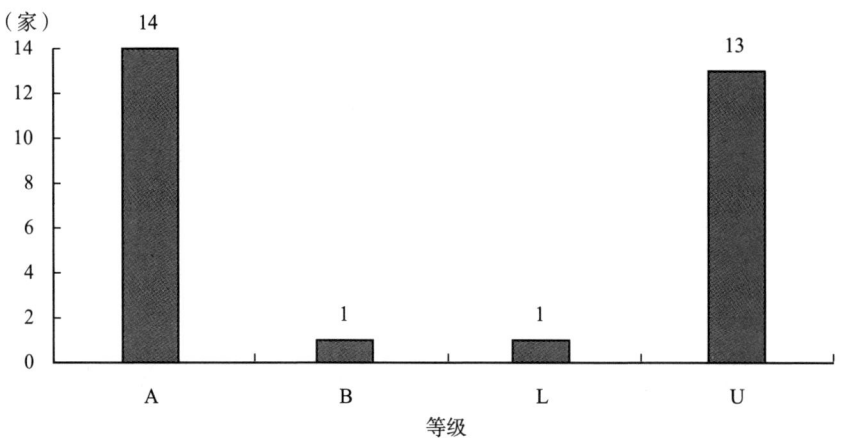

图16 按纳税额等级划分的生产力布局（发光显示材料）

（四）基于创新能力的生产力布局

从电子专用材料产业发展创新能力来看（见图17），发光显示材料和半导体材料创新能力最强。截至2023年底，发光显示材料产业的专利个数为44940个，占比42.34%；软件著作权个数910个，占比21.01%。半导体材料的专利个数为35924个，占比33.85%；软件著作权个数3022个，占比69.76%。其次是陶瓷铜箔材料产业，陶瓷铜箔材料产业的专利个数为15640个，占比14.74%；软件著作权个数221个，占比5.10%。合金磁性材料的创新能力相对较为薄弱，合金磁性材料产业的专利个数为1514个，占比1.43%；软件著作权个数13个，占比0.30%。

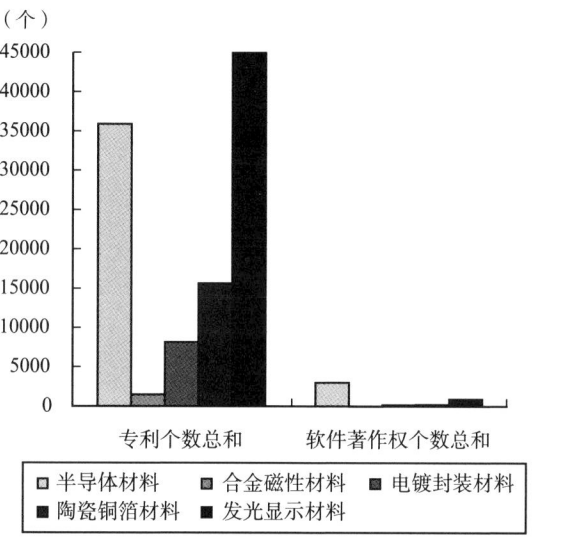

图 17 新一代电子信息制造业上游产业创新能力（产业链环节）

二、产业链中游的生产力布局

（一）基于产业链环节的生产力布局

当前，成渝地区双城经济圈新一代电子信息制造产业链中游主要有电子元器件、集成电路、计算机零部件及外围设备、发光显示面板制造四大产业，截至 2023 年底，共有 15130 家企业（见图 18）；其中，电子元器件产业占比最大，占比约 45%；其次是集成电路产业，占比约 28%；发光显示面板制造产业占比约 20%；计算机零部件及外围设备占比约 7%。

（二）基于地域的生产力布局

在电子元器件产业下的半导体光电子器件制造业方面（见图 19），截至 2023 年底，半导体光电子器件制造业在重庆主要分布于重庆主城都市区，有 184 家企业，其他地区均不足 15 家。四川地区主要分布于成都市，有 208 家

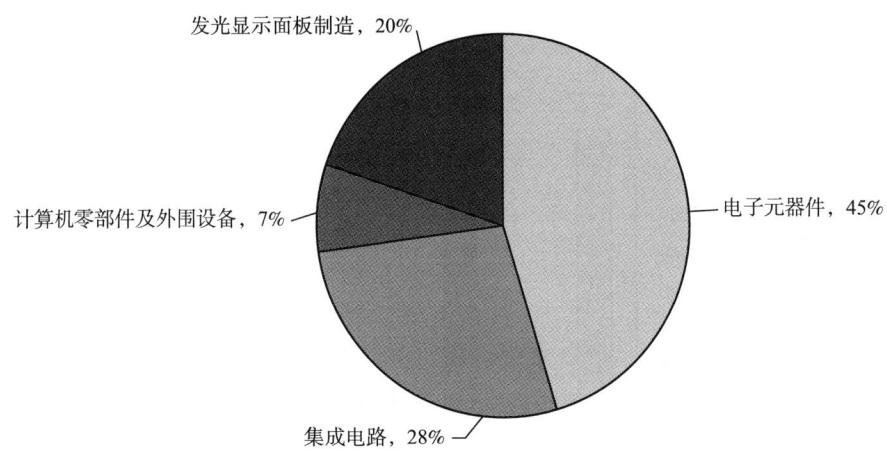

图 18　按产业链环节划分的生产力布局情况（中游）

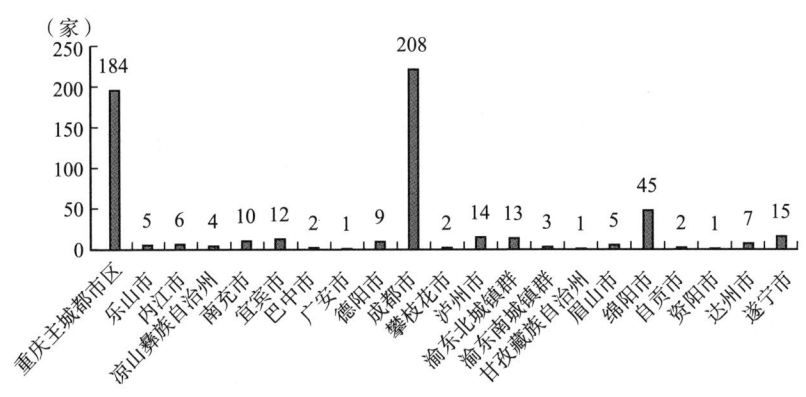

图 19　按地域划分的生产力布局情况（半导体光电子器件）

企业，其次是绵阳市，有 45 家企业，其他地区企业数量较少，均在 20 家以下。

在电子元器件产业下的敏感电感声感电子元件制造业发展方面（见图20），截至 2023 年底，敏感电感声感电子元件制造业在重庆主要分布于重庆主城都市区，有 2629 家企业，其他地区均不足 300 家。四川地区主要分布于成都市，有 1874 家企业，其次是绵阳市，有 541 家企业，其他地区企业数量较少。

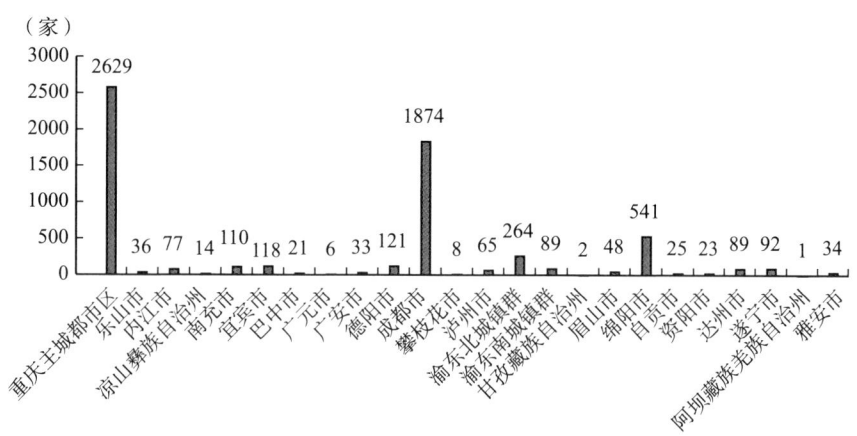

图 20　按地域划分的生产力布局情况（敏感电感声感电子元件）

在集成电路产业下的集成电路设计与封测制造业发展方面（见图 21），截至 2023 年底，集成电路设计与封测制造业在重庆主要分布于重庆主城都市区，有 1806 家企业，其他地区均不足 150 家。四川地区主要分布于成都市，有 2685 家企业，其次是绵阳市，有 139 家企业，其他地区企业数量较少。

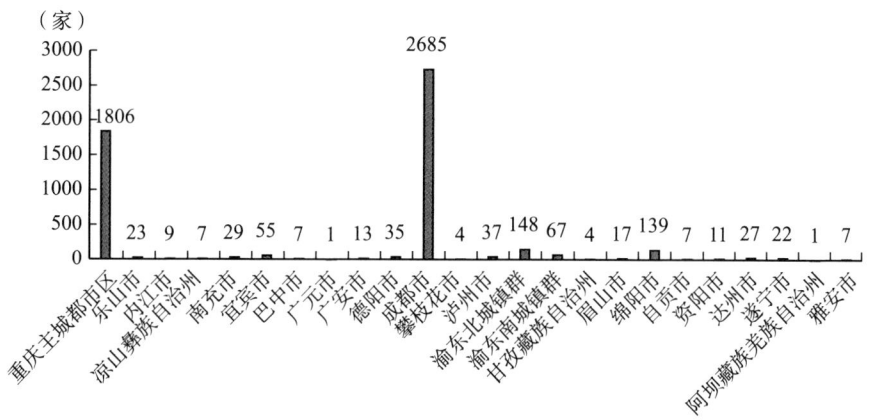

图 21　按地域划分的生产力布局情况（集成电路设计与封测）

在集成电路产业下的集成电路制造业发展方面（见图 22），截至 2023 年底，集成电路制造业在重庆主要分布于重庆主城都市区，有 354 家企业，其他地区均不足 10 家。四川地区主要分布于成都市，有 519 家企业，其次是绵阳市，有49家企业，其他地区企业数量较少。

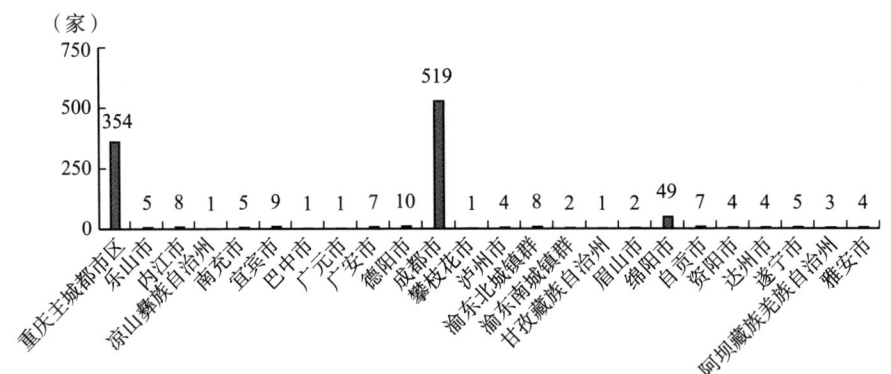

图22 按地域划分的生产力布局情况（集成电路制造）

在计算机零部件及外围设备下的计算机零部件制造（电源、机箱、主板）企业发展方面（见图23），截至2023年底，计算机零部件制造（电源、机箱、主板）制造业在重庆主要分布于重庆主城都市区，有88家企业，其他地区均不足5家。四川地区主要分布于成都市，有50家企业，其次是绵阳市，有13家企业，其他地区企业数量较少。

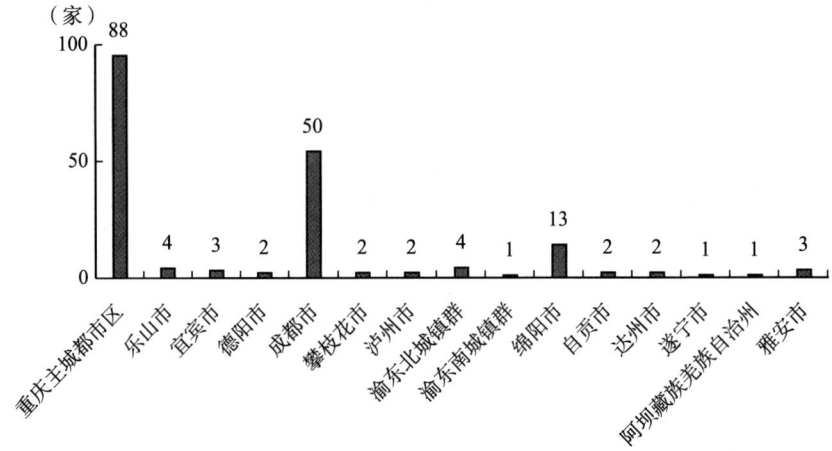

图23 按地域划分的生产力布局情况［计算机零部件制造（电源、机箱、主板）］

在计算机零部件及外围设备下的计算机输出设备制造（打印机、显示器、音响）企业发展方面（见图24），截至2023年底，计算机输出设备制造（打印机、显示器、音响）制造业在重庆主要分布于重庆主城都市区，有286家企业，其他地区均不足50家。四川地区主要分布于成都市，有146家企业，其次是南充市，有52家企业，再者为绵阳市，有32家，其他地区企业数量较少。

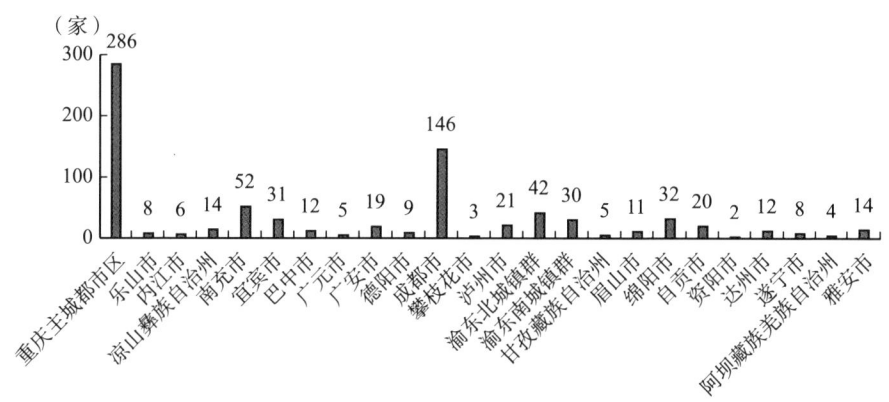

图24　按地域划分的生产力布局情况［计算机输出设备制造（打印机、显示器、音响）］

在计算机零部件及外围设备下的计算机输入设备制造（键盘、摄像头、鼠标）企业发展方面（见图25），截至2023年底，涉及企业在重庆主要分布于重庆主城都市区，有68家企业，其他地区均不足10家。四川地区主要分布于成都市，有28家企业，其次是宜宾市，有9家企业，再者为绵阳市，有7家，其他地区企业数量较少。

在发光显示面板制造下的LCD面板企业发展方面（见图26），截至2023年底，LCD面板制造业在重庆主要分布于重庆主城都市区，有144家企业，其他地区均不足20家。四川地区主要分布于成都市，有122家企业，其次是绵阳市，有19家企业，其他地区企业数量较少。

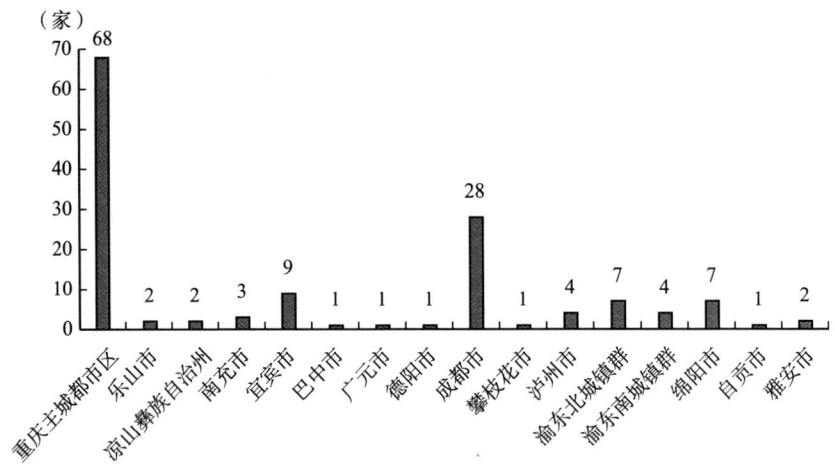

图25　按地域划分的生产力布局情况［计算机输入设备制造（键盘、摄像头、鼠标）］

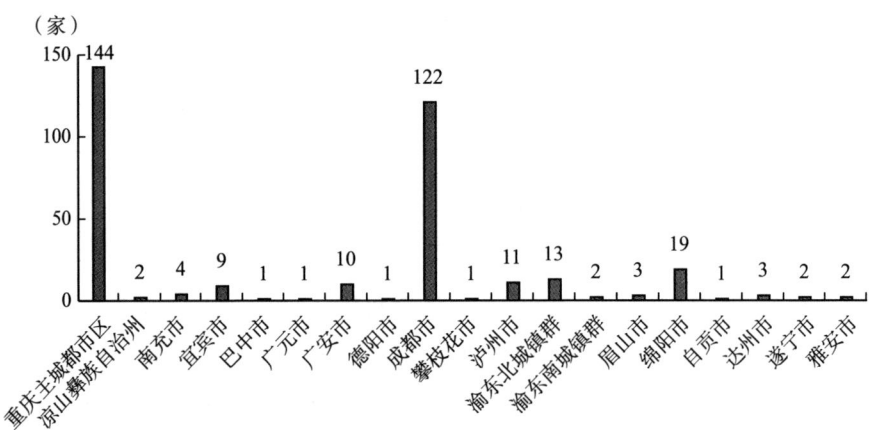

图26　按地域划分的生产力布局情况（LCD面板）

在发光显示面板制造下的LED面板企业发展方面（见图27），截至2023年底，LED面板制造业在重庆主要分布于重庆主城都市区，有1275家企业，其他地区均不足300家。四川地区主要分布于成都市，有619家企业，其次是绵阳市，有106家企业，其他地区企业数量较少。

第二篇 成渝地区双城经济圈制造业产业链分析

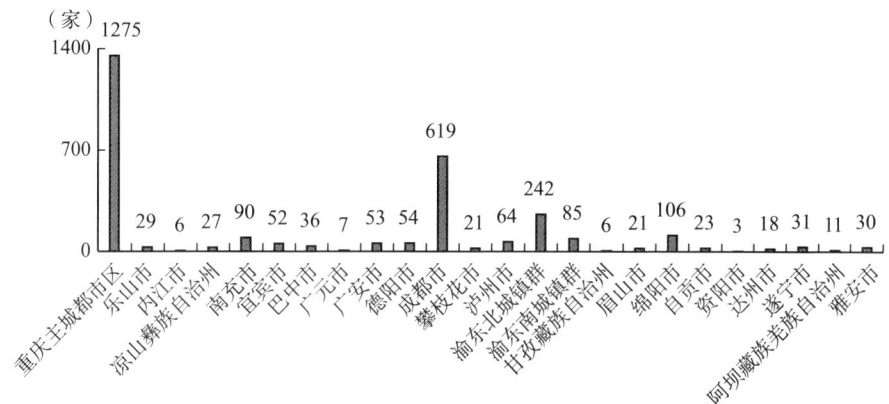

图 27 按地域划分的生产力布局情况（LED 面板）

在发光显示面板制造下的 OLED 面板企业发展方面（见图 28），截至 2023 年底，OLED 面板制造业在重庆主要分布于重庆主城都市区，有 5 家企业。四川地区主要分布于成都市，有 15 家企业，其次是绵阳市，有 4 家企业，其他地区企业数量更少。

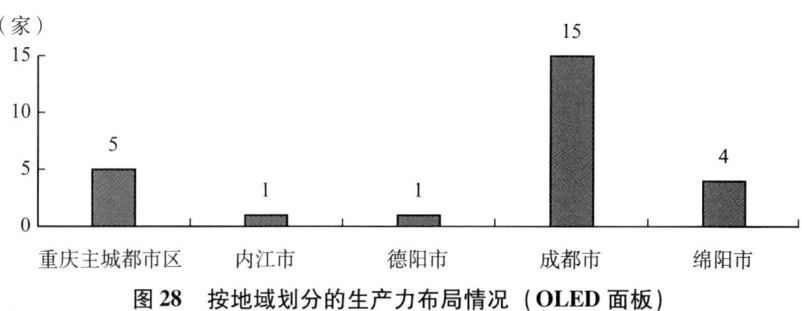

图 28 按地域划分的生产力布局情况（OLED 面板）

在发光显示面板制造下的激光显示企业发展方面（见图 29），截至 2023 年底，激光显示制造业在重庆主要分布于重庆主城都市区，有 25 家企业。四川地区主要分布于成都市，有 25 家企业，其次是绵阳市，有 5 家企业，其他地区企业数量相对较少。

91

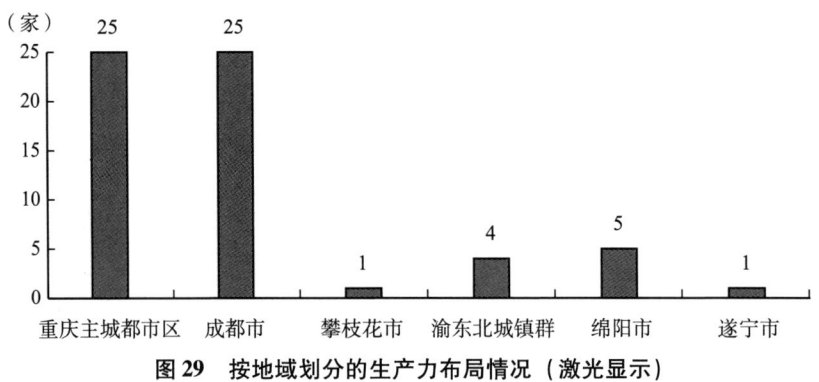

图29　按地域划分的生产力布局情况（激光显示）

（三）基于经营状况的生产力布局

从电子元器件下的半导体光电子器件制造业营业收入来看（见图30），截至2023年底，半导体光电子器件制造业营收等级为A级（500万元以下）的企业有211家，占73%；其次为U级（10000万元及以上）的企业有30家，占比约10%，其余等级企业占比较少。

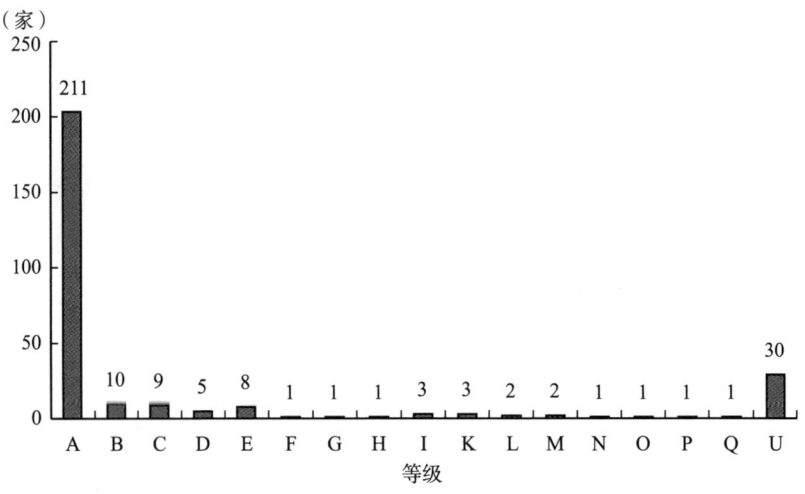

图30　按营业收入划分的生产力布局情况（半导体光电子器件）

从电子元器件下的半导体光电子器件制造业纳税等级来看（见图31），截至2023年底，半导体光电子器件制造业企业纳税等级为A级（50万元以下）的企业有232家，占80%，为U级（1000万元及以上）的企业有22家，占比20%，为B级（大于等于50万元小于100万元）的企业有10家，占比7.5%，其余等级企业占比较少，各等级均仅占5%以下。

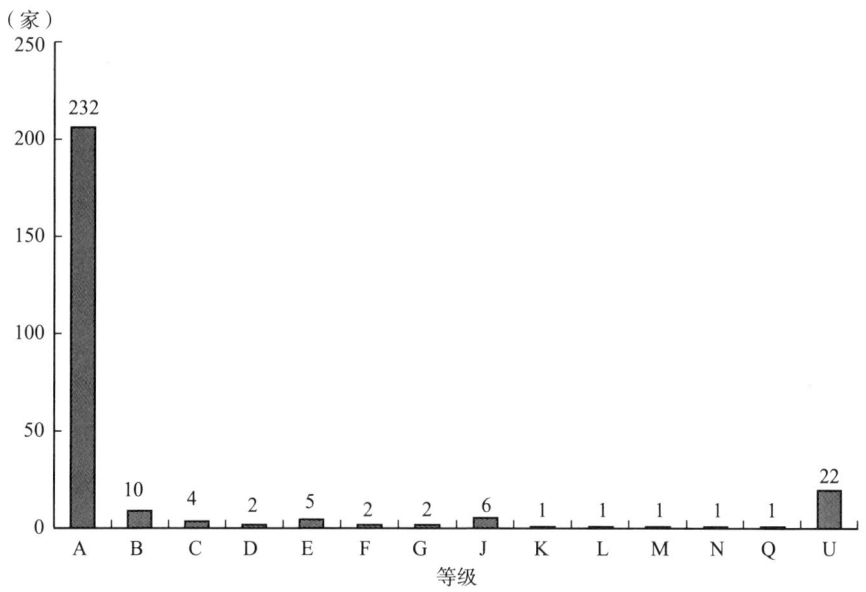

图31　按纳税等级划分的生产力布局情况（半导体光电子器件）

从电子元器件下的敏感电感声感电子元件制造业营业收入来看（见图32），截至2023年底，敏感电感声感电子元件制造业营收等级为A级（500万元以下）的企业有2869家，占76.45%；其次为B级（大于等于500万元小于1000万元）的企业有226家，占比约6.02%；其余等级企业占比较少。

从电子元器件下的敏感电感声感电子元件制造业纳税等级来看（见图33），截至2023年底，敏感电感声感电子元件制造业纳税等级为A级（50万元以下）的企业有3276家，占87.04%；其次为B级（大于等于50万元小于100万元）的企业有140家，占比约3.72%；其余等级企业占比较少。

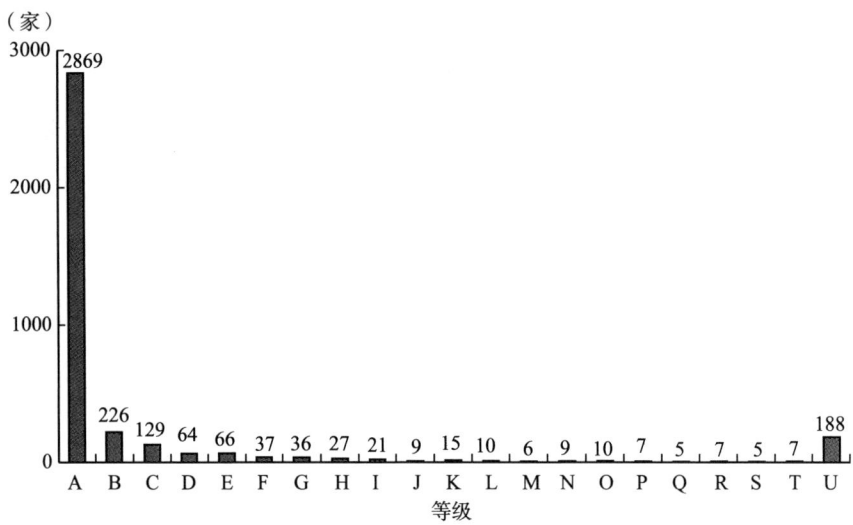

图32 按营业收入划分的生产力布局情况（敏感电感声感电子元件）

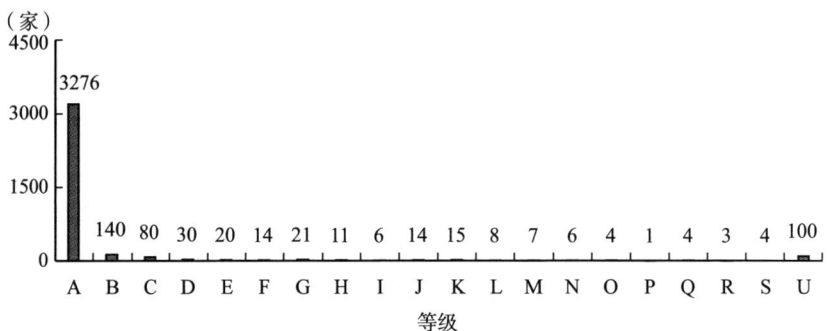

图33 按纳税等级划分的生产力布局情况（敏感电感声感电子元件）

从集成电路下的集成电路设计与封测制造业营业收入来看（见图34），截至2023年底，集成电路设计与封测制造业营收等级为A级（500万元以下）的企业有2120家，占87.71%；其次为B级（大于等于500万元小于1000万元）的企业有90家，占比约3.72%；其余等级占比较少。

从集成电路下的集成电路设计与封测制造业纳税等级来看（见图35），截至2023年底，集成电路设计与封测制造业纳税等级为A级（50万元以下）的企业有2264家，占93.21%；其次为B级（大于等于50万元小于100万元）的企业有51家，占比约2.1%；其余等级占比较少。

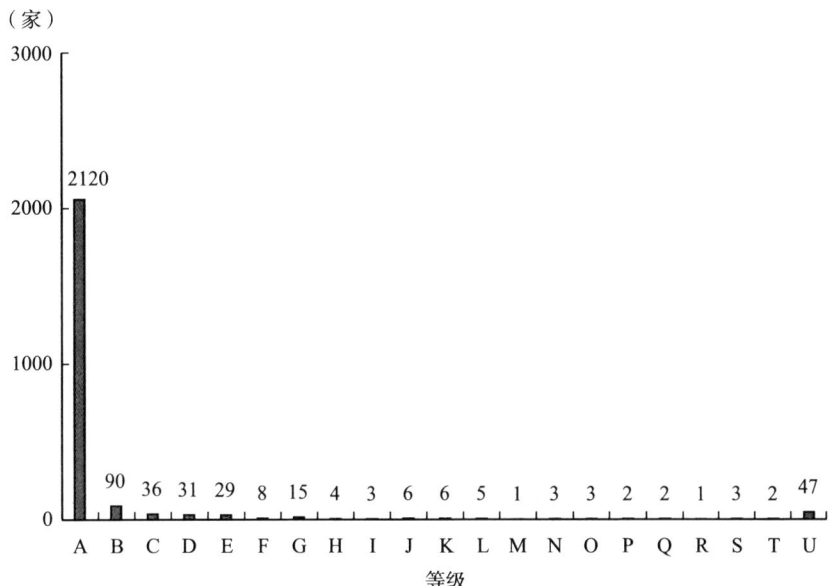

图 34　按营业收入划分的生产力布局情况（集成电路设计与封测）

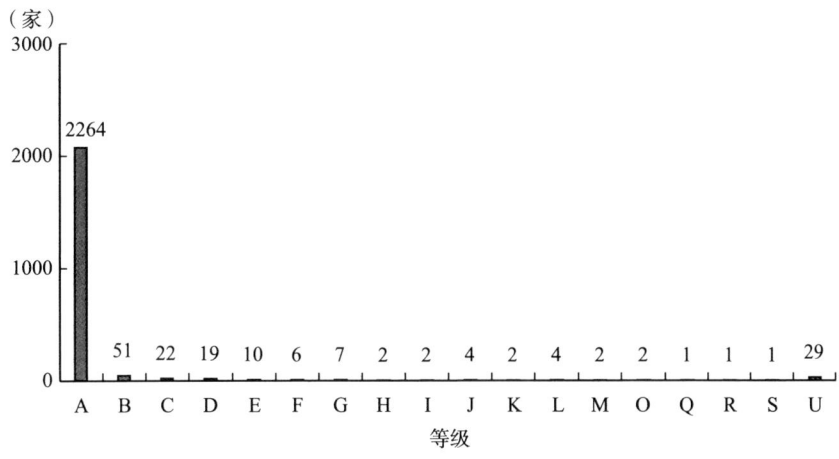

图 35　按纳税等级划分的生产力布局情况（集成电路设计与封测）

从集成电路下的集成电路制造营业收入来看（见图 36），截至 2023 年底，集成电路制造营收等级为 A 级（500 万元以下）的企业有 241 家，占 38.19%；其次为 U 级（10000 万元及以上）的企业有 159 家，占比约 25.2%；其余等级占比较少。

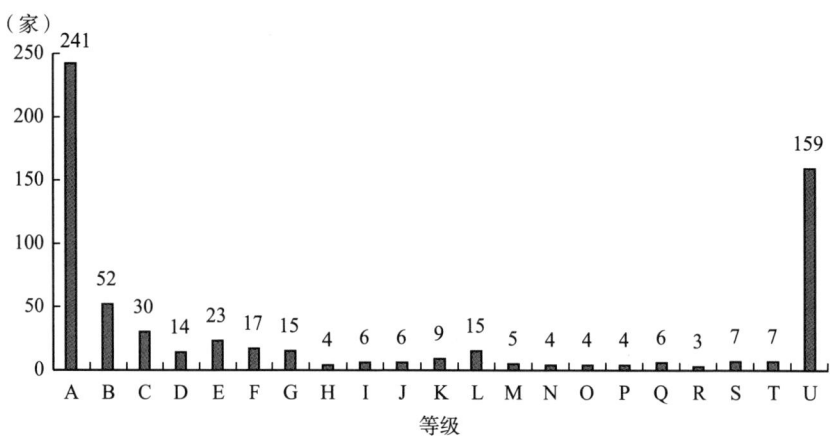

图36 按营业收入划分的生产力布局情况（集成电路制造）

从集成电路下的集成电路制造纳税等级来看（见图37），截至2023年底，集成电路制造纳税等级为A级（50万元以下）的企业有331家，占52.04%；其次为U级（1000万元及以上）的企业有119家，占比约18.71%；其余等级占比较少。

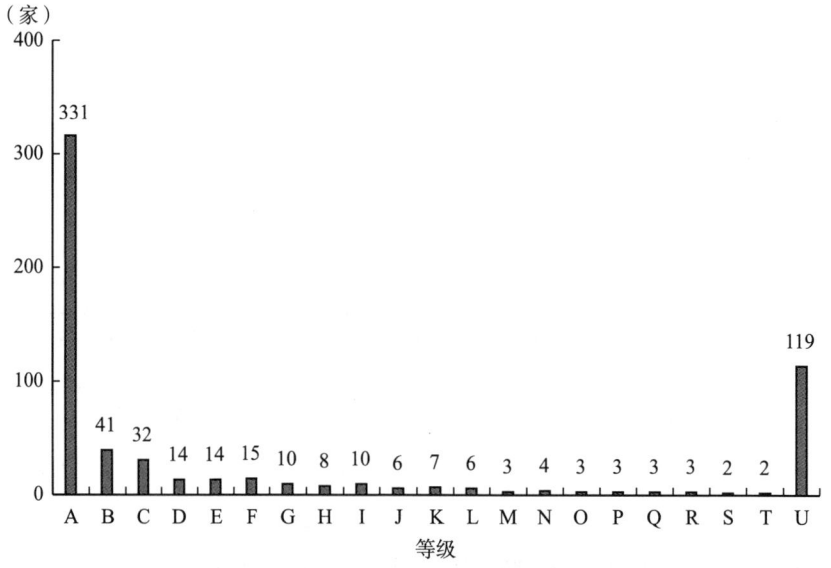

图37 按纳税等级划分的生产力布局情况（集成电路制造）

从计算机零部件及外围设备下的计算机零部件制造（电源、机箱、主板）营业收入来看（见图38），截至2023年底，计算机零部件制造（电源、机箱、主板）营收等级为A级（500万元以下）的企业有70家，占54.69%；其次为U级（10000万元及以上）的企业有25家，占比约19.53%，其余等级占比较少，均不到5%。

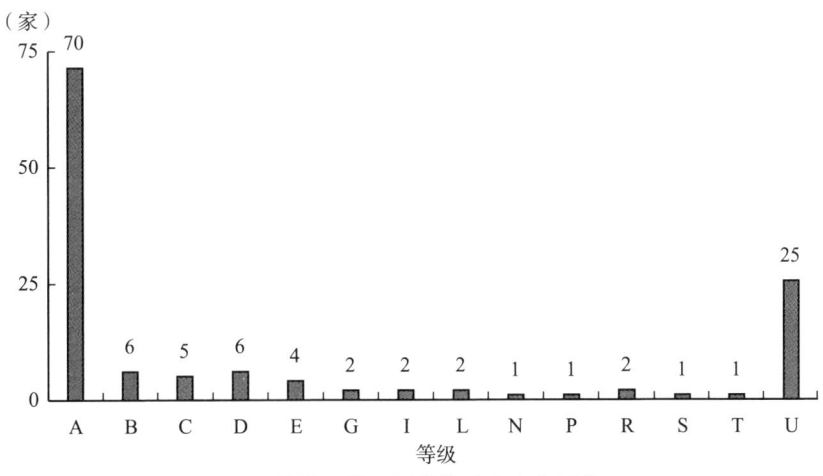

图38 按营业收入划分的生产力布局情况
[计算机零部件制造（电源、机箱、主板）]

从计算机零部件及外围设备下的计算机零部件制造（电源、机箱、主板）纳税等级来看（见图39），截至2023年底，企业纳税等级为A级（50万元以下）的企业有87家，占67.44%；其次为U级（1000万元及以上）的企业有17家，占比约13.18%；其余等级企业占比较少，均在5%以下。

从计算机零部件及外围设备下的计算机输出设备制造（打印机、显示器、音响）营业收入来看（见图40），截至2023年底，企业营收等级为A级（500万元以下）的企业有443家，占82.19%；其次为U级（10000万元及以上）的企业有36家，占比约6.68%；其余等级占比较少，均不到5%。

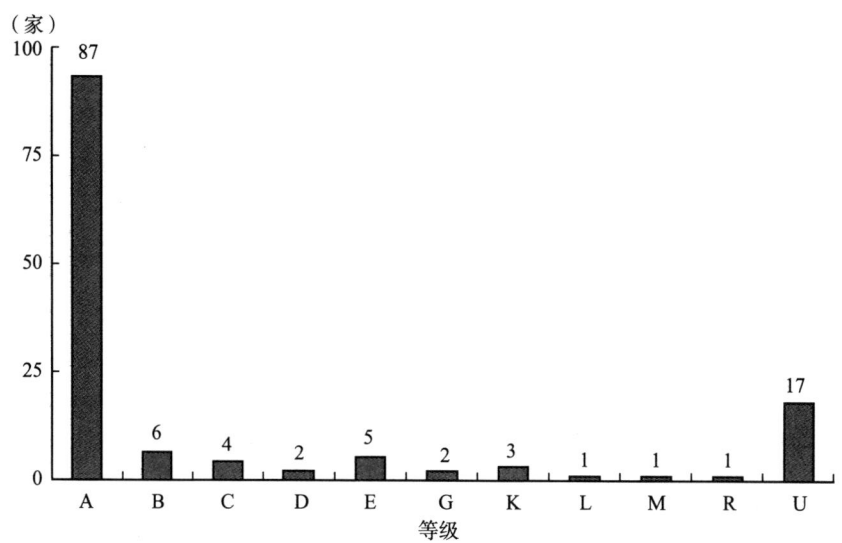

图 39 按纳税等级划分的生产力布局情况［计算机零部件制造（电源、机箱、主板）］

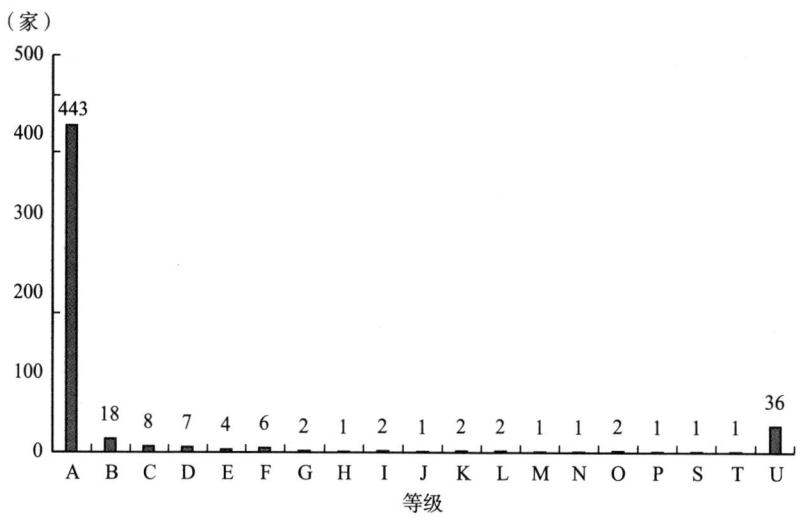

图 40 按营业收入划分的生产力布局情况［计算机输出设备制造（打印机、显示器、音响）］

从计算机零部件及外围设备下的计算机输出设备制造（打印机、显示器、音响）纳税等级来看（见图41），截至2023年底，企业纳税等级为A级（50万元以下）的企业有484家，占89.63%；其次为U级（1000万元及以上）的企业有26家,占比约4.81%,其余等级企业占比较少,均在2%以下。

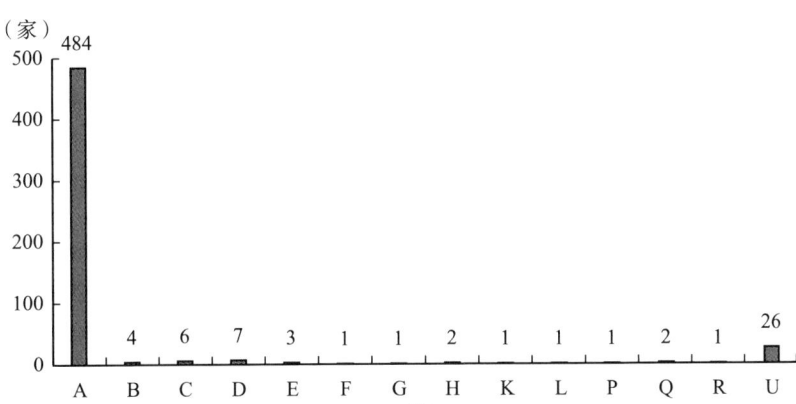

图41 按纳税等级划分的生产力布局情况[计算机输出设备制造(打印机、显示器、音响)]

从计算机零部件及外围设备下的计算机输入设备制造(键盘、摄像头、鼠标)营业收入来看(见图42),截至2023年底,企业营收等级为A级(500万元以下)的企业有78家,占76.47%;其次为U级(10000万元及以上)的企业有10家,占比约9.8%,其余等级占比较少,均不到5%。

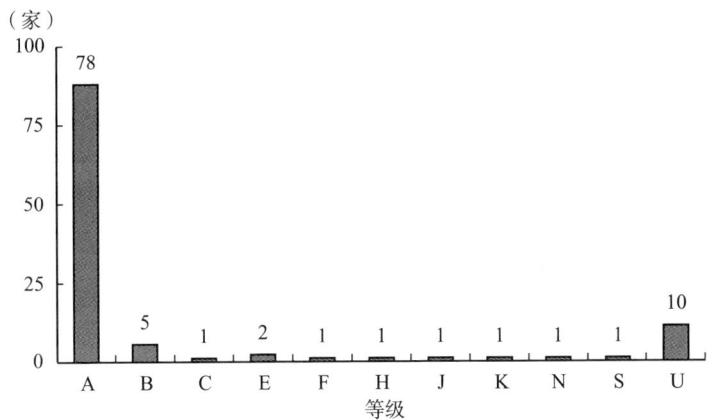

图42 按营业收入划分的生产力布局情况[计算机输入设备制造(键盘、摄像头、鼠标)]

从计算机零部件及外围设备下的计算机输入设备制造(键盘、摄像头、鼠标)纳税等级来看(见图43),截至2023年底,企业纳税等级为A级

（50万元以下）的企业有86家，占84.31%；其次为U级（1000万元及以上）的企业有10家，占比约9.8%；其余等级企业占比较少，都在2%以下。

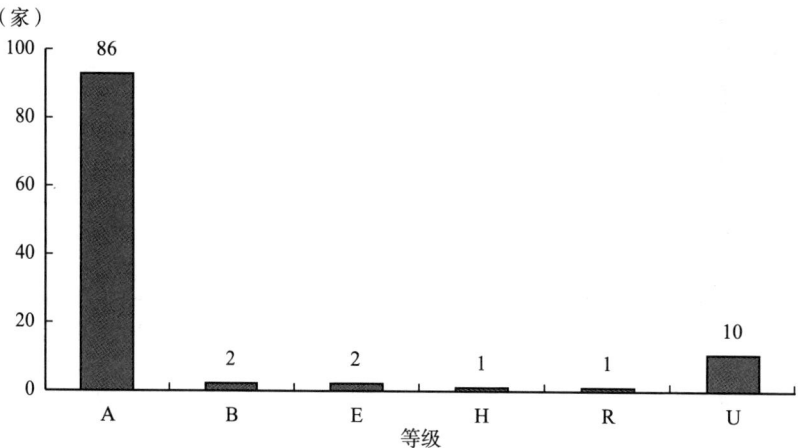

图43　按纳税等级划分的生产力布局情况［计算机输入设备制造（键盘、摄像头、鼠标）］

从发光显示面板制造下的LCD面板营业收入来看（见图44），截至2023年底，LCD面板营收等级为A级（500万元以下）的企业有139家，占58.9%；其次为U级（10000万元及以上）的企业有32家，占比约13.56%，其余等级占比较少，均不到10%。

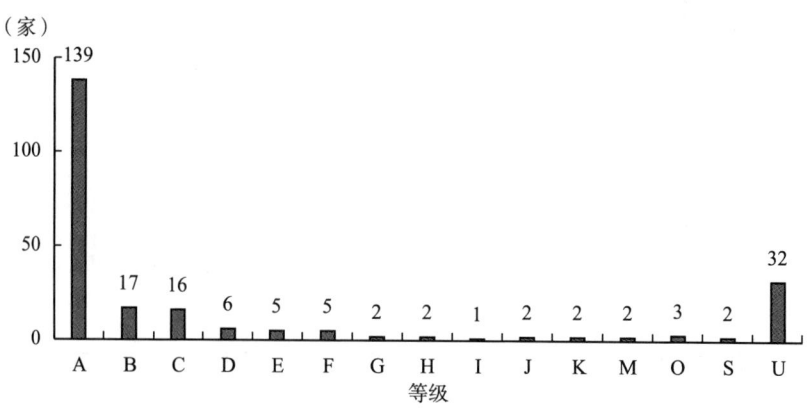

图44　按营业收入划分的生产力布局情况（LCD面板）

从发光显示面板制造下的LCD面板纳税等级来看（见图45），截至2023年底，发光显示面板制造下的LCD面板纳税等级为A级（50万元以下）的企业有174家，占73.73%；其次为U级（1000万元及以上）的企业有15家，占比约6.36%；其余等级企业占比较少，都在5%以下。

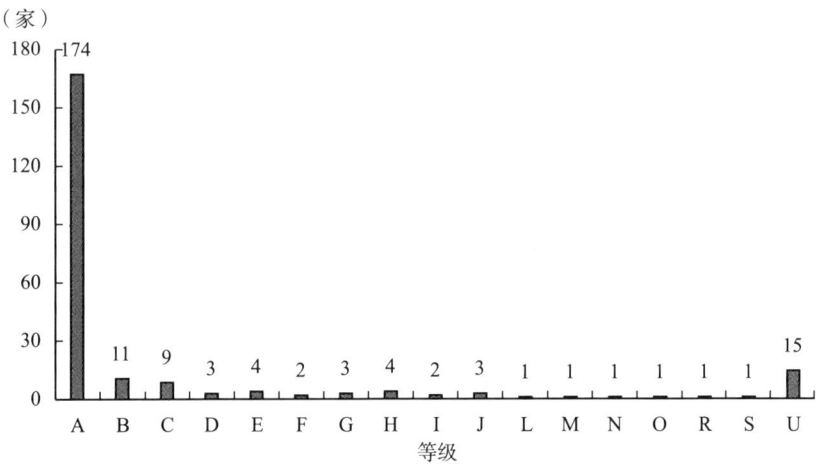

图45　按纳税等级划分的生产力布局情况（LCD面板）

从发光显示面板制造下的LED面板营业收入来看（见图46），截至2023年底，LED面板营收等级为A级（500万元以下）的企业有2075家，占92.55%；其次为B级（大于等于500万元小于1000万元）的企业有67家，占比约2.99%；其余等级占比较少，均不到2%。

从发光显示面板制造下的LED面板纳税等级来看（见图47），截至2023年底，发光显示面板制造下的LED面板纳税等级为A级（50万元以下）的企业有2195家，占98.03%；其次为B级（大于等于50万元小于100万元）的企业有22家，占比约0.98%；其余等级企业占比较少。

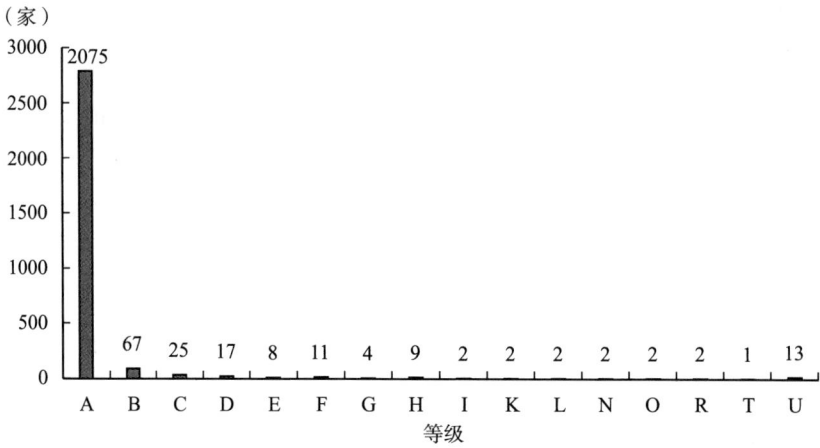

图 46　按营业收入划分的生产力布局情况（LED 面板）

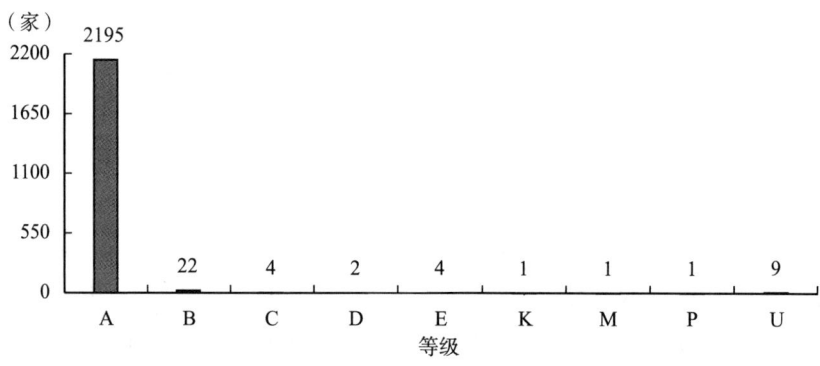

图 47　按纳税等级划分的生产力布局情况（LED 面板）

从发光显示面板制造下的 OLED 面板营业收入来看（见图 48），截至 2023 年底，OLED 面板营收等级为 A 级（500 万元以下）的企业有 8 家，占 44.44%；其次为 U 级（10000 万元及以上）的企业有 5 家，占比约 27.78%；其余等级仅有 1 家。

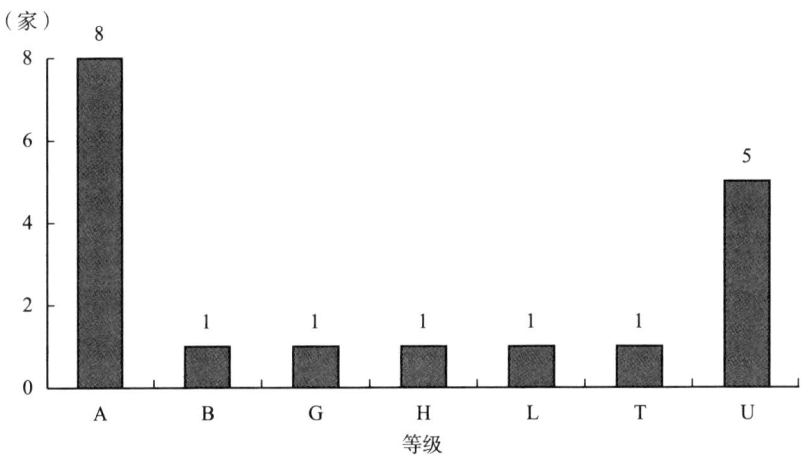

图48 按营业收入划分的生产力布局情况（OLED面板）

从发光显示面板制造下的 OLED 面板纳税等级来看（见图49），截至 2023 年底，发光显示面板制造下的 OLED 面板纳税等级为 A 级（50 万元以下）的企业有 10 家，占 55.56%；其次为 U 级（大于等于 1000 万元）的企业有 2 家，占比约 11.11%；其余等级企业占比较少。

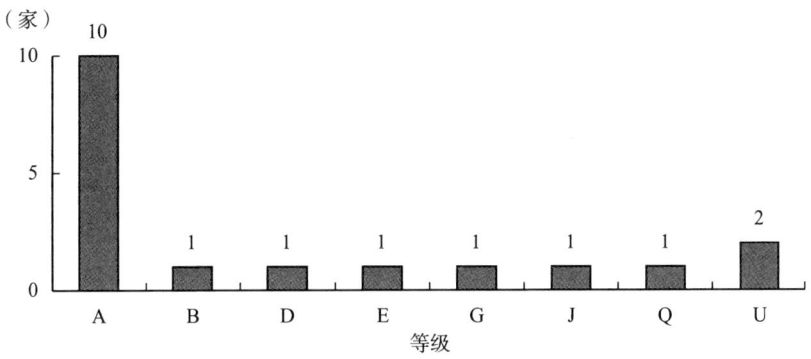

图49 按纳税等级划分的生产力布局情况（OLED面板）

从发光显示面板制造下的激光显示营业收入来看（见图50），截至 2023 年底，激光显示营收等级为 A 级（500 万元以下）的企业有 15 家，占比 35.71%；其次为 U 级（10000 万元以上）的企业有 9 家，占比约 21.43%；再者为 B 级（大于等于 500 万元小于 1000 万元）的企业有 6 家，占比 14.29%。

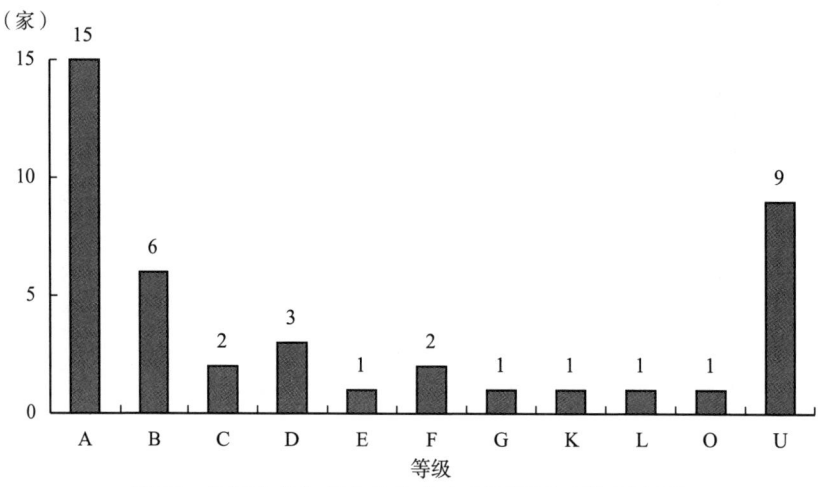

图 50　按营业收入划分的生产力布局情况（激光显示）

从发光显示面板制造下的激光显示纳税等级来看（见图 51），截至 2023 年底，企业纳税等级为 A 级（50 万元以下）的企业有 25 家，占 59.52%；其次为 U 级（大于等于 1000 万元）和 B 级（大于等于 50 万元小于 100 万元）的企业有 5 家，分别占比约 11.9%；其余等级企业占比较少。

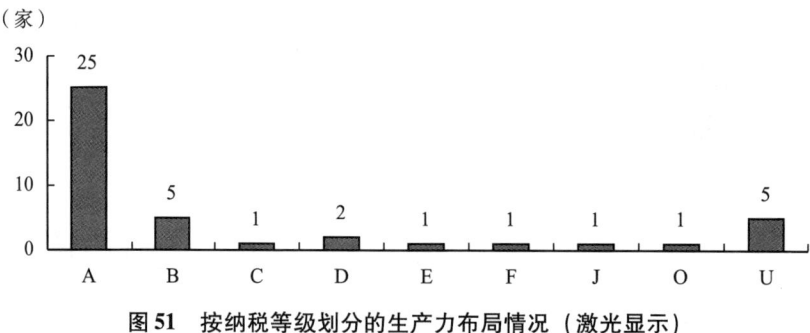

图 51　按纳税等级划分的生产力布局情况（激光显示）

（四）基于创新能力的生产力布局

从成渝地区双城经济圈新一代电子信息制造业产业链中游产业——电子元器件产业创新能力来看（见图 52），电子元器件产业下创新能力较强的是敏感电感声感电子元件，截至 2023 年底，其专利和软件著作权总数高于其他产业,且专利总数达到 170555 个,占全部专利个数的 75.38%,其软件著作权个数达到 16802 个,占全部软件著作权的 81.08%。半导体光电子器件专利总数为 55705 个,占全部专利个数的 24.62%,软件著作权个数达到 3922 个,占比 18.92%。

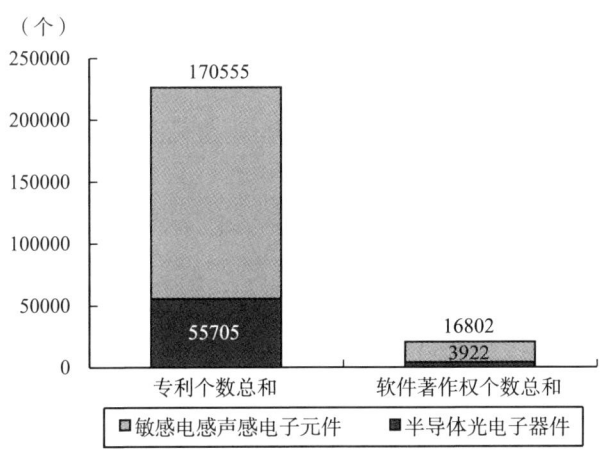

图 52　电子元器件产业创新能力

从成渝地区双城经济圈新一代电子信息制造业产业链中游产业——集成电路创新能力来看(见图 53),集成电路产业下创新能力较强的是集成电路制造,截至 2023 年底,其专利和软件著作权总数高于其他产业,且专利总数达到 232253 个,占全部专利个数的 86.05%,其软件著作权个数达到 31843 个,占全部软件著作权的 77.49%。集成电路设计与封测专利总数为 37654 个,占全部专利个数的 13.95%,软件著作权个数达到 9249 个,占比 22.51%。

从成渝地区双城经济圈新一代电子信息制造业产业链中游产业——计算机零部件及外围设备创新能力来看(见图 54),计算机零部件及外围设备产业下创新能力较强的是计算机输出设备制造(打印机、显示器、音响),截至 2023 年底,其专利和软件著作权总数高于其他产业,且专利总数达到 75009 个,占全部专利个数的 40.21%,其软件著作权个数达到 5976 个,占全部软件著作权的 53.57%。计算机零部件制造(电源、机箱、主板)专利总数为 58082 个，占全部专利个数的 31.13%，软件著作权个数达到 3162 个，占比 28.34%。计算机输入设备制造（键盘、摄像头、鼠标）专利总数占比达 28.66%，软件著作权占比为 18.09%。

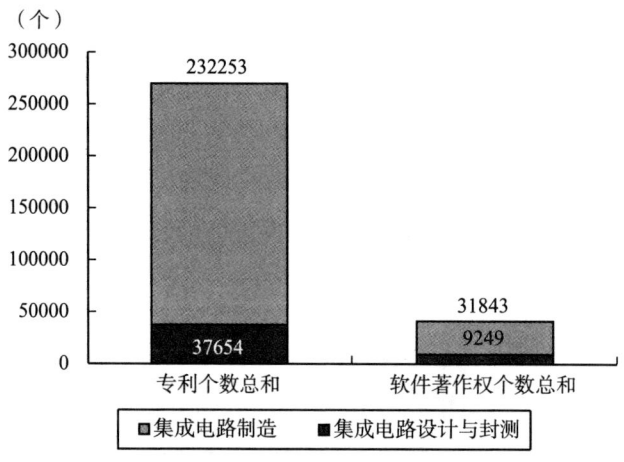

图 53　集成电路产业创新能力

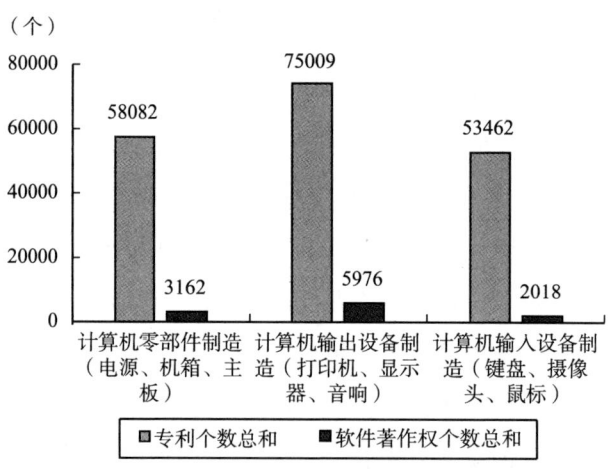

图 54　计算机零部件及外围设备产业创新能力

从成渝地区双城经济圈新一代电子信息制造业产业链中游产业——发光显示面板制造创新能力来看（见图 55），发光显示面板制造下创新能力较强的是 LCD 面板，截至 2023 年底，其专利和软件著作权总数高于其他产业，且专利总数达到 63485 个，占全部专利个数的 41.38%，其软件著作权个数达到 4322 个，占全部软件著作权的 43.22%。其次 LED 面板专利总数为 45701 个，占全部专利个数的 29.79%，软件著作权个数达到 3010 个，占比 30.1%。再者，激光显示专利总数占比达 13.38%，软件著作权占比为 22.26%。其中，创新能力排靠后的是 OLED 面板，专利总数为 23690 个，占比 15.44%，著作权个数为 443 个，占比 4.43%。

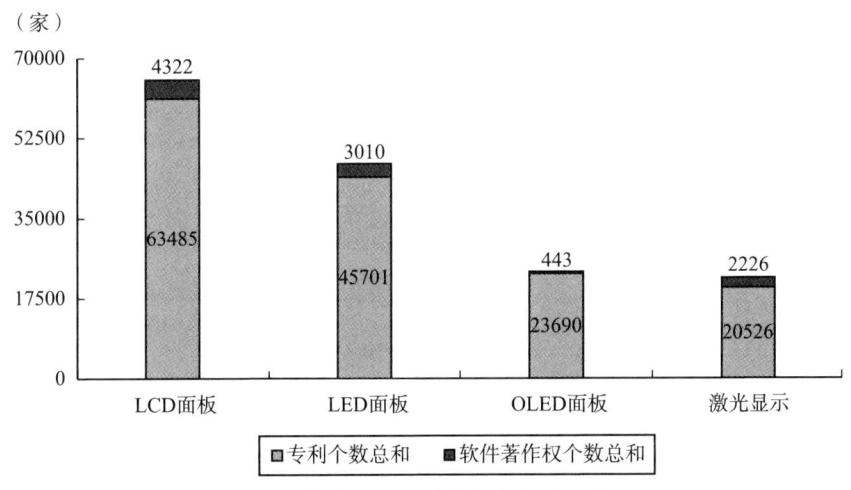

图 55　发光显示面板制造产业创新能力

三、产业链下游的生产力布局

（一）基于产业链环节的生产力布局

当前，成渝地区双城经济圈新一代电子信息制造业产业链下游主要有高灵敏度雷达、通信设备、智能车载设备和智能终端四大产业。截至 2023 年底，共有 1157 家企业（见图 56）。其中，通信设备产业占比最大，共有 905 家；高灵敏度雷达和智能终端相对较少，各有 126 家和 99 家，企业数量最少的是智能车载设备产业，仅有 27 家，占比 2%。

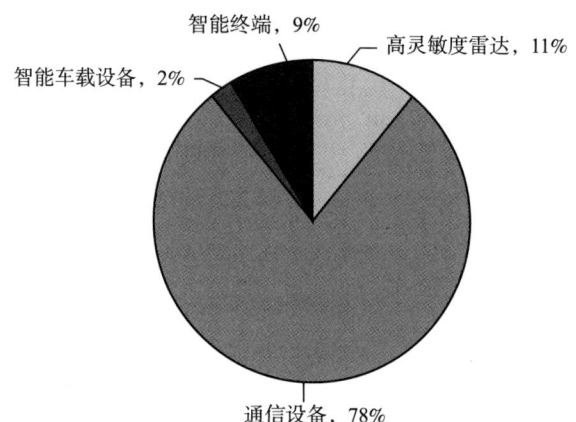

图56　按产业链环节划分的生产力布局情况（下游）

（二）基于地域的生产力布局

在高灵敏度雷达制造业发展方面（见图57），截至2023年底，高灵敏度雷达制造业在重庆主要分布于重庆主城都市区，有9家企业，占比7.14%。四川地区主要分布于成都市，有88家企业，占比69.84%；其次是绵阳市，有16家企业，占比12.7%；其他地区企业数量较少，均在5%以下。

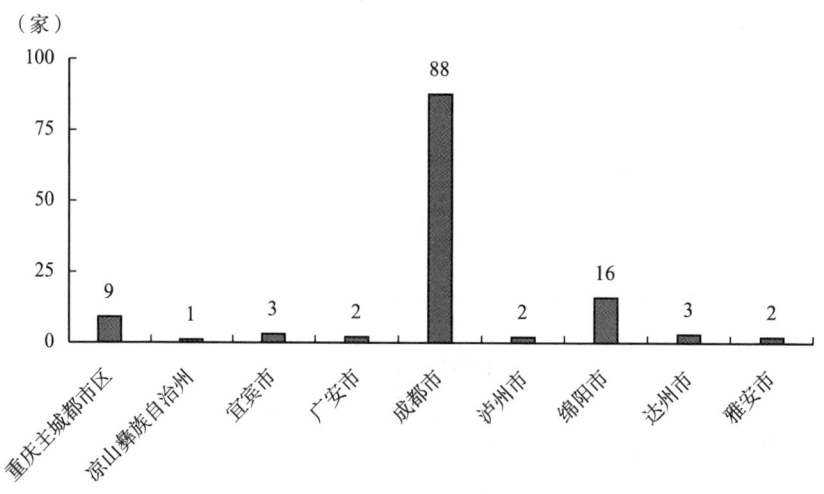

图57　按地域划分的生产力布局情况（高灵敏度雷达）

在通信设备下的基站产业发展方面（见图58），截至2023年底，基站产业在重庆主要分布于重庆主城都市区，有14家企业，占比41.18%。四川地区主要分布于成都市，有17家企业，占比50%；其次是绵阳市、南充市和广安市，分别各有1家，各占2.94%。

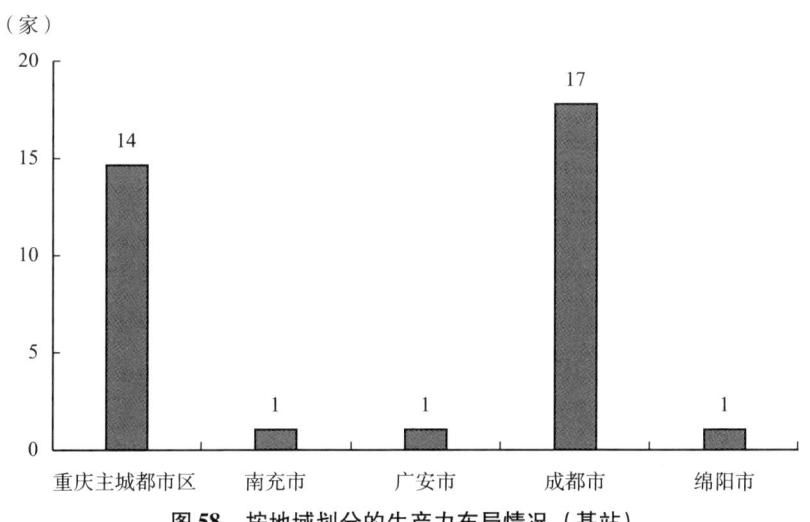

图58　按地域划分的生产力布局情况（基站）

在通信设备下的交换机产业发展方面（见图59），截至2023年底，交换机产业在重庆主要分布于重庆主城都市区，有83家企业，占比29.54%；渝东北城镇群占比接近7.12%。四川地区主要分布于成都市，有73家企业，占比29.58%；其次是绵阳市，有22家企业，占比7.83%；宜宾市和南充市分别有15家和14家企业，占比5.34%和4.98%；其他地区相对较少。

在通信设备下的路由器产业发展方面（见图60），截至2023年底，路由器产业在重庆主要分布于重庆主城都市区，有8家企业，占比33.33%；渝东南城镇群占比接近4.17%。四川地区主要分布于成都市，有13家企业，占比54.17%；其次是绵阳市，有2家企业，占比8.33%。

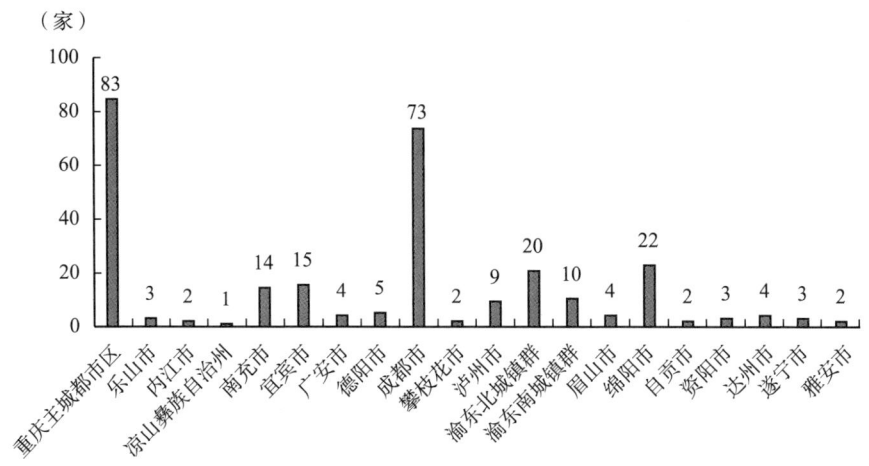

图59　按地域划分的生产力布局情况（交换机）

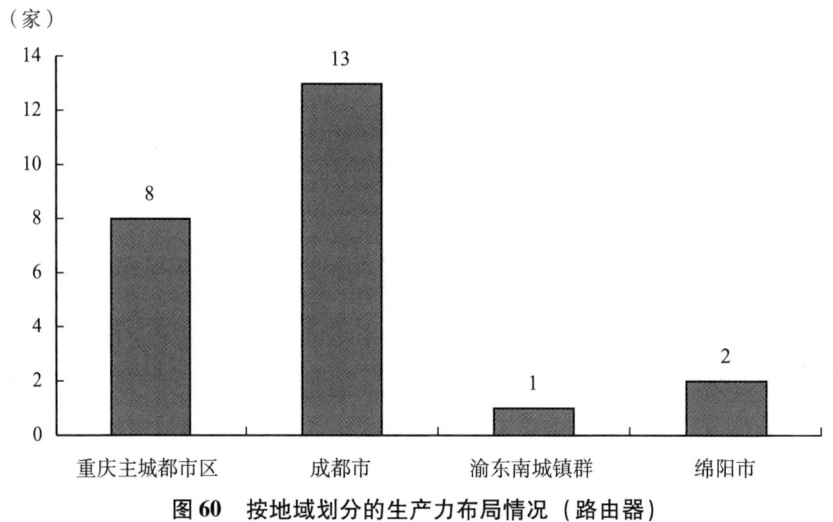

图60　按地域划分的生产力布局情况（路由器）

在智能车载设备下的新能源汽车动力控制器产业发展方面（见图61），截至2023年底，在重庆主要分布于重庆主城都市区，有8家企业，占比47.06%。四川地区主要分布于成都市，有8家企业，占比47.06%；其次是南充市，有1家企业，占比5.88%。

在智能车载设备下的智能网联汽车系统集成及智能驾驶装置产业发展方

面（见图62），截至2023年底，在重庆主要分布于重庆主城都市区，有5家企业，占比50%。四川地区主要分布于成都市，有3家企业，占比30%；其次是南充市和广安市，分别有1家企业，各占比10%。

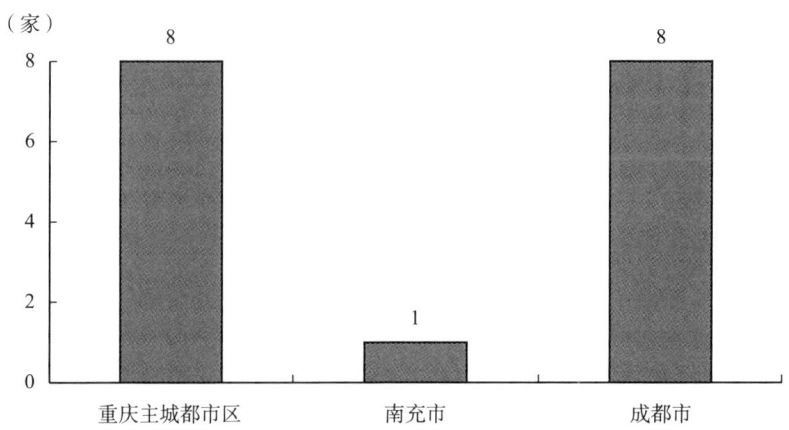

图61　按地域划分的生产力布局情况（新能源汽车动力控制器）

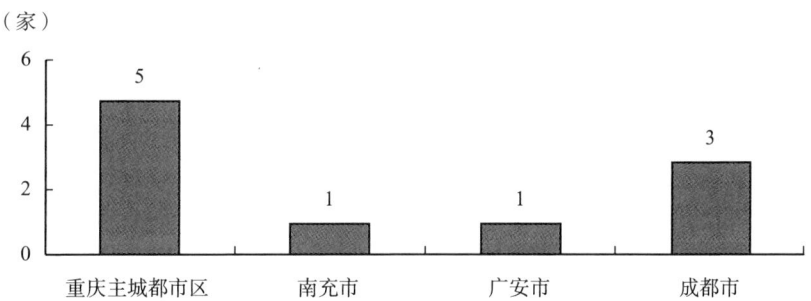

图62　按地域划分的生产力布局情况（智能网联汽车系统集成及智能驾驶装置）

在智能终端下的电子计算机制造产业发展方面（见图63），截至2023年底，在重庆主要分布于重庆主城都市区，有727家企业，占比31.79%；渝东北城镇群和渝东南城镇群分别有102家和58家企业，各自占比4.46%和2.54%。四川地区主要分布于成都市，有879家企业，占比38.43%；其次是德阳市，有101家企业，占比4.42%。再者是绵阳市，占比接近3.24%；其他地区则相对较少。

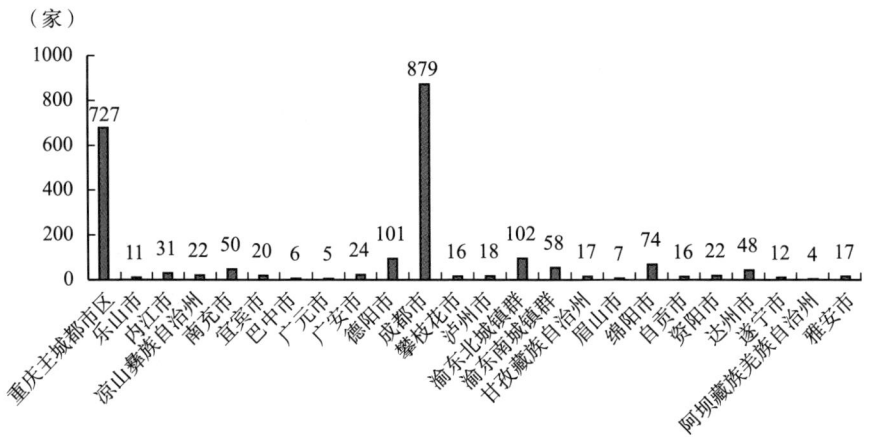

图63　按地域划分的生产力布局情况（电子计算机制造）

在智能终端下的智能机器人及无人机产业发展方面（见图64），截至2023年底，在重庆主要分布于重庆主城都市区，有187家企业，占比56.16%；渝东北城镇群和渝东南城镇群分别有11家和2家企业，各自占比3.3%和0.6%。四川地区主要分布于成都市，有93家企业，占比27.93%；其次是宜宾市，有9家企业，占比2.7%；再者是绵阳市，占比接近2.1%；其他地区则相对较少。

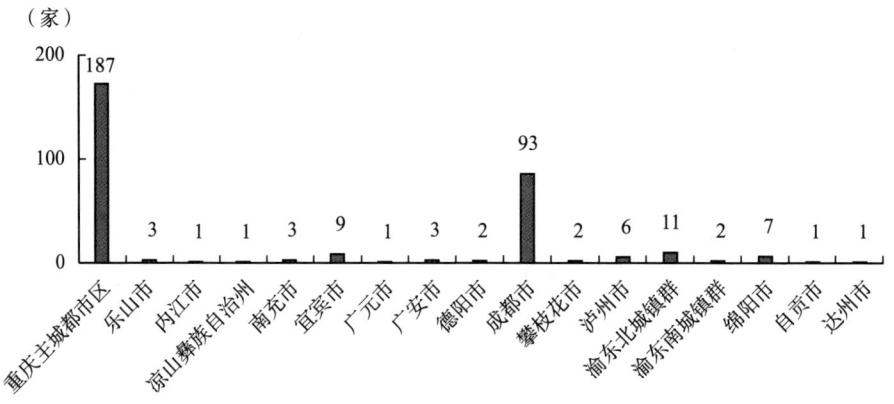

图64　按地域划分的生产力布局情况（智能机器人及无人机产业）

在智能终端下的智能家居产业发展方面（见图65），截至2023年底，智能家居产业在重庆主要分布于重庆主城都市区，有96家企业，占比27.59%；渝东北城镇群和渝东南城镇群分别有6家和1家企业，各自占比1.72%和0.29%。四川地区主要分布于成都市，有106家企业，占比30.46%；其次是绵阳市，有43家企业，占比12.36%；再者是宜宾市和南充市，各自占比接近4.31%和3.45%；其他地区则相对较少。

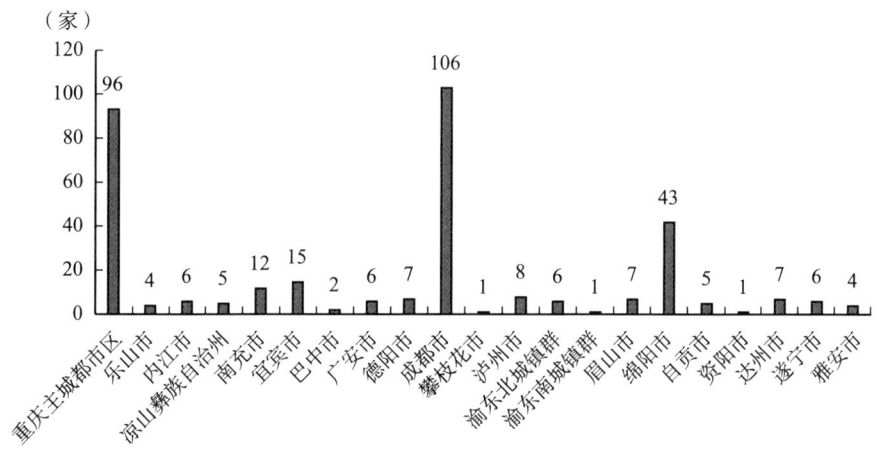

图65 按地域划分的生产力布局情况（智能家居）

在智能终端下的智能可穿戴设备产业发展方面（见图66），截至2023年底，在重庆主要分布于重庆主城都市区，有66家企业，占比53.66%；渝东南城镇群有3家企业，占比2.44%。四川地区主要分布于成都市，有31家企业，占比25.2%；其次是泸州市，有7家企业，占比5.69%；再者是宜宾市和自贡市，各自占比接近4.88%和2.44%；其他地区则相对较少。

在智能终端下的智能移动通信设备产业发展方面（见图67），截至2023年底，在重庆主要分布于重庆主城都市区，有5家企业，占比33.33%。四川地区主要分布于成都市，有6家企业，占比40%；其次是绵阳市，有2家企业，占比13.33%；其他地区则相对较少。

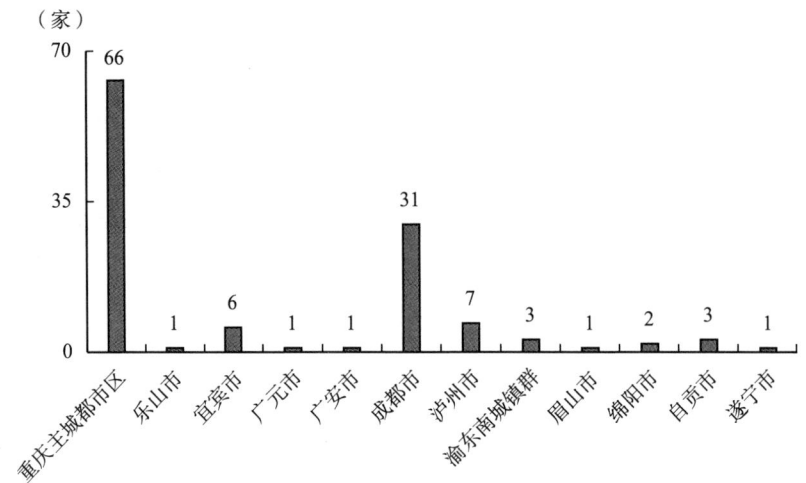

图66　按地域划分的生产力布局情况（智能可穿戴设备）

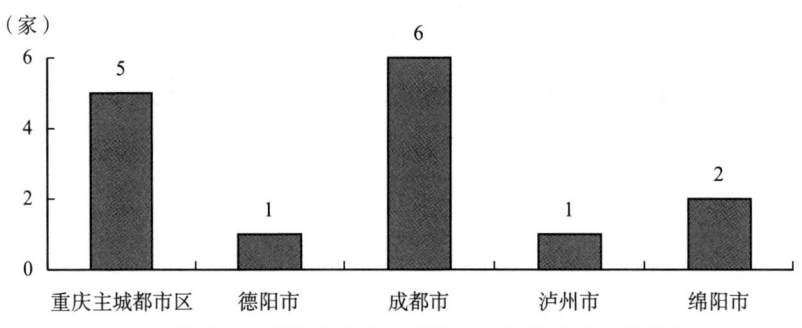

图67　按地域划分的生产力布局情况（智能移动通信设备）

（三）基于经营状况的生产力布局

从高灵敏度雷达产业营业收入来看（见图68），截至2023年底，高灵敏度雷达产业营收等级为A级（500万元以下）的企业有29家，占38.67%；为U级（10000万元及以上）的企业有20家，占比约26.67%；其余等级企业占比较少。

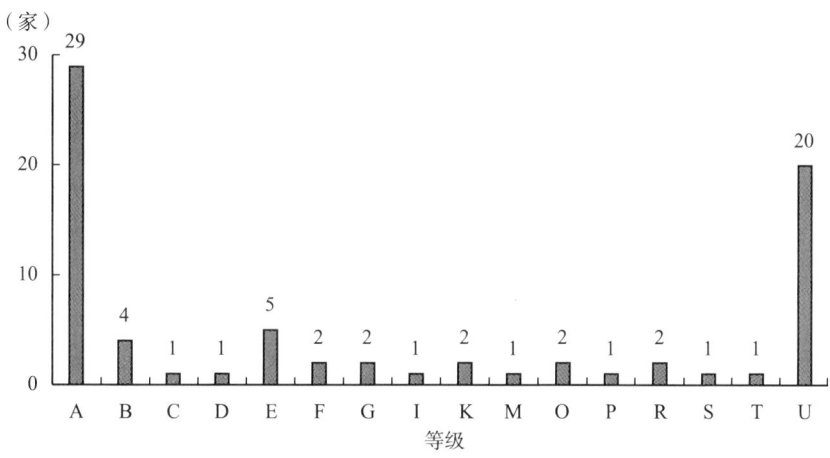

图 68 按营业收入划分的生产力布局情况（高灵敏度雷达）

从高灵敏度雷达产业纳税等级来看（见图 69），截至 2023 年底，纳税等级为 A 级（50 万元以下）的企业有 40 家，占 53.33%；为 U 级（1000 万元以上）的企业有 10 家，占比 13.33%；为 B 级（大于等于 50 万元小于 100 万元）的企业有 7 家，占比 9.33%；其余等级企业占比较少，各等级仅占 5% 以下。

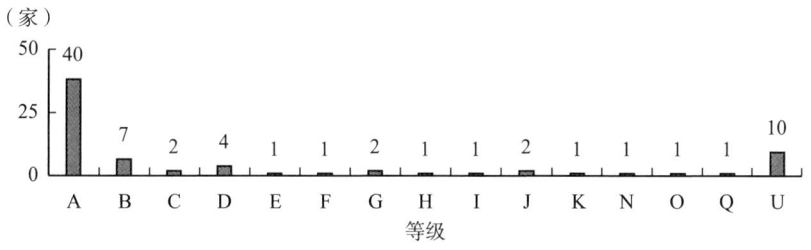

图 69 按纳税等级划分的生产力布局情况（高灵敏度雷达）

从通信设备下的基站产业营业收入来看（见图 70），截至 2023 年底，基站产业营收等级为 A 级（500 万元以下）的企业有 6 家，占 25%；为 U 级（10000 万元及以上）的企业有 8 家，占比约 33.33%；其余等级企业占比较少。

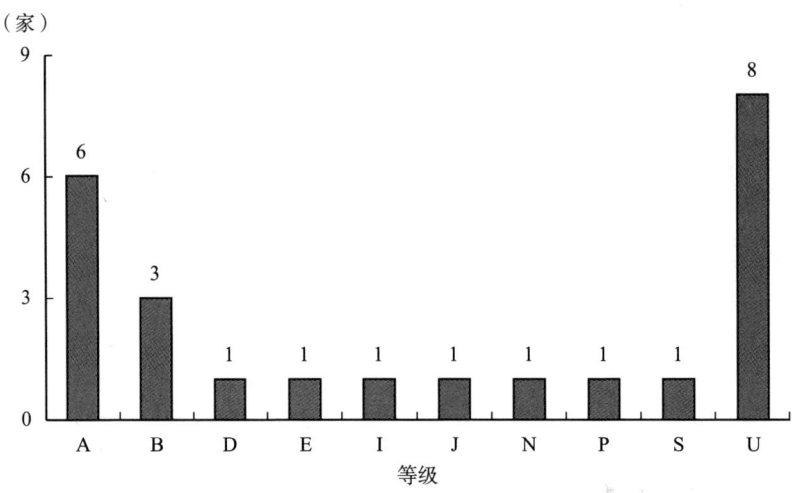

图 70　按营业收入划分的生产力布局情况（基站）

从通信设备下的基站产业纳税等级来看（见图71），截至2023年底，纳税等级为A级（50万元以下）的企业有6家，占比25%；为U级（1000万元以上）的企业有6家，占比25%；为B级（大于等于50万元小于100万元）的企业有4家，占比16.67%；其余等级企业占比较少。

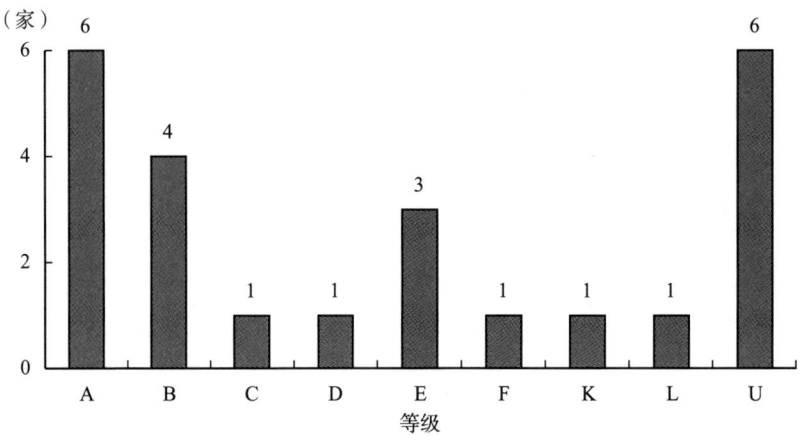

图 71　按纳税等级划分的生产力布局情况（基站）

从通信设备下的交换机产业营业收入来看（见图72），截至2023年底，交换机产业营收等级为A级（500万元以下）的企业有118家，占比

77.12%；为 U 级（10000 万元及以上）的企业有 12 家，占比约 7.84%；其余等级企业占比较少，均在 5% 以下。

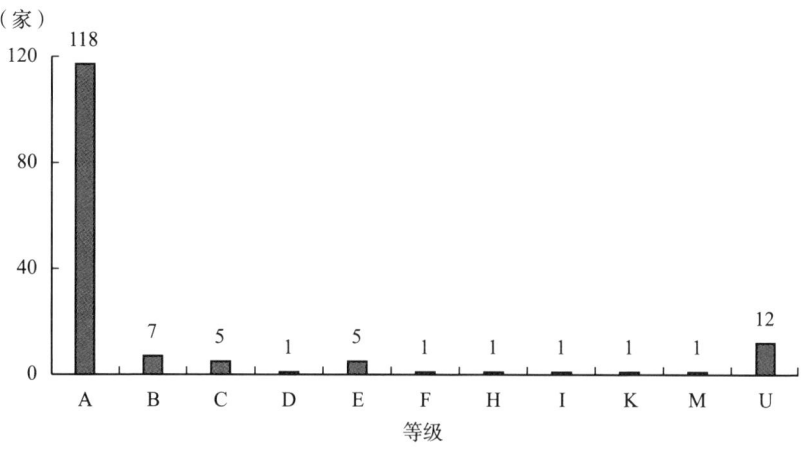

图 72　按营业收入划分的生产力布局情况（交换机）

从通信设备下的交换机产业纳税等级来看（见图 73），截至 2023 年底，纳税等级为 A 级（50 万元以下）的企业有 132 家，占比 85.71%；为 U 级（1000 万元及以上）的企业有 7 家，占比 4.55%；为 B 级（大于等于 50 万元小于 100 万元）的企业有 5 家，占比 3.25%；其余等级企业占比较少。

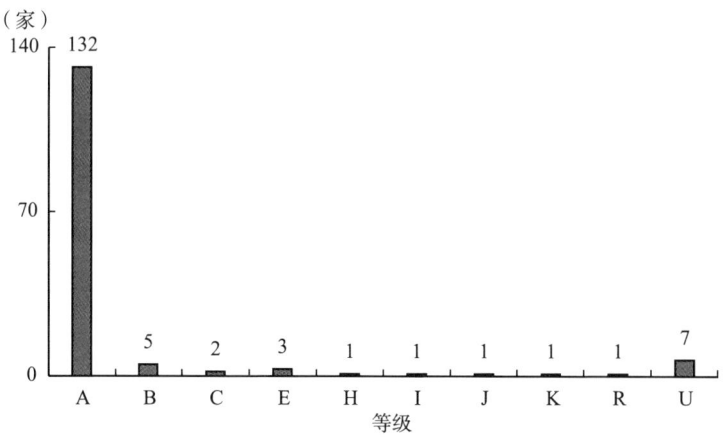

图 73　按纳税等级划分的生产力布局情况（交换机）

从通信设备下的路由器产业营业收入来看（见图74），截至2023年底，路由器产业营收等级为A级（500万元以下）的企业有3家，占比16.67%；为U级（10000万元及以上）的企业有10家，占比约55.56%；其余等级企业占比较少，均在10%以下。

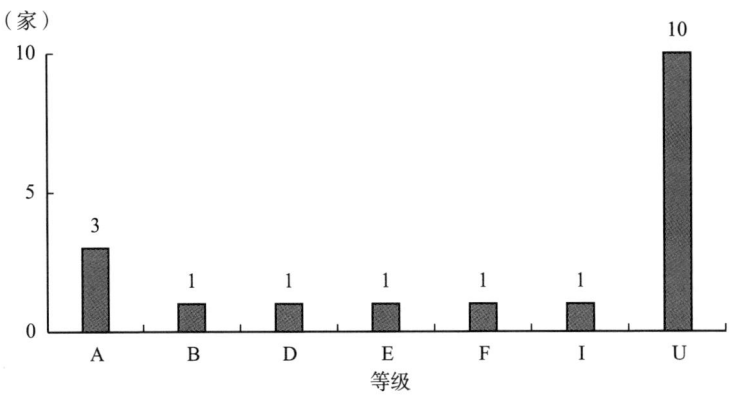

图74　按营业收入划分的生产力布局情况（路由器）

从通信设备下的路由器产业纳税等级来看（见图75），截至2023年底，路由器产业企业纳税等级为A级（50万元以下）的企业有6家，占比33.33%；为U级（1000万元及以上）的企业有8家，占比44.44%；纳税等级为C、F、I、K等级企业各有1家，各自占比5.56%。

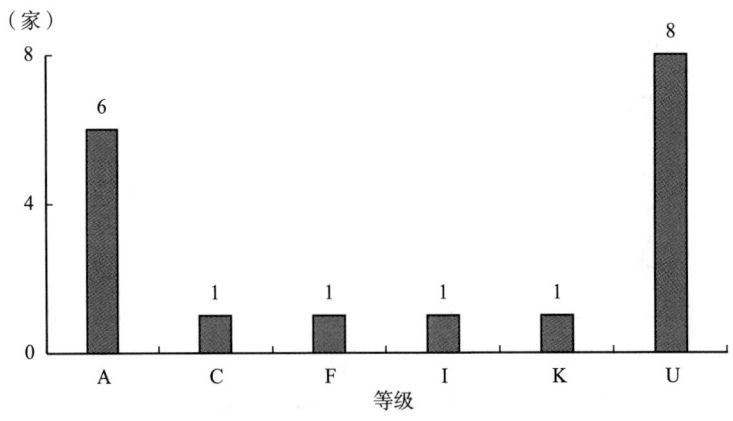

图75　按纳税等级划分的生产力布局情况（路由器）

从智能车载设备下的新能源汽车动力控制器产业营业收入来看（见图76），截至2023年底，新能源汽车动力控制器产业营收等级为A级（500万元以下）的企业有3家，占比23.08%；为U级（10000万元及以上）的企业有5家，占比约38.46%；B级（大于等于500万元小于1000万元）企业有2家，占比15.38%；其余等级企业占比较少，均在10%以下。

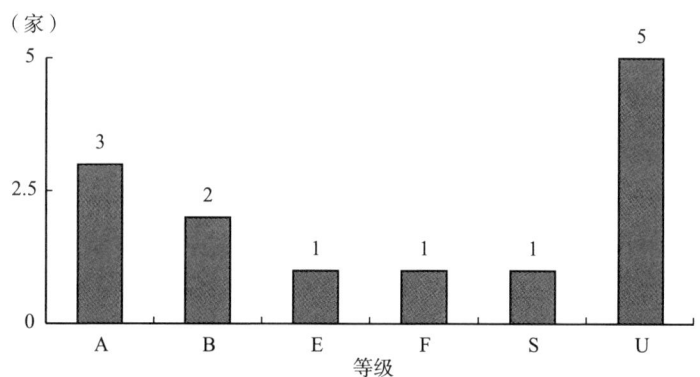

图76 按营业收入划分的生产力布局情况（新能源汽车动力控制器）

从智能车载设备下的新能源汽车动力控制器产业纳税等级来看（见图77），截至2023年底，纳税等级为A级（50万元以下）的企业有5家，占比38.46%；为U级（1000万元及以上）的企业有3家，占比23.08%；为Q级（大于等于800万元小于850万元）的企业有2家，占比15.38%；其余等级占比较少。

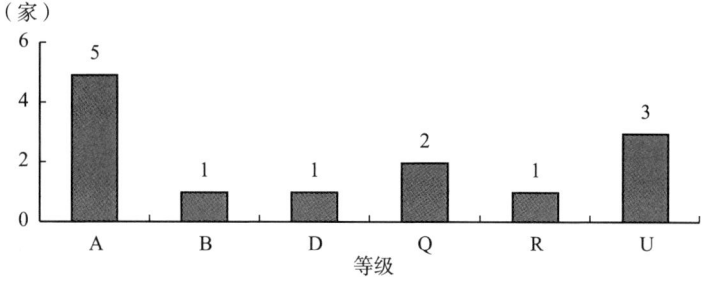

图77 按纳税等级划分的生产力布局情况（新能源汽车动力控制器）

从智能车载设备下的智能网联汽车系统集成及智能驾驶装置产业营业收入来看（见图78），截至2023年底，营收等级为A级（500万元以下）的企业有1家，占16.67%；U级（10000万元及以上）的企业有1家，占比约16.67%；B级（大于等于500万元小于1000万元）和C级（大于等于1000万元小于1500万元）企业各有1家，占比16.67%；F级（大于等于2500万元小于3000万元）的企业最多，占比33.33%。

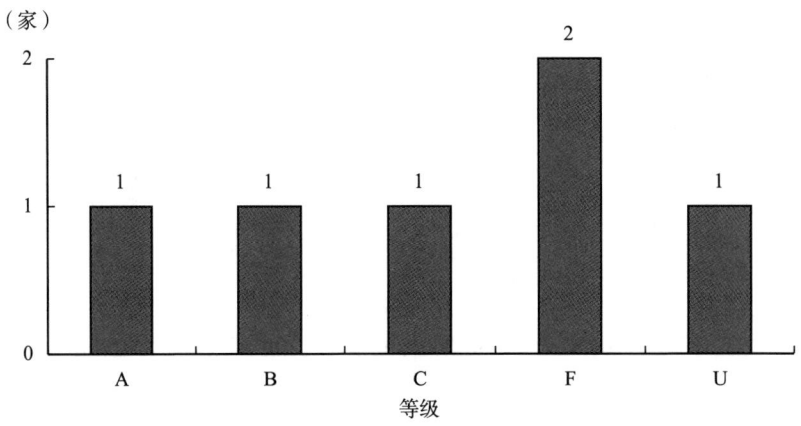

图78 按营业收入划分的生产力布局情况（智能网联汽车系统集成及智能驾驶装置）

从智能车载设备下的智能网联汽车系统集成及智能驾驶装置产业纳税等级来看（见图79），截至2023年底，纳税等级为A级（50万元以下）的企业有2家，占33.33%；U级（1000万元及以上）的企业有2家，占比33.33%。

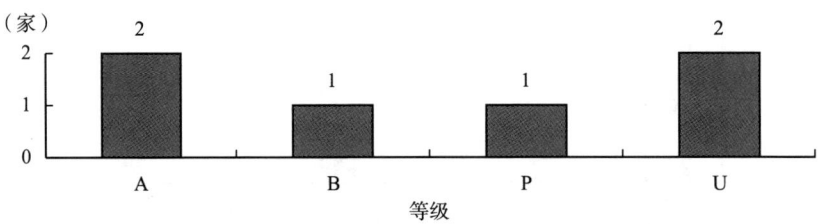

图79 按纳税等级划分的生产力布局情况（智能网联汽车系统集成及智能驾驶装置）

从智能终端下的电子计算机制造产业营业收入来看（见图80），截至2023年底，营收等级为A级（500万元以下）的企业有1077家，占62.84%；U级（10000万元以上）的企业有143家，占比约8.34%；B级（大于等于500万元小于1000万元）和C级（大于等于1000万元小于1500万元）企业各有145和86家，占比8.46%和5.02%；其余等级占比较少。

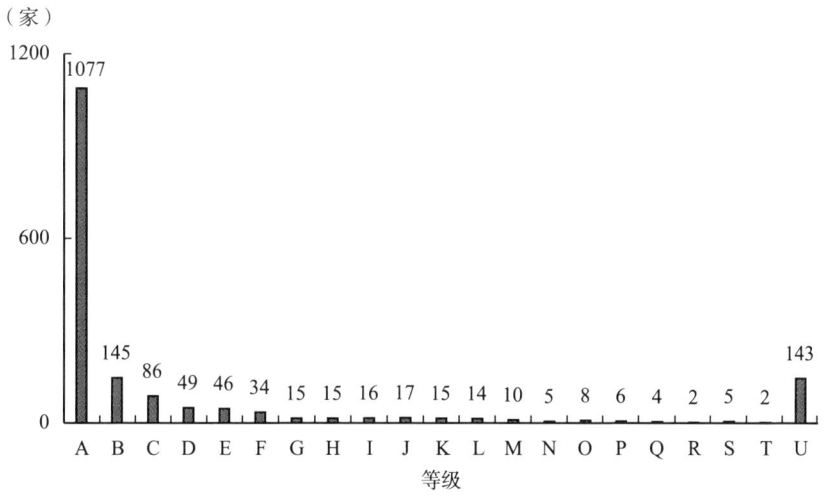

图80 按营业收入划分的生产力布局情况（电子计算机制造）

从智能终端下的电子计算机制造产业纳税等级来看（见图81），截至2023年底，纳税等级为A级（50万元以下）的企业有1407家，占82.09%；U级（1000万元以上）的企业有84家，占比4.9%；B级（大于等于50万元小于100万元）和C级（大于等于100万元小于150万元）的各有79家和35家，各自占比4.61%和2.04%。

从智能终端下的智能机器人及无人机产业营业收入来看（见图82），截至2023年底，营收等级为A级（500万元以下）的企业有148家，占64.91%；U级（10000万元以上）的企业有42家，占比约18.42%；B级（大于等于500万元小于1000万元）、C级（大于等于1000万元小于1500万元）和D级（大于等于1500万元小于2000万元）的企业各有9家、6家和

7家，占比3.95%、2.63%和3.07%；其余等级占比较少。

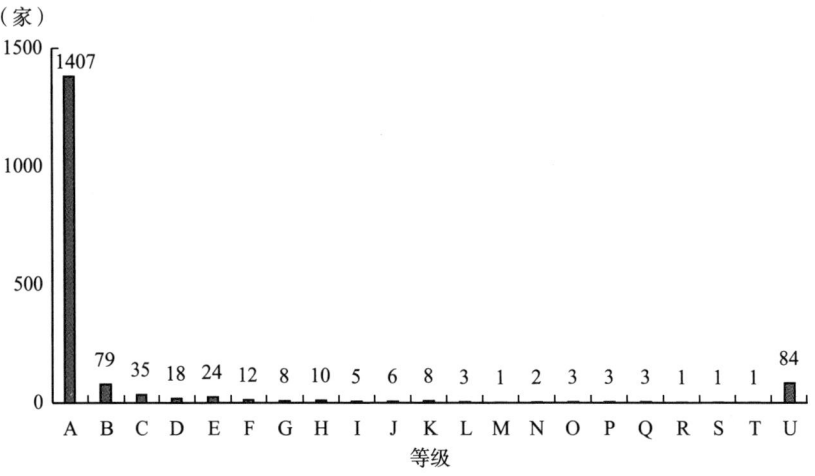

图81　按纳税等级划分的生产力布局情况（电子计算机制造）

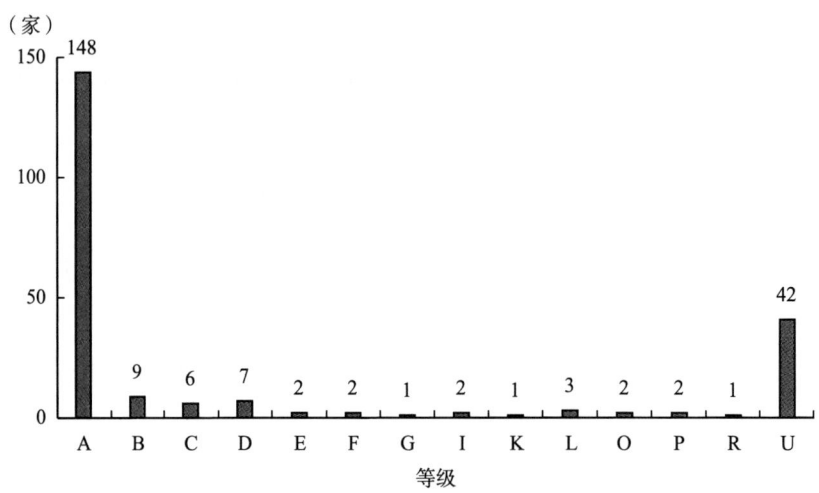

图82　按营业收入划分的生产力布局情况（智能机器人及无人机）

从智能终端下的智能机器人及无人机产业纳税等级来看（见图83），截至2023年底，纳税等级为A级（50万元以下）的企业有164家，占70.39%；为U级（1000万元以上）的企业有37家，占比15.88%；B级（大于等于50万元小于100万元）有9家，占比3.86%；E级和H级各有5

家，各自占比 2.15%。

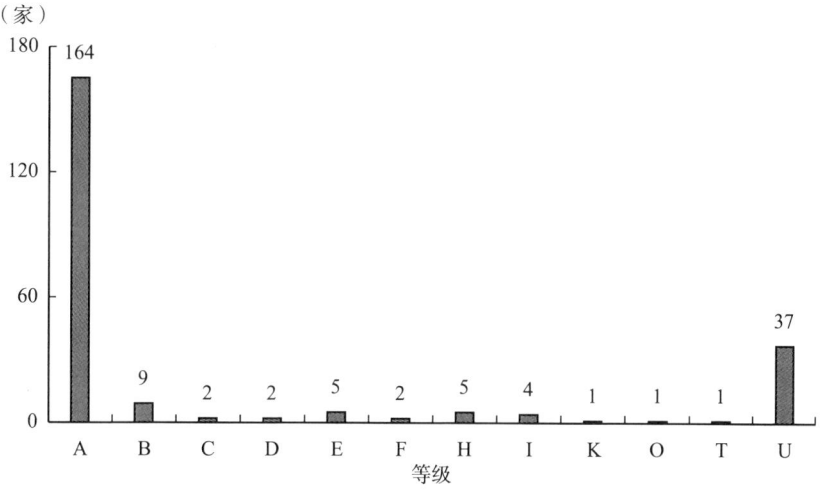

图 83 按纳税等级划分的生产力布局情况（智能机器人及无人机）

从智能终端下的智能家居产业营业收入来看（见图 84），截至 2023 年底，智能家居产业营收等级为 A 级（500 万元以下）的企业有 153 家，占 71.16%；U 级（10000 万元以上）的企业有 34 家，占比约 15.81%，B 级（大于等于 500 万元小于 1000 万元）、C 级（大于等于 1000 万元小于 1500 万元）和 D 级（大于等于 1500 万元小于 2000 万元）企业各有 8 家、8 家和 4 家，占比 3.72%、1.86% 和 1.86%；其余等级占比较少。

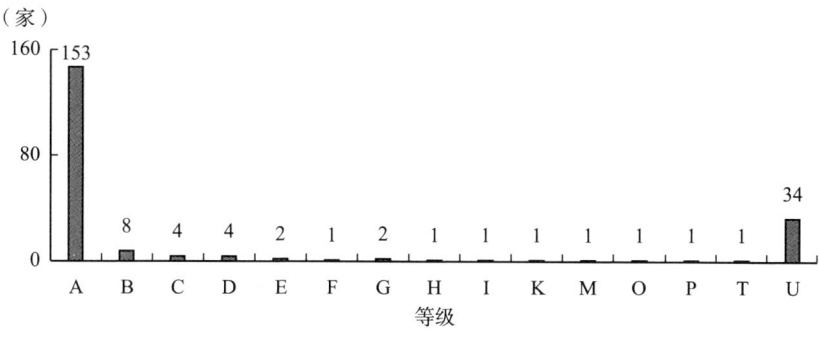

图 84 按营业收入划分的生产力布局情况（智能家居）

从智能终端下的智能家居产业纳税等级来看（见图85），截至2023年底，纳税等级为A级（50万元以下）的企业有171家，占78.4%；U级（1000万元以上）的企业有25家，占比11.47%；B级（大于等于50万元小于100万元）的企业有6家，占比2.75%；其余等级占比较少。

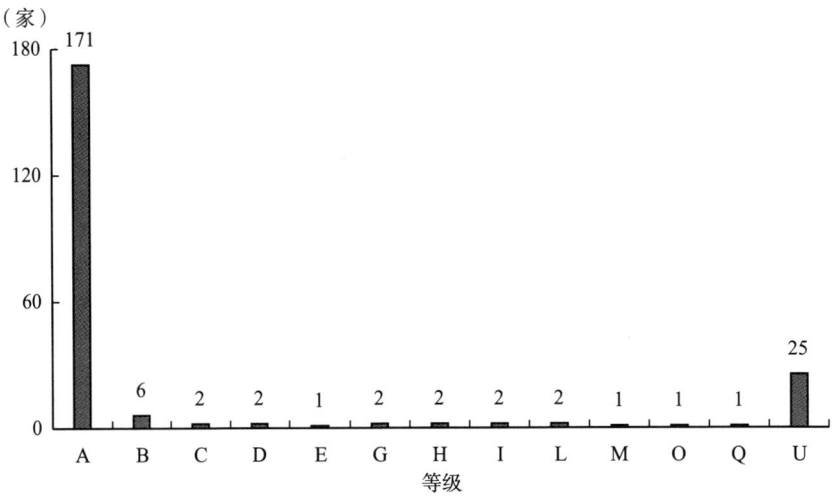

图85　按纳税等级划分的生产力布局情况（智能家居）

从智能终端下的智能可穿戴设备产业营业收入来看（见图86），截至2023年底，智能可穿戴设备产业营收等级为A级（500万元以下）的企业有59家，占70.24%；U级（10000万元以上）的企业有15家，占比约17.86%；B级（大于等于500万元小于1000万元）、C级（大于等于1000万元小于1500万元）和D级（大于等于1500万元小于2000万元）企业各仅有2家、1家和1家；O级和B级一样有2家企业，占比2.38%。

从智能终端下的智能可穿戴设备产业纳税等级来看（见图87），截至2023年底，纳税等级为A级（50万元以下）的企业有71家，占83.53%，为U级（1000万元以上）的企业有6家，占比7.06%；G级（大于等于300万元小于350万元）有2家，占比2.35%；其余等级各仅有1家。

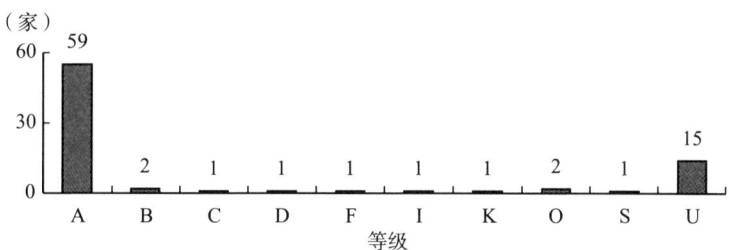

图 86　按营业收入划分的生产力布局情况（智能可穿戴设备）

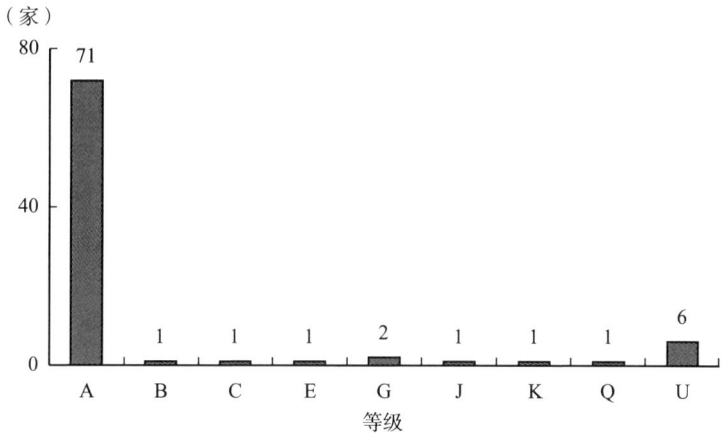

图 87　按纳税等级划分的生产力布局情况（智能可穿戴设备）

从智能终端下的智能移动通信设备产业营业收入来看（见图 88），截至 2023 年底，智能移动通信设备产业营收等级为 A 级（500 万元以下）的企业有 5 家，占 45.45%；为 U 级（10000 万元以上）的企业有 5 家，占比约 45.45%；L 级（大于等于 5500 万元小于 6000 万元）企业有 1 家，占比仅 9.09%。

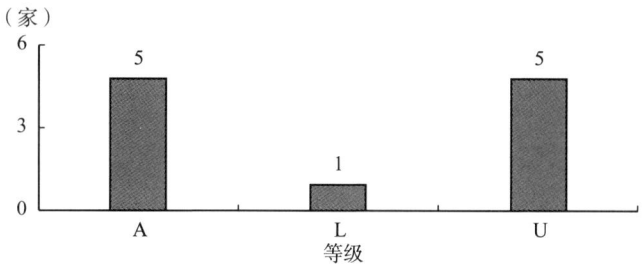

图 88　按营业收入划分的生产力布局情况（智能移动通信设备）

从智能终端下的智能移动通信设备产业纳税等级来看（见图89），截至2023年底，纳税等级为A级（50万元以下）的企业有5家，占45.45%；U级（1000万元以上）的企业有5家，占比45.45%；D级（大于等于150万元小于200万元）企业有1家，占比9.09%。

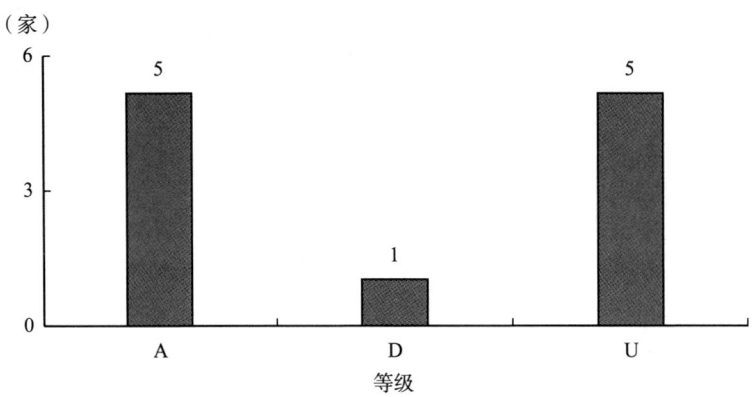

图89　按纳税等级划分的生产力布局情况（智能移动通信设备）

（四）基于创新能力的生产力布局

在成渝地区双城经济圈新一代电子信息制造业产业链下游企业——高灵敏度雷达创新能力方面（见图90），截至2023年底，高灵敏度雷达专利总数达到12112个，软件著作权个数达到2443个。

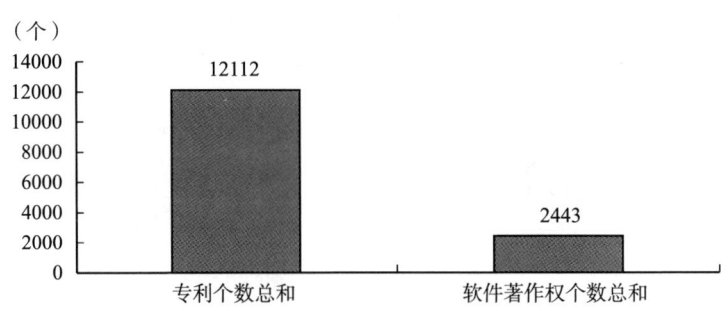

图90　高灵敏度雷达产业创新能力

第二篇　成渝地区双城经济圈制造业产业链分析

在成渝地区双城经济圈新一代电子信息制造业产业链下游企业——通信设备创新能力方面（见图91），通信设备产业下创新能力较强的是交换机产业，其专利和软件著作权总数高于其他产业，截至2023年底，专利总数达到8907个，占全部专利个数的43.64%，其软件著作权个数达到3199个，占全部软件著作权的53.71%。路由器产业专利总数为6913个，占全部专利个数的33.87%，软件著作权个数达到1179个，占比19.8%。基站产业与前两者相比，规模要略小，专利总数为4590个，占比22.49%，软件著作权个数为1578个，占比26.49%。

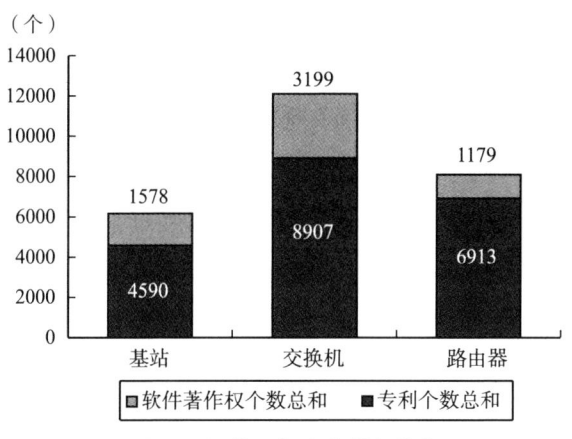

图91　通信设备产业创新能力

在成渝地区双城经济圈新一代电子信息制造业产业链下游企业——智能车载设备创新能力方面（见图92），智能车载设备产业下创新能力较强的是新能源汽车动力控制器产业，其专利和软件著作权总数高于其他产业，截至2023年底，专利总数达到37622个，占全部专利个数的58.74%，其软件著作权个数达到777个，占全部软件著作权的50.98%。智能网联汽车系统集成及智能驾驶装置产业专利总数为26423个，占全部专利个数的41.26%，软件著作权个数达到747个，占比49.02%。

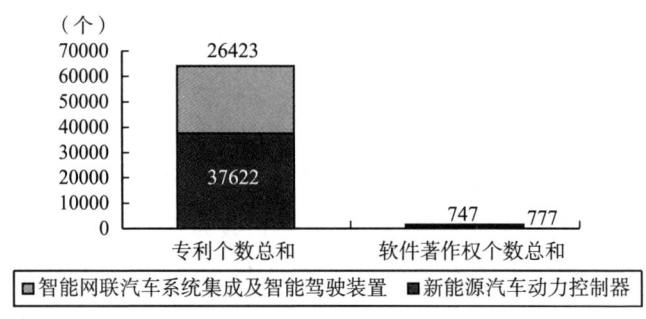

图92　智能车载设备产业创新能力

在成渝地区双城经济圈新一代电子信息制造业产业链下游企业——智能终端创新能力方面（见图93），智能终端产业下创新能力较强的是电子计算机制造产业，其专利和软件著作权总数高于其他产业，截至2023年底，专利总数达到146165个，占全部专利个数的49.79%，其软件著作权个数达到35936个，占全部软件著作权的62.25%。智能机器人及无人机产业专利总数为81183个，占全部专利个数的27.65%，软件著作权个数达到10364个，占比17.95%。其中智能可穿戴设备产业创新能力弱于其他产业，专利总数为10289个，占比仅3.5%，软件著作权总数为1817个，占比仅3.15%。

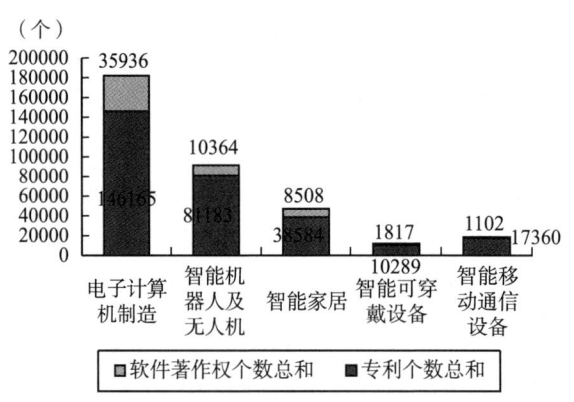

图93　智能终端产业创新能力

四、小结

成渝两地在推动新一代电子信息制造业发展过程中，不断健全产业协同机制、完善产业协同生态、丰富产业协同载体，在电子专用材料、电子元器件、集成电路、计算机零部件及外围设备、发光显示面板制造、高灵敏度雷达、通信设备、智能车载设备和智能终端等领域多维发力，聚力打造高效分工、错位发展、有序竞争、相互融合的新一代电子信息制造业版图，为双城经济圈发展注入强劲动能。

从产业链上游来看，成渝地区双城经济圈新一代电子信息制造业主要为电子专用材料，其中又以陶瓷铜箔材料为主要构成，四川地区陶瓷铜箔材料企业325家，重庆地区陶瓷铜箔材料企业281家。从营收等级来看，40.91%的陶瓷铜箔材料企业属于A级，共有276家，约5.49%的陶瓷铜箔材料企业属于U级，共有24家。在创新能力方面，发光显示材料和半导体材料创新能力最强。其中，发光显示材料产业的专利个数占比42.34%；半导体材料的专利个数占比33.85%。

在产业链中游，主要有电子元器件、集成电路、计算机零部件及外围设备、发光显示面板制造四大产业。其中，电子元器件产业占比最大，占比约45%；计算机零部件及外围设备产业相对较少，占比约7%。从营收等级来看，电子元器件产业主要以A级企业为主，占比超过90%。在创新能力方面，集成电路和电子元器件产业创新能力相对较高，专利总数均超过26万个，计算机零部件及外围设备、发光显示面板制造专利总数也均超过6万个。

在产业链下游，主要有高灵敏度雷达、通信设备、智能车载设备以及智能终端四大产业，共1157家企业。其中，通信设备企业占比最大，约78%；智能车载设备企业占比相对较少，约2%。从营收等级来看，通信设备U级企业相对较多，整体营收状况较好。在创新能力方面，智能终端产业创新能力最强，专利总数超过29万个。

智能网联新能源汽车产业链分析

当前，智能网联新能源汽车领域成为各国汽车工业角力的新赛道。《成渝地区双城经济圈建设规划纲要》明确提出"以智能网联和新能源为主攻方向，共建高水平汽车产业研发生产制造基地"。2023年，川渝两地合计生产汽车329.3万辆，同比增长3.9%，占全国汽车总产量10.9%，新能源汽车产量65.2万辆，增长35.8%。通过深度融合，川渝正致力于高水平打造万亿级的汽车产业集群。目前成渝地区双城经济圈智能网联新能源汽车产业已形成了较为完整的产业链链条。其中，上游产业链主要有算法、芯片及制造材料、新能源部件、智能网联部件三大产业；产业链中游产业主要有智能网联新能源整车制造；产业链下游产业主要布局有充换电及燃料加注服务、汽车电池回收再利用、汽车供应链物流、汽车金融、智慧出行、智慧交通、智慧停车、智慧物流等产业。成渝地区双城经济圈智能网联新能源汽车产业链格局，如图1所示。接下来，本书将分链条剖析成渝地区双城经济圈智能网联新能源汽车产业生产力格局。

一、产业链上游的生产力布局

（一）基于产业链环节的生产力布局

当前，成渝地区双城经济圈智能网联新能源汽车上游产业链主要有算法、

第二篇 成渝地区双城经济圈制造业产业链分析

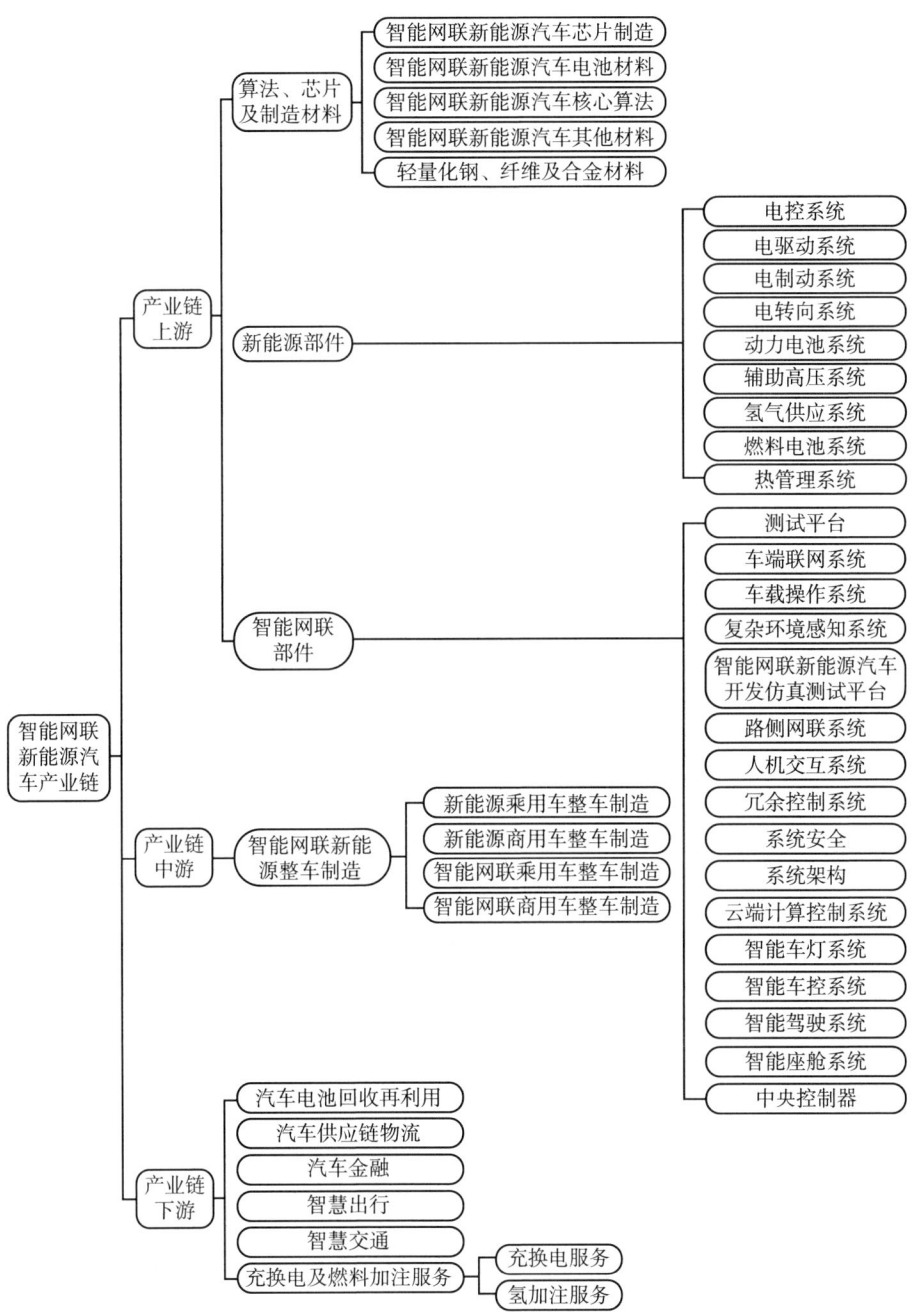

图1 成渝地区双城经济圈智能网联新能源汽车产业链格局

芯片及制造材料、新能源部件、智能网联部件三大产业（见图2）。其中，截至2023年底，算法、芯片及制造材料业企业数量四川地区高于重庆地区，四川地区有301家，重庆地区有271家，四川地区比重庆地区多30家企业；新能源部件业企业数量四川地区低于重庆地区，四川地区有392家，重庆地区有497家，四川地区比重庆地区少105家企业；智能网联部件业企业数量四川地区低于重庆地区，四川地区有616家，重庆地区有809家，四川比重庆少193家企业。

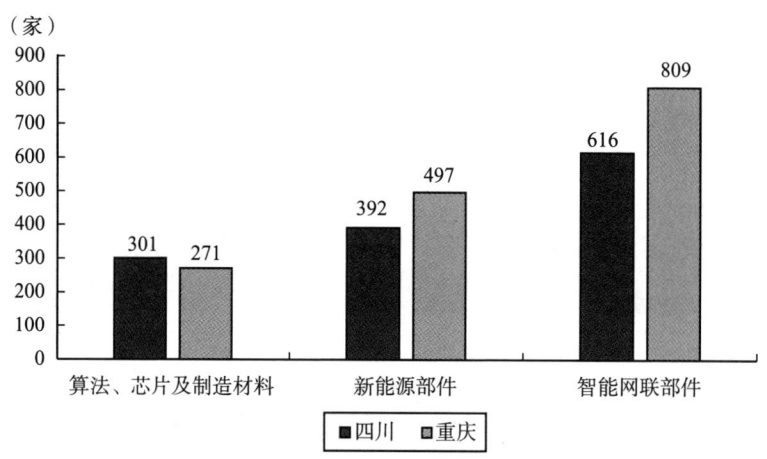

图2 按省域划分的生产力布局产业细分情况
（智能网联新能源汽车上游产业链）

（二）基于地域的生产力布局

从地市划分来看（见图3），截至2023年底，成渝地区双城经济圈智能网联新能源汽车芯片制造业企业在重庆主要分布于重庆主城都市区，有162家企业，其他地区均不足10家。四川地区主要分布于成都市，有119家企业，其次是绵阳市，有12家企业，其他地区企业数量较少，均在10家以下。

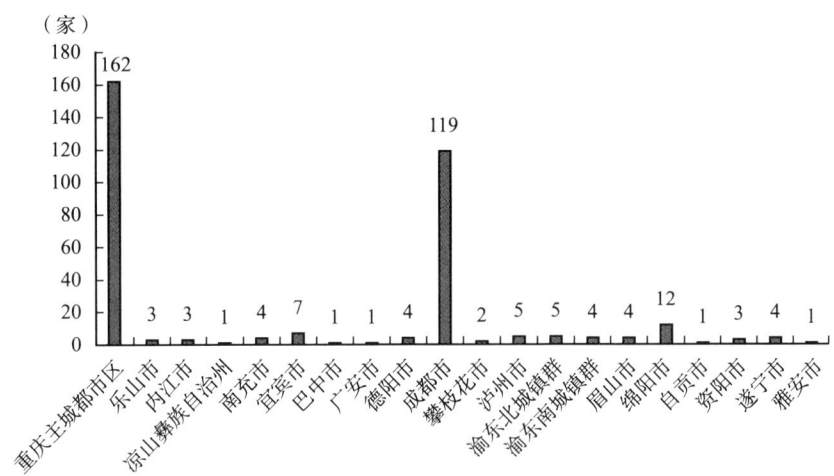

图3 按地域划分的生产力布局（智能网联新能源汽车芯片制造）

在智能网联新能源汽车电池材料企业空间格局方面（见图4），截至2023年底，在重庆主要分布于重庆主城都市区，有25家企业，除此之外，渝东北城镇群有2家企业，渝东南城镇群有2家企业。在四川地区主要分布于成都市，有32家企业，其次是绵阳市，有10家企业，其他地区企业数量较少，均在10家以下。

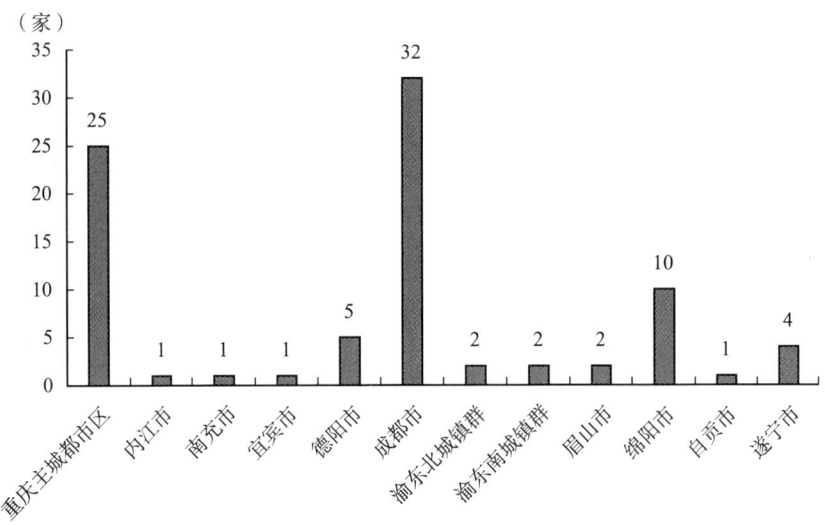

图4 按地域划分的生产力布局（智能网联新能源汽车电池材料）

在智能网联新能源汽车核心算法企业空间格局方面（见图5），截至2023年底，在重庆主要分布于重庆主城都市区，有34家企业，除此之外，渝东北城镇群有1家企业。在四川地区主要分布于成都市，有30家企业，其余的乐山、内江、绵阳、自贡、遂宁等地区各有1家企业。

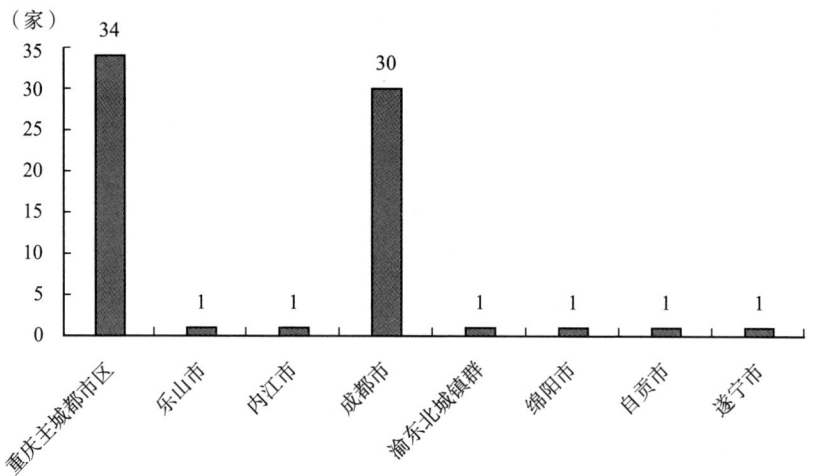

图5　按地域划分的生产力布局（智能网联新能源汽车核心算法）

在智能网联新能源汽车其他材料企业空间格局方面（见图6），截至2023年底，在重庆主要分布于重庆主城都市区，有20家企业，其他地区无相关企业分布。在四川地区主要分布于成都市，有11家企业，宜宾、绵阳各有2家企业，内江、凉山、南充、广安、遂宁各有1家企业。

在轻量化钢、纤维及合金材料企业空间格局方面（见图7），截至2023年底，在重庆主要分布于重庆主城都市区，有14家企业，渝东北城镇群和渝东南城镇群各有1家企业。在四川地区主要分布于成都市，有5家企业，雅安、绵阳各有2家企业，乐山、德阳、泸州、眉山、自贡各有1家企业。

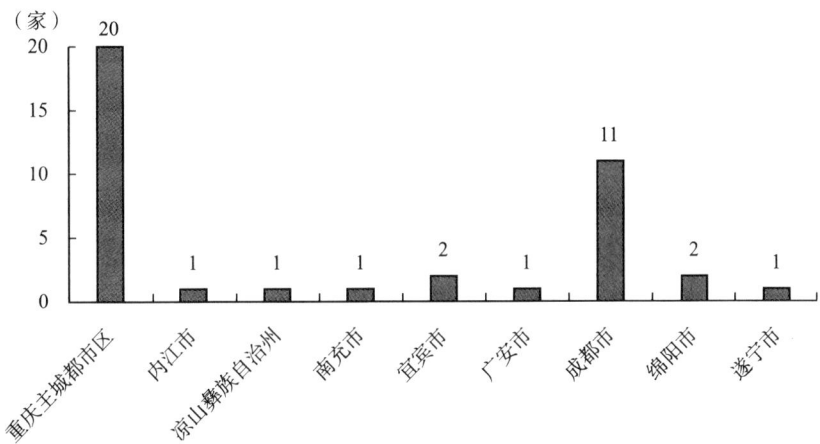

图 6 按地域划分的生产力布局（智能网联新能源汽车其他材料）

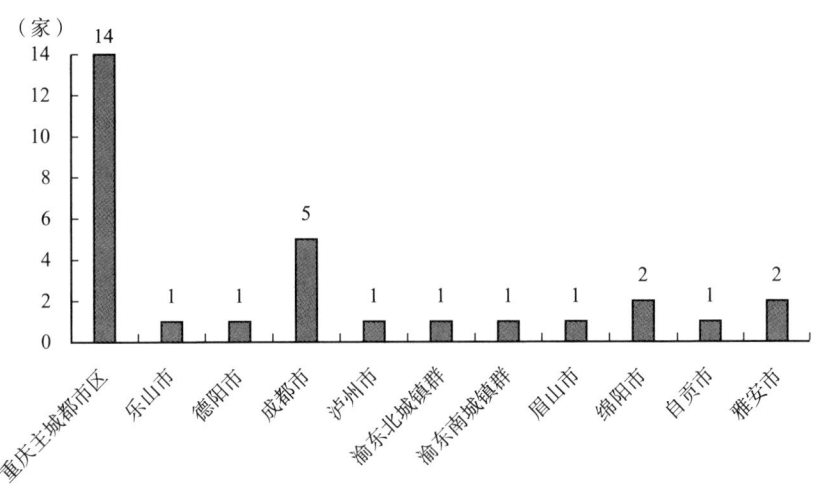

图 7 按地域划分的生产力布局（轻量化钢、纤维及合金材料）

在电控系统业企业空间格局方面（见图8），截至2023年底，在重庆主要分布于重庆主城都市区，有83家企业，渝东北城镇群和渝东南城镇群分别有3家和2家企业。在四川地区主要分布于成都市，有49家企业，其次绵阳有8家企业、宜宾有6家企业、德阳有5家企业，其他地区企业数量较少均不足5家。

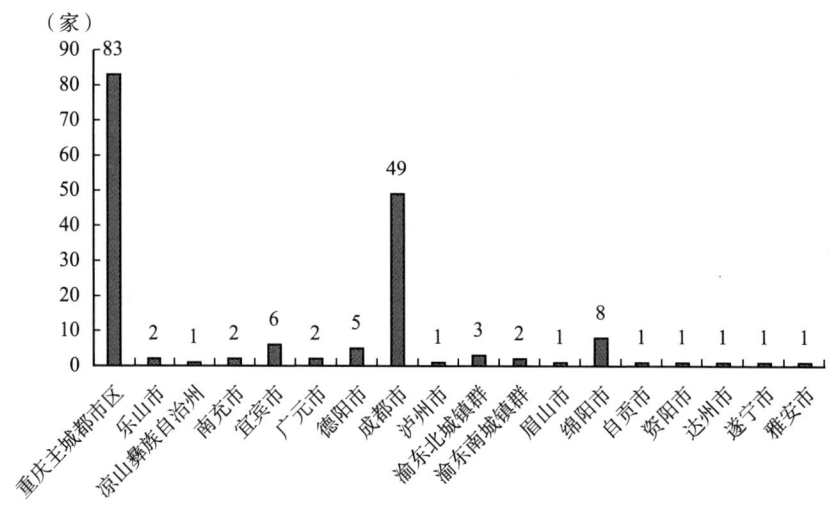

图 8　按地域划分的生产力布局（电控系统）

在电驱动系统企业空间格局方面（见图 9），截至 2023 年底，在重庆主要分布于重庆主城都市区，有 77 家企业，渝东北城镇群有 1 家企业。在四川地区主要分布于成都市，有 23 家企业，其他地区企业数量较少均不足 5 家。

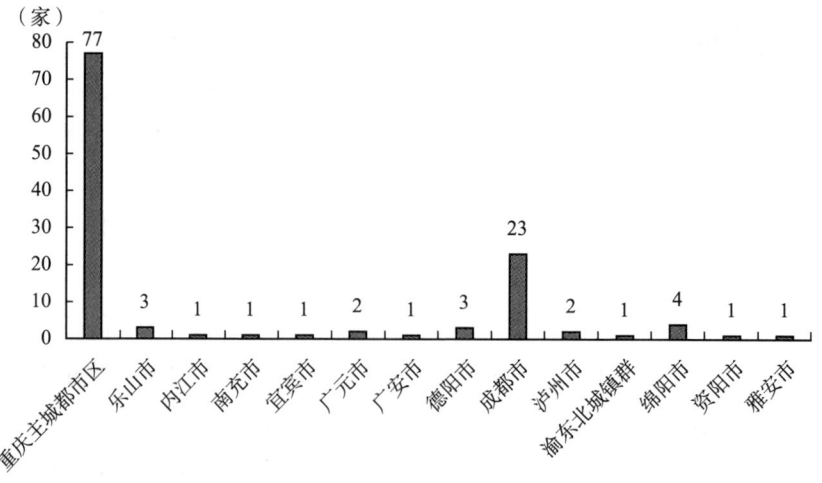

图 9　按地域划分的生产力布局（电驱动系统）

在电制动系统业发展方面（见图10），截至2023年底，电制动系统业企业在成渝地区双城经济圈仅在重庆主城都市区有2家企业，其他地区均无相关企业。

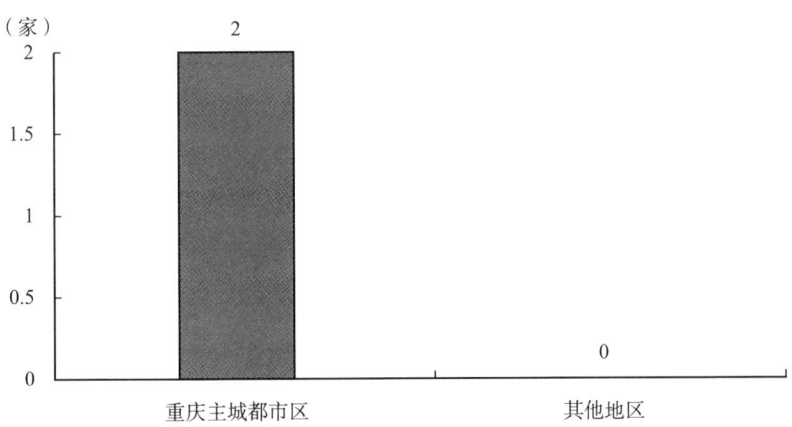

图10　按地域划分的生产力布局（电制动系统）

在电转向系统企业空间格局方面（见图11），截至2023年底，成渝地区双城经济圈电转向系统业企业在成渝地区双城经济圈仅在成都市和眉山市各有2家和1家企业，其他地区均无相关企业。

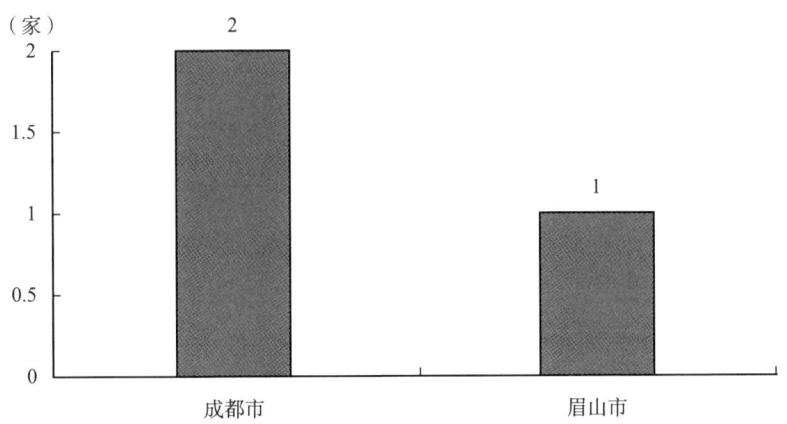

图11　按地域划分的生产力布局（电转向系统）

在动力电池系统企业空间格局方面（见图12），截至2023年底，成渝地区双城经济圈动力电池系统业企业在重庆主要分布于主城都市区，有95家企业，渝东北城镇群有1家企业。在四川地区主要分布于成都市，有44家企业，其次绵阳市有8家企业，宜宾市有5家企业，其他地区企业数量较少均不足5家。

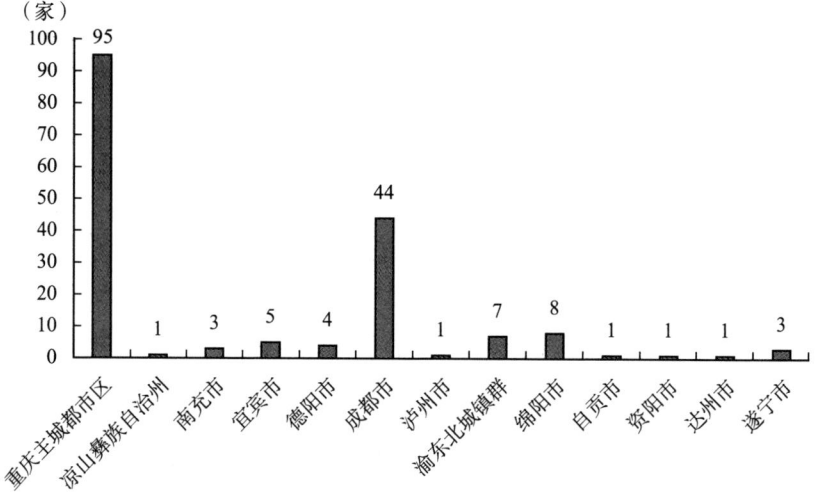

图12 按地域划分的生产力布局（动力电池系统）

在辅助高压系统企业空间格局方面（见图13），截至2023年底，成渝地区双城经济圈辅助高压系统业企业在重庆主要分布于重庆主城都市区，有24家企业。在四川地区主要分布于成都市，有8家企业，其次绵阳市有4家企业，宜宾市和泸州各有2家企业，广元、资阳、遂宁各有1家企业。

在氢气动力系统企业空间格局方面（见图14），截至2023年底，成渝地区双城经济圈氢气供应系统业企业在重庆主要分布于重庆主城都市区，有23家企业。在四川地区主要分布于成都市，有6家企业，其次绵阳市有3家企业，遂宁有2家企业，南充、德阳、攀枝花、自贡、资阳、雅安各有1家企业。

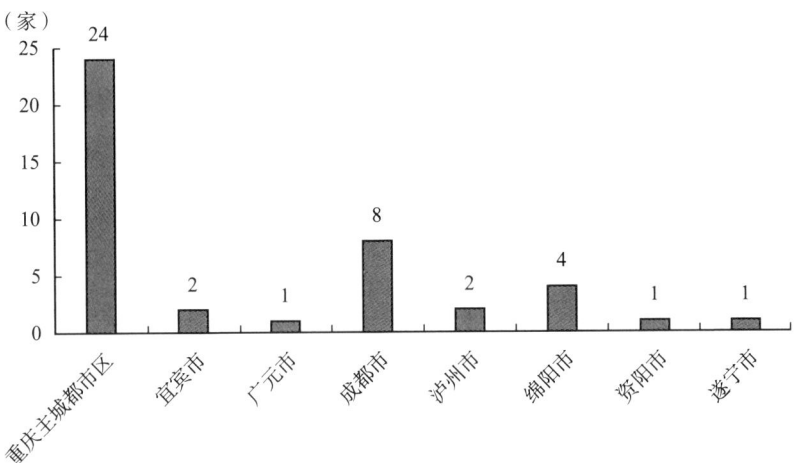

图 13　按地域划分的生产力布局（辅助高压系统）

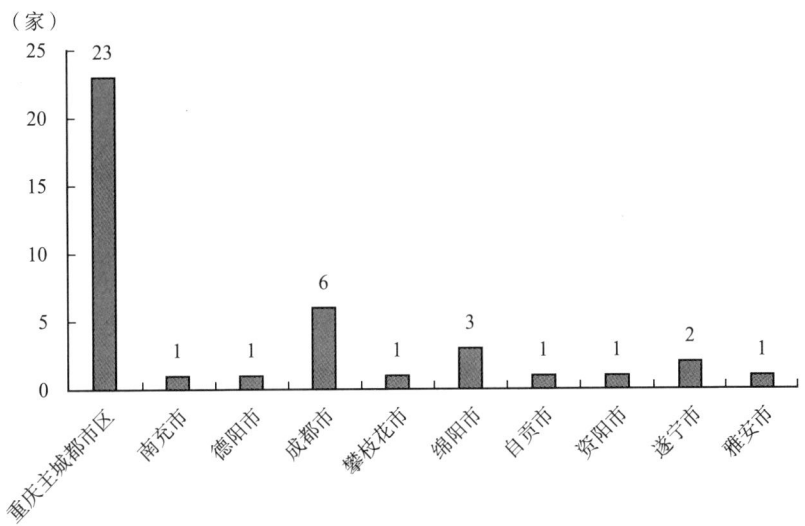

图 14　按地域划分的生产力布局（氢气供应系统）

在燃料电池系统企业空间格局方面（见图15），截至2023年底，成渝地区双城经济圈燃料电池系统业企业在重庆主要分布于重庆主城都市区，有9家企业，渝东南城镇群有1家企业。在四川地区主要分布于成都市，有15家企业，其次绵阳市有4家企业，遂宁有2家企业，乐山、南充、宜宾、德阳、

139

泸州、自贡各有1家企业。

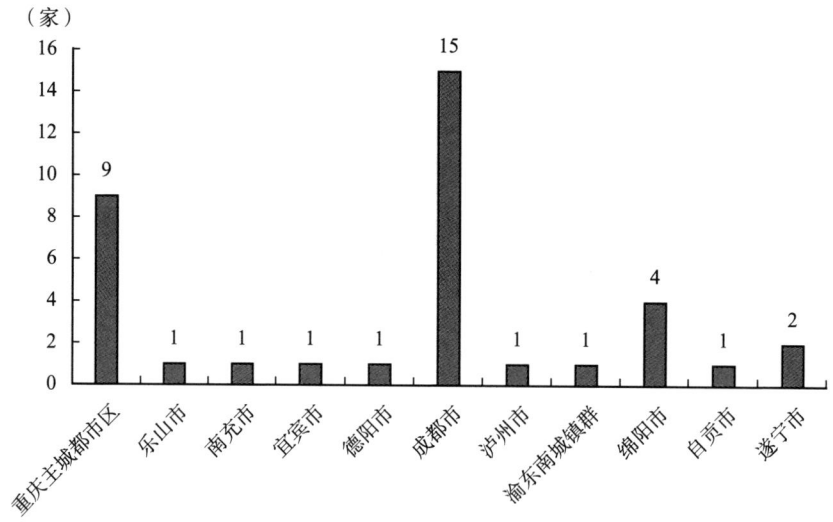

图15 按地域划分的生产力布局（燃料电池系统）

在热管理系统业企业空间格局方面（见图16），截至2023年底，成渝地区双城经济圈热管理系统业企业在重庆主要分布于重庆主城都市区，有165家企业，渝东北城镇群有6家企业，渝东南城镇群有1家企业。在四川地区主要分布于成都市，有85家企业，其次绵阳市有7家企业，乐山、德阳有5家企业，其他地区较少均不足5家。

在测试平台方面（见图17），截至2023年底，成渝地区双城经济圈测试平台业企业在重庆主要分布于重庆主城都市区，有61家企业，渝东北城镇群有2家企业，渝东南城镇群有2家企业；在四川地区主要分布于成都市，有54家企业，其次绵阳市有7家企业，其他地区较少均不足5家。

在车端联网系统方面（见图18），截至2023年底，成渝地区双城经济圈车端联网系统业企业在重庆主要分布于重庆主城都市区，有12家企业。在四川地区主要分布于成都市，有8家企业，其次宜宾市有2家企业，南充和绵阳各有1家企业。

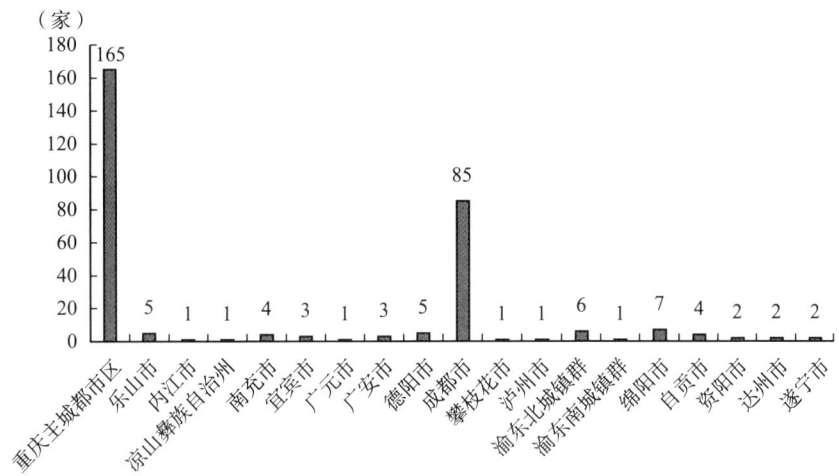

图 16　按地域划分的生产力布局（热管理系统）

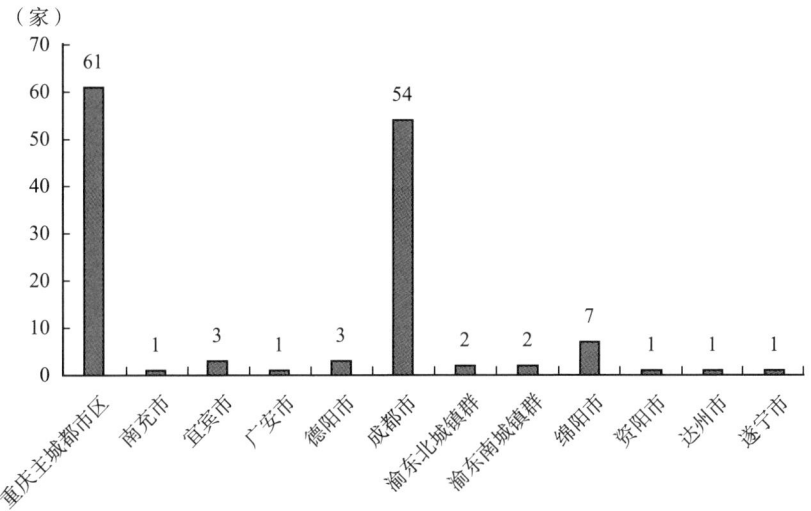

图 17　按地域划分的生产力布局（测试平台）

在车载操作系统方面（见图 19），截至 2023 年底，成渝地区双城经济圈车载操作系统业企业在重庆主要分布于重庆主城都市区，有 39 家企业。在四川地区主要分布于成都市，有 39 家企业，其次绵阳有 5 家企业，其他地区企业数量较少均不足 5 家。

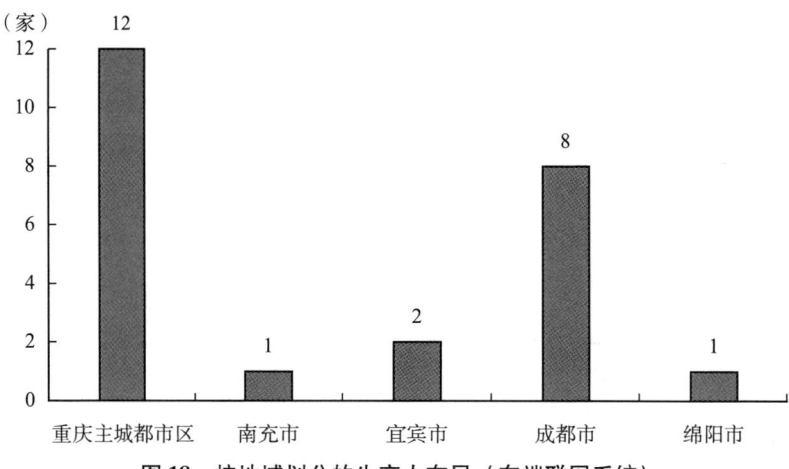

图 18　按地域划分的生产力布局（车端联网系统）

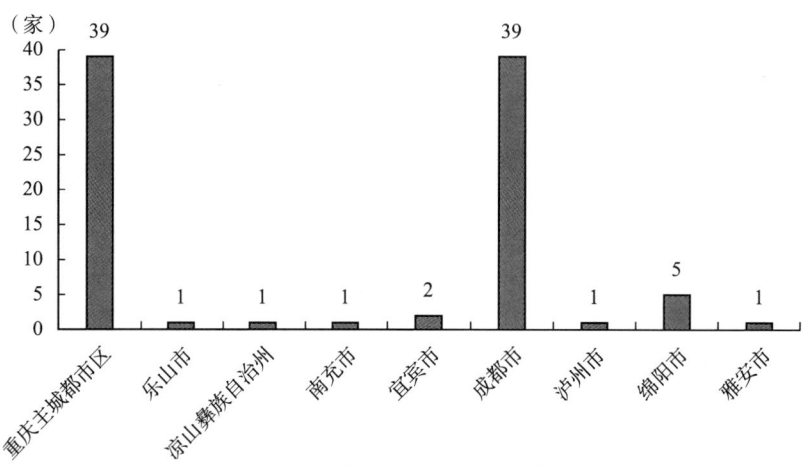

图 19　按地域划分的生产力布局（车载操作系统）

从地市划分来看（见图 20），截至 2023 年底，智能网联部件产业下的电子电器架构企业在成渝地区双城经济圈仅有重庆主城都市圈 1 家企业。成渝地区双城经济圈复杂环境感知业企业在重庆主要分布于重庆主城都市区，有 71 家企业，渝东北城镇群有 1 家企业。在四川地区主要分布于成都市，有 63 家企业，其次绵阳有 5 家企业，其他地区企业数量较少均不足 5 家。

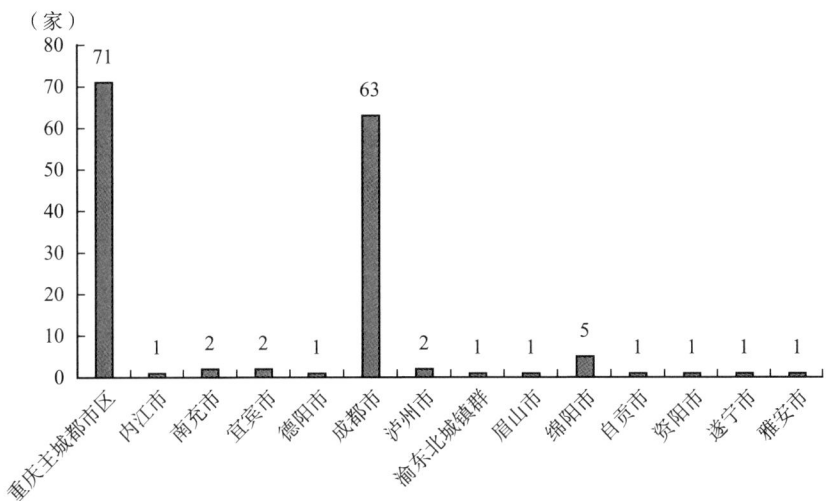

图 20　按地域划分的生产力布局（复杂环境感知系统）

在智能网联新能源汽车开发仿真测试平台方面（见图21），截至2023年底，成渝地区双城经济圈智能网联新能源汽车开发仿真测试业企业在成渝双城经济圈仅有重庆主城都市圈、德阳市和成都市分别有4家、1家和1家企业。

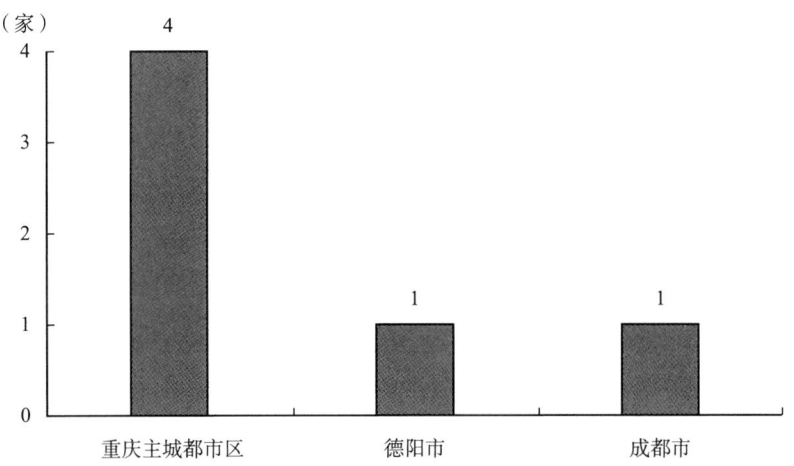

图 21　按地域划分的生产力布局（智能网联新能源汽车开发仿真测试平台）

从地市划分来看（见图22），截至2023年底，路侧网联系统业企业在成渝地区双城经济圈仅有重庆主城都市圈和成都市分别有7家和5家企业。成渝地区双城经济圈人机交互系统业企业在重庆主要分布于重庆主城都市区,有180家企业,渝东北城镇群有1家企业。在四川地区主要分布于成都市,有106家企业,其次绵阳有9家企业,德阳有6家企业,其他地区企业数量较少均不足5家。

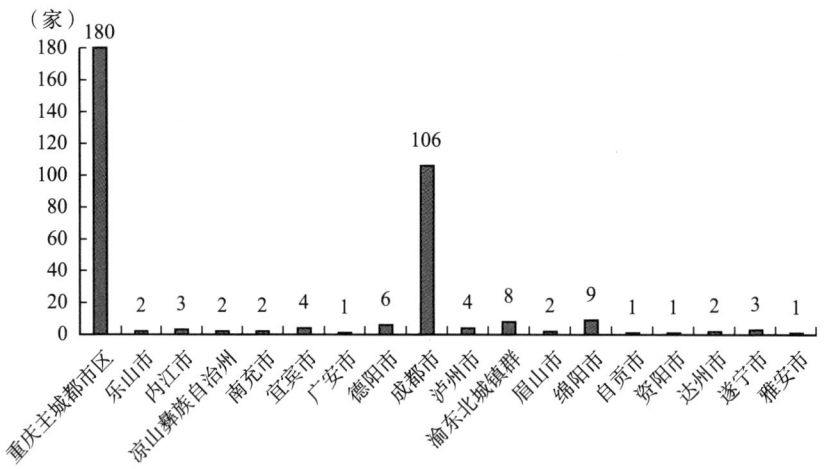

图22 按地域划分的生产力布局(人机交互系统)

在冗余控制系统方面(见图23),截至2023年底,成渝地区双城经济圈冗余控制系统业企业在重庆主要分布于重庆主城都市区,有4家企业。在四川地区主要分布于成都市,有3家企业,南充和德阳各有1家企业。

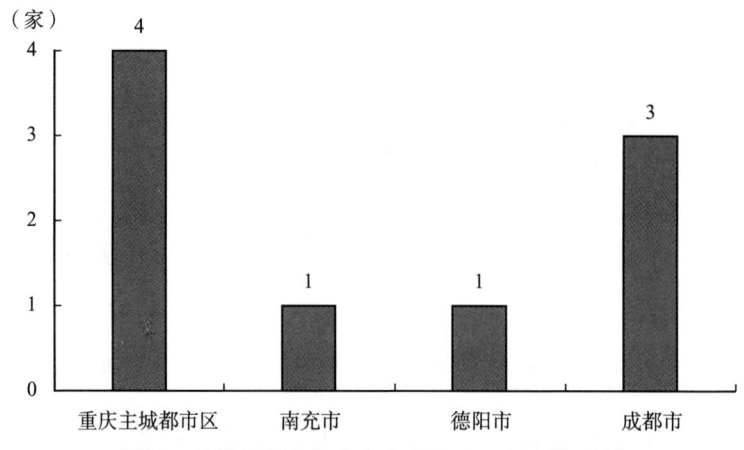

图23 按地域划分的生产力布局(冗余控制系统)

在系统安全方面（见图24），截至2023年底，成渝地区双城经济圈系统安全业企业在重庆主要分布于重庆主城都市区，有180家企业，渝东北城镇群有21家企业，渝东南城镇群有9家企业。在四川地区主要分布于成都市，有70家企业，其次绵阳、宜宾有7家企业，德阳有5家企业，其他地区企业数量较少均不足5家。

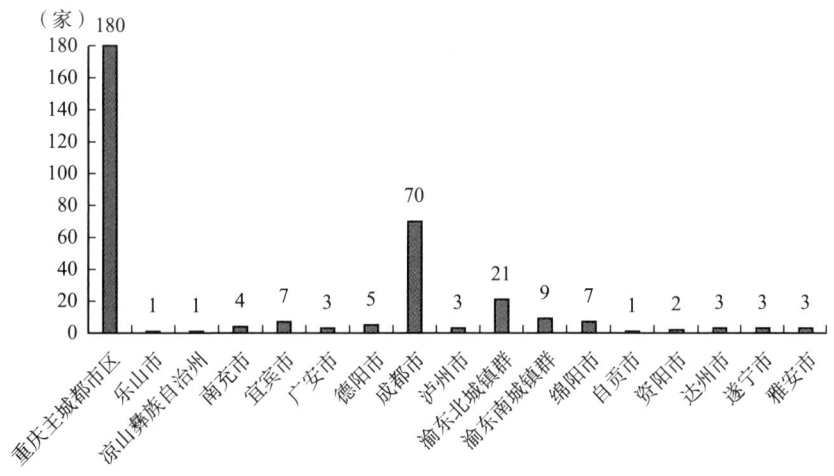

图24　按地域划分的生产力布局（系统安全）

在系统架构方面（见图25），截至2023年底，成渝地区双城经济圈系统架构业企业在重庆主要分布于重庆主城都市区，有15家企业。在四川地区主要分布于成都市，有13家企业，其次绵阳、德阳各有2家企业，内江、雅安各有1家企业。

在云计算控制系统方面（见图26），截至2023年底，成渝地区双城经济圈云计算控制系统业企业在重庆主要分布于重庆主城都市区，有81家企业，渝东北城镇群有8家企业，渝东南城镇群有1家企业。在四川地区主要分布于成都市，有27家企业，其次绵阳有4家企业，达州有1家企业。

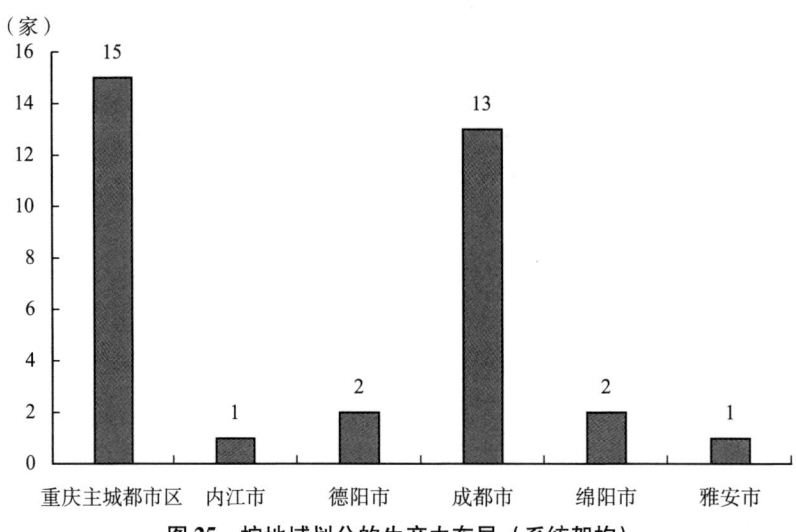

图 25　按地域划分的生产力布局（系统架构）

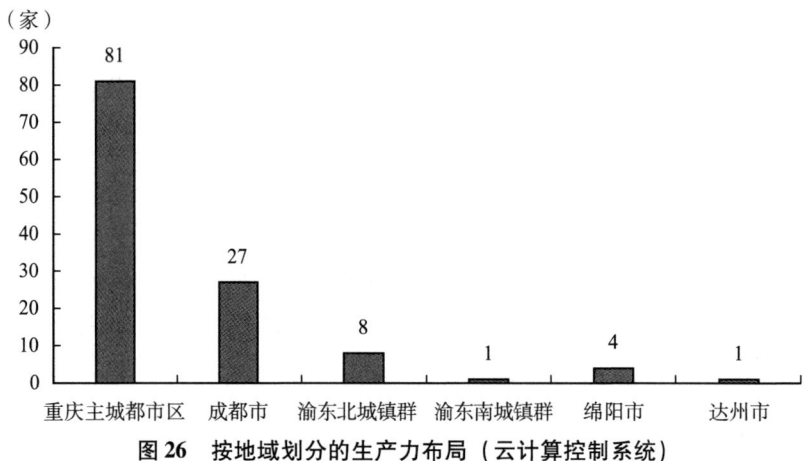

图 26　按地域划分的生产力布局（云计算控制系统）

在智能车灯系统方面（见面 27），截至 2023 年底，成渝地区双城经济圈智能车灯系统业企业在重庆主要分布于重庆主城都市区，有 25 家企业。在四川地区主要分布于成都市，有 9 家企业，宜宾、绵阳、遂宁各有 1 家企业。

在智能车控系统方面（见图 28），截至 2023 年底，成渝地区双城经济圈智能车控系统业企业在重庆主要分布于重庆主城都市区，有 10 家企业。在四川地区主要分布于成都市，有 6 家企业，除此之外仅有绵阳市有 1 家企业。

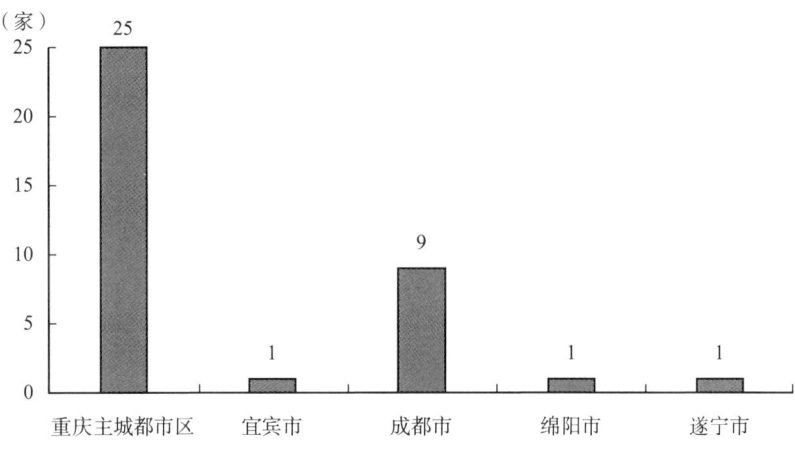

图27　按地域划分的生产力布局（智能车灯系统）

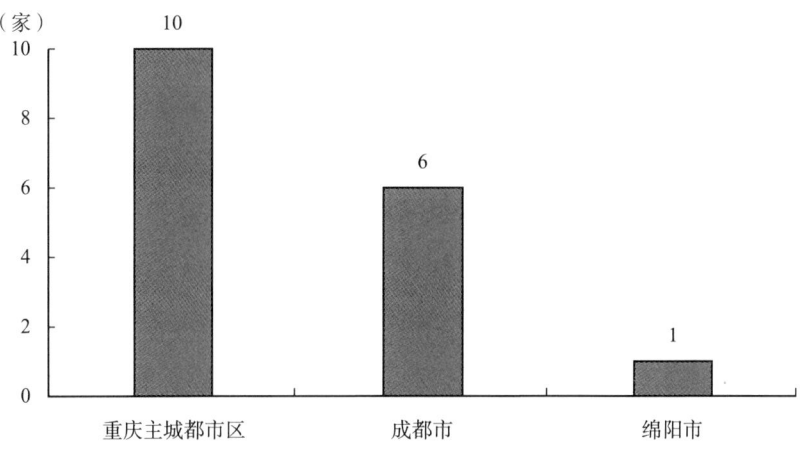

图28　按地域划分的生产力布局（智能车控系统）

在智能驾驶系统方面（见图29），截至2023年底，成渝地区双城经济圈智能驾驶系统业企业在重庆主要分布于重庆主城都市区，有8家企业。在四川地区主要分布于成都市，有8家企业，乐山、内江、南充、宜宾、眉山、自贡、资阳各有1家企业。

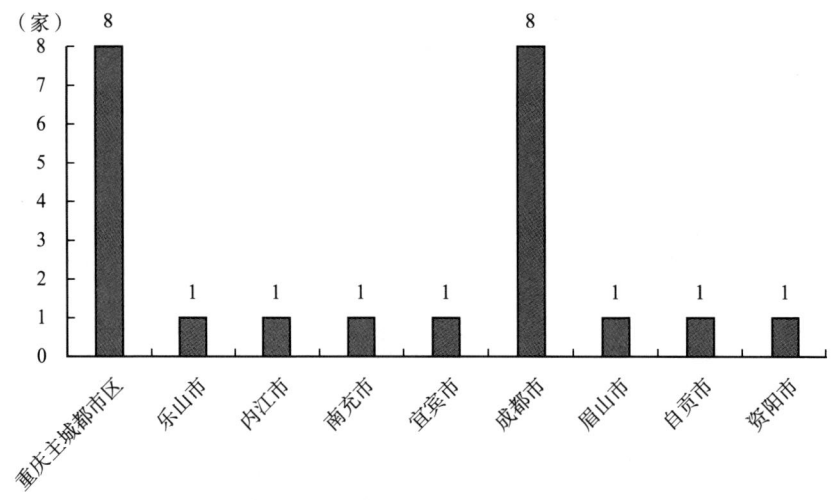

图29 按地域划分的生产力布局（智能驾驶系统）

成渝地区双城经济圈智能座舱系统业的企业数量的城市分布如图30所示。截至2023年底，智能座舱系统企业在重庆主要分布于重庆主城都市区，有35家企业，渝东北城镇群有2家企业。在四川地区主要分布于成都市，有11家企业，宜宾有2家企业，南充和绵阳各有1家企业。

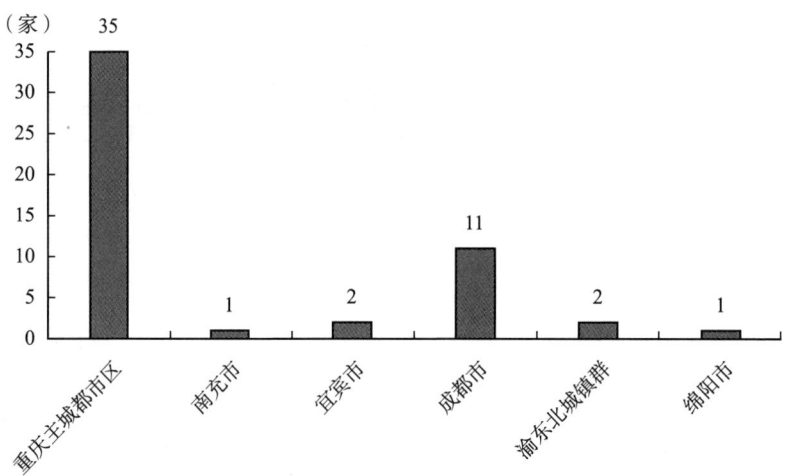

图30 按地域划分的生产力布局（智能座舱系统）

成渝地区双城经济圈中央控制器业企业在重庆主要分布于重庆主城都市区，截至2023年底，共有23家企业。在四川地区主要分布于成都市，有17家企业，乐山、德阳有2家企业，广安、绵阳、自贡、资阳各有1家企业（见图31）。

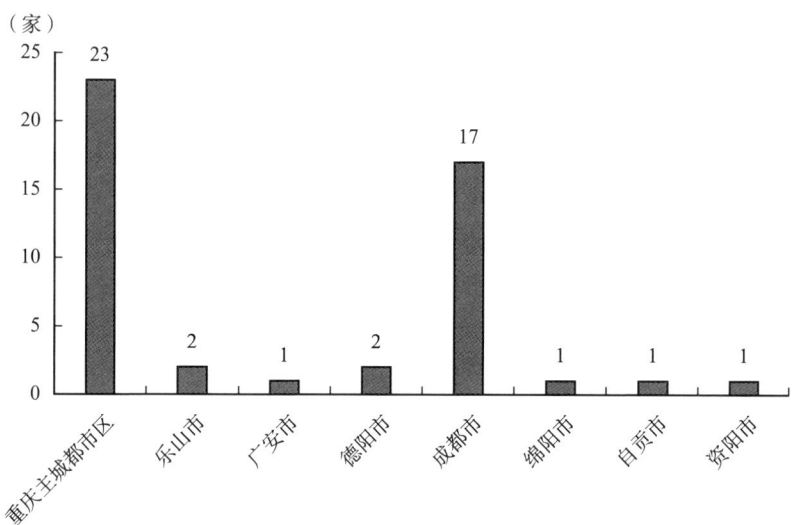

图31 按地域划分的生产力布局（中央控制器）

（三）基于经营状况的生产力布局

从营收等级划分看（见图32），截至2023年底，智能网联新能源汽车芯片制造业企业营收等级为A级（500万元以下）的企业有90家，占52%；为U级（10000万元及以上）的企业有53家，占比30%；其余等级企业占比较少，各等级均仅占3%以下。

从纳税等级划分看（见图33），截至2023年底，智能网联新能源汽车芯片制造业企业纳税等级为A级（50万元以下）的企业有100家，占57%；为U级（1000万元及以上）的企业有36家，占比20%；为B级（大于等于50万元小于100万元）的企业有9家，占比5%；其余等级企业占比较少，各等级均仅占3%以下。

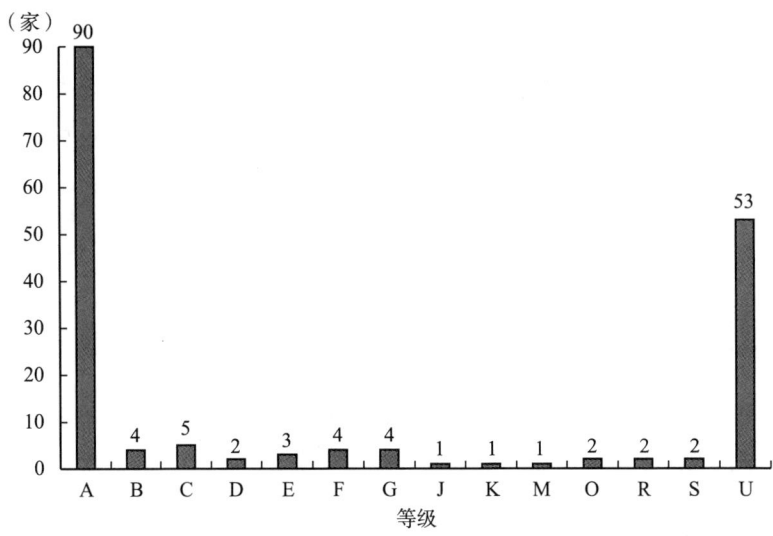

图 32 按营收等级划分的生产力布局（智能网联新能源汽车芯片制造）

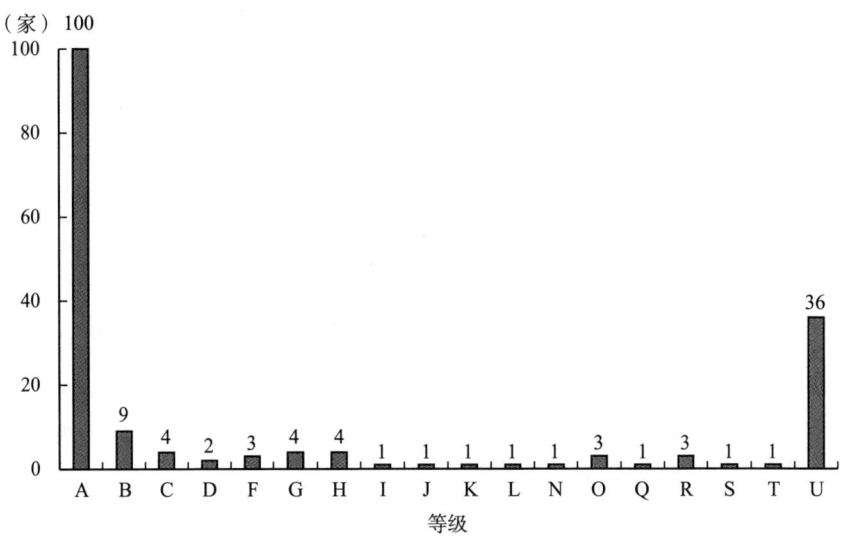

图 33 按纳税等级划分的生产力布局（智能网联新能源汽车芯片制造）

成渝地区双城经济圈智能网联新能源电池材料业企业的营收等级状况（见图34），截至2023年底，营收等级为A级（500万元以下）的企业有20家，占40%；为U级（10000万元及以上）的企业有18家，占比36%；为

B级（大于等于50万元小于100万元）的企业有3家，C级（大于等于100万元小于150万元）和F级（大于等于250万元小于300万元）的企业有2家，其余D、E、J、K、O等级各1家。

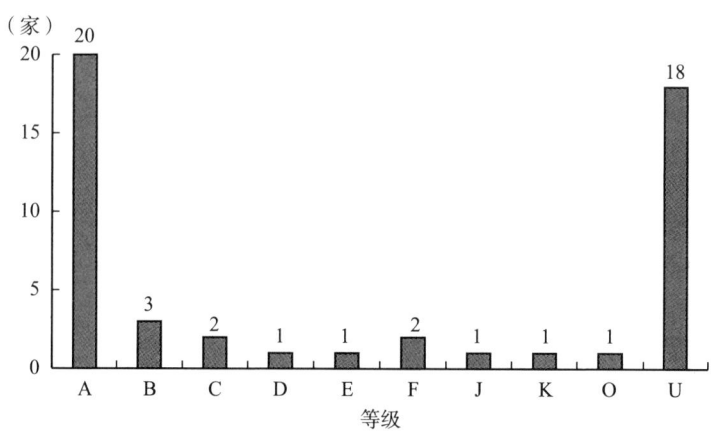

图34　按营收等级划分的生产力布局（智能网联新能源汽车电池材料）

成渝地区双城经济圈智能网联新能源汽车电池材料业企业的纳税等级状况（见图35），截至2023年底，纳税等级为A级（50万元以下）的企业有25家，占49%；为U级（1000万元及以上）的企业有15家，占比29%；为B级（大于等于50万元小于100万元）的企业有4家，占比8%；为C级（大于等于100万元小于150万元）的企业有2家，占比4%，其余G、H、I、J、Q等级各有1家。

成渝地区双城经济圈智能网联新能源核心算法业企业的营收等级状况（见图36），截至2023年底，营收等级为A级（500万元以下）的企业有7家，占16%；为U级（10000万元及以上）的企业有25家，占比56%；为R级（大于等于8500万元小于9000万元）的企业有3家，占比7%；为B、C、E、J等级各有2家，其余D、F等级各有1家。

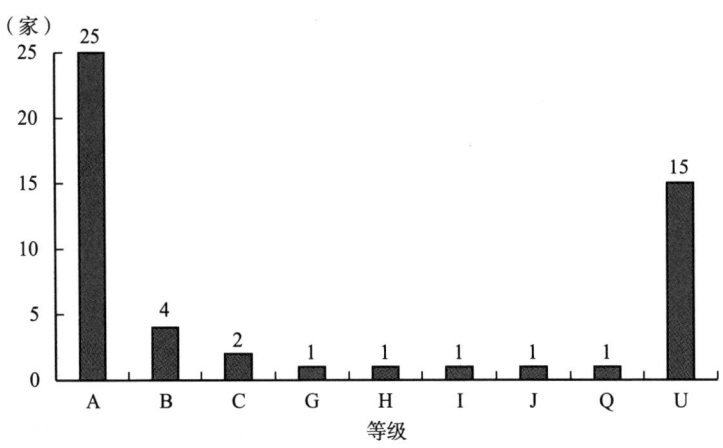

图 35　按纳税等级划分的生产力布局（智能网联新能源汽车电池材料）

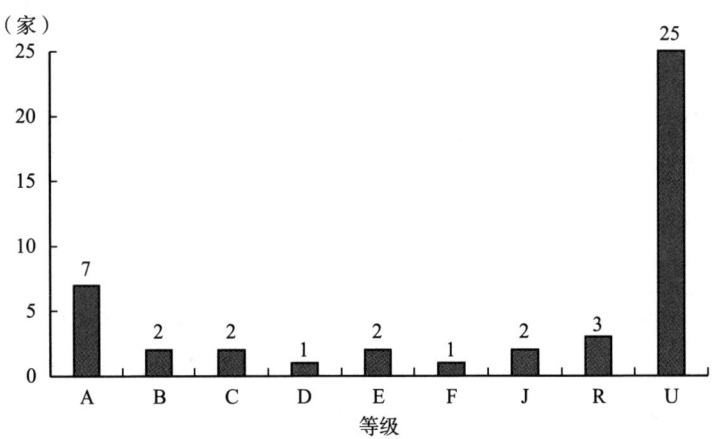

图 36　按营收等级划分的生产力布局（智能网联新能源汽车核心算法）

成渝地区双城经济圈智能网联新能源汽车核心算法业企业的纳税等级状况（见图37），截至2023年底，纳税等级为A级（50万元以下）的企业有11家，占30%；为U级（1000万元及以上）的企业有21家，占比43%；为B级（大于等于50万元小于100万元）的企业有4家，占比8%；为E、F、H、O等级各有2家，其余G、I、J、T等级各有1家。

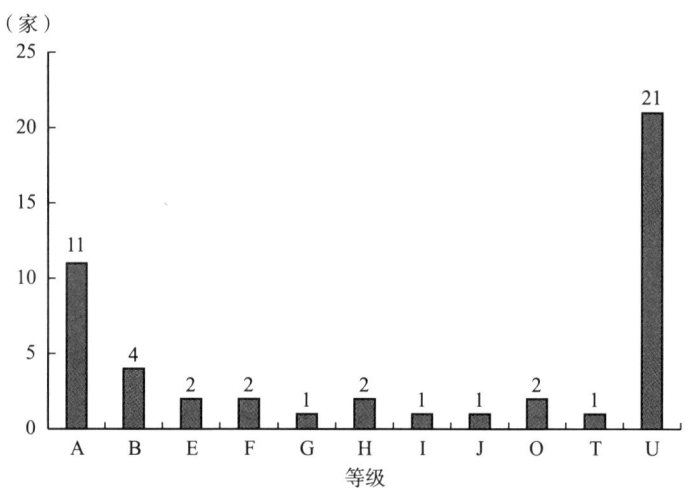

图37 按纳税等级划分的生产力布局（智能网联新能源汽车核心算法）

从营收等级划分看（见图38），截至2023年底，算法、芯片及制造材料产业下的智能网联新能源其他材料业企业营收等级为A级（500万元以下）的企业有5家，占17%；为U级（10000万元及以上）的企业有13家，占比45%；为C级（大于等于1000万元小于1500万元）的企业有3家，占比10%；为D、E等级的企业各有2家，其余B、F、I、S等级的企业各有1家。

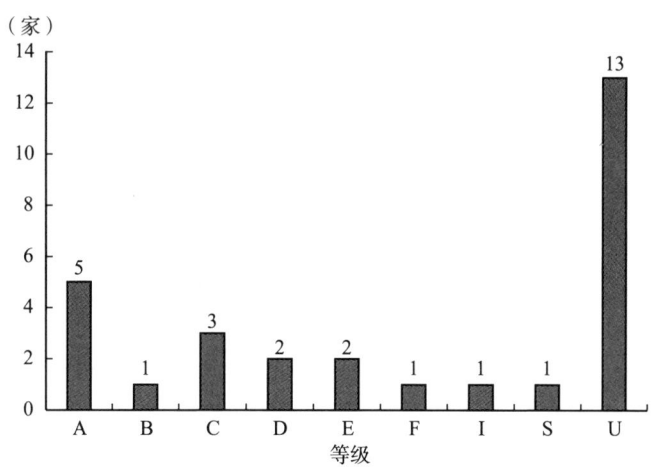

图38 按营收等级划分的生产力布局（智能网联新能源汽车其他材料）

从纳税等级划分看（见图39），截至2023年底，算法、芯片及制造材料产业下的智能网联新能源汽车核心算法业企业纳税等级为A级（50万元以下）的企业有10家，占34%；为U级（1000万元及以上）的企业有7家，占比24%；为B、C、J等级的企业各有2家，其余D、G、I、N、O、R等级的企业各有1家。

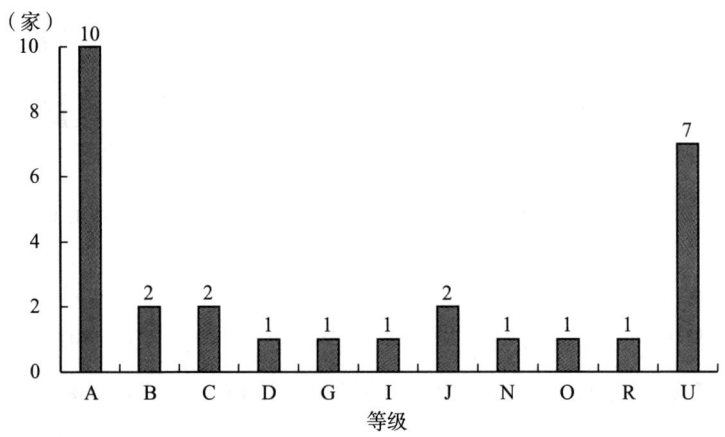

图39 按纳税等级划分的生产力布局（智能网联新能源汽车其他材料）

从营收等级划分看（见图40），截至2023年底，算法、芯片及制造材料产业下的轻量化钢、纤维及合金材料业企业营收等级为A级（500万元以下）的企业有5家，占31%；为U级（10000万元及以上）的企业有8家，占比50%；其余D、J、L等级的企业各有1家。

从纳税等级划分看（见图41），截至2023年底，算法、芯片及制造材料产业下的轻量化钢、纤维及合金材料业企业纳税等级为A级（50万元以下）的企业有5家，占29%；为U级（1000万元及以上）的企业有10家，占比59%；为C、Q等级的企业各有1家。

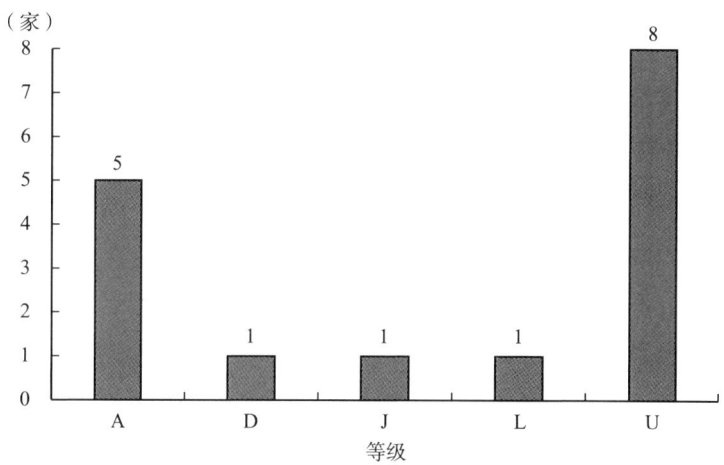

图 40 按营收等级划分的生产力布局（轻量化钢、纤维及合金材料）

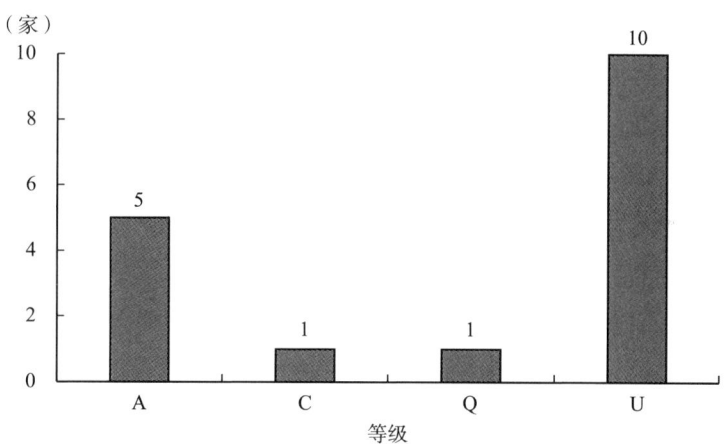

图 41 按纳税等级划分的生产力布局（轻量化钢、纤维及合金材料）

从营收等级划分看（见图 42），截至 2023 年底，新能源部件产业下的电控系统业企业营收等级为 A 级（500 万元以下）的企业有 36 家，占 34%；为 U 级（10000 万元及以上）的企业有 43 家，占比 41%；为 B 级（大于等于 500 万元小于 1000 万元）的企业有 7 家，占比 7%；为 C、F 级的企业各有 5 家，为 D 级和 J 级的各有 3 家和 2 家，其余 E、G、M、R 等级的企业各有 1 家。

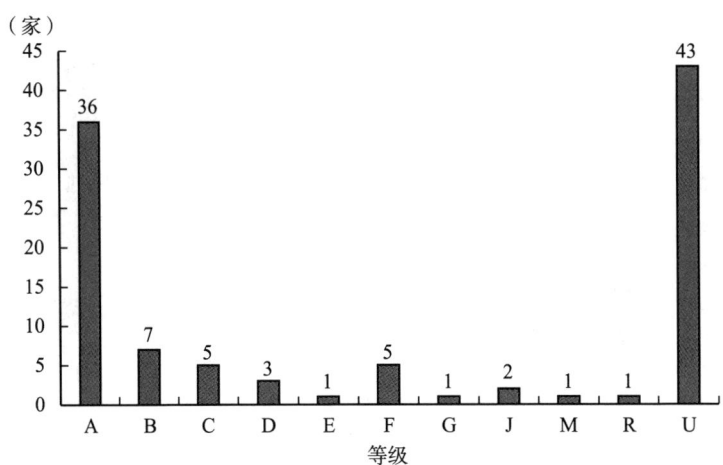

图 42 按营收等级划分的生产力布局（电控系统）

从纳税等级划分看（见图 43），截至 2023 年底，新能源部件产业下的电控系统业企业纳税等级为 A 级（50 万元以下）的企业有 48 家，占 46%；为 U 级（1000 万元及以上）的企业有 28 家，占比 27%；为 C 级（大于等于 100 万元小于 150 万元）的企业有 7 家，占比 7%；为 B 级（大于等于 50 万元小于 100 万元）的企业有 6 家，占比 6%；其余 E、G、H、I、M、N、O、P、Q、S 等级占比较少，均在 3% 以下。

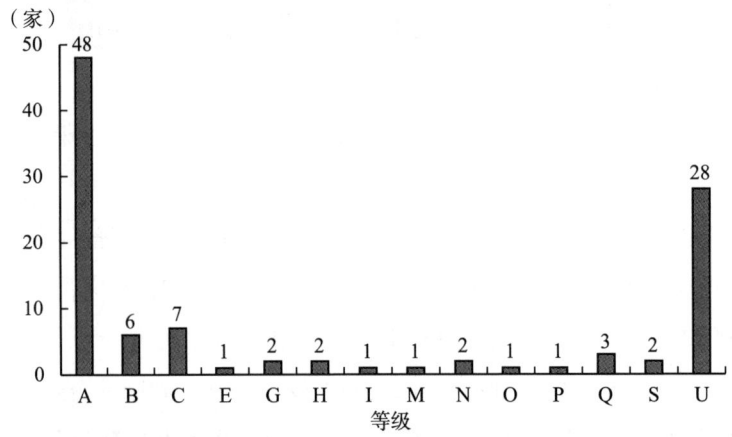

图 43 按纳税等级划分的生产力布局（电控系统）

从营收等级划分看（见图44），截至2023年底，新能源部件产业下的电驱动系统业企业营收等级为A级（500万元以下）的企业有23家，占29%；为U级（10000万元及以上）的企业有33家，占比42%；为F级（大于等于2500万元小于3000万元）的企业有4家，占比5%；为B、E级的企业各有3家，为C、J、R等级的企业各有2家，其余D、G、H、L、Q、S、T等级的企业各有1家。

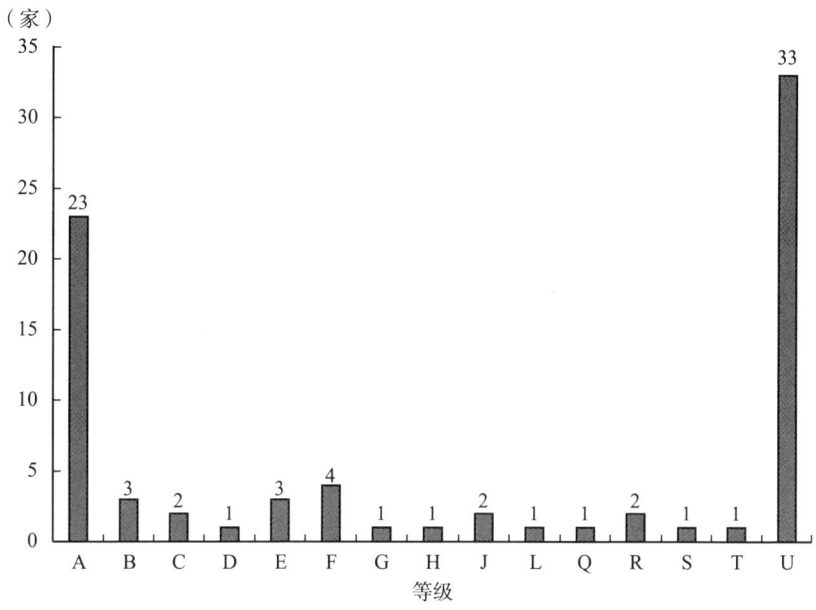

图44　按营收等级划分的生产力布局（电驱动系统）

从纳税等级划分看（见图45），截至2023年底，新能源部件产业下的电驱动系统业企业纳税等级为A级（50万元以下）的企业有31家，占39%；为U级（1000万元及以上）的企业有23家，占比29%；为B、C级的企业各有5家，分别占比6%，其余D、E、G、H、I、K、M、N、P、Q、R、S等级占比较少，占比均在5%以下。

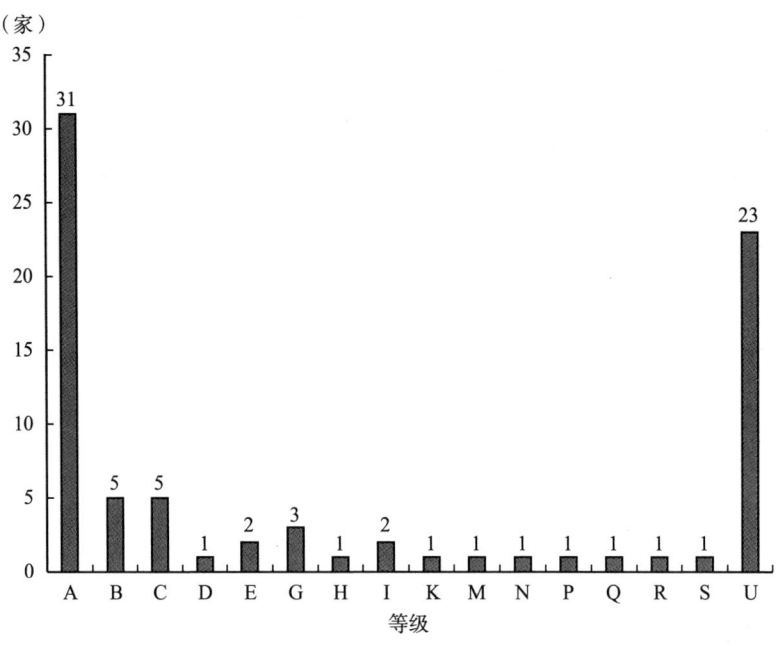

图 45 按纳税等级划分的生产力布局（电驱动系统）

从营收等级划分看（见图 46），截至 2023 年底，新能源部件产业下的动力电池系统业企业营收等级为 A 级（500 万元以下）的企业有 44 家，占 42%；为 U 级（10000 万元及以上）的企业有 35 家，占比 33%；为 B 级（大于等于 500 万元小于 1000 万元）的企业有 9 家，占比 9%；为 C 级（大于等于 1000 万元小于 1500 万元）的企业有 5 家，占比 5%；其余 D、E、F、G、H、J、O、S 等级企业占比较少，占比均在 5% 以下。

从纳税等级划分看（见图 47），截至 2023 年底，新能源部件产业下的动力电池系统业企业纳税等级为 A 级（50 万元以下）的企业有 60 家，占 58%；为 U 级（1000 万元及以上）的企业有 25 家，占比 24%；其余 B、C、D、F、H、I、K、L、N、P、Q、R 等级企业占比较少，占比均在 5% 以下。

从营收等级划分看（见图 48），截至 2023 年底，新能源部件产业下的辅助高压系统企业营收等级为 A 级（500 万元以下）的企业有 5 家，占 28%；为 U 级（10000 万元及以上）的企业有 8 家，占比 44%；为 F 级（大于等于

2500万元小于3000万元）的企业有2家，占比11%；其余B、K、S等级的企业各有1家。

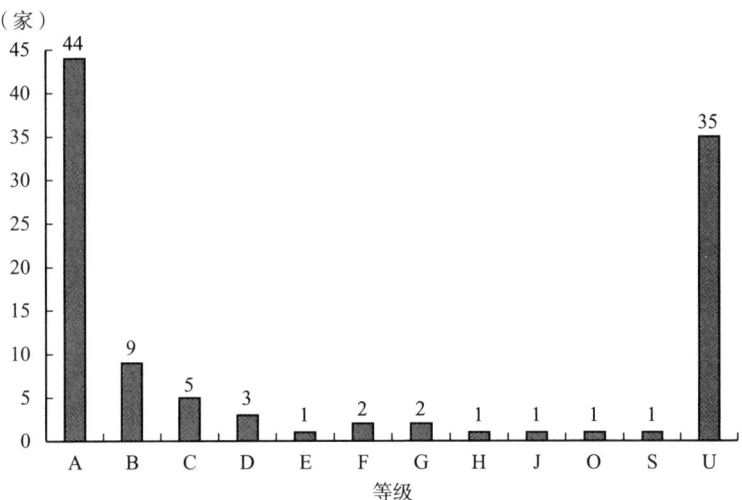

图46 按营收等级划分的生产力布局（动力电池系统）

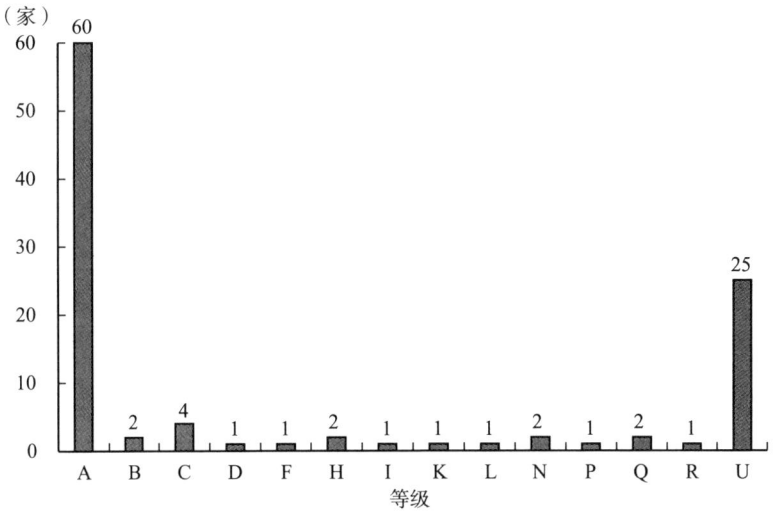

图47 按纳税等级划分的生产力布局（动力电池系统）

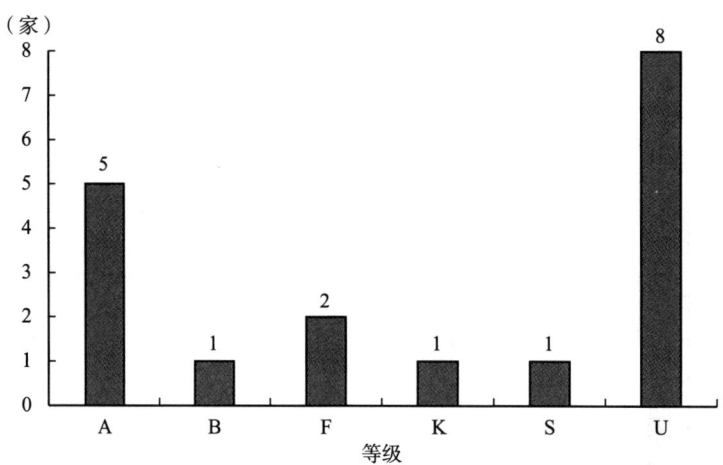

图 48　按营收等级划分的生产力布局（辅助高压系统）

从纳税等级划分看（见图 49），截至 2023 年底，新能源部件产业下的辅助高压系统业企业纳税等级为 A 级（50 万元以下）的企业有 6 家，占 30%；为 U 级（1000 万元及以上）的企业有 9 家，占比 45%；为 C 级（大于等于 100 万元小于 150 万元）的企业有 2 家，占比 10%；其余 E、I、R 等级各 1 家。

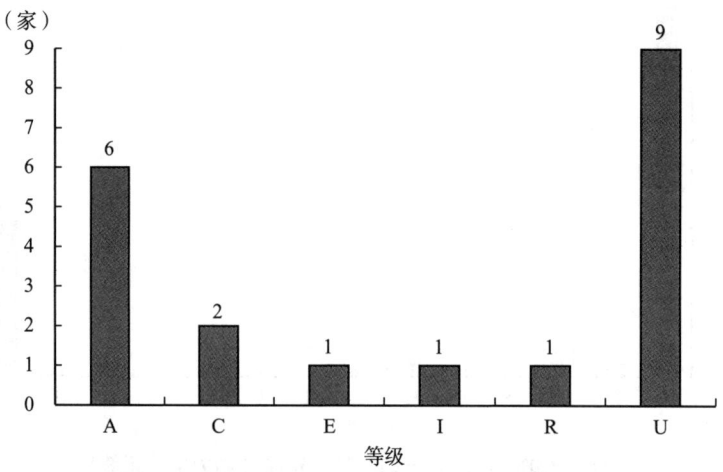

图 49　按纳税等级划分的生产力布局（辅助高压系统）

从营收等级划分看（见图50），截至2023年底，新能源部件产业下的氢气供应系统企业营收等级为A级（500万元以下）的企业有5家，占19%；为U级（10000万元及以上）的企业有18家，占比67%；为B级（大于等于500万元小于1000万元）的企业有2家，占比7%；其余E、R等级的企业各有1家。

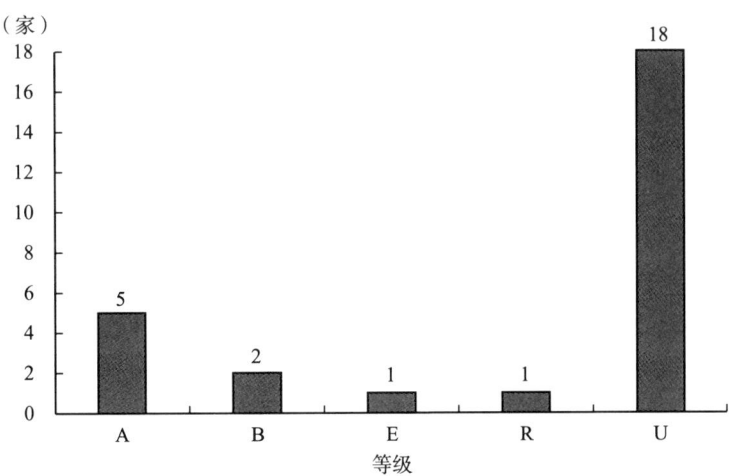

图50　按营收等级划分的生产力布局（氢气供应系统）

从纳税等级划分看（见图51），截至2023年底，新能源部件产业下的氢气供应系统业企业纳税等级为A级（50万元以下）的企业有8家，占30%；为U级（1000万元及以上）的企业有14家，占比52%，其余D、F、H、I、N等级各有1家。

从营收等级划分看（见图52），截至2023年底，新能源部件产业下的燃料电池系统业企业营收等级为A级（500万元以下）的企业有5家，占26%；为U级（10000万元及以上）的企业有9家，占比47%；为C级（大于等于1000万元小于1500万元）的企业有3家，占比16%；其余B、K等级的企业各有1家。

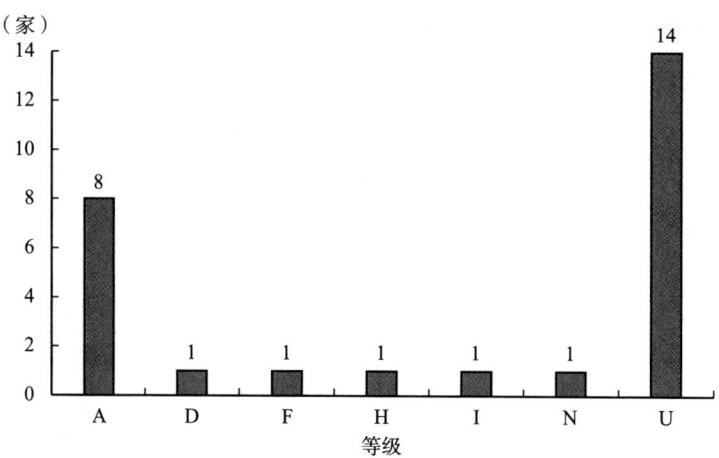

图51　按纳税等级划分的生产力布局（氢气供应系统）

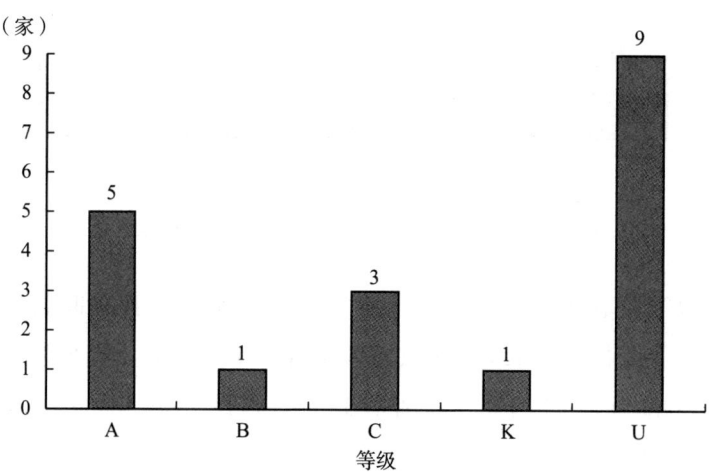

图52　按营收等级划分的生产力布局（燃料电池系统）

从纳税等级划分看（见图53），截至2023年底，新能源部件产业下的燃料电池系统业企业纳税等级为A级（50万元以下）的企业有7家，占37%；为U级（1000万元及以上）的企业有7家，占比37%；其余B、C、D、I、L等级各有1家。

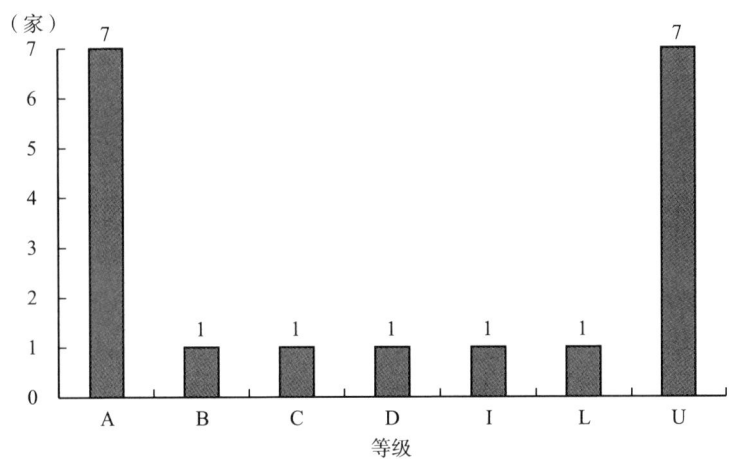

图53　按纳税等级划分的生产力布局（燃料电池系统）

从营收等级划分看（见图54），截至2023年底，新能源部件产业下的热管理系统业企业营收等级为A级（500万元以下）的企业有46家，占22%；为U级（10000万元及以上）的企业有117家，占比56%；为C级（大于等于1000万元小于1500万元）的企业有9家，占比4%；其余等级企业占比较少，占比均在3%以下。

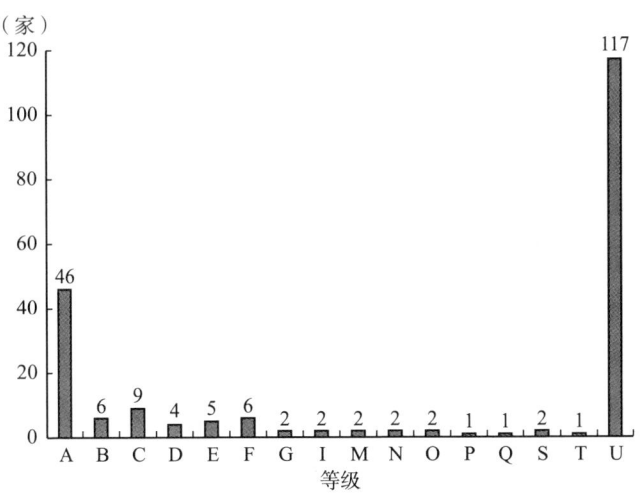

图54　按营收等级划分的生产力布局（热管理系统）

从纳税等级划分看（见图55），截至2023年底，新能源部件产业下的热管理系统业企业纳税等级为A级（50万元以下）的企业有65家，占31%；为U级（1000万元及以上）的企业有83家，占比40%；为C级（大于等于100万元小于150万元）的企业有10家，占比5%；其余等级企业占比较少，占比均在3%以下。

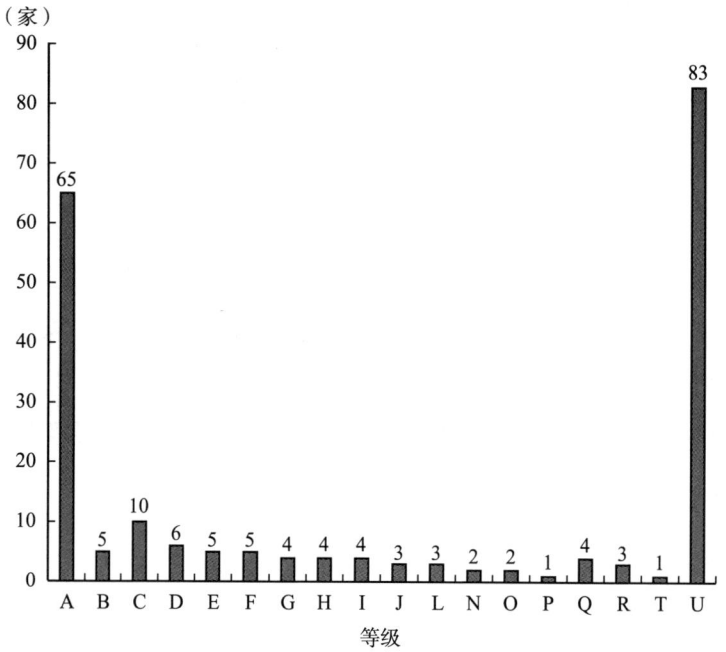

图55　按纳税等级划分的生产力布局（热管理系统）

从营收等级划分看（见图56），截至2023年底，智能网联部件产业下的测试平台业营收等级为A级（500万元以下）的企业有14家，占14%；为U级（10000万元及以上）的企业有53家，占比55%；为D级（大于等于1500万元小于2000万元）的企业有5家，占比5%；其余等级企业占比较少，占比均在5%以下。

第二篇　成渝地区双城经济圈制造业产业链分析

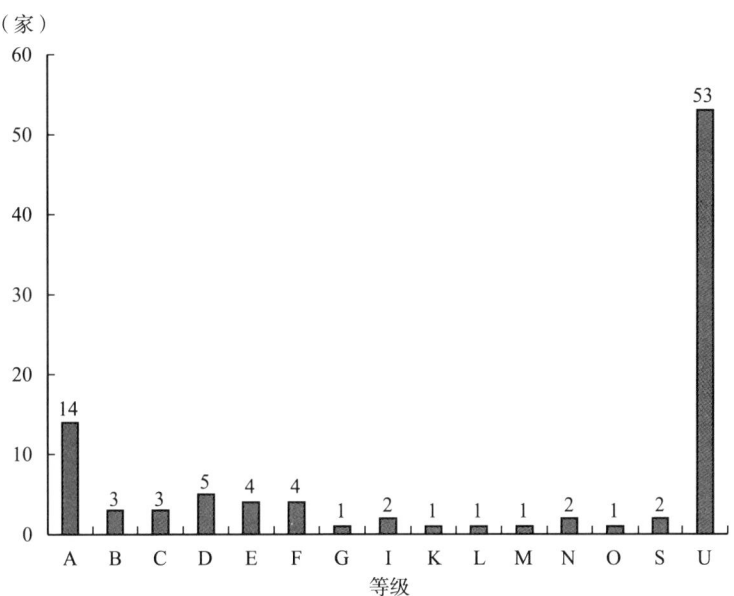

图56　按营收等级划分的生产力布局（测试平台）

从纳税等级划分看（见图57），截至2023年底，智能网联部件产业下的测试平台业企业纳税等级为A级（50万元以下）的企业有25家，占25%，为U级（1000万元及以上）的企业有37家，占比37%；为C级（大于等于100万元小于150万元）的企业有7家，占比7%；为B级（大于等于50万元小于100万元）的企业有6家，占比6%；其余等级企业占比较少，占比均在5%以下。

从营收等级划分看（见图58），截至2023年底，智能网联部件产业下的车端联网系统业企业营收等级为U级（10000万元及以上）的企业有10家，占比67%；为K、F等级的企业各有2家，为B级的企业有1家。

从纳税等级划分看（见图59），截至2023年底，智能网联部件产业下的车端联网系统业企业纳税等级为A级（50万元以下）的企业有3家，占20%；为U级（1000万元及以上）的企业有7家，占比47%；其余C、G、H、N、Q等级各有1家企业。

165

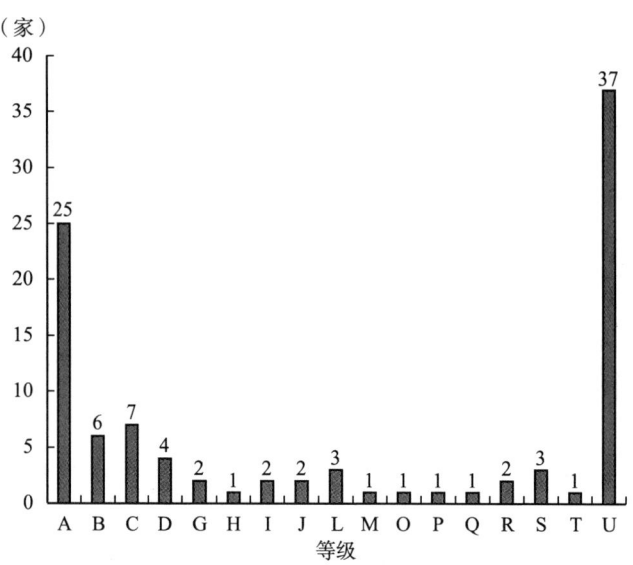

图 57　按纳税等级划分的生产力布局（测试平台）

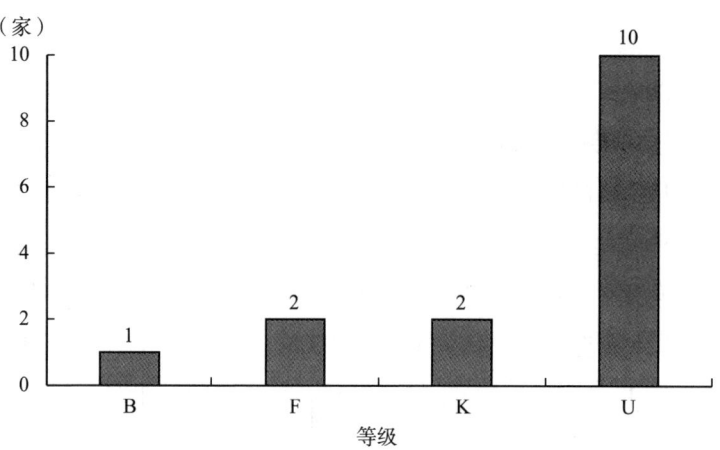

图 58　按营收等级划分的生产力布局（车端联网系统）

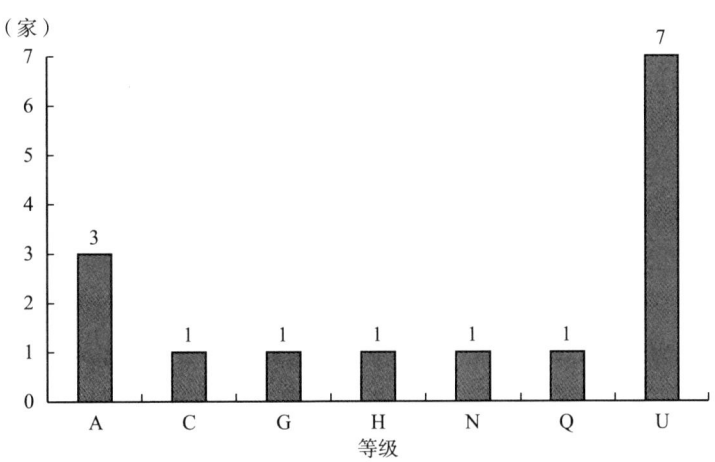

图 59　按纳税等级划分的生产力布局（车端联网系统）

从营收等级划分看（见图60），截至2023年底，智能网联部件产业下的车载操作系统企业营收等级为 A 级（500 万元以下）的企业有 16 家，占 28%；为 U 级（10000 万元及以上）的企业有 27 家，占比 47%；为 C 级（大于等于 1000 万元小于 1500 万元）的企业有 4 家，为 B 级（大于等于 500 万元小于等于 1000 万元）的企业有 3 家，其余 D、F、G、K、L、O、P 等级企业各有 1 家。

从纳税等级划分看（见图61），截至2023年底，智能网联部件产业下的车载操作系统业企业纳税等级为 A 级（50 万元以下）的企业有 23 家，占 40%；为 U 级（1000 万元及以上）的企业有 23 家，占比 40%；为 B、J 等级各有 3 家企业，其余等级占比较少，占比均在 5% 以下。

从营收等级划分看（见图62），截至2023年底，智能网联部件产业下的复杂环境感知系统业企业营收等级为 A 级（500 万元以下）的企业有 27 家，占 26%；为 U 级（10000 万元及以上）的企业有 46 家，占比 45%；为 C 级（大于等于 1000 万元小于 1500 万元）的企业有 6 家，占比 6%；其余等级企业占比较少，占比均在 5% 以下。

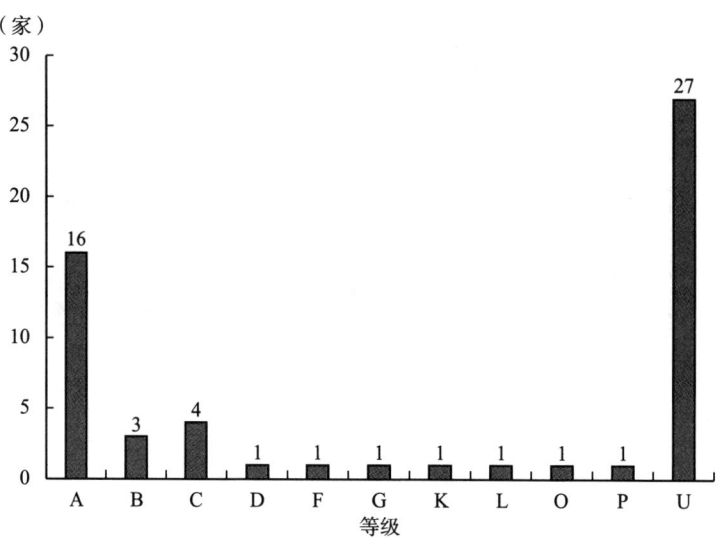

图60 按营收等级划分的生产力布局（车载操作系统）

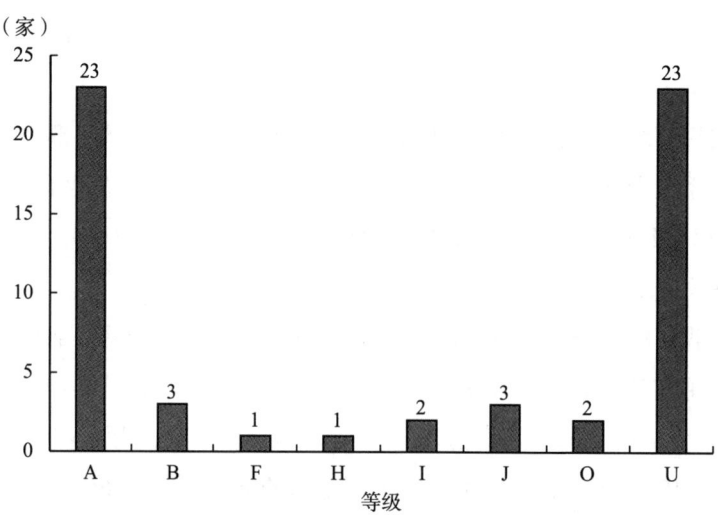

图61 按纳税等级划分的生产力布局（车载操作系统）

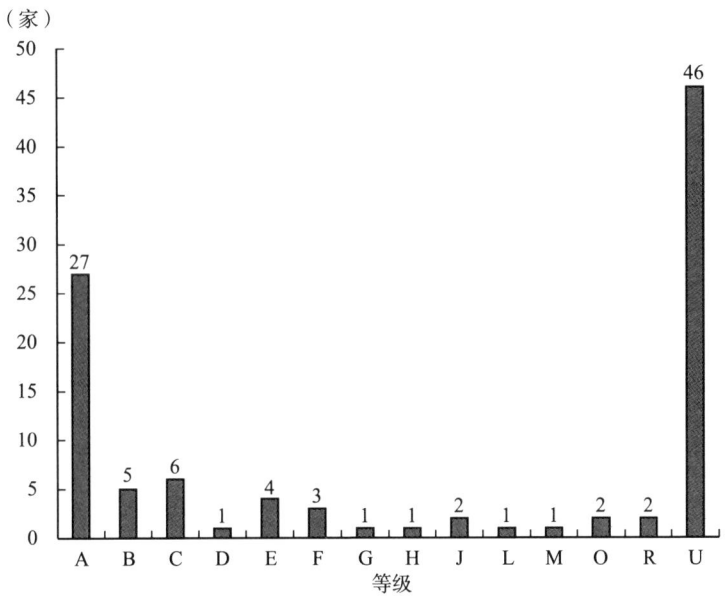

图 62　按营收等级划分的生产力布局（复杂环境感知系统）

从纳税等级划分看（见图 63），截至 2023 年底，智能网联部件产业下的复杂环境感知系统业企业纳税等级为 A 级（50 万元以下）的企业有 39 家，占 36%；为 U 级（1000 万元及以上）的企业有 36 家，占比 34%；其余等级占比较少，占比均在 5% 以下。

从营收和纳税等级划分看，截至 2023 年底，智能网联部件产业下的智能网联新能源汽车开发仿真测试平台业企业仅 2 家，营收等级为 L 级（大于等于 5500 万元小于 6000 万元）的企业 1 家，为 U 级（10000 万元及以上）的企业 1 家；纳税等级为 E 级（大于等于 200 万元小于 250 万元）的企业 1 家，为 U 级（1000 万元及以上）的企业 1 家。

从营收和纳税等级划分看（见图 64），截至 2023 年底，智能网联部件产业下的路侧网联系统业企业仅 8 家，营收等级为 A、C、F 等级的企业各 1 家，剩余 5 家营收等级为 U 级（10000 万元及以上）；纳税等级为 A、I、T 等级的企业各 1 家，剩余 5 家纳税等级为 U 级（1000 万元以上）。

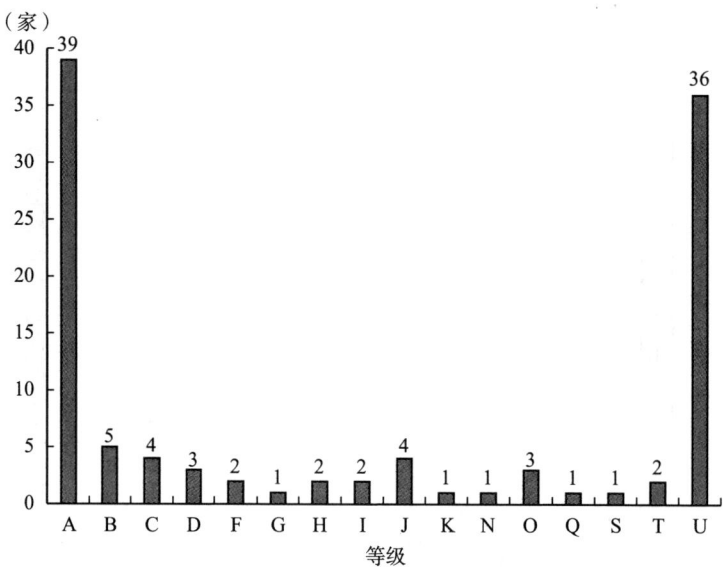

图63 按纳税等级划分的生产力布局(复杂环境感知系统)

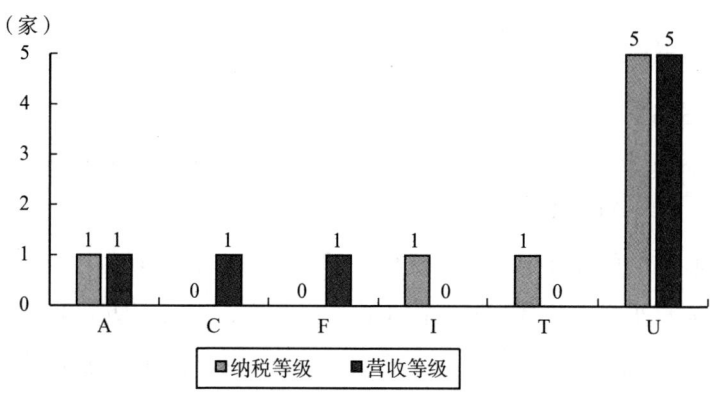

图64 按营收与纳税等级划分的生产力布局(路侧网联系统)

从营收等级划分看(见图65),截至2023年底,智能网联部件产业下的人机交互系统业企业营收等级为A级(500万元以下)的企业有84家,占39%;为U级(10000万元及以上)的企业有74家,占比34%;为B级(大于等于500万元小于1000万元)的企业有11家,占比5%;其余等级企业占比较少，均在5%以下。

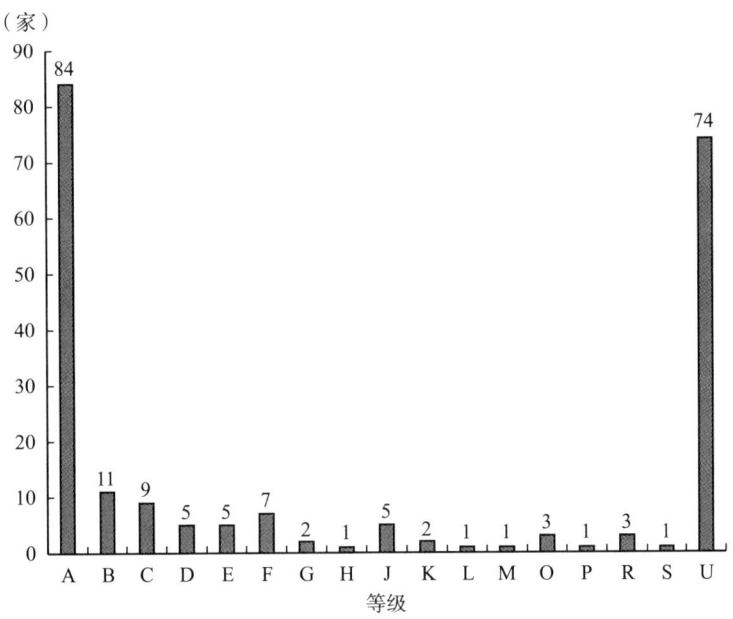

图65　按营收等级划分的生产力布局（人机交互系统）

从纳税等级划分看（见图66），截至2023年底，智能网联部件产业下的人机交互系统业企业纳税等级为A级（50万元以下）的企业有116家，占52%；为U级（1000万元及以上）的企业有61家，占比27%；其余等级占比较少，均在5%以下。

从营收和纳税等级划分看（见图67），截至2023年底，智能网联部件产业下的冗余控制系统业企业仅有6家，营收等级为A级（500万元以下）的企业有2家，为B级（大于等于500万元小于1000万元）的企业有1家，剩余3家营收等级为U级（10000万元及以上）；纳税等级为A级（50万元以下）的企业2家，为B、T等级的企业各有1家，剩余2家纳税等级为U级（1000万元及以上）。

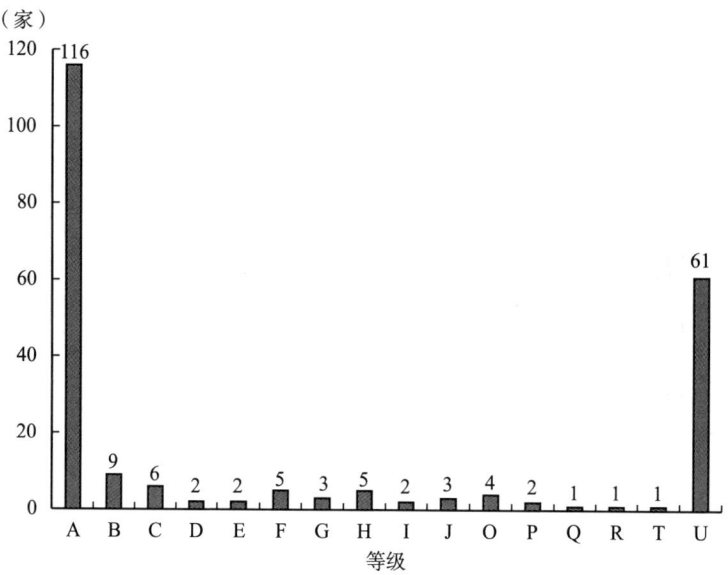

图 66 按纳税等级划分的生产力布局（人机交互系统）

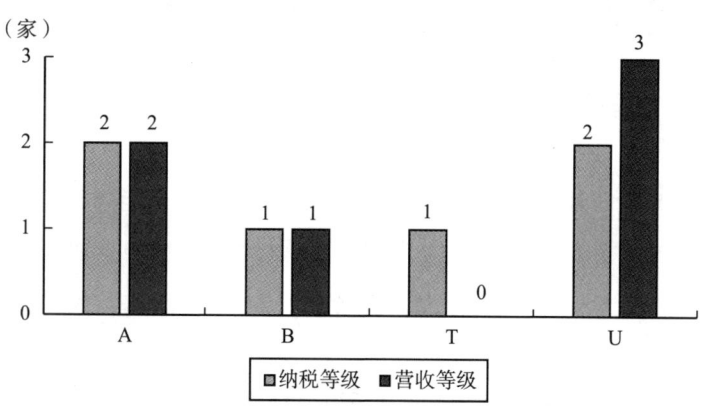

图 67 按营收与纳税等级划分的生产力布局（冗余控制系统）

从营收等级划分看（见图 68），截至 2023 年底，智能网联部件产业下的系统安全业企业营收等级为 A 级（500 万元以下）的企业有 126 家，占 68%；为 U 级（10000 万元及以上）的企业有 32 家，占比 17%；其余等级企业占比较少，均在 5% 以下。

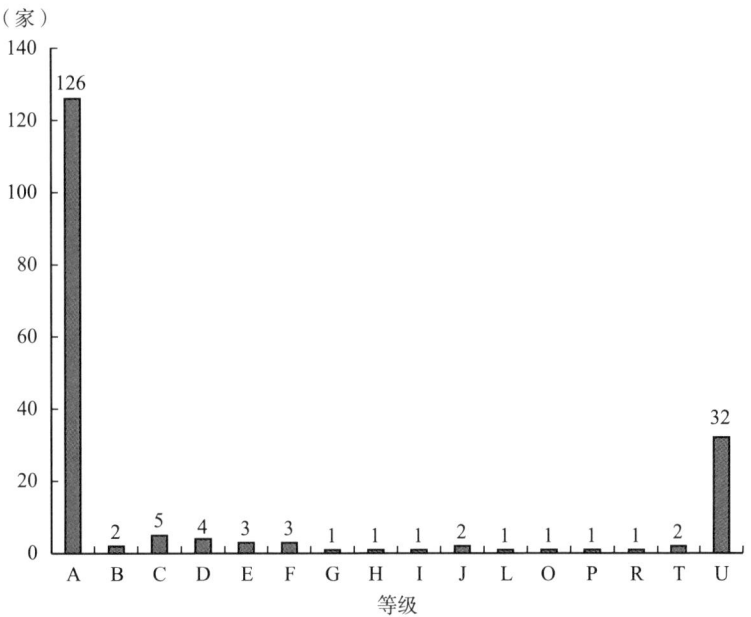

图 68 按营收等级划分的生产力布局（系统安全）

从纳税等级划分看（见图 69），截至 2023 年底，智能网联部件产业下的系统安全业企业纳税等级为 A 级（50 万元以下）的企业有 133 家，占 72%；为 U 级（1000 万元及以上）的企业有 21 家，占比 11%；为 B 级（大于等于 50 万元小于 100 万元）的企业有 10 家，占比 5%；其余等级占比较少，均在 5% 以下。

从营收和纳税等级划分看（见图 70），截至 2023 年底，智能网联部件产业下的系统架构业企业营收等级为 A 级（500 万元以下）的企业有 2 家，为 C、F、O 等级的企业各有 1 家，剩余 15 家营收等级为 U 级（10000 万元及以上）；纳税等级为 A、J 的企业各有 2 家，为 C、D、M、O 等级的企业各有 1 家，剩余 14 家纳税等级为 U 级（1000 万元及以上）。

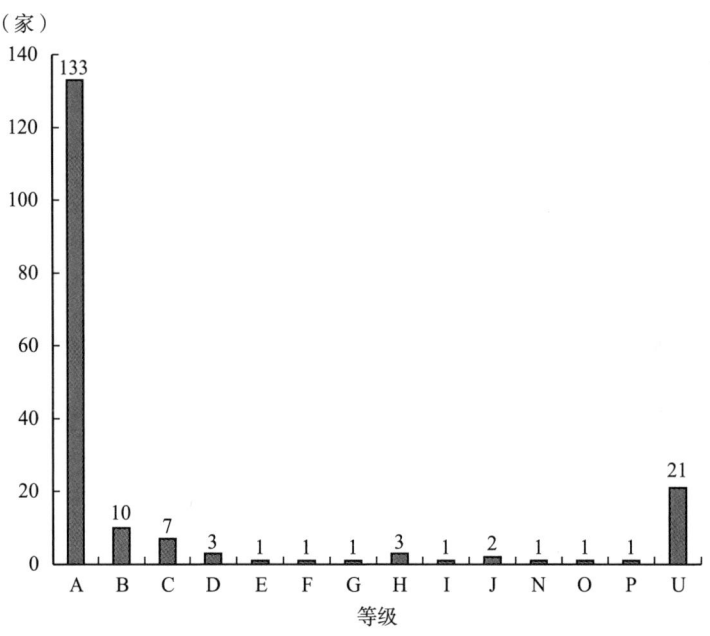

图 69　按纳税等级划分的生产力布局（系统安全）

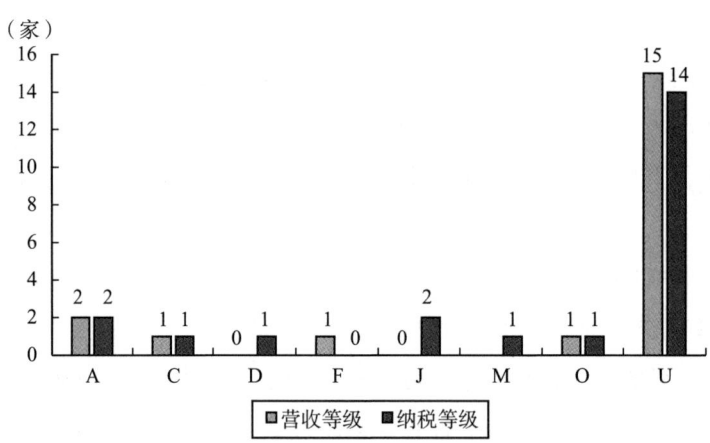

图 70　按营收与纳税等级划分的生产力布局（系统架构）

从营收等级划分看（见图 71），截至 2023 年底，智能网联部件产业下的云计算控制系统业企业营收等级为 A 级（500 万元以下）的企业有 29 家，占41%；为U级（10000万元及以上）的企业有25家，占比36%；为E级（大于等于2000万元小于2500万元）的企业有4家，占比6%；其余等级企业占比较少，均在5%以下。

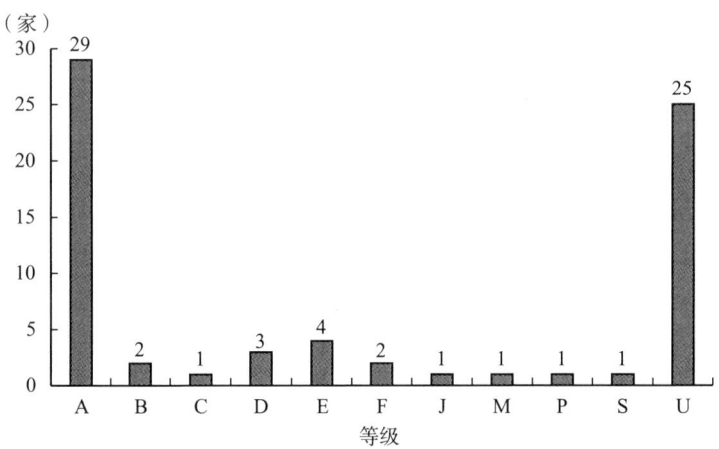

图71 按营收等级划分的生产力布局（云计算控制系统）

从纳税等级划分看（见图72），截至2023年底，智能网联部件产业下的云计算控制系统业企业纳税等级为A级（50万元以下）的企业有34家，占48%；为U级（1000万元及以上）的企业有22家，占比31%；为B、C等级的企业各有4家，其余等级占比较少，均在5%以下。

从营收等级划分看（见图73），截至2023年底，智能网联部件产业下的智能车灯系统业企业营收等级为A级（500万元以下）的企业有8家，占31%；为U级（10000万元及以上）的企业有10家，占比38%；其余等级企业占比较少，均在5%以下。

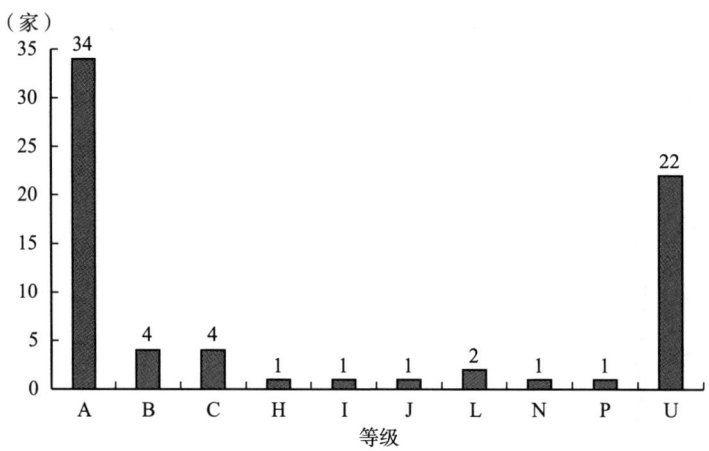

图 72　按纳税等级划分的生产力布局（云计算控制系统）

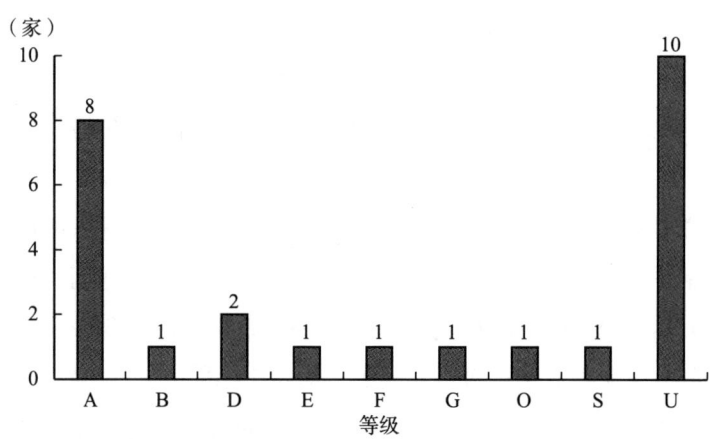

图 73　按营收等级划分的生产力布局（智能车灯系统）

从纳税等级划分看（见图 74），截至 2023 年底，智能网联部件产业下的智能车灯系统业企业纳税等级为 A 级（50 万元以下）的企业有 9 家，占 36%；为 U 级（1000 万元及以上）的企业有 8 家，占比 32%；其余等级占比较少，均在 5% 以下。

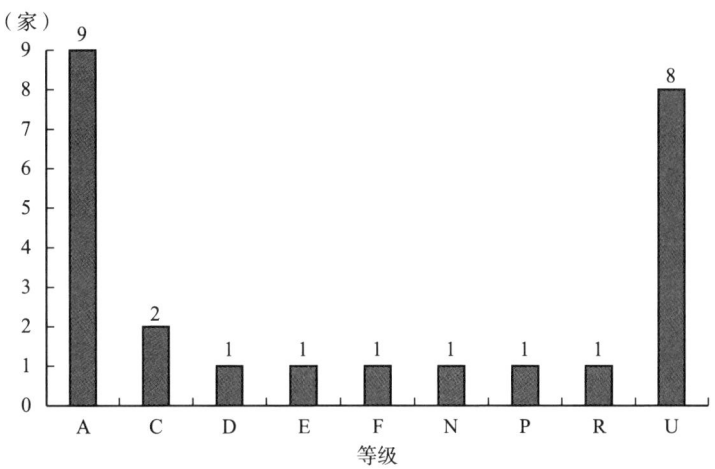

图 74　按纳税等级划分的生产力布局（智能车灯系统）

从营收和纳税等级划分看（见图75），截至2023年底，智能网联部件产业下的智能车控系统业企业营收等级为 A 级（500 万元以下）的企业有 2 家，为 C、E、F 等级的企业各 1 家，剩余 6 家营收等级为 U 级（10000 万元及以上）；纳税等级为 A（50 万元以下）的企业有 3 家，纳税等级为 B 级（大于等于 50 万元小于 100 万元）的企业有 2 家，为 G、N、O 等级的企业各有 1 家，剩余 3 家纳税等级为 U 级（1000 万元及以上）。

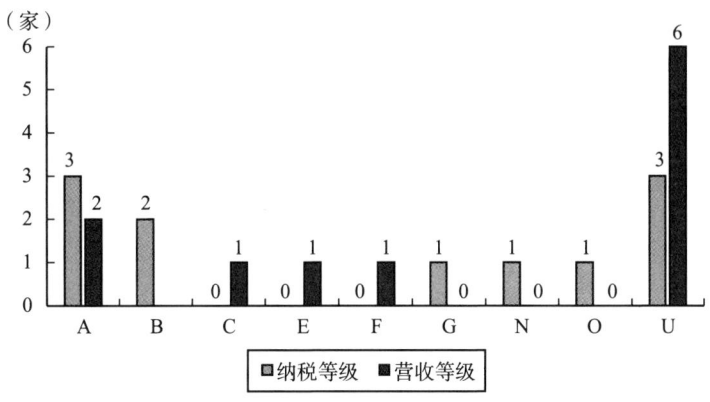

图 75　按营收与纳税等级划分的生产力布局（智能车控系统）

从营收和纳税等级划分看（见图76），截至2023年底，智能网联部件产业下的智能驾驶系统业企业营收等级为A级（500万元以下）的企业有3家，为B级的企业有2家，为C、E、F、G等级的企业各有1家，剩余6家营收等级为U级（10000万元及以上）；纳税等级为A级（50万元以下）的企业有8家，纳税等级为B、C等级的企业各有1家，剩余4家纳税等级为U级（1000万元及以上）。

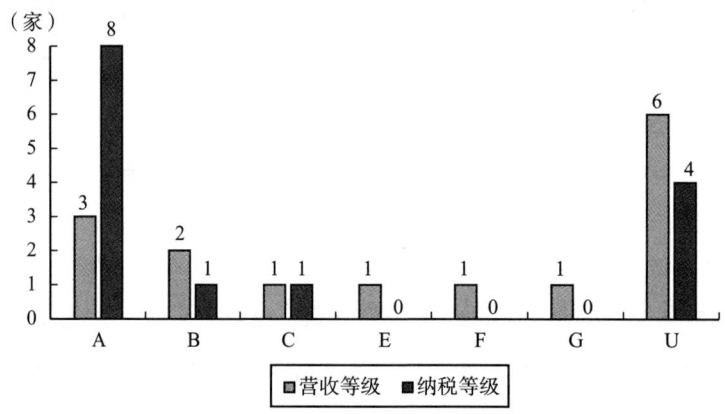

图76 按营收与纳税等级划分的生产力布局（智能驾驶系统企业）

从营收等级划分看（见图77），截至2023年底，智能网联部件产业下的智能座舱系统业企业营收等级为C级（大于等于1000万元小于1500万元）的企业有5家，占14%；为U级（10000万元及以上）的企业有22家，占比61%；其余等级企业占比较少，均在5%以下。

从纳税等级划分看（见图78），截至2023年底，智能网联部件产业下的智能座舱系统企业纳税等级为A级（50万元以下）的企业有5家，占14%；为U级（1000万元及以上）的企业有17家，占比32%；为B级的企业有3家，为C、H、O等级的企业各有2家，其余等级占比较少，均在5%以下。

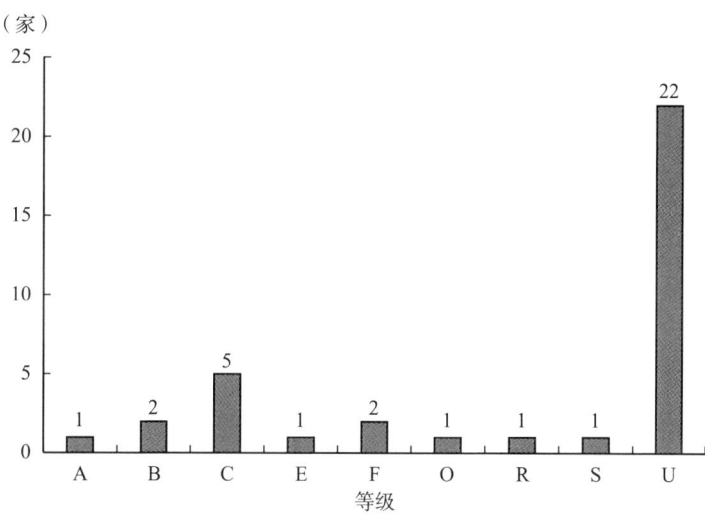

图77 按营收等级划分的生产力布局（智能座舱系统）

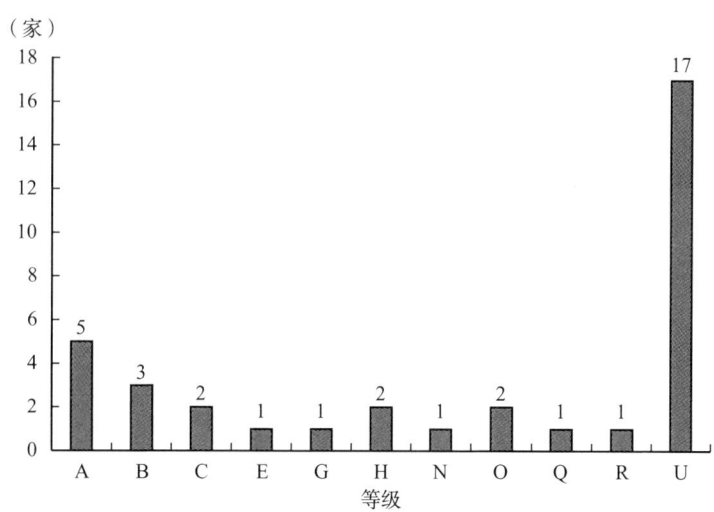

图78 按纳税等级划分的生产力布局（智能座舱系统）

从营收等级划分看（见图79），截至2023年底，智能网联部件产业下的中央控制器业企业营收等级为A级（小于500万元）的企业有8家，占22%；为U级（10000万元及以上）的企业有22家，占比59%；其余等级企业占比较少，均在5%以下。

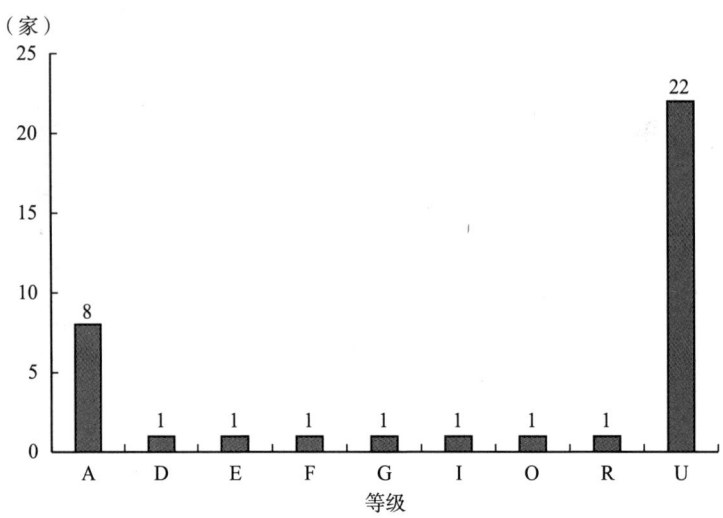

图 79　按营收等级划分的生产力布局（中央控制器）

从纳税等级划分看（见图 80），截至 2023 年底，智能网联部件产业下的中央控制器业企业纳税等级为 A 级（50 万元以下）的企业有 8 家，占 20%，为 U 级（1000 万元及以上）的企业有 18 家，占比 45%，为 B 级的企业有 3 家，为 C、D 等级的企业各有 2 家，其余等级占比较少，均在 5% 以下。

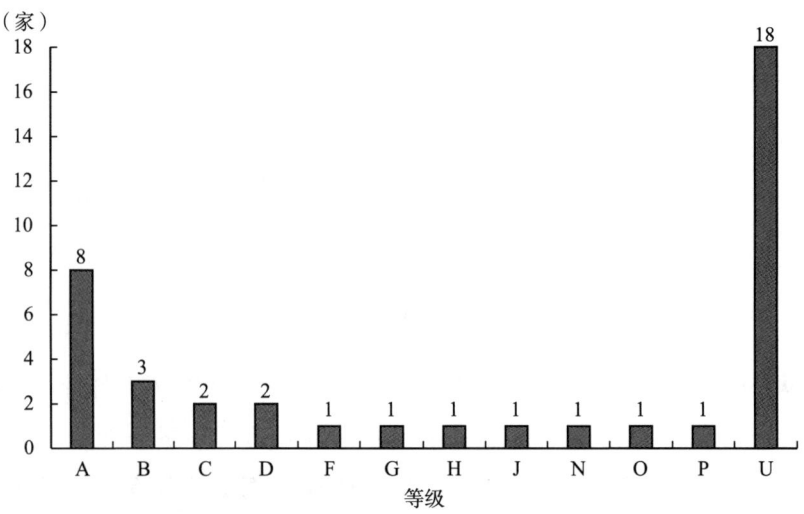

图 80　按纳税等级划分的生产力布局（中央控制器）

（四）基于创新能力的生产力布局

成渝地区双城经济圈智能网联新能源汽车产业链上游产业——算法、芯片及制造材料业，其发展创新能力如图 81 所示。算法、芯片及制造材料下各产业创新能力最强的是智能网联新能源汽车芯片制造业，其专利和软件著作权总数高于其他产业，截至 2023 年底，专利总数达到 101810 个，占全部专利个数的 34%，其软件著作权个数达到 6058 个，占全部软件著作权个数的 35%。智能网联新能源汽车核心算法业创新能力仅次于智能网联新能源汽车芯片制造业，其专利个数达到 68477 个，占全部专利个数的 23%，软件著作权个数达到 6374 个，占全部软件著作权个数的 36%。轻量化钢、纤

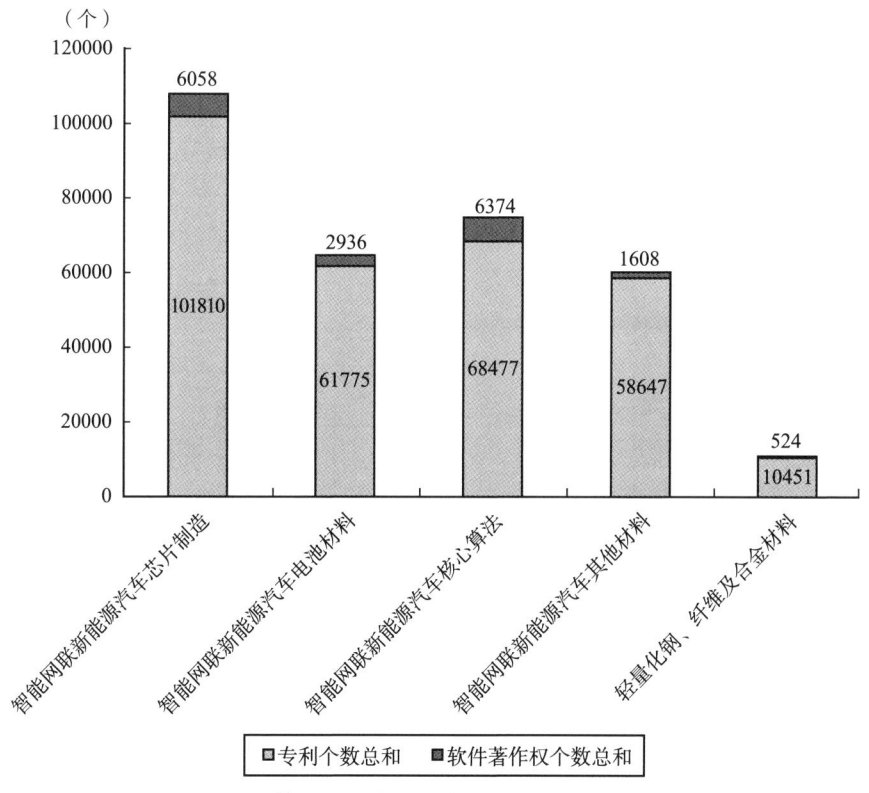

图 81　算法、芯片及制造材料各产业创新能力

维及合金材料业创新能力最弱,其专利个数为10451个,占全部专利个数的3%,其软件著作权个数达到524个,占全部软件著作权个数的3%。智能网联新能源汽车电池材料业和智能网联新能源汽车其他材料业相比,创新能力相当,专利个数占比均在20%左右,但智能网联新能源汽车电池材料业软件著作权占比高于智能网联新能源汽车其他材料业接近7个百分点。

成渝地区双城经济圈智能网联新能源汽车产业链上游产业——新能源部件业,其发展创新能力如图82所示。新能源部件产业下的各产业创新能力最强的是热管理系统业,截至2023年底,专利个数为127210个,占全部专利个数的23%,软件著作权个数为6583个,占全部软件著作权个数的30%。电控系统、电驱动系统、动力电池系统等三个产业相比创新能力相当,专利个数占全部专利总数的比重均在15%上下,但是软件著作权个数电控系统业比动力电池系统业占比高出近11个百分点。其次,辅助高压系统业的创新能

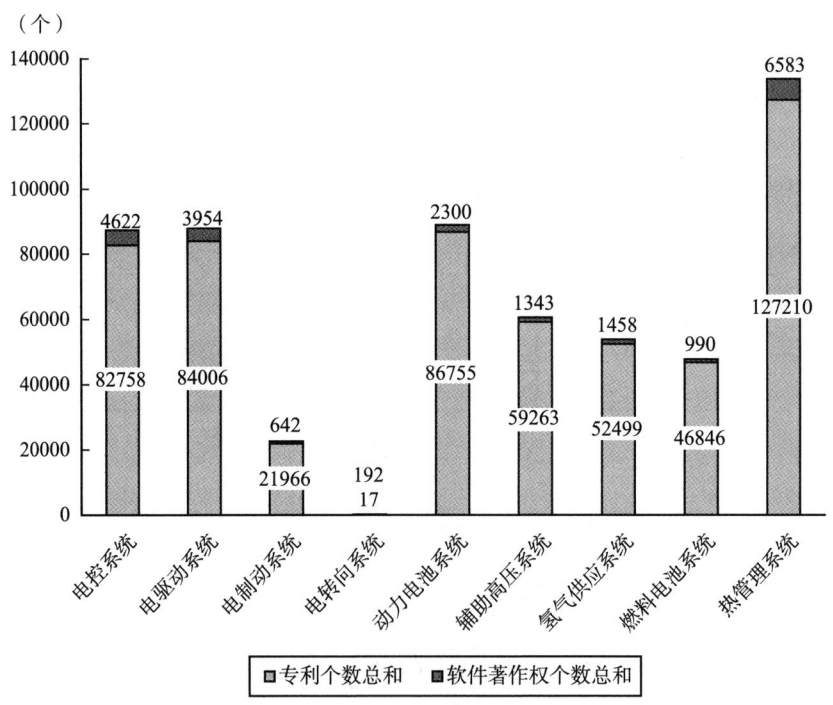

图82　新能源部件各产业创新能力

力弱于动力电池系统业,但高于氢气供应系统业,氢气系统业高于燃料电池系统业,燃料电池系统业高于电制动系统业。而电转向系统业创新能力最弱,其专利个数仅有192个,软件著作权个数仅有17个。

成渝地区双城经济圈智能网联新能源汽车产业链上游产业——智能网联部件业,其发展创新能力如图83所示。智能网联部件下各产业创新能力最强的是人机交互系统业,截至2023年底,专利个数为133812个,占全部专利个数的15%,其软件著作权个数为10520个,占全部软件著作权个数的18%。测试平台业和复杂环境感知系统业次之,二者创新能力相当,专利个数占全部专利个数比重在10%左右,软件著作权个数占总数的比重在12%左右。其次是车载操作系统业、智能座舱系统业、中央控制器业,三者创新能力相当,专利个数占全部专利个数的比重在7%左右。系统安全业、系统架构业、云计算控制系统业、智能车灯系统业四者创新能力相当,智能网联

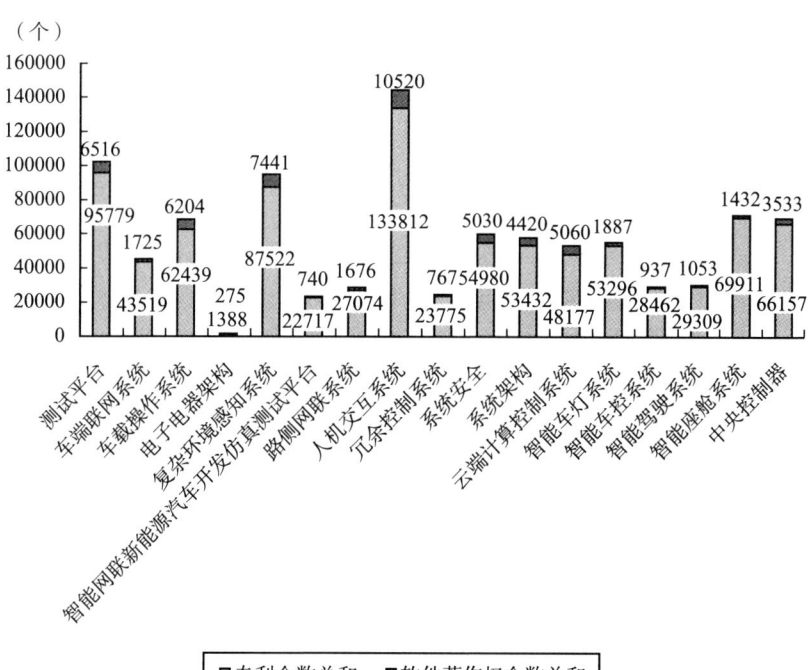

图83 智能网联部件各产业创新能力

新能源汽车开发仿真测试平台业、路侧网联系统业、冗余控制系统业、智能车控系统业、智能驾驶系统业等五个产业创新能力相当。创新能力最弱的是电子电器架构业，专利个数仅有1388个，软件著作权个数仅有275个，专利个数和软件著作权个数占比均不足1%。

二、产业链中游的生产力布局

（一）基于产业链环节的生产力布局

当前，成渝地区双城经济圈智能网联新能源汽车产业链中游产业主要为智能网联新能源整车制造产业，截至2023年底，共有334家企业（见图84）。其中有三个细分产业，新能源乘用车整车制造企业数量最多，314家；新能源商用车整车制造企业数量和智能网联乘用车整车制造相对较少，分别为19家和1家。从细分产业来看，新能源乘用车整车制造均为四川和重庆地区智能网联新能源整车制造的主要行业，其中四川地区新能源乘用车整车制造企业有197家，重庆地区企业有117家；新能源商用车整车制造川渝两地格局相当，其中四川地区企业有10家，重庆地区企业有9家；智能网联乘用车整车制造企业四川地区有1家。

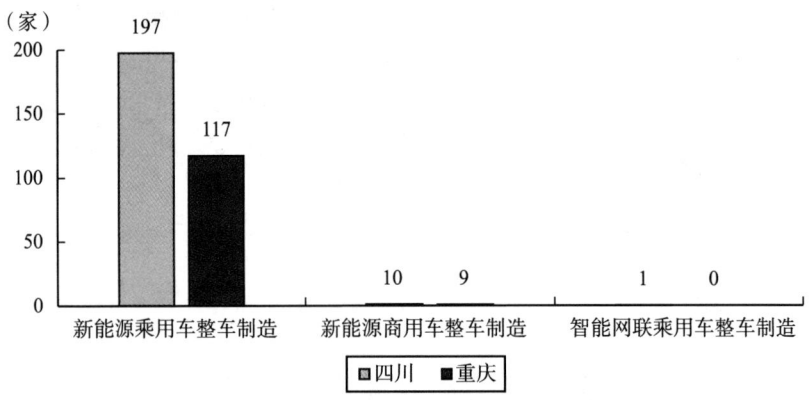

图84 按省域及产业链环节划分的生产力布局（智能网联新能源整车制造）

第二篇　成渝地区双城经济圈制造业产业链分析

（二）基于地域的生产力布局

从空间格局来看，智能网联新能源整车制造产业主要集中布局在重庆都市圈和成都市（见图85）。截至2023年底，其中智能网联新能源整车制造－新能源乘用车整车制造企业重庆主城都市区有96家，占比30.57%，渝东北城镇群10家，渝东南城镇群6家。四川地区成都市最多，有111家，占比33.35%，其次是南充市9家，绵阳市9家，宜宾市10家，其他区域的企业布局相对较少。

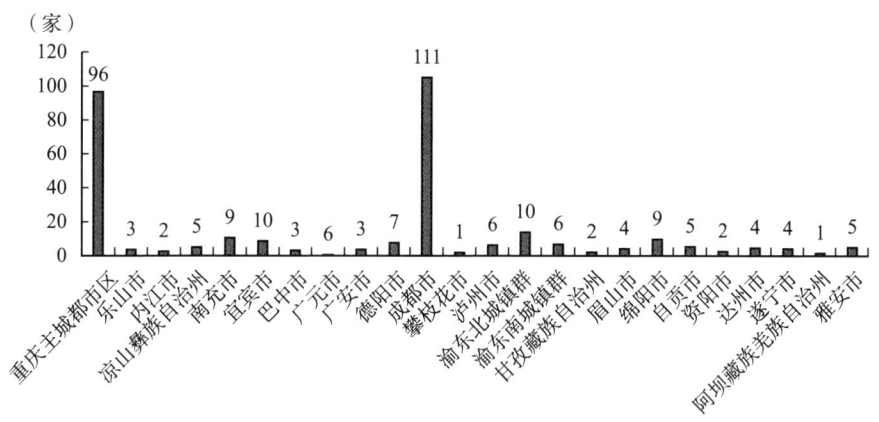

图85　按地域划分的生产力布局情况

（智能网联新能源整车制造－新能源乘用车整车制造）

在新能源商用车整车制造企业空间格局方面（见图86），截至2023年底，重庆地区主城都市区有7家企业，渝东北城镇群、渝东南城镇群各1家；四川地区有7家在成都市，有2家在自贡市，有1家在遂宁市。整体企业数量相对较少。在智能网联乘用车整车制造企业空间格局方面，仅有1家企业，并且其位于成都市。

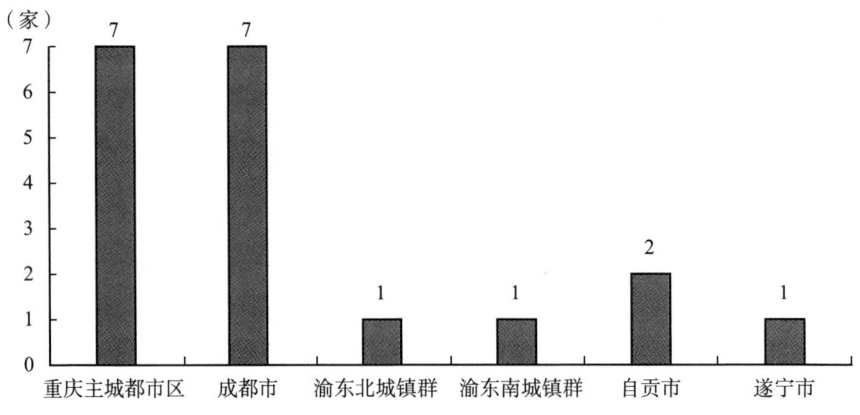

图 86　按地域划分的生产力布局情况（新能源商用车整车制造）

（三）基于经营状况的生产力布局

依据营业收入等级划分标准对成渝地区双城经济圈新能源乘用车整车制造企业进行分析（见图87），截至 2023 年底，约 38.85% 的新能源乘用车整车制造企业营业收入属于 A 级，共有 122 家；约 14.65% 的企业属于 B 级（营业收入大于等于 500 万元，小于 1000 万元），共有 46 家；约 4.46% 的企业属于 U 级（营业收入大于等于 10000 万元），共有 14 家。其他营业收入等级的新能源乘用车整车制造企业占比均较少。

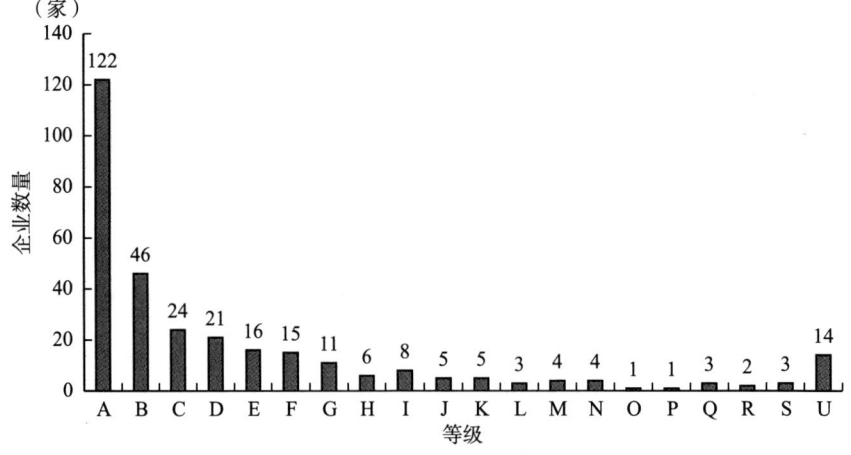

图 87　按营业收入等级划分的生产力布局（新能源乘用车整车制造）

从纳税额等级来看（见图88），截至2023年底，约45.86%的新能源乘用车整车制造企业属于A级，共有144家；约14.65%的新能源乘用车整车制造企业属于B级（纳税额大于等于50万元，小于100万元），共有46家；约1.59%的新能源乘用车整车制造企业属于U级（纳税额大于等于1000万元），共有5家。其他纳税等级的企业数量较少。

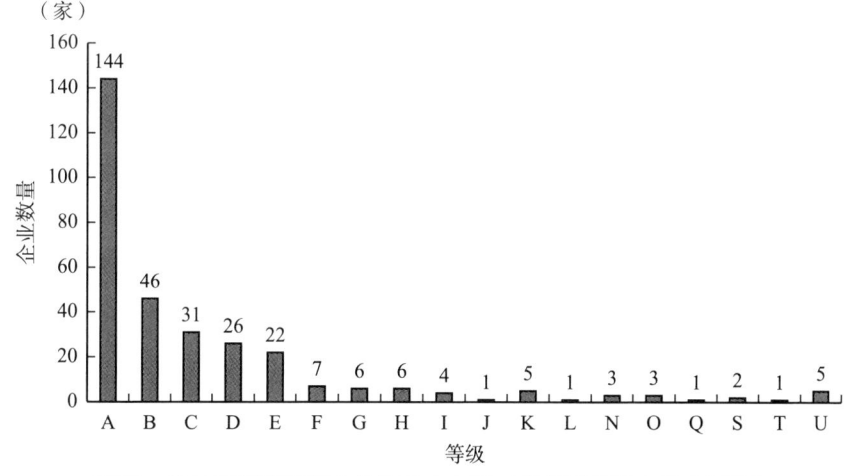

图88　按纳税额等级划分的生产力布局（新能源乘用车整车制造）

在新能源商用车整车制造产业发展方面（见图89），截至2023年底，有7家新能源商用车整车制造企业属于A级（营业收入小于500万元），占比36.84%；有3家企业属于B级（大于等于500万元，小于1000万元），占比15.79%；有3家企业属于E级（大于等于2000万元，小于2500万元），占比15.79%；有2家企业属于H级（大于等于3500万元，小于4000万元），占比10.53%；有4家企业属于U级（大于等于10000万元），占比21.05%。

从纳税额等级来看（见图90），截至2023年底，约52.63%的新能源商用车整车制造企业属于A级，共有10家；约10.53%的新能源商用车整车制造企业属于B级（大于等于50万元，小于100万元），有2家；约10.53%的新能源商用车整车制造企业属于O级（大于等于700万元，小于750万元），有2家；约10.53%的新能源商用车整车制造企业属于Q级（大于等于

800万元，小于850万元），有2家；约15.79%的新能源商用车整车制造企业属于U级（大于等于1000万元），有3家。

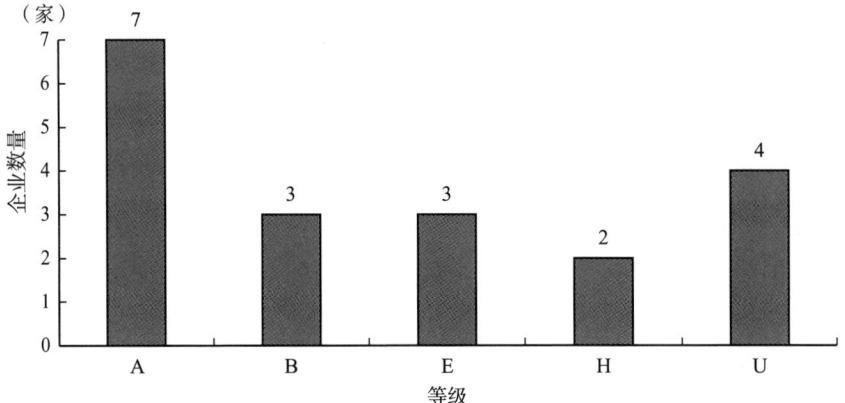

图89 按营业收入等级划分的生产力布局（新能源商用车整车制造）

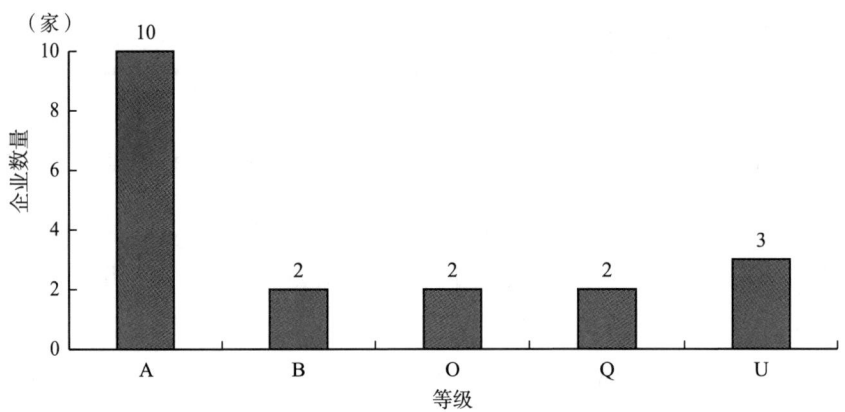

图90 按纳税额等级划分的生产力布局（新能源商用车整车制造）

（四）基于创新能力的生产力布局

从成渝地区双城经济圈智能网联新能源整车制造产业发展创新能力来看（见图91），截至2023年底，新能源乘用车整车制造创新能力最强，其产业的专利个数为4559个，占比62.04%；软件著作权个数170个，占比

65.38%；其次是新能源商用车整车制造产业，专利个数为 2780 个，占比 37.83%。软件著作权个数 70 个，占比 26.92%；智能网联乘用车整车制造的创新能力相对较为薄弱，专利个数为 10 个，占比 0.14%；软件著作权个数 20 个，占比 7.69%。

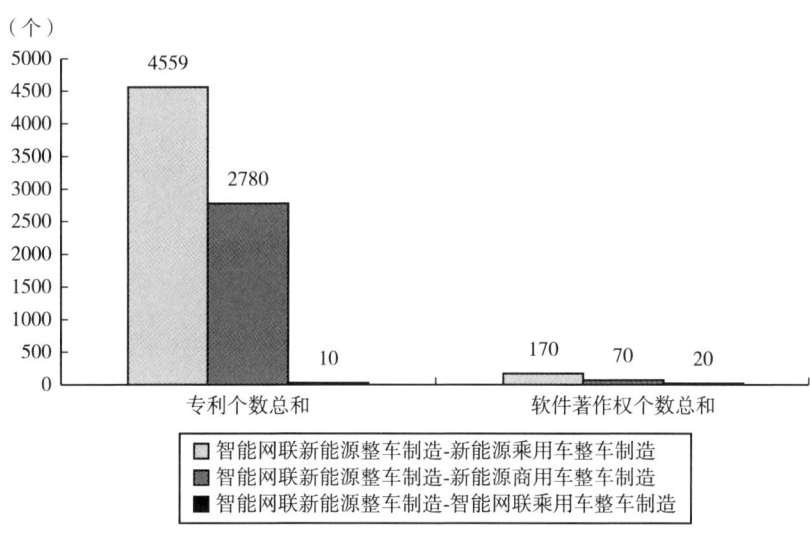

图 91　智能网联新能源整车制造产业创新能力

三、产业链下游的生产力布局

（一）基于产业链环节的生产力布局

当前，成渝地区双城经济圈智能网联新能源汽车产业链下游产业主要有充换电及燃料加注服务、汽车电池回收再利用、汽车供应链物流、汽车金融、智慧出行、智慧交通、智慧停车、智慧物流八大产业（见图 92）。截至 2023 年底，共有 8105 家企业，其中主要为充换电及燃料加注服务产业，为 6873 家，达 84.80% 占比；汽车电池回收再利用企业有 1 家；汽车供应链物流企业有 156 家，占比 1.92%；汽车金融企业有 935 家，占比 11.54%；智慧出行企业有29家，占比0.36%；智慧交通企业有34家，占比0.42%；智慧停车企业有65家，占比0.80%；智慧物流企业有12家，占比0.15%。分产业来看，充换电及燃料加注服务均为四川地区和重庆地区智能网联新能源汽车产业链下游产业的主要行业，其中四川地区充换电及燃料加注服务企业有3604家，重庆地区有3269家；汽车电池回收再利用产业只有四川1家企业；汽车供应链物流产业，四川有62家，重庆有94家；汽车金融产业川渝两地格局相当，其中四川地区汽车金融企业有474家，重庆地区汽车金融企业461家。

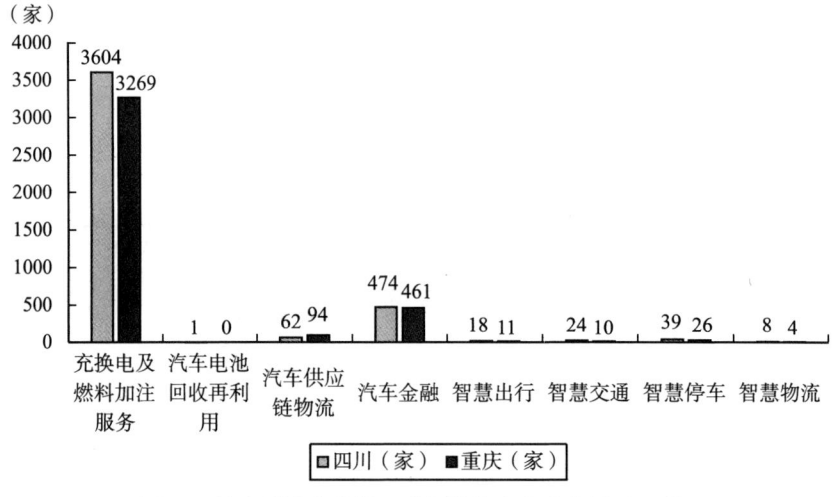

图92 按省域及产业链环节划分的生产力布局（下游）

（二）基于地域的生产力布局

从空间格局来看，智能网联新能源汽车产业链下游产业主要集中布局在重庆都市圈和成都市（见图93）。截至2023年底，其中充换电及燃料加注服务企业重庆主城都市区有2769家，占比39.77%。渝东北城镇群306家，占比4.39%。渝东南城镇群194家，占比2.79%；四川地区充换电及燃料加注服务企业成都市最多，有2183家，占比31.35%。其次为南充市177家，占比2.54%。绵阳市161家，占比2.31%。其余地区的企业数量相对较少。

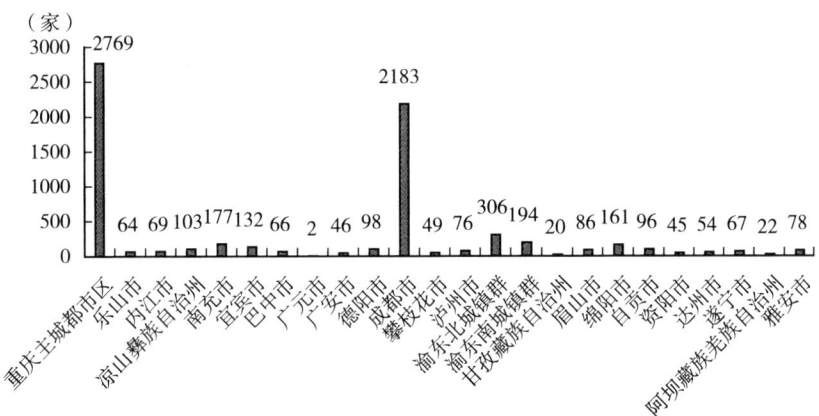

图 93　按地域划分的生产力布局（充换电及燃料加注服务）

在汽车电池回收再利用企业空间格局方面，仅有的 1 家企业分布于成都市。

从汽车供应链物流企业的空间格局来看（见图 94），截至 2023 年底，重庆地区有 89 家汽车供应链物流企业集中在重庆主城都市区，占比 57.25%。渝东北城镇群有 4 家汽车供应链物流企业，占比 2.56%；四川地区有 46 家供应链物流企业集中在成都市，占比 29.49%。其他地区的企业相对分布较少。

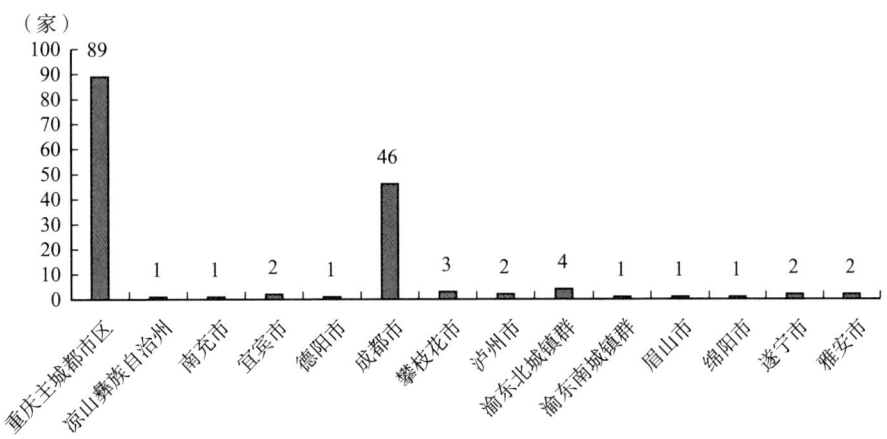

图 94　按地域划分的生产力布局（汽车供应链物流）

从汽车金融企业的空间格局来看（见图95），截至2023年底，重庆地区有408家汽车金融企业集中在重庆主城都市区，占比43.64%。渝东北城镇群有33家汽车金融企业，占比3.53%；渝东南城镇群有20家汽车金融企业，占比2.14%；四川地区有255家汽车金融企业集中在成都市，占比27.27%。其次为绵阳市，有45家，占比4.81%。其他地区的企业相对分布较少。

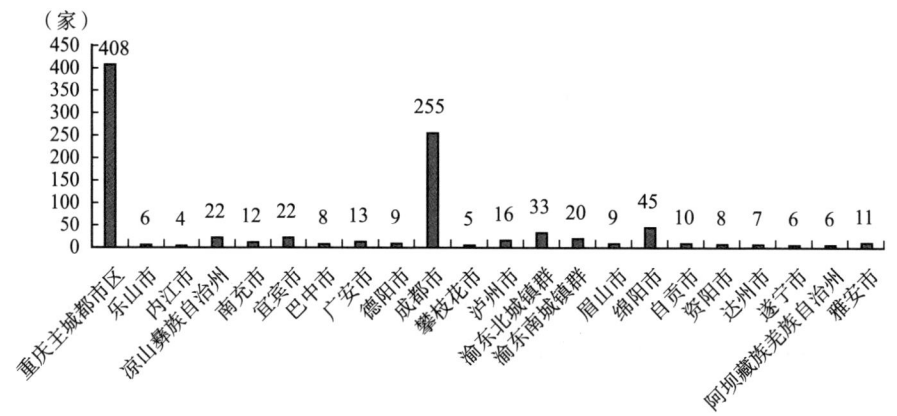

图95 按地域划分的生产力布局（汽车金融）

从智慧出行企业的空间格局来看（见图96），截至2023年底，重庆地区有11家智慧出行企业集中在重庆主城都市区，占比37.93%；四川地区，成都市有15家，占比51.72%；眉山市2家，占比6.90%；绵阳市1家。

从智慧交通企业的空间格局来看（见图97），截至2023年底，重庆地区有10家智慧出行企业集中在重庆主城都市区，占比41.67%；四川地区，成都市有19家，占比79.17%；宜宾市3家，占比12.50%；自贡市2家。

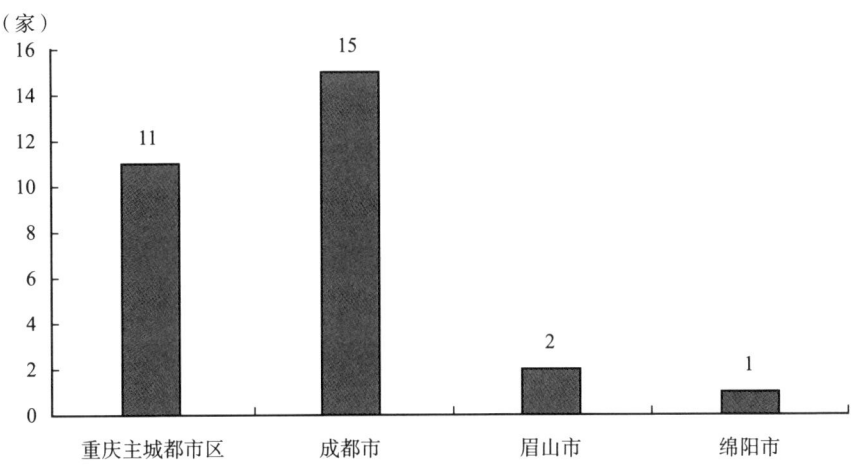

图96 按地域划分的生产力布局（智慧出行）

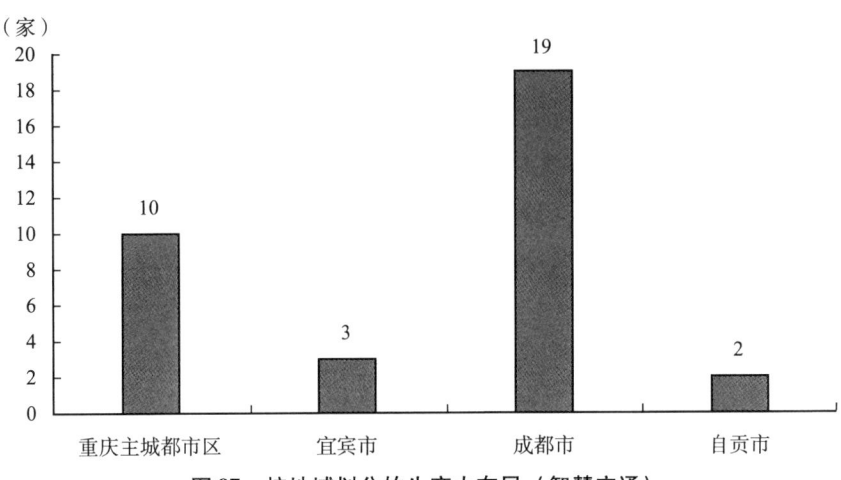

图97 按地域划分的生产力布局（智慧交通）

从智慧停车企业的空间格局来看（见图98），截至2023年底，重庆地区有25家汽车金融企业集中在重庆主城都市区，占比38.46%。渝东南城镇群有1家智慧停车企业，占比1.54%；四川地区集中在成都市，有28家，占比43.08%。其他地区的企业相对分布较少。

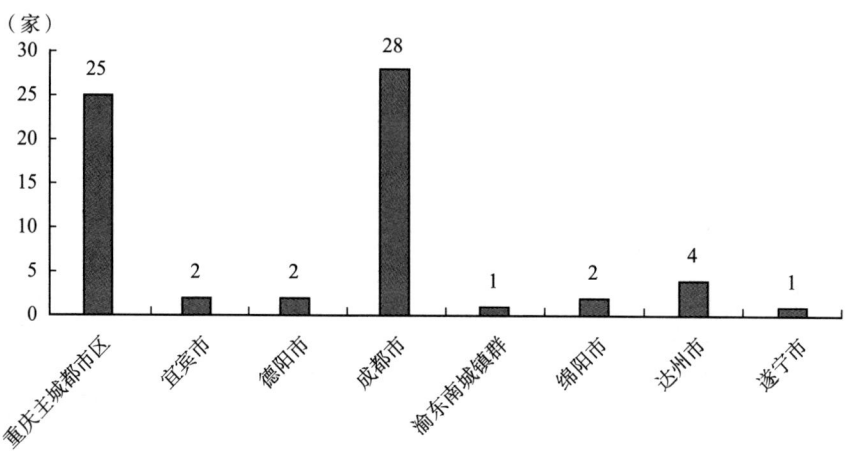

图 98　按地域划分的生产力布局（智慧停车）

从智慧物流企业的空间格局来看（见图 99），截至 2023 年底，重庆地区有 4 家汽车金融企业集中在重庆主城都市区；四川地区集中在成都市，有 6 家。其次为攀枝花市，有 2 家。其他地区的企业相对分布较少。

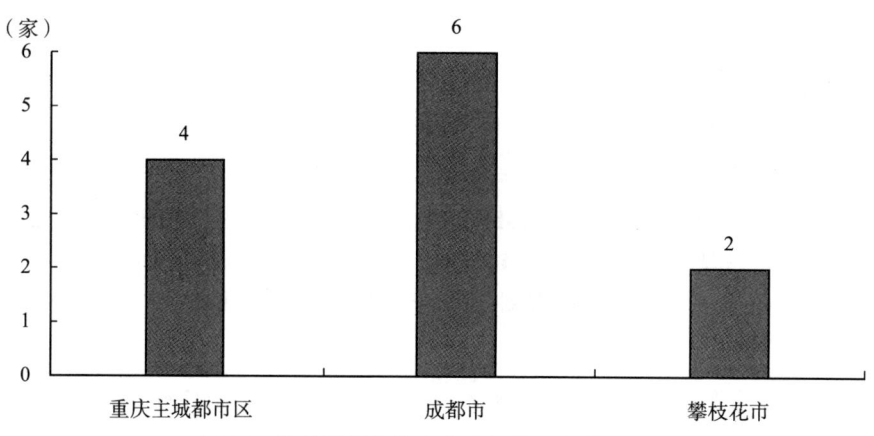

图 99　按地域划分的生产力布局（智慧物流）

第二篇 成渝地区双城经济圈制造业产业链分析

（三）基于经营状况的生产力布局

依据营业收入等级划分标准对成渝地区双城经济圈充换电及燃料加注服务企业进行分析（见图100），截至2023年底，约84.86%的企业营业收入等级为A，共有2618家；约4.15%的企业属于B级（营业收入大于等于500万元，小于1000万元），共有128家；约2.14%的企业属于C级（营业收入大于等于1000万元，小于1500万元），有66家；约2.40%的企业属于U级（营业收入大于等于10000万元），共有74家。其他营业收入等级的充换电及燃料加注服务企业占比均不超过2.00%。

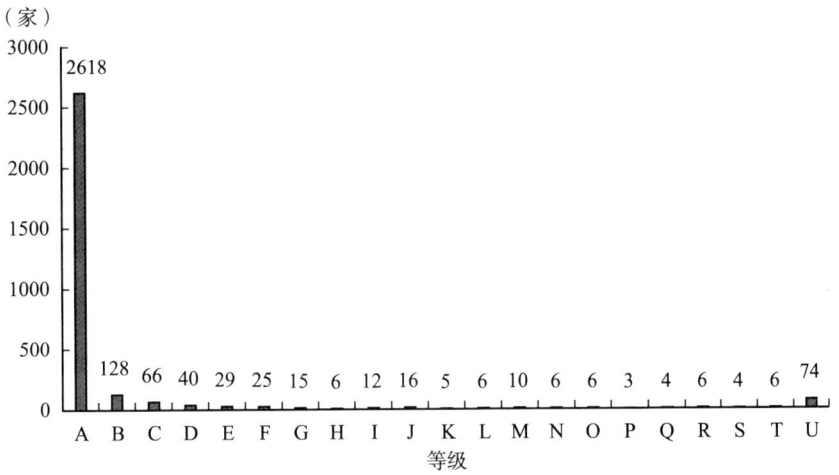

图100 按营业收入等级划分的生产力布局（充换电及燃料加注服务）

从纳税额等级来看（见图101），截至2023年底，约92.98%的充换电及燃料加注服务企业属于A级，共有2929家；约2.13%的充换电及燃料加注服务企业属于B级（纳税额大于等于50万元，小于100万元），共有67家；其他纳税等级的企业数量较少，占比均在1.00%上下。

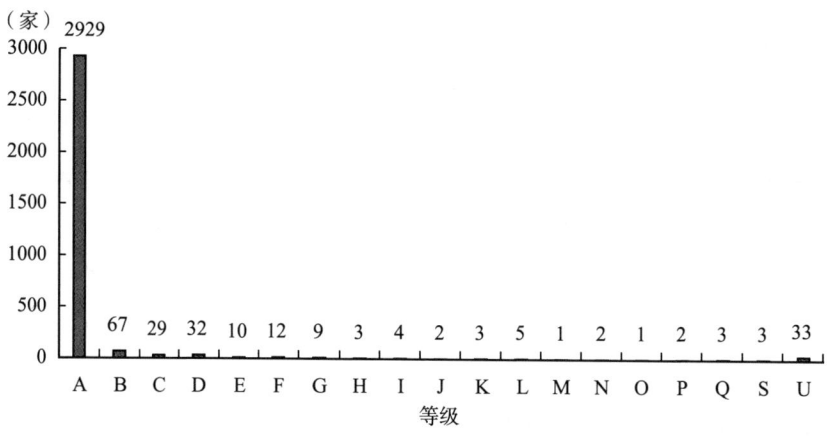

图 101　按纳税额等级划分的生产力布局（充换电及燃料加注服务）

在汽车供应链物流产业发展方面（见图 102），截至 2023 年底，有 53 家汽车供应链物流企业属于 A 级（营业收入小于 500 万元），占比 88.33%；其余营业收入等级的企业均为 1 家。

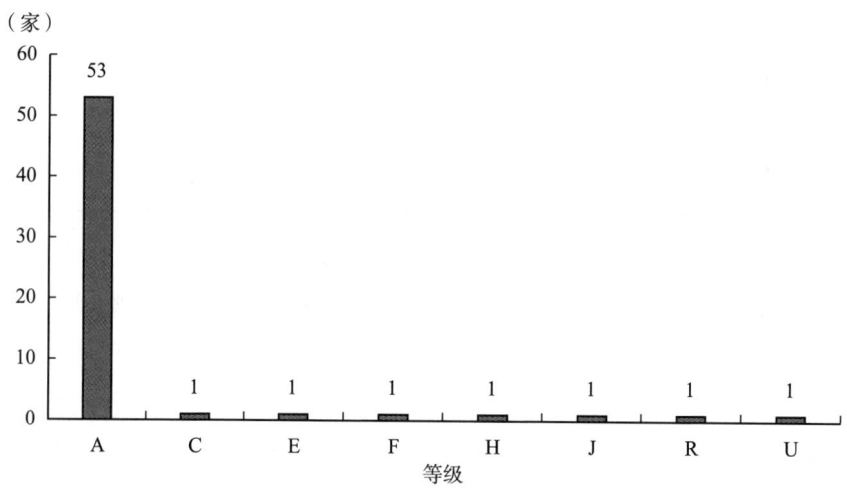

图 102　按营业收入等级划分的生产力布局（汽车供应链物流）

从纳税额等级来看（见图 103），截至 2023 年底，约 94.92% 的汽车供应链物流企业属于 A 级，共有 56 家，其余纳税等级的企业均为 1 家。

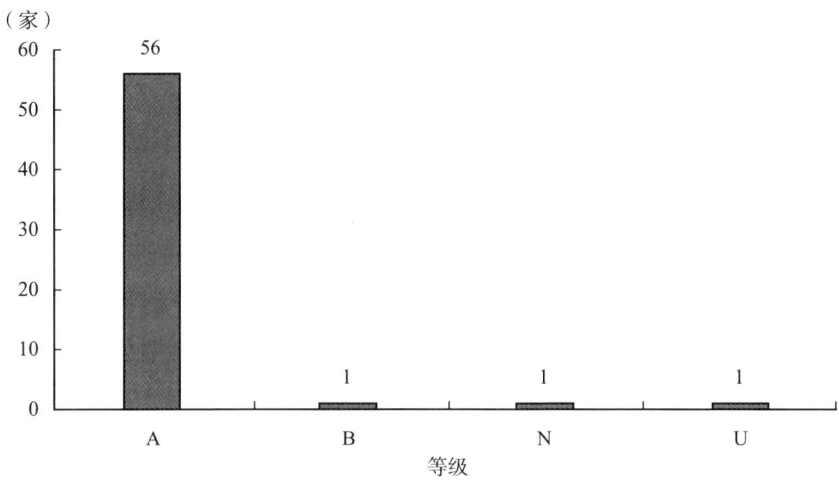

图 103　按纳税额等级划分的生产力布局（汽车供应链物流）

在汽车金融产业发展方面（见图 104），截至 2023 年底，约 75.87% 的汽车金融企业营业收入等级属于 A 级，共有 327 家；约 5.80% 的汽车金融企业营业收入等级属于 B 级（大于等于 500 万元，小于 1000 万元），共有 25 家；约 7.66% 的汽车金融企业营业收入等级属于 U 级（大于等于 10000 万元），共有 33 家。其余营业收入等级的企业数量较少。

从纳税额等级来看（见图 105），截至 2023 年底，约 86.58% 的汽车金融企业属于 A 级，共有 387 家；约 3.80% 的汽车金融企业属于 B 级（大于等于 50 万元，小于 100 万元），共有 17 家；约 5.59% 的汽车金融企业属于 U 级（大于等于 1000 万元），共有 25 家。其余纳税等级的企业数量较少。

在智慧出行产业发展方面（见图 106），截至 2023 年底，约 18.75% 的智慧出行企业营业收入等级属于 A 级（小于 500 万元），共有 3 家；约 56.25% 的智慧出行企业营业收入等级属于 U 级（大于等于 10000 万元），共有 9 家；其余营业收入等级的企业数量均为 1 家。

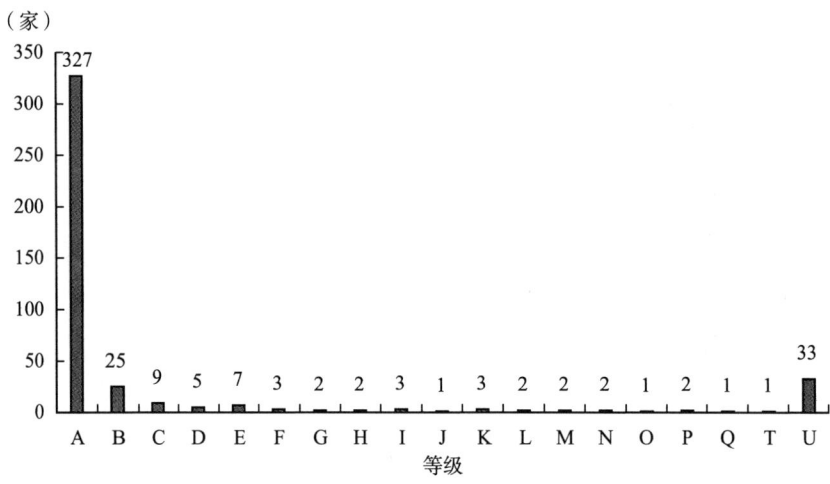

图104　按营业收入等级划分的生产力布局（汽车金融）

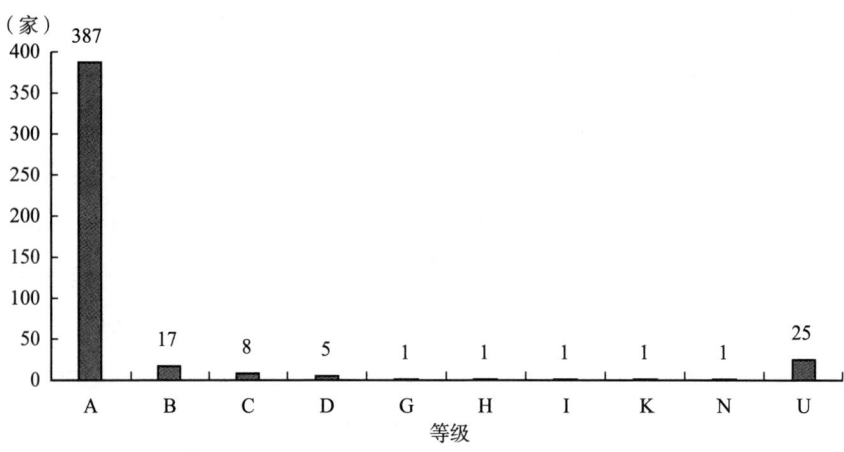

图105　按纳税额等级划分的生产力布局（汽车供应链物流）

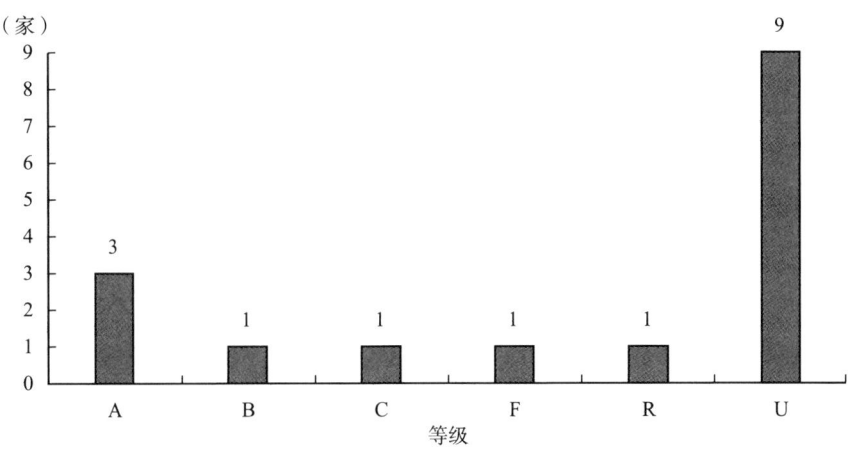

图 106　按营业收入等级划分的生产力布局（智慧出行）

从纳税额等级来看（见图 107），截至 2023 年底，有 6 家智慧出行企业属于 A 级（小于 50 万元）；有 1 家智慧出行企业属于 D 级（大于等于 150 万元，小于 200 万元）；有 10 家智慧出行企业属于 U 级（大于等于 1000 万元）。

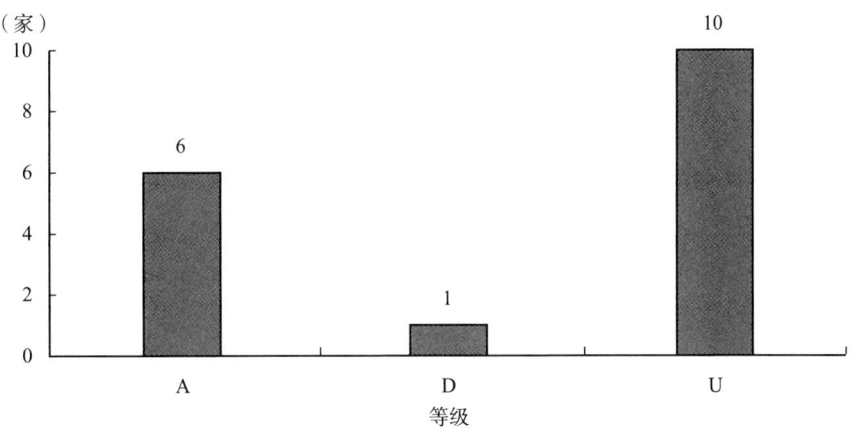

图 107　按纳税额等级划分的生产力布局（智慧出行）

在智慧交通产业发展方面（见图 108），截至 2023 年底，约 33.33% 的智慧交通企业营业收入等级属于 A 级（小于 500 万元），共有 8 家；约 41.61%

的智慧交通企业营业收入等级属于 U 级（大于等于 10000 万元），共有 10 家；其余营业收入等级的企业数量均为 1 家。

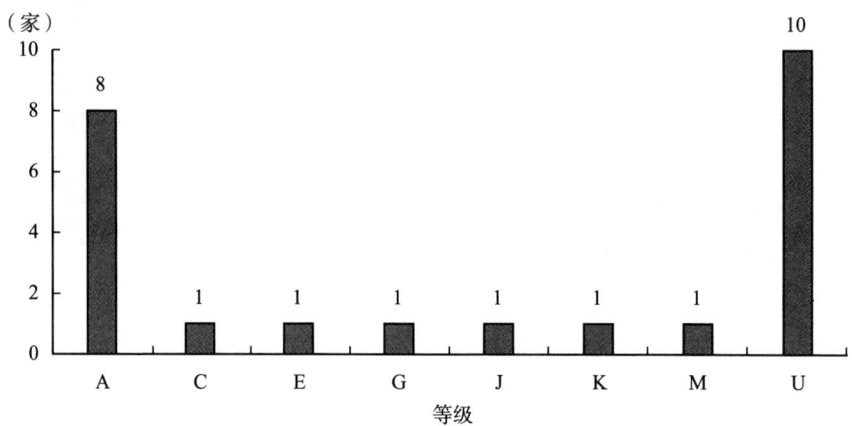

图 108　按营业收入等级划分的生产力布局（智慧交通）

从纳税额等级来看（见图 109），截至 2023 年底，有 10 家智慧交通属于 A 级；有 1 家智慧交通属于 B 级（大于等于 50 万元，小于 100 万元）；有 2 家智慧交通属于 C 级（大于等于 100 万元，小于 150 万元）；有 1 家智慧交通属于 T 级（大于等于 950 万元，小于 1000 万元）；有 10 家智慧交通企业属于 U 级（大于等于 1000 万元）。

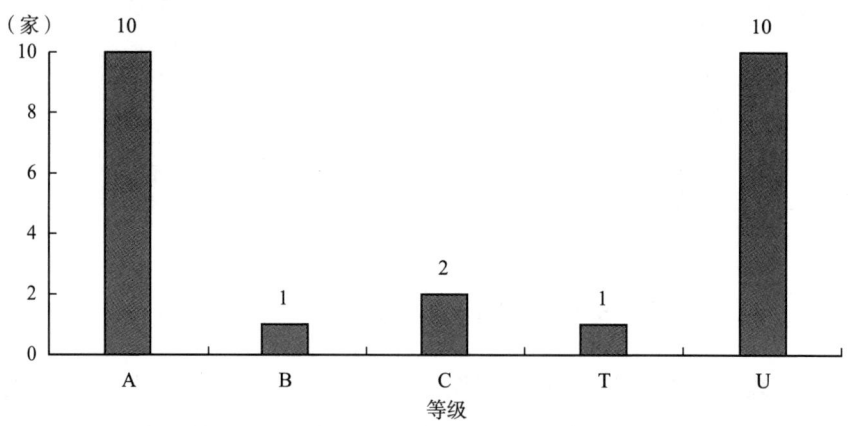

图 109　按纳税额等级划分的生产力布局（智慧交通）

在智慧停车产业发展方面（见图110），截至2023年底，约73.08%的智慧停车企业营业收入等级属于A级（小于500万元），有19家，U级有2家，其余营业收入等级的企业数量较少。

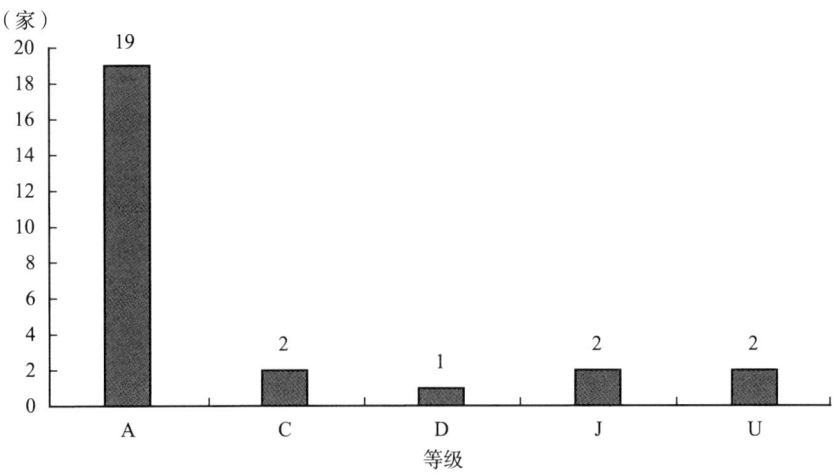

图110 按营业收入等级划分的生产力布局（智慧停车）

从纳税额等级来看（见图111），截至2023年底，有21家智慧停车属于A级（小于50万元），U级2家，其余纳税额等级的企业数量较少。

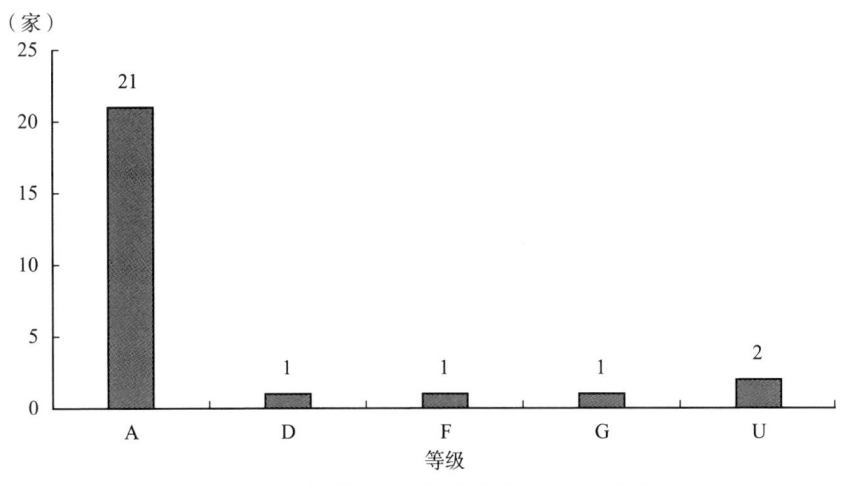

图111 按纳税额等级划分的生产力布局（智慧停车）

在智慧物流产业发展方面（见图112），其营业收入规模分布结果如下：截至2023年底，有1家智慧物流企业营业收入等级属于A级（小于500万元）；1家属于M级（大于等于6000万元，小于6500万元）；有5家智慧物流企业营业收入等级属于U级（大于等于10000万元）。

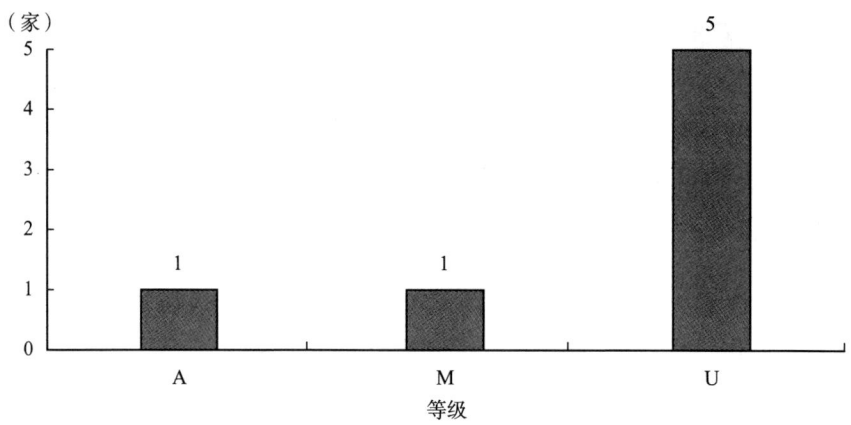

图112　按营业收入等级划分的生产力布局（智慧物流）

从纳税额等级来看（见图113），截至2023年底，有1家智慧物流属于A级（小于50万元）；有1家智慧物流属于C级（大于等于100万元，小于150万元）；有5家智慧物流属于U级（大于等于1000万元）。

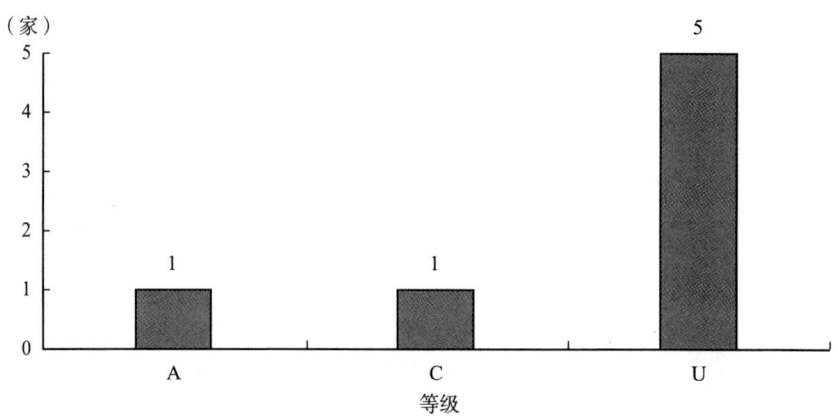

图113　按纳税额等级划分的生产力布局（智慧物流）

(四) 基于创新能力的生产力布局

从智能网联新能源汽车产业链下游产业发展创新能力来看（见图114），截至2023年底，成渝地区双城经济圈汽车金融创新能力最强，汽车金融产业的专利个数为56113个，占比40.43%；软件著作权个数为1728个，占比17.52%。其次是智慧出行产业，智慧出行产业的专利个数为42973个，占比30.96%；软件著作权个数1384个，占比14.03%；汽车供应链物流的创新能力相对较为薄弱，汽车供应链物流产业的专利个数为157个，占比0.11%；软件著作权个数99个，占比1.00%；汽车电池回收再利用的创新能力最弱，专利个数为3个，软件著作权个数为0个。

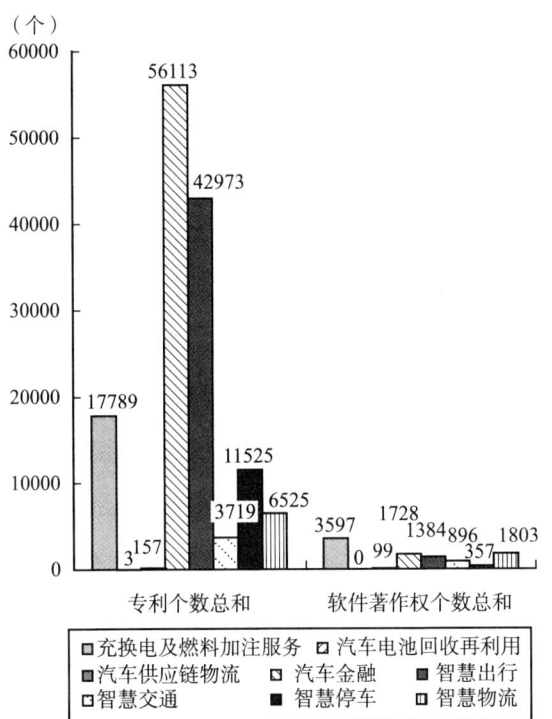

图114 智能网联新能源汽车产业链下游创新能力（产业链环节）

四、小结

目前成渝地区双城经济圈智能网联新能源汽车产业已形成了较为完整的产业链链条。在产业链中游——智能网联新能源整车制造产业方面,主要为新能源乘用车整车制造,占比超过90%;新能源商用车整车制造企业和智能网联乘用车整车制造企业数量相对较少,特别是智能网联乘用车整车制造企业仅四川地区有1家。整体来看,四川地区智能网联新能源整车制造企业数量多于重庆地区,因此重庆要打造万亿级的智能网联新能源汽车产业,还需要补齐智能网联乘用车整车制造的短板。

从产业链环节来看,成渝地区双城经济圈智能网联新能源汽车上下游产业配套较为完善,在生产力布局方面主要集中在重庆主城都市区和成都市。在产业链上游,重庆地区智能网联新能源汽车产业上游企业数量更多更有优势,特别是在新能源部件、智能网联部件方面,重庆地区的上游企业数量较为集中;但在算法、芯片及制造材料方面,四川地区更为突出。在产业链下游,充换电及燃料加注服务产业较为集中,占比约84.80%,但是在汽车电池回收再利用产业发展方面相对不足,仅四川地区有1家汽车电池回收再利用企业,因此随着智能网联新能源汽车产业的发展和消费市场的拓展,未来除了充换电及燃料加注服务之外,成渝地区还应加大其他下游配套企业的布局与发展,推动成渝地区双城经济圈智能网联新能源汽车产业高质量发展。

从经营状况来看,成渝地区双城经济圈智能网联新能源汽车产业各产业链环节基本上已培育了一批行业龙头企业,其中由于上游企业和中游企业单品价格相对较高,营收超过1000万元的U级企业数量相对较多,但智能网联乘用车整车制造企业营收规模相对较小,成渝地区仅有1家企业,且营收等级为A级,表明成渝地区双城经济圈智能网联乘用车整车制造发展相对不足,在下游产业企业主要以A级企业为主。

在创新能力方面,成渝地区双城经济圈智能网联新能源汽车产业链上游和下游产业创新能力相对较强,中游产业链创新能力相对不足。在产业链上游,算法、芯片及制造材料业和智能网联部件创新能力较强;在产业链中游,新能源乘用车整车制造创新能力最强,智能网联乘用车整车制造的创新能力相对较为薄弱;在产业链下游,汽车金融创新能力最强,汽车电池回收再利用的创新能力最弱。

第三篇
成渝地区双城经济圈的专题研究

专题一 两区分离改革视角下跨行政区域产业合作园区体制机制障碍分析与对策研究[*]

一、引言

"探索经济区与行政区适度分离"是中共中央、国务院赋予成渝地区的一项重大改革任务,是《成渝地区双城经济圈建设规划纲要》部署的引领性、支撑性重大改革任务,也是建设全国统一大市场尺度下"优先开展区域市场一体化建设工作"的重要探索。跨行政区府际合作是一项涉及多方利益诉求的复杂工程,建设好行政区域经济区适度分离改革成功的关键在于激发各方动力、构建利益共同体。建立科学的成本分担和利益共享机制是推动跨区域融合开发、互利共赢的制度创新关键。2023年《中共四川省委关于深入推进新型工业化加快建设现代化产业体系的决定》也提出了"深化经济区与行政区适度分离改革,以川渝毗邻地区合作园区和省内共建园区、飞地园区为重点,构建统计分算机制,完善财税利益分享机制"。

随着我国城市化进程和区域一体化发展进入新的阶段,传统的"内生性

---

[*] 第二届成渝地区双城经济圈发展论坛优秀论文。

行政区行政"的局限性亟待解决：其制度机制设计与行政区经济的内生行动动力的矛盾，已无力解决跨区域产业合作中不断出现的公共问题及公共事务纠纷，2023年泸州、永川、江津三地联合发布《泸永江融合发展示范区发展规划》提出"将积极探索区域融合发展制度创新，探索跨行政区产业合作园区协同开发建设运营模式"。作为跨省域的融合发展，将面临更多的行政壁垒与利益纠葛，在分析完成区域间互动协调发展治理结构的制度性创新，才能在利益共同体的基础上，成为休戚与共的发展共同体。

二、文献综述

关于区域经济一体化包括都市圈、城市群的相关研究中探讨"适度分离"视角下的跨区域产业合作的研究较少，归纳起来，主要集中在以下几个方面：一是关于行政区与经济区适度分离改革的重大意义及其基本动因研究。地方利益的存在是行政区经济产生的根本原因，行政区经济导致的市场分割严重阻碍了要素的自由流动，造成毗邻区产业同构，各类园区低水平重复建设。受属地考核指标及利益驱动，各地经济的发展都押在"利大税重"的行业上，加之区域资源禀赋相近，导致区域结构严重趋同区位与自然资源的相似性，使各城市的内部合作意愿较小。二是总结归纳现有行政区与经济区的适度分离的改革实践。学者们从纵向和横向两个维度探讨了我国现有的经济区与行政区适度分离改革的实践逻辑及其典型的五种模式和现有川渝地区的起步探索，解释了为何现有府际合作框架在决策、协调、执行与技术四个层面的低效化运作，存在府际职能关系模糊、合作管理机构法律地位含糊、合作区与行政区划易产生区域利益矛盾、管理权越位与缺位等体制性困境。三是提出了积极探索经济区与行政区适度分离的对策。多数学者从重塑融合理念、优化合作体制与搭构硬件网络三个方面推动经济区与行政区适度分离改革。主体还是从体制机制的角度出给出了相应的研究对策，例如，有效的利益分享和利益补偿机制，构建动态的发展权限配置体制、优化政绩考核机制，强化政策协同支持等。

总体而言，近年来的相关研究成果较为稀少，主要呈现以下几点特征：一是从研究内容看，宏观性、总括性分析较多，而分类化、具象化研究较少。多从国家与高层级政府的视角出发如何进行体制机制改革，而针对低层级政府如何在现有制度体系框架下自下而上进行改革的论述较为空缺，缺少市级与县级政府如何突破政策层面赋权的"等靠要"思想，增强主动改革与试点并形成有效经验的主动积极性的研究。二是从研究方法看，解读性、阐释性分析较多，而实证性、跟踪性研究较少。研究视角多自上而下从宏观与理论视角出发，结论概括性强，以提出总体思路为主，而实操指导性弱。三是从研究主体看，多集中于发达地区的经济一体化。现有研究多集中在长三角地区、珠三角与京津冀，由于不同地域发展基础存在较大差异，导致现有研究成果的适用性存在一定局限，因此，应当加强不同区域背景下跨行政区产业合作模式的研究，最后，跨行政区产业合作作为一种特殊的经济功能区，学术界应将其作为区域公共管理的一种特殊类型加以深入研究。

基于上述，以跨行政区域产业合作园区建设为突破口，在纵深推进行政区与经济区适度分离改革的背景下，为努力拓展新的研究空间及提供可实操的跨区域产业合作模式提出本研究的主题。

三、"两区分离"改革问题与障碍分析

在行政区与经济区非整体性重合的背景下，更加广泛的经济区利益理应成为经济区内行政区的共同追求，但是在现有体制机制下，各个行政区之间因地方利益难以形成合力。行政区个体自主性对经济区区域整体性的割裂，阻碍了区域经济发展，这是探索经济区与行政区适度分离改革的根本原因。从经济区与行政区适度分离的改革进展来看，相关改革已进入深水区。目前先行区域进展及成效主要在较为宽泛的市域"面上协同"，受政府作用较为直接的政务、公共服务、交通和市场设施建设等领域；而投

入较为薄弱、力度成效不足的是更为精细的交界地带融合、园区合作"点上对接"及市场机制起根本性作用的产业合作及其背后的利益体制、运营模式。

本研究基于扎根理论的访谈法和案例研究法，参照案例研究的理论建构的研究范式，基于对广东、江苏、四川三地四个跨行政区域产业合作园区的案例研究与实地访谈调研，对现象深入挖掘，获取具有理论说服力的新洞见，逐步归纳并提炼现有跨行政区经济合作出现的风险识别因素与构念具体呈现如表1所示。

表1　两区分离改革体制机制障碍关键构念及引用语举例

构念	障碍与风险因素识别	调研证据援引
利益分配	模糊化原则性的措辞固定比例	• 类似方案中"探索建立财政协同投入、成本共担、税收分享等利益共享机制，推进税收征管一体化，合理划分跨行政区合作项目产生的财税收益"这样模糊原则性的措辞，很难确切得知各缔约方的具体权利与义务 • 合作方对税收、GDP分成进行约定或承诺在实际运作过程中很难兑现或完全兑现。A方主导招商引资的项目要分一半收益给B方，无法体现A方的贡献度
成本分摊	模糊化原则性的措辞固定比例	• 某基础设施受益方主要是A方却要双方对等承担建设成本。财权与事权不对等，"两地合作共建"模式下，我们对合作区的资源投入一直保持观望态度 • 生活配套不健全，娱乐购物设施缺失，子女入学、家属就医等问题难以解决，直接影响员工生活需求和生活质量，导致企业留人难，都严重影响了合作区的经济建设
政策缺位	缺乏权力中心（省级政府）来协调各利益主体的行为	• 缺乏省级政府在建设初期的行政资源倾斜与持续协调，合作地双方的权责难以划清。某合作区有三个"婆婆"，如何协调也是一个难题。没有高级别、高效率、事权集中的管理体制和特别、灵活、优惠的特殊政策，要想完成预先设想的目标，特别是在起步阶段，是很难完成的
权责冲突	同城共管、社会事务管理属地化；经济事务与社会事务相分离；双治理主体、双领导模式	• 经济管理和社会管理并不是相互独立的，公安消防、社会保险、环保审批许多业务存在交叉，这种运作模式严重制约了大开发大建设进程，如征地拆迁、违法阻工、违法抢建抢挖抢种等问题，缺乏有效手段加以解决

续表

构念	障碍与风险因素识别	调研证据援引
合作违约	临时性领导机构；人走政息；联席会议	• 像行政区与经济区适度分离改革这样的体制机制创新，需要依赖像领导小组这样的临时性领导机构，所以常使用"一把手"负责制这样的非常规制度安排，以借助其权威和影响力来促成创新的顺利完成，如果这些创新后期不以制度的形式固化下来，一旦推动创新的"一把手"离职或者对创新方案失去兴趣，大多数创新活动均会出现停滞或者"人走政息"现象 • 协议的履行状况都缺乏相应的反馈和评估机制，也未涉及协议履行中的纠纷解决机制和履行监督机制，如果协议主体缺少契约精神的话，很多合作协议就会变成"一纸空文" • 区域内各行政区之间协调与合作的协议内容，如"宣言""方案"往往过于抽象，没有实质性履行内容，缺乏可操作性，实践中由联席会议达成的行政主体间的合作协议面临履行难的尴尬
组织人事	人事归属、人员激励	• 合作方两地行政单位存在级差，例如一方是处县级，另一方是科级，级别不对等不好开展合作。而且双方合作同做一件事的时候，两地干部享受的级别和待遇不同，这样既不利于工作的对接与协调，也不利于参建者工作激情的调动 • 临时抽调人员组成的一套班子运行，人事工资关系仍保留在原单位，提拔任用由原单位负责，合作区党工委、管委会只能"管事"不能"管人"，后期履职追责存在较大困难 • 由于组织人事关系的羁绊，除党工委、管委会的少数高层干部可以交流调动外，园区其他人员的上升流动性受到了极大限制，很难向区外行政机关流动

（一）利益分配："统计分算、税收分成"改革未实质破题

利益分配机制未实质破题，导致了跨区合作两地政府的合作预期调动与激励机制缺位。地方政府的合作需要依靠合作带来的经济与财政收入增长等激励。由于税收和GDP统计是按照属地原则计算，在关于具体的成本分担和收益上，某种意义上偏向于零和博弈状态。如果跨行政合作区发展缺乏长期有效的利益分配机制，这极易引起双方事权与财权不对等，导致两地对各项投入持观望态度，削弱了合作的积极性，使主动式合作向被动式合作转变。我国现有的跨区域经济合作区实践中，在合作初期双方对税收、GDP分成进行约定或承诺，然而在实际运作过程中很难兑现或完全兑现，该现象在省级以下地方政府的跨区域合作中格外突出。一些跨区域经济合作的企业税收收

入分享办法，虽然规定了企业迁出地和迁入地双方分享税种、分享范围及分享方式，但办法主要面向省级政府层面，由省级部门负责执行，市（区）级政府的主动性、积极性及话语权未被关注。泸永江三地虽然建立了相应的合作体系，但与毗邻地区还未建立真正紧密的利益共享机制，缺乏共同的功能平台支撑，在经济发展尤其是产业布局上存在较大竞争，导致在产业优化布局、重大项目谋划的支持力度上存在"使力"不一致情况。同时在区域合作上对自身经济增长乏力的领域积极主动，自身优势领域合作意愿不强，加之跨省域毗邻两地行政级别不对等，存在沟通协调不畅等情况，"1+1+1>3"的整体效应还未形成。

（二）成本投入："权力拼贴"出缝隙，成本投入体制落实难

"两地合作共建"和"成本共担"等模糊化原则性的措辞出现在合作协议，让缔约方很难明晰各自的具体权利与义务。笔者调研的四川某合作园区把"经济活动一体开展、社会事务分区管理"作为实施经济区与行政区适度分离改革的核心内容，而社会事务管理本原性地交织于经济建设管理之中，具有天然不可分割性。跨行政合作区的社会管理等其他事务往往要遵循属地化管理原则，由融合发展示范区政府来负责。可以预见的是，伴随着经济开发的逐步深入，社会事务管理更交织于经济建设管理之中，导致属地管理机构权能定位变得模糊。产业培育发展尤其是打造具有竞争力的产业生态和产业集群非一日之功，尤其是将医疗、教育、社保等民生事务移交给行政区，合作的经济区因减轻民生经济负担成为"短跑赛冠军"而发展后劲不足。以先行者广东某合作园区为例，探索初期"共建共管"模式下"权力拼贴"多出现巨大缝隙，如一方引进的投资项目，因为合作方征地落实不了，导致项目无法顺利落地，同时也制约了园区电力、医疗、教育等配套基础设施的建设。在财权与事权不匹配的情境下，在合作园区"两地合作共建"初期，一方政府对合作区的资源投入一直保持观望态度。后期转为一方政府"全面主导发展"的治理模式后，简化了原本复杂的治理架构、有效避免了多责任主

体权责模糊带来的矛盾，实现了人、财、地一体的跨区域治理转变，因此实现了合作区的高速发展。

（三）政策缺位：缺乏上级政府合作统一的顶层设计，现有制度框架内自下而上探索难度大

从我国区域一体化的发展经验来看，在区域经济合作过程中，上级政府发挥至关重要的统筹协调作用，这意味着跨行政区经济合作需要系统的顶层设计。然而这种有效的顶层设计通常是缺位的，"多个婆婆多个妈"的现象较为常见。如广东某合作园区是省政府的派出机构，由地方两市共同管理，在这种情况下，管理机构的权能定位、合作双方的权责利划分以及协商和冲突解决机制等方面尚未有清晰的界定，缺乏专门的法律法规来保障跨行政区的合作。可能会导致如下问题：一是由于"叠床架屋"的府际关系复杂性和过程管理规则的缺位，合作区在管理过程中容易出现管理机构职能交叉、权责不明晰等现象，各行动主体管理尺度不一，妨碍政策法规执行；二是各管理主体各管一块引致的信息分享不到位、传递不及时，在决策时容易受各自利益视角、各自作风等因素的影响，导致决策与实际需要相脱节，增加行政资源内耗，降低行政效率。这类问题在四川某跨省合作园区中更加复杂，涉及两省市、各区县和合作区管理委员会四方政府的协调与制度设计。各地建立了工作领导小组和工作领导小组办公室，毗邻区县也专班推进协调合作事宜，市级各部门根据职能职责在主管领域逐步推进跨区域合作事项。但目前园区管委会与属地政府的职能定位还不明确，管委会在规划建设、招商引资、项目建设、企业生产等方面的权责界线与属地之间还需进一步明确，与属地政府错位发力，共同推进的体制机制还未建立。

（四）合作违约：融合发展示范区缺乏有效的监督约束机制

在共享合作收益的驱动下，现有的跨行政区合作双方会通过某种区域经济合作组织进行协调推进工作，例如，召开"三地党政联席会议""市（区）

长协调会""专项工作组"来讨论区域合作中的一些重点和难点，通过"会议纪要"协调解决合作难题。这种联席会议的模式虽然可以促进合作，但在具体的落实和有效监督考核落实情况时，缺乏针对性和强制力以督促合作双方，导致合作流于形式或进展缓慢、成效不大。从现有跨行政合作区的发展来看，一方面法律框架没有明确监督主体，另一方面"管人"与"管事"之间存在严重脱节，部分人事工资关系仍保留在原单位，而提拔任用由原单位负责，合作区党工委、管委会只能"管事"，履职追责存在较大困难。此外，合作期限是否有限制与合作未来的稳定性保障预期，将会对两地政府合作的决心，企业的投资信心和动工决心产生重要影响。地方政府跨区域合作往往缺乏动态调整机制和"硬性"约束机制，导致协议不能完全履行。

四、推动"跨行政区融合发展"体制机制创新对策

合理的体制机制设计可以使跨区合作的经济利益引力大于行政利益阻力。行政区划本身也是一种重要资源，用得好就是推动区域协同发展的更大优势，用得不好也可能成为掣肘。

因此，需要厘清明确经济区和行政区适度分离改革的空间载体、管理模式、财税分享、财政投入、统计分算等共商共治共管长效机制，处理好本地合作区和其他区域的协作关系。重点破题"统计分算、财税分成"改革，率先突破都市圈的成本分担和利益共享机制改革。

（一）探索"两项体系"，解决适度分离核心问题

1. 建立多样化区际财税利益分配体系

市场化运作是实现产业跨区域深度和长效合作的有效路径。鉴于现有体制机制下跨省税收分成和GDP分成兑现困难。一是可以侧重于双方共同出资设立国有投资平台，由公司运作，通过市场化方式，同步推进，整体开发。

通过合作园区土地增值、运营和服务收入等，实现国有资产保值增值和形成新的税收来源，两地政府则按照股权确立成本分担和权益分配方式。二是建立动态调节的差异化分成制度。固定分享比例因为无法衡量实际承担的成本和应获得收益，成本-收益的不对等易引发后期合作方的纠纷。可以按照土地、财税等显性指标及高质量发展的隐性指标确定动态调节的财政税利益分配机制，以预期收益调动财政投入积极性。三是加强对规模大、纳税多的企业的主动监测，对财税共享机制范围的潜在跨区重点企业，要尽快建立跟踪机制，确保及时、充分分享相应的财税利益。四是争取先行先试，争取试点建设具有独立法人地位的经济实体型合作园区，以"计划单列"形式直接从省级或更高层面获得土地、规划、财政等权限。

2. 探索建立基础设施合作成本分摊体系

基础设施作为准公共产品，其成本应由各利益相关方来共同分摊。成本分摊机制应遵循两个原则。第一，"收益原则"，即根据各主体获得的收益大小来确定分摊的成本份额；第二，"能力原则"，即经济实力强、资金技术优势突出的地区可以适当相对多分摊一些，经济发展相对落后的地区适当少分摊一些。首先，预算协议明晰化。建立明确的成本分摊体制和预算体系，合作协议里要明确各地区的基础设施初期建设成本分摊比例、比例制定方法以及投资资金到位时间表。其次，创新跨行政区的投融资机制。成立协同发展基金、产业调整基金为跨行政区的重大项目建设提供资金保障。推动合作地政府、国资平台、社会资本三类投资主体创新投融资方式，对公益项目、准公益项目、经营类项目等不同属性的项目进行投融资协作，形成跨区域投资的平衡，如半公共产品如省际（跨界）基础设施共建，可以依据基础设施对本地区的贡献系数分摊成本。最后，成本分摊动态化。建设初期基础设施收益高的地区应主导开展投融资合作，其从基础设施中获益较多，投资意愿也较强。同时，随着合作各方基础设施收益状况和成本状况发生变化，其他合作方也应逐步加入基础设施投融资合作中来，承担一定的成本份额。

（二）构建"三大机制"，强化适度分离关键支撑

1. 跨行政区域合作区"刚性"管理机制

明晰唯一治理责任主体，避免权责模糊，实现以合作区为主体的治理逻辑回归。想要切实履行好跨行政区融合发展示范区的职责，其管理机构就必须是一个"刚性"的主体。这种"刚性"的直接表现就是在人权、事权和财权上具有较大和较灵活的自主决定和运用的权力。"省（市）长联席会"这类区域经济一体化组织是一种松散的联盟，对于涉及区域发展重大利益的问题也难以协调，地区经济一体化很难得到实质性推进。设立融合发展示范区管委会作为管理的主体，需要在示范区发展演进的同时不断提高其在人事任命、物资管理、财务预算执行等方面主导和决策权，充分发挥和释放主体作用和主观能动性，逐步形成高效的管理体制，加强内部协调与沟通，共同谋划事关示范区发展的大事大计，并以督促督办方式来切实实施各项决策。一是要明确责任边界，融合发展示范区建设要明确一个高级别、具有完全独立自主管理权的责任主体，受合作地政府委托，统筹负责示范区的规划编制、开发建设、产业布局、政策制定、招商引资及日常管理等工作。二是要尽快打破按照行政级别配置资源的发展体制，构建能够按照地区发展能力与发展水平来配置资源的发展体制。需要通过完善相关法律基础、构建科学合理的考核机制、加强多个领域的政策支持力度等来加快构建动态的发展权限配置体制。

2. 合作权威性维护与提升机制

跨行政区合作结构模式的选择本质上是合作主体对权责利关系和风险等因素的综合博弈结果，取决于各方主体的利益诉求和现实需求。一是明确政府间权责关系，避免出现职责交叉与多头管理的情况。由于各地及其上级政府的职能需要"嵌入"融合发展示范区，这就需要处理好各地合作多方的关系，理顺融合发展示范区的管理体制，实现经济建设和社会事务管理统一。二是建立争议和纠纷裁决机制，由"示范区"合作双方共同的上级政府来负

责裁决纠纷、解决争议。三是加快完善区域合作的法律基础。目前我国的区域合作多由重大区域发展战略来推动，相关法律基础的缺失制约了不同主体区域参与区域合作的持续性和严肃性。应持续推进"合作区条例"的立法进程，以立法形式明确合作区体制规制，明确规定参与区域合作的主体区域的义务与责任，以及违反合作发展条例的处罚方式。四是制定权责明晰、内容明晰的合作协议。协议内容明确具体是长期稳定合作的基础保障，避免出现"共享、共担、共治"类似引发矛盾和纠纷的条款，真空地带与模糊的条款不仅降低了可操作性，而且极大降低了其对签约方的约束力。

3. 科学的政绩考核机制

各参与主体之间的互不隶属性和主体利益倾向增加了政府间跨行政区合作制度效能实现的难度。科学的监督和考核机制是遏制地方保护主义、约束参与方自利倾向、达成府际合作目标的有效保障。一是要着重考核区域合作贡献，可细化干部在推动区域融合过程中"协调、融合"工作的考核方法，衡量对地方政府造成的积极或消极影响。二是加强阶段性长期性考核，以此来确保合作区域能够以长周期高质量发展视角落实产业发展和区域融合规划。

（本专题执笔人：温尔康，中共泸州市委党校讲师；王流，中共泸州市委党校科研科副科长；李彦君，泸州市社会科学院；黄波，泸州市社会科学院。）

专题二　探索经济区与行政区适度分离改革的广安实践研究[*]

一、经济区与行政区适度分离改革的理论阐释

2020年1月，中央财经委员会第六次会议作出推动成渝地区双城经济圈建设战略决策，会议提出支持成渝地区探索经济区和行政区适度分离。中国共产党四川省第十二次代表大会指出，以跨省域、跨市域功能平台为重点，创新毗邻合作、园区共建、飞地经济等新模式，探索经济区与行政区适度分离改革的实现路径。中共四川省委十二届二次全会指出，聚力抓好川渝合作重大项目、重大平台、重大改革，积极探索经济区与行政区适度分离改革有效路径。

（一）经济区与行政区适度分离改革的内涵

1. 经济区与行政区概念

行政区是一国将国土空间分成的若干地域治理单元。经济区是"具有一定市场容量和空间分工的地域范围，是区域经济活动结果"。行政区是划分

---

[*] 第二届成渝地区双城经济圈发展论坛优秀论文。

经济区的重要基础，侧重行政管理，边界相对稳定；经济区是不同层次和数量行政区的组合，侧重经济发展，边界是动态的。

2. 经济区经济与行政区经济内涵

（1）行政区经济的产生与不足。目前，区域发展主要由地方政府主导，产生"行政区经济"现象，显著特点是注重一域发展。限制了市场作用发挥，要素自由流动受阻，行政与经济中心高度重合，边界区域发展缓慢等。

（2）经济发展需要突破行政区限制。经济发展水平越高，越需要生产要素高效流动、地区间紧密合作。随着经济活动在跨行政区空间中开展，行政区对要素流动制约越来越明显，经济区经济职能与行政区行政管理不协调现象突出。

（二）经济区与行政区适度分离改革的本质与原因

1. 经济区与行政区适度分离改革的本质

行政区与经济区适度分离改革就是要破除行政区划壁垒，以经济区打造区域经济增长极，带动区域一体化发展。本质是在原有行政区划基础上，经济区内地方政府让渡部分经济管理权限给经济区管理机构，共同促进产业合理布局和生产要素市场化高效配置。

2. 经济区与行政区适度分离改革的缘由

市场诉求与地方利益不一致，会导致经济区与行政区间经济管理冲突。在行政区划不变的情况下，破解冲突最现实、最容易的方法就是经济区与行政区适度分离改革。不打破社会事务属地管理，地方政府让渡大部分经济职能给经济区，建立一体化发展体制机制。

（三）经济区与行政区适度分离改革的重大意义

1. 破除区域行政壁垒

经济区与行政区适度分离改革有助于打破"一亩三分地"思维，从区域整体利益出发制定产业政策、配置生产要素、布局重大生产力等。探索政府与市场"最佳耦合点",打破市场分割,促进要素资源在更广领域、更大范围内畅通流动,加快建设高效规范、公平竞争、充分开放的全国统一大市场。

2. 理顺区域间利益关系

推行经济区和行政区适度分离,能够协同建立一套平等协商、各得其所的利益联结机制,激发各类主体参与积极性,拓展合作空间,形成互利共赢的发展格局。能够引导经济区内政府之间立足自身优势,培育发展优势产业,提升规模经济效益,增强经济区统筹配置国内外要素配置,做大区域整体实力。

3. 推动区域一体化发展

探索经济区与行政区适度分离、实现与中心城市同城化一体化发展,以及推进行政区之间深度合作是区域协调发展战略下一个阶段面临的重要挑战。经济区与行政区适度分离有助于形成更加紧密的发展共同体,以体制机制创新,激发区域协调发展内生动力,实现一体发展、融合发展。

二、探索经济区与行政区适度分离改革的广安路径

探索经济区和行政区适度分离,是四川省广安市推进与重庆中心城区同城化一体化发展的重要举措之一。广安市全面落实《成渝地区双城经济圈建设规划纲要》,牢固树立"一盘棋"思想和"一体化"发展理念,以建设川渝高竹新区为抓手,积极探索经济区与行政区适度分离改革、跨省域一体化发展新路子。

(一)经济区与行政区适度分离改革工作开展情况

以改革促进发展是当前川渝高竹新区发展的鲜明特点。

1. 构建跨区域治理四梁八柱

川渝高竹新区"领导小组+管委会+国有公司"管理机制基本建立。广安市授予新区经济管理权限134项,推动四川省、重庆市两省(市)下放部

分政务服务权限。出台《高竹新区行政权力试运行事项清单》。制定新区共投、共建、共享利益分配机制，挂牌全国首家跨省域税费征管服务平台，实现新区五大类122个涉税事项即时办理。

2. 开展一体化发展路径探索

协同总体规划和专项规划，实行"一个本子、双方同步"审批。构建多层次综合交通网络，一体布局水、电、气及学校等配套设施。渝广两地共建国有企业负责新区投融建管运。加快推动公共交通、教育医疗等事项，初步实现公共服务同城共享。建成高竹新区供电中心，逐步实现水电气要素同城同价。

3. 加快两省市共建项目建设

绘制完成新能源汽车产业链"两图一表"。出台工业等招商政策"黄金30条"。加快建设骨干道路和交通枢纽，启动城际铁路、同城大道等项目前期工作。编制产教融合示范区、统筹城乡融合发展示范区等方案，产业创新中心（一期）投用，总投资23亿元的川渝科技创新基地正加快建设。

（二）探索经济区与行政区适度分离改革面临的难点

1. 运行管理机制不完善

川渝高竹新区"小管委会+大公司"管理模式存在权责分配不适、落实效率不高等问题。"小马拉大车"现象明显。两省（市）人大暂未赋予新区行政主体资格，新区暂时无法承接省级事权。新区党工委、管委会仅为正县级，在统筹协调、资源调配、对上争取等方面难度较大。运行管理效率不高。"小管委会+大公司"模式使新区与高竹开发公司权责不匹配，管委会议定的部分事项，高竹开发公司还要再次会议研究，导致业务流程不优，事项推进滞后。改革攻坚合力较弱。新区没有专门负责经济区与行政区适度分离改革的部门，这项工作仅纳入经济运行部门管理，统筹改革作用发挥不充分，解决改革推进中的问题能力不强。

2. 渝广两地政策差异比较大

渝广两地经济管理政策存在差异，协调程序更复杂，授权难度更大，体制难题更多。政策差别明显，渝广两地经济政策、制度、管理办法等各有优势和不足。建设用地指标收储和出让、投资资金筹集等需要更长时间协调，缺乏统一标准。重庆是直辖市，广安是省辖市，与重庆行政级别差距较大，双方行政事权不一致。重点项目仍然在各自属地部门立项，项目牵涉自规、工商、税务等部门，导致多头管理或缺少管理，制约项目推进效果。

3. 现代产业体系不健全

川渝高竹新区产业总体规模小、链条短，特色化、集群化发展不足，缺乏龙头企业、"链主"企业引领。集群效应不强。渝广电子信息、汽车制造等产业存在竞争，规模效应、产业链协同效应尚未充分发挥。

4. 行政区划壁垒较明显

四川省广安市、重庆市渝北区分属不同省级行政区，新区发展存在行政区制约、要素流通不畅等现象。行政阻碍依然存在。行政区划条块分割，导致政务服务跨省衔接流程复杂，与市场主体跨区域发展要求不适应。要素流通渠道尚需完善。随着广安市全域纳入重庆都市圈，要素逐渐在更大范围畅通流动，但行政区划和管理制度仍然对要素自由流动有阻碍作用。交通"断头路"问题突出。渝广毗邻地区高速公路存在收费标准不一，限速标准不同等情形。

三、经济区与行政区适度分离改革的对策建议

从当前阶段看，探索经济区与行政区适度分离改革受到不同地方主体利益诉求的重大影响，协调好不同地方主体利益是改革取得突破的关键。经济区与行政区适度分离改革需要在"经济区利益最大化"和"行政区利益最大化"间寻找最优解。

（一）构建运转高效的综合管理机制

争取省级放权赋能。按照"放得下、接得住、用得好"的原则，全力争

取两省（市）尽快赋予新区行政主体资格，承接部分省级经济管理事权。深化"小管委会＋大公司"改革。理顺跨省域市场化开发运营机制，整合内设部门职能联合办公，逐步实行新区管委会与高竹开发公司"两块牌子、一套班子"，调动干部干事创业积极性。设立改革统筹部门，成立统筹经济区与行政区适度分离改革工作的机构，统一负责研究制定改革规划，组织改革实施，协商重大事项及解决改革中出现的问题。

（二）构建高效便捷的政策协同机制

健全政策协调机制。完善跨行政区政策协调衔接机制，促进新区管委会和高竹开发公司发挥自身优势，差异化竞争，完善区域投入共担、利益分享和补偿机制。优化财政政策机制。成立推进财税分享机制办公室，出台税收分配机制、资金结算方式等操作细则。对跨行政区经营性基础设施、跨区域共建产业等产生的财税，平等协商、动态调整分享比例。强化统计政策协同。双方协商确定经济区地区生产总值等主要经济指标跨区域统计分算办法。政府联合出资设立区域产业发展基金，投资跨区域重大基础设施、公共服务项目。

（三）构建优势互补的区域产业体系

强化布局引领。围绕重庆都市圈发展优化产业布局，高质量编制新区产业协同发展规划，完善特色产业链，打造产业集群，实现产业特色化、差异化发展。发展主导产业。围绕智能网联新能源汽车及其核心零部件、新一代信息技术等主导产业，以培育产业集群、链主企业为抓手，引进一批特色鲜明、带动力强的优质项目，打造上下游一应俱全的产业生态圈。提升创新能力。以川渝科创基地为载体，引进一批高能级创新平台，增强新区产业创新力、竞争力。开展高新技术企业和科技中小企业培育行动，"一企一策"支持企业科技创新。强化企业科技创新主体地位，支持企业技术改造，推动传统产业迭代升级。

（四）构建跨行政区流动的要素配置机制

强化土地跨行政区保障。根据总体空间布局规划统一合理配置土地指标资源；探索建立跨行政区土地指标交易机制、跨行政区土地收益分享机制。持续扩大融资渠道。渝广两地强化沟通，协同对上争取双圈专项债券、中省预算内投资；争取更多中央、省级，以及川渝地区金融机构到新区跨区展业。支持人才跨区流动。突破省际地域限制，积极探索人才资源跨行政区自由流动办法，支持涉及人才引进、培养、使用、管理服务等方面的体制机制先行先试。探索公共服务跨区域共享。创新完善跨区域公共服务合作机制，推进深层次制度衔接、政策协同，实现公共服务制度供给的一体化，提升公共服务质量和水平。

（本专题执笔人：舒涛，广安市发展和改革委员会（市重大项目调度中心）经济师；胡彭，广安市发展和改革委员会总规划师。）

专题三　以数字经济助推成渝地区双城经济圈高质量发展*

党中央高度重视数字经济发展，提出发挥数据的基础资源作用和创新引擎作用，加快形成以创新为主要引领和支撑的数字经济。习近平总书记多次强调，数字经济健康发展有利于推动构建新发展格局、有利于推动建设现代化经济体系、有利于推动构筑国家竞争新优势。① 中共中央、国务院于2021年10月20日发布了《成渝地区双城经济圈建设规划纲要》，提出成渝地区要合力打造数字产业新高地，推动数字产业化、产业数字化，促进软件、互联网、大数据等信息技术与实体经济深度融合，加快重点领域数字化发展，引领产业转型升级。② 成渝地区共建数字双城经济圈，建设数字经济发展新高地，对形成"北有京津冀、东有长三角、南有粤港澳、西有成渝"的区域发展格局，破解我国区域发展不平衡、不充分问题，推动经济高质量发展，具有特别的重要意义。应深入贯彻落实中央关于推动成渝地区双城经济圈建设和数字经济健康发展的决策部署，探索成渝地区双城经济圈数字经济发展新模式、新路径，以数字经济助推成渝地区双城经济圈高质量发展。

---

* 第二届成渝地区双城经济圈发展论坛优秀论文。
① 习近平. 不断做强做优做大我国数字经济［J］. 求是，2022（2）.
② 中共中央 国务院印发《成渝地区双城经济圈建设规划纲要》［EB/OL］. http://www.gov.cn/zhengce/2021－10/21/content_5643875.htm.

一、提高认识，发展数字经济助推经济高质量发展是大势所趋

数字经济是以数据资源作为关键生产要素、以现代信息网络作为重要载体、以信息通信技术的有效使用作为效率提升和经济结构优化的重要推动力的一系列经济活动。发展数字经济，建设数字中国，是国家把握科技和产业发展趋势，立足我国国情而作出的一项重大战略部署。建设数字中国是"十四五"规划确定的重大战略任务，数字经济不仅是未来经济的重要形态，同时强化数字治理是现代化治理体系的应有之义，建立数据产权制度是现实所需。

党的十八大以来，党中央高度重视发展数字经济，将其上升为国家战略。党的十八届五中全会提出："实施网络强国战略，实施'互联网+'行动计划，发展分享经济，实施国家大数据战略。"① 党的十九大提出："推动互联网、大数据、人工智能和实体经济深度融合。"② 党的十九届五中全会提出："发展数字经济，推进数字产业化和产业数字化，推动数字经济和实体经济深度融合，打造具有国际竞争力的数字产业集群。加强数字社会、数字政府建设，提升公共服务、社会治理等数字化智能化水平。"③ 党的二十大要求："加快发展数字经济，促进数字经济和实体经济深度融合，打造具有国际竞争力的数字产业集群。"④ 先后出台了《网络强国战略实施纲要》《数字经济发展战略纲要》，从国家层面部署推动数字经济发展⑤。

---

① 十八届五中全会公报发布［EB/OL］. http：//china. cnr. cn/news/20151030/t20151030_520329586_1. shtml.
② 中共中央党史和文献研究院、中央"不忘初心、牢记使命"主题教育领导小组办公室. 习近平关于"不忘初心、牢记使命"重要论述选编［M］. 中央文献出版社，党建读物出版社，2019：24.
③ 中共中央关于制定国民经济和社会发展第十四个五年规划和二〇三五年远景目标的建议［EB/OL］. http：//www. gov. cn/zhengce/2020－11/03/content_5556991. htm.
④ 习近平. 高举中国特色社会主义伟大旗帜 为全面建设社会主义现代化国家而团结奋斗——在中国共产党第二十次全国代表大会上的报告［N］. 人民日报，2022－10－26.
⑤ 习近平. 不断做强做优做大我国数字经济［J］. 求是，2022（2）.

《中华人民共和国国民经济和社会发展第十四个五年规划和二〇三五年远景目标纲要》明确提出加快数字化发展、打造数字经济新优势，强调发挥海量数据和丰富应用场景优势，促进数字经济与实体经济深度融合，加强关键数字技术创新应用，加快推动数字产业化、产业数字化，催生新产业新业态新模式，壮大经济发展新引擎。2022年的《政府工作报告》对促进数字经济发展、加强数字中国建设作出了重要部署。① 2022年《政府工作报告》要求："促进数字经济发展。加强数字中国建设整体布局。建设数字信息基础设施，逐步构建全国一体化大数据中心体系，推进5G规模化应用，促进产业数字化转型，发展智慧城市、数字乡村。加快发展工业互联网，培育壮大集成电路、人工智能等数字产业，提升关键软硬件技术创新和供给能力。完善数字经济治理，培育数据要素市场，释放数据要素潜力，提高应用能力，更好赋能经济发展、丰富人民生活。"② 2023年《政府工作报告》强调："促进数字经济和实体经济深度融合。""大力发展数字经济，提升常态化监管水平，支持平台经济发展。"③

近年来，通过深化体制机制改革，营造良好创新环境，我国数字经济规模位居全球前列。④ 根据2021年全球数字经济大会的数据，我国数字经济规模已经连续多年位居世界第二⑤。自2012年以来，我国数字经济规模所占国内生产总值的比重得到不断提升，已成为推动经济高质量发展的关键力量。2019年福布斯全球数字经济企业100强，中国14家企业上榜，数量位列第二。⑥ 根据中国信息通信研究院发布的《中国数字经济发展报告（2022

---

①② 李克强. 政府工作报告——2022年3月5日在第十三届全国人民代表大会第五次会议上 [EB/OL]. http：//www.gov.cn/gongbao/content/2022/content_5679681.htm.

③ 李克强. 政府工作报告——2023年3月5日在第十四届全国人民代表大会第一次会议上 [EB/OL]. https：//www.gov.cn/gongbao/content/2023/content_5747260.htm.

④ 我国成功进入创新型国家行列 数字经济规模位居全球第二 [EB/OL]. http：//news.cctv.com/2022/06/29/ARTIH4WriqbfANdwdsegtlTg220629.shtml.

⑤ 习近平. 不断做强做优做大我国数字经济 [J]. 求是，2022（2）.

⑥ 福布斯发布全球数字经济100强 中国上榜企业数量第二 [EB/OL]. https：//finance.sina.com.cn/chanjing/gsnews/2019-10-11/doc-iicezzrr1522214.shtml.

年)》，2021年中国数字经济规模达到45.5万亿元，占GDP比重达到39.8%。数字经济在国民经济中的地位更加稳固、支撑作用更加明显。①2021年7月发布的《中国互联网发展报告（2021）》显示，2020年，我国电子商务、在线教育、互联网医疗健康等产业快速增长，其中，互联网医疗健康市场规模达到1961亿元，云计算整体市场规模达到1781.8亿元，大数据产业规模达到718.7亿元，人工智能产业规模为3031亿元。我国人工智能企业共计1454家，居全球第二位，仅次于美国的2257家。②

数字技术与传统产业融合已呈现前所未有的态势，人工智能、5G与大数据发展情况已成为赢得未来、把握主动的科技与经济制高点，利用数字经济推动经济高质量发展成为共识。实施数字化战略，发展壮大数字经济，推动前沿技术突破，实现产业链、价值链与创新链协调融合，成为推动经济转型升级，推动经济社会高质量发展的重要战略举措。数字经济已成为未来一个时期我国建设现代化经济体系的主力军、引领高质量发展的主动力、增强我国综合国力与国际竞争力的主引擎。

二、正视现实，成渝地区双城经济圈建设为数字经济发展带来新机遇

2020年1月3日召开的中央财经委员会第六次会议将成渝地区双城经济圈建设上升为国家战略。③习近平总书记在中央财经委员会第六次会议上强调，推动成渝地区双城经济圈建设，有利于在西部形成高质量发展的重要增长极，打造内陆开放战略高地，对于推动高质量发展具有重要意义。④这是

---

① 中国数字经济规模快速增长 占GDP比重近四成 [EB/OL]. https：//www.163.com/dy/article/HBQU1MSA0514R9KE.html.
② 《中国互联网发展报告（2021）》发布 [EB/OL]. http：//www.zjsjw.gov.cn/shizhengzhaibao/202107/t20210715_4382259.shtml.
③④ 习近平主持召开中央财经委员会第六次会议 [EB/OL]. http：//www.xinhuanet.com/politics/leaders/2020-01/03/c_1125420604.htm.

构建以国内大循环为主体、国内国际双循环相互促进的新发展格局的一项重大举措，是习近平总书记亲自谋划、亲自部署、亲自推动的国家重大区域发展战略。习近平总书记强调，要尊重客观规律，发挥比较优势，推进成渝地区统筹发展，促进产业、人口及各类生产要素合理流动和高效集聚，强化重庆和成都的中心城市带动作用，使成渝地区成为具有全国影响力的重要经济中心、科技创新中心、改革开放新高地、高品质宜居地，助推西部乃至全国高质量发展。①

2020年10月16日，中共中央政治局审议《成渝地区双城经济圈建设规划纲要》时指出，成渝地区双城经济圈建设的目标就是"使成渝地区成为具有全国影响力的重要经济中心、科技创新中心、改革开放新高地、高品质生活宜居地，打造带动全国高质量发展的重要增长极和新的动力源""成渝地区牢固树立一盘棋思想和一体化发展理念""处理好中心和区域的关系，着力提升重庆主城和成都的发展能级和综合竞争力，推动城市发展由外延扩张向内涵提升转变，以点带面、均衡发展，同周边市县形成一体化发展的都市圈"。②

成渝地区双城经济圈建设上升为国家战略，应当说，中央赋予了成都、重庆做优做强极核功能的时代机遇。推动成渝地区双城经济圈建设，是我国优化区域经济布局的战略决策、拓展对外开放空间的重大部署，其战略牵引力、政策推动力和发展支撑力前所未有。特别是成渝地区双城经济圈建设为数字经济发展带来新机遇，要求围绕国家数字经济创新发展试验区总体要求，聚焦国家赋予成都、重庆的五大重点试验任务，积极作为、奋发进取，将成都、重庆打造成为全国领先的数字经济创新发展高地。

---

① 习近平主持召开中央财经委员会第六次会议［EB/OL］. http：//www.xinhuanet.com/politics/leaders/2020-01/03/c_1125420604.htm.
② 中共中央政治局召开会议审议《成渝地区双城经济圈建设规划纲要》［EB/OL］. http：//www.xinhuanet.com/politics/leaders/2020-10/16/c_1126620405.htm.

三、认清形势，国家对成渝地区双城经济圈发展数字经济给予高度重视

共建成渝地区数字经济发展新高地，不仅是加快社会各领域数字化转型的迫切需要，更是进一步满足群众高品质生活需要的必然要求，对推动成渝地区双城经济圈高质量发展意义重大。成渝地区双城经济圈定位为继京津冀、长三角、粤港澳大湾区之后的"第四极"，应加快数字经济发展，发展速度要快于全国；完善数字经济产业体系，形成比较完善的数字经济产业体系；提高数字经济创新能力，创造数字经济人才环境，优化数字经济营商环境；提高城市数字经济水平，尽快壮大数字经济消费市场规模。

中共中央、国务院印发的《成渝地区双城经济圈建设规划纲要》指出了成渝地区双城经济圈大力发展数字经济的四个方向。一是推动新型信息基础设施建设：布局完善的新一代信息基础设施、合力打造数字产业新高地、积极拓展数字化应用、全面提升数字安全水平；二是加快发展数字经济核心产业，将把握数字化、网络化、智能化方向，主动在更大范围更深层次融入成都都市圈现代产业体系，坚定不移实施"工业强市"战略促进新一代信息技术与制造业融合发展；三是以深化供给侧结构性改革为主线，以改革创新和开放发展为动力，以共建跨区域产业生态圈为抓手，着力强核心、补短板、提价值，加快构建"5＋1"新型工业体系，提升工业发展能级和质效水平，增强连接成渝、服务全国、辐射国际的产业核心能力，为建设"成渝门户枢纽、临空新兴城市"提供产业支撑；四是深化数字服务。建设数字经济，主要聚焦要素流通机制、新型生产关系、要素资源配置、产业集聚发展模式等重点工作，按照"整体策划、系统布局、重点突破、创新机制、聚焦项目"思路，围绕数字产业化、产业数字化、数字化治理主线，深入推进数字技术与实体经济深度融合，优化数字经济发展新生态，探索城市智慧治理路径。

围绕《成渝地区双城经济圈建设规划纲要》提出发展数字经济目标，成

渝应加快 5G 网络建设，推进千兆光纤接入网络广泛覆盖，加快推进基于 IPv6 的下一代互联网部署，推动国家级互联网骨干直联点宽带扩容；同时，探索建立统一标准、开放互通的公共应用平台，推动双城经济圈政务数据资源共享共用，推动地级以上城市全面建立数字化管理平台；此外，完善大数据辅助科学决策机制，加快提高治理数字化水平。不仅如此，《成渝地区双城经济圈建设规划纲要》指出，成渝地区双城经济圈建设还应加强公共服务、社会运行和治理方式创新，构筑全民畅享的数字生活。值得一提的是，《成渝地区双城经济圈建设规划纲要》强调，成渝地区双城经济圈建设过程中要深化网络安全等级保护制度和关键信息基础设施安全保护制度。同时，完善重庆和成都重要数据灾备中心功能，建设联合异地灾备数据基地。

推动成渝地区双城经济圈高质量发展，应当将发展数字经济作为优先事项，在优化整合双城地区数字资源的基础上，打造数字经济产业的生态体系与治理体系，实现经济圈产业链转型和经济高质量发展。成渝地区需要联手打造完备的数字经济产业链、供应链和创新链，共同打造世界级的数字化产业集群。应制定优惠政策吸引数字经济核心技术企业落户双城地区，同时引导和培育本地企业发展核心技术，增强数字经济产业链的核心竞争力。成渝两地现有汽车整车企业 45 家，汽车零部件企业 1600 家，年产值超过 6000 亿元，汽车年产量近 300 万辆，全国占比近 12%，是全国六大汽车产业基地之一。①

成渝地区既有成熟的汽车制造产业链，也有装备制造、电子信息、生物制药等成熟产业链。因此，通过数字化战略提升双城地区汽车制造、装备制造、电子信息、生物制药等产业链的竞争力，加快培育高端装备、新能源、新材料等战略性新兴产业的竞争力，促进产业结构的优化升级。在"双城"城际高速铁路和高速公路沿线打造数字化"风景走廊"，建设数字化沿线商贸中心和物流交易；运用数字化手段整合双城地区智慧旅游平台，绘制数字

---

① 刘苓玲. 成渝地区双城经济圈 应优先发展数字经济［N］. 重庆商报，2021-01-26.

化文旅地图，深度挖掘"双城"文旅资源，加快双城地区"数字＋商贸""数字＋物流""数字＋文旅"的内循环。以两地西部科学城建设和国家数字经济创新发展试验区为载体，共建大数据共享中心，共同推进产业数据资源的采集、整合、共享和利用，降低数据资源的获得成本与使用成本。同时，共建数字经济风险投资基金，培育一批立足川渝面向全国的数字经济头部企业。

四、分析现状，成都、重庆以发展数字经济助推经济高质量发展优势突出

作为国家数字经济创新发展试验区，成渝地区产业门类齐全，应用场景丰富，大数据智能化创新方兴未艾，数字经济发展前景可期，优势突出。一是成渝地区数字经济产业基础扎实。依托电子信息、影视文创等产业功能区，聚焦新型显示，5G通信、高清视频等基础产业，吸引聚集数字经济相关企业。二是成渝地区产业数字化快速推进。进行了数字化专题培训，启动了企业智能化数字化改造，重点产业功能区规上企业装备数控化率提高，规上工业企业在管理环节开展了信息化应用。三是成渝地区数字应用场景丰富。建立了信息发布、人脸识别、智能安防等系统，推动数字社区建设，建立了应用场景，城市大数据治理能力不断提升。四是成渝地区数字经济人才富集。拥有大专院校、国家级实验室、在校大学生，聚集引进高层次专家人才，创新创造活力强劲。五是成渝地区大数字基础设施较为完善。基本建成覆盖广泛、性能优良的高速宽带网络，城市网络交换和信息聚集能力居于前列，启动并完善了政务云平台、政务办公自动化系统、信息化建设项目，为数字产业化和产业数字化提供重要支撑。

《2021中国数字经济城市发展白皮书》显示，成都位列全国第六，重庆位列第十，数字经济发展势头强劲。[①] 国家信息中心非常看好成渝地区数字

[①] 《2021中国数字经济城市发展白皮书》发布［EB/OL］. https：//run. huanqiu. com/article/44fUuegwx3C.

经济发展潜力，早在2018年就联合重庆市经济信息中心发起成立重庆西部大数据前沿应用研究院，不断推动国家级数据资源、产业资源、人才资源、技术资源与成渝地区数字经济产业发展体系快速融合。近年来，重庆着力推动数字经济和实体经济发展，积极推进数字产业化、产业数字化，两化融合发展水平连续五年位于中西部第一，进入国内第一方阵。① 重庆全市数字产业增加值高速增长，截至2020年底达到1824亿元。② 《重庆市数字经济"十四五"发展规划（2021—2025年）》指出，以推动高质量发展、创造高品质生活为出发点，以数字技术创新应用为驱动力，以"夯实新基建、激活新要素、培育新动能、加强新治理、强化新支撑、融入新格局"为主线，努力将重庆打造为全国领先的数字经济创新发展试验区和全球数字经济创新发展高地，有力支撑"智造重镇""智慧名城"建设。③

从四川省来看，四川省作为全国六个国家数字经济创新发展试验区之一，省第十二次党代会明确提出："实施国家'东数西算'工程，建设全国一体化算力网络国家枢纽节点，发挥国家超算成都中心作用，打造天府数据中心集群，壮大数字经济核心产业，构筑数字经济发展高地。"④ 成都市致力于发展数字经济，先后获得"中国制造2025试点"示范城市、数字经济创新发展示范区等国家级试点示范，明确了聚焦以数字经济为代表的"六大新经济形态"，促进互联网和实体经济深度融合，推进传统产业数字化、智能化，致力于打造国内领先的数字经济发展高地。《成都市"十四五"数字经济发展规划》指出，成都将结合国家、省、市战略部署以及前沿技术产业发展趋势，围绕数字产业化和产业数字化，推动数字经济和实体经济深度融合。2021年成都数字经济核心产业增加值超2500亿元，为2580.6亿元，占全市

---

① 成渝地区双城经济圈建设与数字经济高质量发展高峰论坛在渝北举行［EB/OL］. https：//www.cqcb.com/county/yubeiqu/yubeiqunews/2021-10-22/4540668_pc.html.
②③ 重庆市数字经济"十四五"发展规划（2021—2025年）［EB/OL］. http：//www.cq.gov.cn/zwgk/zfxxgkml/szfwj/qtgw/202112/t20211208_10107836.html.
④ 王晓晖在中国共产党四川省第十二次代表大会上的报告［EB/OL］. https：//www.sc.gov.cn/10462/10464/10797/2022/6/2/603464fbddfb4d44ae7820a5f8c69fdc.shtml.

GDP 比重为 13.0%，占全省数字经济核心产业增加值比重的 64.3%。①

五、理清思路，协同发展成渝地区双城经济圈数字经济

习近平总书记要求，"要站在统筹中华民族伟大复兴战略全局和世界百年未有之大变局的高度，统筹国内国际两个大局、发展安全两件大事，充分发挥海量数据和丰富应用场景优势，促进数字技术和实体经济深度融合，赋能传统产业转型升级，催生新产业新业态新模式，不断做强做优做大我国数字经济"②。成渝地区在数字经济领域已形成了一批特色产业，崛起了一批创新企业，可以预见数字经济将为成渝地区打造"两中心两地"提供新的驱动力，同时也是成渝地区高质量发展的新增长极。成渝两地作为首批"国家数字经济创新发展试验区"，数字化发展基础良好，新冠疫情之下成渝地区经济发展迎来新机遇，并且都推出了新基建行动方案，协同打造"新基建"标杆区，形成以成都、重庆"双核辐射"数字经济总体格局。成渝两地可共享旅游大数据、高等教育资源、医疗资源，联合打造国际金融中心等。③

一是优化成渝地区数字经济发展环境，协同共建国家数字经济创新发展试验区，协同推进产业数字化，推进数字社会建设，扩大开放合作等五大工作重点助力打造数字经济发展高地。二是快速推进成渝地区新型基础设施建设。以新基建带动新产业、新技术、新业态实现新发展。在联防联控、城市服务、城市治理等方面，成渝地区加强合作，大力推动成渝智慧城市群一体化发展。三是发挥成渝极核效应，以数字化赋能实体经济持续发展，成都和重庆应强化核心城市的头雁效应，共同促进创新技术的推广应用及产业化，增强西部经济中心的辐射能力。同时，深入推动产业链协同发展，建设世界

---

① 2021 年成都数字经济核心产业增加值超 2500 亿元 [EB/OL]. http：//sc. news. cn/content/2022－04/08/c_1128541306. htm.
② 习近平. 不断做强做优做大我国数字经济 [J]. 求是，2022（2）.
③ 成渝地区双城经济圈建设引发数字经济等产业合作"畅想" [EB/OL]. https：//www. chinanews. com. cn/cj/2020/03－25/9137443. shtml.

级电子信息和装备制造产业集群。共同推进城市数字经济发展和智慧城市建设，加速数字化转型的时代进程。① 四是合力推进成渝地区数字技术创新。加强成渝地区高校合作，布局培育国家重点实验室、新型高端研发机构等。共建成渝综合性科学中心，集中布局和规划建设国家重大科技基础设施。五是协同发展数字经济核心产业。加大区域分工与产业协作，高水平打造一批川渝数字产业合作示范园区，构建高效分工、错位发展、有序竞争、相互融合的数字产业体系。六是共建共享成渝地区数字化公共服务。推动基础数据库共享共用，做好社会公共信息共享交换平台的互联互通，促进两地优质服务资源共享。②

六、聚焦数字新产业，着力构建成渝地区新经济产业体系

《中共中央 国务院印发〈成渝地区双城经济圈建设规划纲要〉》要求成渝地区双城经济圈建设应合力打造数字产业新高地。③ 习近平总书记指出，应"推进重点领域数字产业发展"④。数字产业是伴随数字技术生态而发展起来的新兴战略性产业，也是区域产业体系的重要组成。抓住国家数字经济创新发展试验区建设契机，大力发展成渝地区数字经济，加快推进数字产业化和产业数字化，突出数字经济产业标识性、融合性、未来感，构建形成核心产业引领、新兴优势产业融合、未来赛道赋能的数字经济产业体系。

一是结合国家战略部署以及前沿技术产业发展趋势，基于成渝地区资源禀赋、技术储备、产业基础和比较优势，围绕数字产业化和产业数字化，大力攻坚数字经济核心产业，发展壮大数字新兴优势产业，聚焦数字产业发展

---

① 《成渝地区双城经济圈城市数字经济指数白皮书》发布，形成"双核辐射"格局［EB/OL］. https：//www.sohu.com/a/441108861_740446.

② 重庆市数字经济"十四五"发展规划（2021—2025年）［EB/OL］. http：//www.cq.gov.cn/zwgk/zfxxgkml/szfwj/qtgw/202112/t20211208_10107836.html.

③ 中共中央 国务院印发《成渝地区双城经济圈建设规划纲要》［EB/OL］. http：//www.gov.cn/zhengce/2021-10/21/content_5643875.htm.

④ 习近平. 不断做强做优做大我国数字经济［J］. 求是，2022（2）.

趋势，前瞻布局数字经济未来赛道，打造核心产业、新兴优势产业与未来发展产业协同发展的新型数字经济产业体系，全力塑造成渝地区数字经济核心竞争力。二是大力发展大数据产业。推进成渝地区大数据基地建设，制定数据开放责任清单，推动政府数据开放共享。加强数据知识产权保护，开展数据确权、个人数据保护，建立健全数据隐私保护制度，培育数字产业生态。建立数据资源共享机制，规范大数据交易流通机制，推动数据健康有序流动。合理布局智能计算设施，提升数据加工和处理能力。抢抓区块链发展机遇，探索区块链技术在大数据产业中的功能化应用服务，营造数据应用场景。三是大力发展成渝地区人工智能产业。加强人工智能领域关键技术攻关，引进一批创新人才团队和企业，孵化培育一批人工智能重点产品和人工智能领军型企业。大力发展智能元器件及设备产业，加快发展智能设备产品，重点开发高端智能传感系列模组设备。着眼社会服务领域应用，大力发展智慧物流、远程医疗和智慧办公、智慧家居等产业，加快人工智能应用推广。四是大力发展成渝地区5G产业。围绕5G行业领军，引进5G制造企业和配套项目，加快培育一批细分领域骨干企业。实施5G融合应用工程，研发一批"5G+集成应用"技术和应用软件，推进5G与云计算、大数据、物联网、人工智能等技术融合创新，大力推进5G基站等新基建，加快实现5G信号满覆盖，打造具有核心竞争力的数字化产业体系，完善产业链。

七、聚焦培育新业态，促进成渝地区主导产业数字化融合转型

树立科技是第一生产力、创新是引领发展第一动力理念，推动数字技术与实体经济深度融合。《中共中央 国务院印发〈成渝地区双城经济圈建设规划纲要〉》要求成渝地区双城经济圈建设应积极拓展数字化应用，稳步推进"数字+"与城市运营管理各领域深度融合。① 习近平总书记指出，

---

① 中共中央 国务院印发《成渝地区双城经济圈建设规划纲要》[EB/OL]. http://www.gov.cn/zhengce/2021-10/21/content_5643875.htm.

应"推动数字经济和实体经济融合发展"①。发挥数字经济具有高渗透性特点，推动成渝地区数字技术与传统产业广深入融合，推动数字化技术新应用，不断催生二者融合发展新形态，提升产业发展质量和效益。围绕成渝地区数字经济产业链部署创新链，攻关关键核心技术，布局高能级创新平台，探索重大关键技术攻关新体制，营造数字经济创新生态，打造数字经济创新策源地。

一是推动成渝地区电子信息产业数字化转型。围绕电子信息产业功能区发展重点，大力引进和培育芯片制造、封装测试、IC设计等项目，引进软件开发、信息系统集成、网络通信服务、数字安全等产业，推动形成终端应用、高端设备协同驱动格局，打造科技创新产业配套聚集地。大力发展物联网技术，引进培育集智能产品项目，探索建立区域级工业互联网平台，促进要素数字链接和资源数字化配置。二是推动成渝地区产业数字化改造升级。借助数字化赋能平台，建立完善数据系统，建设产业生态系统化、基础设施网络化、功能服务精准化和运营发展智能化的智慧园区。实施智能工厂改造，建设数据化智能示范工厂。利用云端大数据分析技术，加快传统企业数字转化，推动全产业数据共享。三是推动成渝地区产业数字化融合增效。大力推动产业与垂直行业深度融合，创新应用，培育创新应用场景。大力构建数字媒体企业，加快形成产业高端集群效应。通过夯实网络基础设施、培育数字产业集群重点、大力发展工业互联网，推动新基建持续超前、数字产业化快速增长、产业数字化亮点突破、数字化治理区域领先。四是推动成渝地区产业全链数字化升级赋能。探索以数字化技术改造升级现代产业关键环节，促进农商文旅深度融合等新业态新模式新形态。持续深化校地企合作，建立产业大数据库，搭建全程可视化、可控制、可追溯的农业智能化综合服务平台，推动农商文旅深度融合发展。

---

① 习近平. 不断做强做优做大我国数字经济［J］. 求是，2022（2）.

八、聚焦开发新场景，推动成渝地区数字经济多领域多元化应用

《中共中央 国务院印发〈成渝地区双城经济圈建设规划纲要〉》要求成渝地区双城经济圈建设应全面提升数字安全水平，加强通信网络、重要信息系统和数据资源保护。①应聚焦顶层设计、增强发展合力，聚焦数字赋能、提升产业能级，聚焦数字政府、提升治理水平，助力成渝地区数字经济发展。特别是，要将数据作为关键生产要素，以数据资源化为起点，以数据要素市场化配置流通、融合创新为重点，促进数据资产化和资本化转变，加快实现数据价值化，释放数据要素红利，在成渝地区建设全国数据运营枢纽与高地。

一是围绕新时代人民美好生活需求、城市现代化治理需求，推动成渝地区数字技术与实体经济深度融合，激发市场带动、企业主体、全民参与动力，营造更多数字化、智能化、便捷化应用场景，全面提升超大城市智慧治理能力与人民群众数字变革获得感、幸福感。二是推动成渝地区互联网、大数据、云计算、人工智能等数字新技术和传统社会民生服务领域创新性融合，提升各领域的智能化水平，创造性营造一批惠民惠企、集成协同的综合场景。三是推进成渝地区城乡数字化。全面实施城乡信息基础设施改造升级，推动城乡资源管理数字化、环境治理智慧化，提升城乡环境保护治理水平。创新推动大数据、物联网等前沿科技在城乡治理中的应用。四是推进成渝地区服务数字化。加强"数字政务"建设，实现跨部门数据互联互通、协同共享。加快推动民生社会事业数字化，建立教育数据中心，探索搭建集约化智慧教育、健康医疗、人力资源服务信息管理平台。五是推进成渝地区治理数字化。加快推进"智慧社区"，探索建立社区基础信息数据和智慧治理中心"城市大脑"，着力构建社区公共服务应用场景，实现平台数据联网、查询和共享。六是推动成渝地区商务数字化。大力发展云端商务，搭建招商云平台，实现

---

① 中共中央 国务院印发《成渝地区双城经济圈建设规划纲要》[EB/OL]. http://www.gov.cn/zhengce/2021－10/21/content_5643875.htm.

招商引资数字化线上化。对产业保环节进行数字化改造,提升企业运营智慧化水平。探索人工智能超市、无人零售等新兴服务业态,打造特色电商运营新场景。

九、聚焦激活新动力,强化成渝地区数字经济高质量发展支撑

《中共中央 国务院印发〈成渝地区双城经济圈建设规划纲要〉》要求成渝地区双城经济圈建设应布局完善新一代信息基础设施,加快提升传统基础设施智能化水平。[①] 因此,聚焦激活新动力,强化数字经济高质量发展支撑,融入"一带一路""数字丝绸之路"、西部陆海新通道、成渝地区双城经济圈建设等国家重大战略部署,连接国内国际数字经济资源,推进跨区域、跨行业数字经济合作,促进对内合作与对外开放良性互动,培育发展互利共赢、协同发展的开放型数字经济。

一是促进成渝地区数字经济核心产业联动发展,聚焦集成电路、新型显示、智能终端等领域,协同打造数字经济全产业链生态,推动超高清视频、人工智能、区块链、数字文创等创新应用,联合打造具有国际竞争力的数字经济产业集群。二是提升数字技术创新协同能力,大力推动成渝科创走廊建设,聚焦人工智能、智能网联汽车、工业互联网等领域,建设区域协同创新共同体。推动新型基础设施共建共享,协同共建5G、人工智能、区块链、工业互联网等新型基础设施,统筹布局大型云计算和边缘计算数据中心,共同争取国家新型互联网交换中心等试点,联合建设异地灾备数据基地,成立"川渝大数据创新应用生态联盟"。三是共同探索超大城市智慧治理模式,探索建立成渝两地统一标准、开放互通的公共应用平台,推动政务数据资源共享,建立"异地受理、远程办理、协同联动"的政务服务新模式,联合构建网络安全综合防御体系。四是构建完善要素支撑体系。强化人才保障,结合

---

① 中共中央 国务院印发《成渝地区双城经济圈建设规划纲要》[EB/OL]. http://www.gov.cn/zhengce/2021-10/21/content_5643875.htm.

人力资源协同示范基地建设，推进校地企协作，实现人才共引、共培、共用，构建数字经济人才链。培育打造数字经济产业，探索设立数字经济发展专项基金或股权投资引导基金。强化数据配置保障，建立完善数据开放、数据产权、数据保护、数据流动等机制，夯实数字经济发展基石。五是构建完善服务支撑体系。建立成渝地区基础设施高效共享服务体系，加快布局建设新基建，探索构建跨区域数据资源共享服务体系。搭建开放共享的公共服务平台，加强数字经济基础研究和应用研究。整合高校、企业、专业运营机构力量，解决数字经济面临的人才、资金、技术等关键共性问题。六是建立完善政策支撑体系。研究制定成渝地区数字经济发展专项扶持政策，助推数字经济企业发展壮大。优化完善要素供给政策，推动生产资源重点向数字经济发展倾斜，大力支持数字经济领域重大平台、重大项目及试点示范建设。健全完善激励创新政策，创新构建以信用为基础的数字经济市场监管体制。七是构建完善制度支撑体系。探索建立成渝地区联动共建机制，整合校地企等各方资源力量，定期梳理数字经济场景供给清单、产业机会清单、政府采购清单、重点产品目录。优化营商环境，加强合作、共建、共享，把两地政务数据归集到一个在线政务服务平台，整合政府服务数据资源。①

（本专题执笔人：刘崇沣，复旦大学2022级硕士研究生；刘祯贵，成都市住房和城乡建设局。）

---

① 刘苓玲. 成渝地区双城经济圈 应优先发展数字经济［M］. 重庆商报，2021-01-26.

专题四　加快成资临空经济产业带建设助推资阳高质量发展[*]

成渝地区双城经济圈建设不仅是习近平总书记亲自谋划、亲自部署、亲自推动的国家重大战略,也是党的二十大明确的重要战略任务。中国共产党四川省第十二次代表大会也明确提出成渝地区双城经济圈建设,是全面建设社会主义现代化四川的总牵引,并作出"建强现代化成都都市圈,深化成德眉资同城化发展""支持成渝主轴节点城市融合发展,推动成渝中部崛起"等战略部署。近年来,四川省资阳市深入学习贯彻党中央和四川省委系列决策部署,以成渝地区双城经济圈建设为总牵引推动高质量发展,以成资同城化发展为战略支撑,坚持重点突破带动整体提升,以成都天府国际机场临空经济区"一区两片"统筹为突破,加快推进成资临空经济产业带建设,助力建设成都都市圈现代化产业新城和成渝地区中部崛起示范区,为"治蜀兴川"再上新台阶,展现资阳作为、贡献资阳力量。

一、成资临空经济产业带基本情况

（一）重要意义

建设成资临空经济产业带,是推动成渝中部崛起、打造成渝发展主轴新

---

[*] 第二届成渝地区双城经济圈发展论坛优秀论文。

兴增长极的重要举措，是共享成都"东进"发展势能、共建成都都市圈的重要支撑，是推动成德眉资同城化率先突破、实现区域高质量发展的现实路径。建好成资临空经济产业带，有利于推进成都都市圈产业链重构协同、创新链耦合高效、供应链畅通有序、价值链延伸高端，有利于促进物资流、资金流、人才流、技术流和信息流加速集聚转化，形成高效分工、特色鲜明、优势互补、良性互动的产业协同发展格局，加快建设具有国际竞争力和区域带动力的临空经济走廊，加快打造国家级临空经济示范区、西部对外开放门户区、成渝中部崛起示范区、同城化率先突破示范区，为实现成德眉资同城化提供产业核心支撑。

（二）空间布局

成资临空经济产业带规划建设范围为成都东部新区全域、简阳市全域、金堂县部分区域、龙泉山城市森林公园，资阳市雁江区、乐至县，眉山东部新城，总面积约7263平方公里（其中，成都市面积约3809平方公里、资阳市面积约3057平方公里、眉山市面积约397平方公里），分为起步区、核心区、拓展区。其中，起步区面积约158平方公里，包括成都东部新区和资阳临空经济区（涉及成都石盘、养马、三岔、草池、石板凳街道、董家埂镇和资阳临江、雁江镇）；核心区面积约675平方公里，主要包括成都东部新区天府奥体公园、未来科技城、未来医学城、天府国际航空经济区、简州智能装备制造新城，简阳市城区，金堂淮州新城，资阳市高新区、临空经济区、雁江区、乐至县，眉山市东部新城；拓展区面积约6430平方公里，主要包括产业带非核心功能区。资阳市安岳县作为协同区，面积2700平方公里。[①] 明确产业带"一核两轴三片"空间发展格局，即：一核——成都天府国际机场临空经济区极核（以成都天府国际机场临空经济区"一区两片"为核心，聚焦临空制造和临空综合服务，推动临空经济产业集群发展，加快建成国家级临

---

① 《成都都市圈发展规划》。

空经济示范区）；两轴——成渝发展主轴、沱江发展轴；三片——成都片区、资阳片区、眉山片区。

（三）战略定位

一是打造国家级临空经济示范区。共享天府国际机场门户枢纽势能，完善"空铁公水"一体化综合交通体系，推动成都、资阳、眉山临空经济产业集群发展，加快构建具有全国影响力的现代化临空产业体系。二是打造成渝中部崛起引领区。充分发挥产业带地处成渝发展主轴的区位优势，积极探索协同发展新模式新机制，做强产业支撑、完善城市功能、推进人口集聚，促进产业优势互补和错位分工协作，助力成渝中部崛起。三是打造同城化率先突破示范区。开展成德眉资同城化综合试验，推进基础设施、产业发展、公共服务、生态环境同城化，构建高效协作、优势互补、联动互促的发展格局，打造成德眉资同城化率先突破示范区。

（四）发展目标

力争到2025年，门户枢纽辐射力、区域经济带动力、改革创新驱动力显著增强，航空枢纽功能持续强化，全面实现基础设施内联外畅、产业发展集聚成链、公共服务融合共享，形成国内外具有较强竞争力和影响力的临空经济产业带，引领带动成渝地区高质量发展。一是产业能级大幅提升。先进制造业与现代服务业加速融合，产业空间结构不断优化，产业布局向集约高效、错位协同转变。培育壮大一批头部企业和骨干企业，打造先进制造业集群，形成大集团大企业与中小企业协调发展格局。二是产业平台持续壮大。产业承载平台和开放平台加速布局，城市和经济发展方式加快转型，建成一批高品质科创空间、产业新城、公园社区，打造一批集生产、生活、生态功能复合的产业功能区，区域"人城境业"有机融合加快实现，构建具有强大国际竞争力的临空经济发展引领区。三是产业生态不断优化。一体化政务服务能力全面提升，行政壁垒逐步消除，资源要素有序自由流动和高效配置，统一开放的现代市场体系基本形成，制度性交易成本明显降低，国际一流营商环境加快打造，初步构建形成更具黏合性和吸引力的产业生态圈。

二、成资临空经济产业带现状分析

（一）发展基础

1. 政策优势明显

"一带一路"建设、长江经济带发展、新一轮西部大开发等国省重大战略交汇叠加，必将带来多重发展机遇。中国共产党四川省第十二次代表大会报告明确提出支持创建天府国际机场国家级临空经济示范区、加快建设国家天然气（页岩气）千亿立方米级产能基地建设，四川省委省政府支持"中国牙谷"发展八大举措等政策综合发力，必将有力催生更多重大平台、重大项目、重大工程在产业带内落地建设。

2. 交通优势突出

成都天府国际机场是目前我国西部地区最大的枢纽机场，满足年旅客吞吐量1.2亿人次、货邮吞吐量280万吨的需求。[①] 成自宜、成达万、成渝中线三条350公里/小时高铁将贯穿境内，厦蓉、成宜、成资渝等高速公路横跨全境，成都地铁18号线建成运营，轨道交通资阳线加快建设，成龙简、金简仁、成资大道等快速路建成通车，形成以航空、铁路、高速公路、城市轨道交通等为支撑的立体交通体系。

3. 产业优势鲜明

成资临空经济产业带拥有成都未来科学城、未来医学城、空港新城和资阳高新区、临空经济区等高能级开放发展平台，产业集聚效应突出。产业带核心区的医疗器械、交通装备、清洁能源、食品饮料等特色优势产业加速培

---

① 《成都天府临空经济区建设方案》。

育，资阳医疗器械产业列入四川省全省首批4个特色优势产业试点名单，中车资阳机车、南骏汽车、现代商用汽车进入四川省制造业"贡嘎培优"100户企业名单，"中国牙谷"成为全国最大的口腔产业集聚地。

（二）阶段成效

1. 规划编制取得重大突破

将成资临空经济产业带建设作为贯彻成渝地区双城经济圈建设、推动资阳市高质量发展的重要路径，协同编制印发《成都都市圈发展规划》等"1+1+N"规划方案，"一体融合"的规划格局基本形成。推动成资临空经济产业带纳入《成都都市圈发展规划》《成都都市圈国土空间规划》《成德眉资同城化综合试验区总体方案》核心内容，联合编制形成《成资临空经济产业带建设方案（2021—2025年）》。

2. "一区两片"坚持"临空突破"

成都空港新城以"现代化""国际化""全球化"为目标，截至2022年底，天府奥体城和"云锦天府"新经济产业区配套设施等96个项目正有力推进，空港新城核心区域三岔TOD加速建设。资阳临空经济区雁溪湖组团25平方公里城市骨干道路基本形成，智能制造产业园场平和标准厂房建设高效推进。

3. 重点工作取得实质突破

交通基础设施实现互联互通，成资大道、成资临空大道资阳段建成投用，资阳市主城区——天府国际机场区间城际公交开通运营，轨道交通资阳线资阳段5座车站封顶、累计完成投资48.46亿元，"轨道上的都市圈"有望率先破题；资阳公路网密度居成都都市圈首位（219公里/百平方公里，排四川省全省第六位），规划建设高铁路网密度居全省地级市首位。资源要素高效融通，四川省首家跨区域协同创新平台——"成资协同创新中心"建成运营。环境保护区域协同不断深化，联合印发《老鹰水库饮用水水源地联合执法工作方案》，协同开展老鹰水库专项执法行动。

4. 产业协同发展取得初步突破

紧盯成都产业生态圈和功能区调整，全面参与成都市产业服务配套，优化调增资阳市产业生态圈至 11 个、产业功能区至 24 个，产业体系更趋完善。建立健全成资临空经济产业带建设协同机制，组建电子信息、医药健康、新能源汽车等产业生态圈联盟及"三区三带"招商联盟。围绕产业"建圈强链"，推动成资协同创新中心累计服务科创企业 100 余户，成都市和资阳市 132 户企业实现配套协作。

5. 工作协同机制取得明显突破

成都市和资阳市两市政府签署《共享成都"东进"建设势能共促成资同城化 率先突破共建成渝相向发展先行示范区合作协议》，成都空港新城与资阳临空经济区签订《共建成资同城化发展核心区合作协议》，成都市和资阳市两市各级各部门对口签订区域或行业专项合作协议 283 个，协同工作格局初步形成。联合搭建开放平台，双流临空经济区与成都东部新区、简阳市联动协同，共同打造国家级临空经济示范区，联合编制形成《成都天府临空经济区建设方案》，已于 2023 年 1 月获四川省政府批复同意①。

（三）困难挑战

成德眉资同城化还处于较为初期阶段（成都都市圈同城化指数 1.7，远低于广州都市圈的 6.9、南京都市圈的 4.2，其中成资同城化指数 1.5，低于成德的 1.9、成眉的 1.7）②，成资临空经济产业带推进还面临一系列困难与挑战。主要体现在五个方面。

一是机场枢纽功能还未充分体现。从机场枢纽功能看，天府国际机场通航时间不长，在基础设施、航线条数、飞机起降次数、旅客吞吐量、货邮吞

---

① 四川省发展和改革委员会关于印发《成都天府临空经济区建设方案》的通知 [EB/OL]. https: //fgw. sc. gov. cn/sfgw/zcwj/2023/2/3/e48a94d650e2453f9d32d8f79219effd. shtml, 2023 - 02 - 03.

② 《现代化成都都市圈高质量发展指数》，由清华大学中国新型城镇化研究院、清华同衡规划设计研究院联合编制。

吐量等方面，与同处双城经济圈内的成都双流机场、重庆江北机场等有相当大的差距。从临空经济发展阶段看，天府国际机场临空经济区正加速完善空间布局和产业导入，处于加快形成临空经济的初始形态，处于"萌芽期"。从腹地经济作用发挥看，天府国际机场临空经济区所处的简阳市（含东部新区）、雁江区（不含高新区、临空经济区）经济总量不高，均未站上千亿平台，两地地区生产总值的总和仅为双流区（成都双流机场）的88.9%、渝北区（重庆江北机场）的50.0%，经济带动作用还不强。[①]

二是规划统筹和土地要素协调保障机制不足。针对"三区三带"建设，目前省级层面尚未建立起区域经济发展、国土空间利用及各行业领域专项规划体系，虽然成都都市圈已建立"1+1+N"规划体系，在推动实施跨区域规划同编协审方面迈出了关键一步，但区域间专题规划、专项规划分割性没能得到有效解决，区域整体发展规划缺乏统一上位规划统筹与支撑统筹，空间布局、产业发展、公共服务、要素供给、生态建设等方面与成都市及周边城市的关联性不高，以区域为界编制的藩篱没有根本打破，影响了土地等要素资源合理科学利用的整体性。

三是"两片"之间存在真空协同发展不够紧密。天府国际机场临空经济区采取"一区两片"跨行政区共建模式，但有效的跨区域统筹管理、政策制定、利益协调等机制尚未建立，共建跨区域的产业园区、合作共赢的利益格局尚未破题。特别是临空产业统筹连片发展还有障碍，天府机场临空经济区"一区两片"交界处简阳管辖区域未布局建设用地，导致"两片"之间存在"真空"地带，难以建立连贯的通道经济，不利于产业集聚发展。

四是周边区域产业同质同构竞争仍然大于合作。虽然"三区三带"方案在产业布局上坚持错位互补，但成德眉资四市基于资源禀赋、发展水平等比较优势建立起的产业体系普遍追求"大而全"（资阳市制造业优势产业中医疗器械、交通装备、清洁能源、食品饮料、电子信息产业与成都市高度重

---

① 《成都天府国际机场临空经济区规划纲要》。

合），产业"同质化"大于"差异化"。在实际推进过程中，缺乏操作性强的联合招商与项目流转机制，招商引资、产业导入等方面竞争压力仍然较大，产业协作模式单一，引导企业间开展有效合作的办法不多，目前主要集中在制造业零部件加工配套、整机组装等低价值环节，以及农产品初加工、原材料销售和少许的展会展销、特色产品销售等环节，特别是各地方政府在产业选择更多考虑短期地方利益，企业按照"用脚投票"方式选择落地，导致在都市圈范围内以"链式"组织产业生态的格局还处在初级阶段，离"成链成群"的产业发展格局还有很大差距。临空经济区"一区两片"中无论是成都片区还是资阳片区，都是从零起步的新园区，发展诉求都很强烈，且成都片区规划建设总体处于领先位置，资阳片区为生产生活服务的配套设置都还处于启动建设或规划阶段，面对城市实力、吸引力和招商引资政策的巨大差异，资阳片区能发挥的比较优势有限，靠行政推力很难真正解决错位布局、差异分工的问题，片区之间客观上存在竞大于合的现实。

综上所述，推进成资临空经济产业带有基础、有条件、有机遇，最大的问题是区域协调发展的体系还未形成、行政壁垒尚未打破，各类资源要素还未实现自由流动和合理配置。

三、成资临空经济产业带的主要任务

（一）打造临空产业集群

1. 推动门户功能向枢纽功能转变

聚焦天府国际机场流量规模，实施客货双枢纽、客机腹舱和全货机双驱动，强化成渝机场群合作，加快建设东部新区高铁枢纽站，打造中国中西部面向全球的航空门户枢纽、洲际航空转运中心，持续增强成都东部新区国际门户枢纽城市主枢纽能级，推动门户功能向枢纽功能转变。

2. 推动枢纽功能向枢纽经济集群转变

依托临空区位优势和自贸区协同改革先行区建设，放大天府国际机场门户枢纽功能，突出数字化、智能化、高端化发展导向，积极布局发展航空制造及服务、航天技术及应用产业链，充分利用空港形成的高端人流与客群，加快布局会展服务、临空商业及新型零售业等高端商业，重点发展临空制造、医疗健康、电子信息、食品饮料等产业，着力推动产业带枢纽经济集群发展。

3. 推动枢纽经济集群向临空经济生态圈转变

依托临空区位和资源禀赋优势，发挥轴带辐射作用，聚力发展跨境贸易、文旅体消费经济、咨询与会展服务，联动发展都市农业，推动枢纽经济集群向临空经济生态圈转变，高水平打造区域发展共同体。

（二）建立协作转移体系

1. 推动交界地带融合发展

推动交界地带在规划布局、交通连接、产业协作、政务服务等方面创新合作模式，打造同城化发展若干支撑点。遵循都市圈产业梯度转移规律，以产业生态圈理念大力推动产业功能区建设，联合制定"两图一表"（产业链全景图、产业生态发展路径图、重点企业和配套企业名录表），联动实施产业导入。

2. 壮大临空市场主体

聚焦航空航天、智能制造等重点领域，加快培育一批具有国际竞争力的头部企业。发挥头部企业在产业集群中的核心主导作用，提升其在更大范围内集聚和配置资源能力，加速推动企业成链集群发展。推动中小企业数字化、网络化、智能化改造，支持企业上市和国际合作，不断增强发展潜力和国际竞争能力。

3. 推动大中小企业融通发展

推动中小企业与行业头部企业协同创新、产业链上下游协作配套，不断提升产业链供应链稳定性和竞争力。积极推进产业集群化发展步伐，鼓励相关产业的中小企业向头部企业聚集，重点培育以中小企业为主体、带动作用突出的产业集群。

4. 完善分工协作与利益共享机制

共建成渝都市圈生产生活生态旅游一体化试点，完善产业关联园区结对发展、分工协作、错位发展等体制机制，促成跨区域产业协作项目对接。建立互利共赢税收分享机制，推动雁江区与龙泉驿区、乐至县与成华区共建飞地园区，引导企业跨区域投资建设重大产业配套项目。建立成本分担和利益共享机制，探索跨区域项目和共建园区经济指标核算政策。

（三）搭建国际开放平台

1. 打造国际空港门户枢纽

高质量建设天府国际机场航空枢纽，加快面向全球的航空门户枢纽、洲际航空中转枢纽和航空货物转运中心建设。协同成都双流国际机场，推动实施"两场一体"运营，实现两座机场一体化管理和一体化运营，构建功能互补、协同发展的枢纽机场体系。联动重庆江北国际机场，共同拓展国际客货航线，着力提升成渝双城经济区航空枢纽辐射带动能力。

2. 建设对外开放合作平台

加快推进中国（四川）自由贸易试验区成都东部新区新片区申报工作。深化成都空港新城与资阳临空经济区对外开放平台建设，争取以"一区两片"模式共同申建国家级临空经济示范区。高水平规划建设成都天府国际空港综合保税区以及资阳、眉山、简阳保税物流中心（B）型等。加快建设资阳临空跨境电商物流产业园、成渝资阳商贸物流城，积极争创国家级电商基地和国家物流枢纽。

3. 共同优化企业营商环境

联合建设产业带政务服务一体化平台，探索行政审批跨市"无差别化"受理。统筹建立数据共享交换平台，互通互认产业带内政务信息资源。成立产业带信用联盟，统一信用"红黑名单"制度和信用修复管理，建立健全守信联合激励和失信联合惩戒机制。共享天府中央法务区建设势能，推进成都、眉山、资阳对外开放法治示范区建设。探索推进地方立法区域协同，开展跨区域综合执法。

（四）强化创新驱动能力

1. 推动核心技术攻关

聚焦航天装备、智能制造、生物医药、临空物流等重点产业，打造一批重大科技任务、重大科技专项、重点创新平台（基地），开展核心技术研发攻关。建立健全基础研究支撑体系和产业创新生态体系，支持头部企业联合高校和科研院所组建产学研用联合体，合力攻克重点产业"卡脖子"技术。

2. 强化企业创新地位

建立以企业为主体、市场为导向、产学研相结合的技术创新体系。加大对各类所有制企业的创新政策落实力度，完善以研发费用加计扣除为主的税收优惠政策，支持发展创投、风投等基金，鼓励金融机构提高制造业中长期贷款比例支持企业创新，减轻企业创新负重。实行高新技术企业培育行动，建立高新技术企业培育后备库，推进创新型企业梯次接续发展。强化企业品牌和标准建设，依托产业链构建创新链，汇聚国际创新型企业，打造全球科学技术创新研发集群。

3. 协同打造创新平台

高水平建设天府生命健康实验室、中国牙谷科创园、资阳临空科创园、成都-资阳协同创新中心等一批区域性和省级创新平台。围绕国家关键"卡脖子"领域，积极争取布局一批大科学试验装置和国家科技创新基地。成都市和资阳市共搭覆盖先进制造业全业务链需求的功能服务体系，共建科研实验室、原型机建模、大数据运算等技术型平台，共享工业互联网、质量检验、标准评价、中试、检验检测、特殊物流等功能型平台服务。

4. 推动科技成果转化

建立健全区域技术转移、成果转化、供需对接和利益共享等，高标准建设临空科技成果转化基地。培育一批科技成果转移转化示范企业，开展中试放大、技术熟化、工程化配套和产业化示范，创建省级科技成果转移转化示范区。聚焦 5G 通信、新型口腔材料、生物制品等新兴领域，引进国内知名院士、创新团队，鼓励四川大学、电子科技大学等成都高校建设新兴产业研究院和科技成果转化基地。建立完善科技成果转化激励机制。

（五）深化体制机制改革

1. 推动要素市场一体化

深入推进土地、劳动力、技术、数据等要素的市场化改革。强化建设用地开发利用强度、投资强度、人均用地指标整体控制，盘活存量土地、处置闲置土地、整合分散土地、置换和调整用地功能。联通区域人力资源服务平台，发展壮大人力资源连锁服务主体，畅通劳动力和人才跨区域流动渠道。加快金融领域协同改革和创新，促进资本跨区域有序自由流动。联合制定数据共享责任清单，完善公共数据开放和数据资源有效流动的政策制度。

2. 推进经济区与行政区适度分离改革

健全组织管理机制，探索"决策层+协调层+执行层"组织架构，构建跨行政区管理协调运作体系。优化公共服务资源配置机制，编制产业带基本公共服务项目清单，推动教育、医疗等公共资源跨行政区布局、建设和使用。探索共建共享的公共服务政策，加强产业带基本公共服务标准和制度衔接。创新基础设施建设统筹机制，引导国资国企联合组建运营公司实施项目建设，将跨区域的重大基础设施项目列入产业带年度重点项目清单，配套制定跨区域项目成本利益分摊机制和管理办法。

3. 健全联动发展协作机制

探索建立统一编制、联合报批、同步实施的区域规划管理体制，编制产业带协同发展规划、指导目录、机会清单。统筹推进产业带相关规划的编制、审（报）批和监督实施，完善产业带协同区发展总体规划，配套制定基础设施、产业发展、公共服务、生态环境等专项规划，推动产业带统筹规划、融合发展。推进联合招商引资，组建产业带联合招商引资联盟，共建共享招商引资平台，突出产业链招商，协同开展招商引资活动。探索建立招商引资项目流转机制，共同引导招引项目错位布局。

（本专题执笔人：王斌，资阳市社科联主席；唐文逸，资阳市委政研室。）

专题五　成渝地区双城经济圈协同立法研究[*]

一、成渝地区双城经济圈协同立法的缘起分析

(一) 中央政策引领

根据新情况、新需要，总结实践经验，2023年3月13日第十四届全国人民代表大会第一次会议通过《关于修改〈中华人民共和国立法法〉的决定》。《中华人民共和国立法法（2023年修正）》所新增的规定亮点之一，将区域协同立法机制正式写入了立法法，第八十三条规定："省、自治区、直辖市和设区的市、自治州的人民代表大会及其常务委员会根据区域协调发展的需要，可以协同制定地方性法规，在本行政区域或者有关区域内实施。省、自治区、直辖市和设区的市、自治州可以建立区域协同立法工作机制。"这不仅是贯彻落实国家区域协调发展战略，同样也是对近年来地方的实践经验的总结。

(二) 人大立法推动

其实在区域协同立法机制正式写入立法法之前，区域协同立法已经得到

---

[*] 第二届成渝地区双城经济圈发展论坛优秀论文。

了不少政策法律的支持。自党的十八大以来，各地方政府贯彻落实党的区域协调发展战略，联合立法，相互衔接，很好地发挥了法律应有的统一规范和约束作用。中央和成渝两地在很早开始就不断为成渝地区双城经济圈区域协同立法提供政策支持。

2011年，国务院正式批复《成渝经济区区域规划》，《成渝经济区区域规划》作为成渝地区双城经济圈的政策源头。2016年，国家发展改革委、住房和城乡建设部联合印发《成渝城市群发展规划》，为成渝两地赋予发展定位。成渝两地开始为建立"全国重要的现代产业基地、西部创新驱动先导区、内陆开放型经济战略高地、统筹城乡发展示范区、美丽中国的先行区"进行区域协作。

2018年，中共中央、国务院发布的《关于建立更加有效的区域协调发展新机制的意见》提到了"要建立健全区域协调发展法律法规体系"，为成渝地区双城经济圈区域协同立法提供政策依据。2021年10月20日，中共中央、国务院印发《成渝地区双城经济圈建设规划纲要》，这是中央针对成渝地区双城经济圈建设的纲领性文件。2022年，党的二十大报告明确将成渝地区双城经济圈建设作为国家区域协同重要战略。

2020年7月，四川、重庆两地人大常委会签署《四川省人大常委会重庆市人大常委会关于协同助力成渝地区双城经济圈建设的合作协议》，则标志成渝地区双城经济圈人大立法协同机制正式确立。重庆、四川两地政府为加快推进区域一体化建设，在各领域、事项上都进行了协作，例如，为了有序扩大成渝地区双城经济圈的区域市场的影响力和辐射力，推动成渝地区双城经济圈市场一体化建设，两地的专项工作组于2023年5月印发《推动成渝地区双城经济圈市场一体化建设2023年重点任务》。

（三）未来发展需要

1. 依法治国推进之需要

2014年10月23日中国共产党第十八届中央委员会第四次全体会议通过

的《中共中央关于全面推进依法治国若干重大问题的决定》指出"建设中国特色社会主义法治体系，必须坚持立法先行，发挥立法的引领和推动作用，抓住提高立法质量这个关键"。又强调"实现立法和改革决策相衔接，做到重大改革于法有据、立法主动适应改革和经济社会发展需要"。因此推动成渝地区双城经济圈协同发展必须坚持法治先行。放眼成渝地区双城经济圈协同发展战略目标的最终达成，服务成渝地区双城经济圈协同发展中的利益关系协调和体制机制创新，充分发挥区域法治发展的先导和保障作用是法治的必然需要。

2. 国家战略实施之要求

2021年10月20日，中共中央、国务院印发的《成渝地区双城经济圈建设规划纲要》（以下简称《纲要》）是中央针对成渝地区双城经济圈建设的纲领性文件，也是制定相关规划和政策的重要依据。党的二十大工作报告明确提到"促进区域协调发展"，推动成渝地区双城经济圈建设是深入实施区域协调发展战略的重要工作。中央层面的政策文件与党的二十大报告共同构成了推动成渝地区双城经济圈省域、市域协同地方立法上位法渊源。

3. 成渝协同发展之需求

（1）两地功能定位和角色调整需要通过立法加以确认。2023年2月，重庆市人民政府办公厅、四川省人民政府办公厅发布关于印发《推动成渝地区双城经济圈市场一体化建设行动方案》（以下简称《行动方案》）的通知，《行动方案》提出到2025年区域内要实现的构建目标为成渝地区双城经济圈建设提供坚强支撑。虽然《行动方案》已经对成渝地区双城经济圈协同发展提出明确的要求并作出了安排部署，但究其根本还是需要在立法层面上来考虑，通过法律法规的形式来确认，以保证两地功能定位和角色更加稳固和有效。

（2）两地协同发展所涉及的各种新型社会关系需要法律加以调整。成渝地区双城经济圈的发展作为国家战略的运行实施必然涉及两地各方面的社会关系，因此需要法律法规层面加以规范、确认和调整，这必然涉及调整现行的立法机制。

（3）两地协同发展中所产生的新的利益分歧乃至纠纷需要法律加以解决。探求改革路径、建立区域协同发展机制需要促进成渝两地协同发展，而两地间有着因各种差异引起的发展不平衡、不协调的矛盾，为解决矛盾必须打破各种显著和非显著的行政壁垒，这会导致因新的利益分歧以及纠纷产生，所以两地间协同发展需要法律法规来规制和消解不融洽因素。

二、成渝地区双城经济圈协同立法的动因探究

成渝地区双城经济圈协同立法的内在动因在于错位发展与整体利益。成渝地区双城经济圈协同发展的核心在于利益，而平衡各种利益以及考虑取舍问题即是协同各方的共同利益，进行区域协同立法就是协同区域各方利益诉求的结果。

四川省和重庆市作为区域协同立法的直接利益相关方，两地在经济、文化、政治、社会和生态领域发展存在差异化，这也决定了两地协同发展功能定位的利益格局。然而，长期以来行政区划分割和传统治理体制滞碍导致两地实际面临的是产业同构与恶性竞争、市场分割与地方保护、政绩竞争与重复建设的现实图景，呈现出一种复杂而混乱的经济和社会现象。这些问题的存在，不仅使资源无法得到合理配置和优化利用，还进一步导致了市场的失序和企业的困难。两地之间的整体利益诉求淹没在各种利益博弈和无序竞争中。利益主体之间的共识是区域协同立法取得实质性进展的关键所在，也是推动成渝地区双城经济圈区域协同发展的重要保障。因此，想要成渝地区双城经济圈区域协同立法取得实质性的进展首先需要利益主体之间就区域协同发展的整体利益诉求达成共识，才能为区域协同长久发展持续提供支持，这是至关重要的第一步。只有当各利益相关方都明确认识到区域协同发展所能够带来的长期利益和共同繁荣，才能够有效推动立法工作的协调一致，确保法案的顺利实施和监督。

在这个过程中，各方的积极参与、开展深入的沟通和协商至关重要。政

府能发挥何种作用，能否引导各方关注区域协同发展的整体利益诉求，决定了是否有充分的政策支持和资源保障。同时，企业、社会组织等利益相关方是否积极参与区域协同发展的整体规划中，影响到协同发展的具体措施和实施方案的推进。

只有当各方都能够从区域协同发展中获得实实在在的利益，才能够建立起稳固的合作关系，并为区域协同长久发展持续提供支持。因此，利益主体之间的共识是区域协同立法取得实质性进展的关键所在，也是推动成渝地区双城经济圈区域协同发展的重要保障。

三、成渝地区双城经济圈协同立法的实践考察

（一）成渝地区双城经济圈协同立法的领域考察

1. 营商环境领域

2020年7月，四川省与重庆市的人大常委会在重庆签署了《关于协同助力成渝地区双城经济圈建设的合作协议》，明确提出优化营商环境条例为首个协同立法项目，此举意在解决市场主体关心的核心问题，确保双地的重要制度能有机对接，从而创建一体化的川渝营商环境，进一步推动区域经济的高质量发展。此后，川渝地区在营商环境的协同立法方面取得的显著进展，突出体现在2021年7月1日开始实施的《四川省优化营商环境条例》与《重庆市优化营商环境条例》。这两部条例作为川渝协同立法的首个实际成果，在总则中就双地协同推进优化营商环境工作达成了一致，并在30余条具体规定中展现了高度的协同性。其中，对于川渝两地的协作方向与实施细节，两个条例也有明确规定，例如，共建成渝科技创新中心、建立"12345"政务服务热线联动机制、法律服务资源的共建与共享，以及促进双地行业协会和商会的交流与互认。值得一提的是，2022年1月18日，四川省和重庆市的政府办公厅共同发布了《成渝地区双城经济圈优化营商环境方案》，进一

步印证了两地在协同推进营商环境改革上的决心与合作精神。

综观两地关于营商环境领域的协同立法，主要聚焦于通过降低企业设立和运营门槛、减少企业行政成本、保障市场主体平等参与竞争、协同优化公用事业服务、健全人力资源服务机制等方式激发市场主体活力；凭借政务服务标准化建设、政务服务"川渝通办"平台搭建、政务数据交换共享、跨区域政企沟通机制优化等手段提升政务服务质效；借由政策法规协同深化、市场监管执法协调联动、信用一体化建设、法律服务领域合作协同优化等途径健全法治保障体系；采用健全推进机制、加强监管督促、营造改革氛围等策略强化组织实施。

2. 生态环境领域

2022年1月，四川省与重庆市同步实施了《四川省嘉陵江流域生态环境保护条例》和《重庆市人民代表大会常务委员会关于加强嘉陵江流域水生态环境协同保护的决定》，标志着川渝两地在流域生态环境保护上的首次协同立法尝试。这两份法规明确规定，两地将通过信息互通、生态环境联合执法和突发水污染事件应急联动等措施，在嘉陵江流域的生态保护实现"一张清单管两地"的合作模式。

2022年2月，生态环境部牵头，联合国家发展改革委、重庆市人民政府及四川省人民政府共同编制了《成渝地区双城经济圈生态环境保护规划》。此举继续了自2020年党中央决策推动成渝地区双城经济圈建设，将其打造为高质量发展的重要增长极后的政策方向。规划期至2025年，从明确展望目标、设立十二个指标、提出五个重点任务、加强四个保障措施等方面打造两地生态环境领域协同保障体系。

此外，川渝两地分别建立了成渝地区双城经济圈建设的党政联席会议、常务副省（市）长协调会议及联合办公室主任调度会议等多种合作机制，使两地的组织领导和协作机制在生态环境保护领域得到了进一步加强。重庆市成立了共筑长江上游生态屏障专项工作组，并与四川省的生态环境部门联合发布了相关的工作方案和重点任务；两地共同制定了《成渝地区双城经济圈碳达峰碳中和联合行动实施方案》，旨在共建"双碳"示范区，并联合编制了针对长江、嘉陵江等河流的生态廊道建设规划；川渝两地共同出资3亿元设立了川渝长江流域保护治理基金，并建立了全国首个跨省市的联合河长制办公室。

然而，尽管如此，川渝两地在环境管理的协调联动方面仍然处于初级阶段，区域内的生态环境共建给现有的体制机制提出了新的挑战，需要双方共同努力推进跨行政区的生态环境管理体制机制的改革创新。

3. 铁路安全领域

随着成渝地区双城经济圈建设的深入，铁路建设和运输在两地经济社会发展中的角色日益凸显，而且川渝两地在铁路安全管理方面所遭遇的挑战和问题具有显著的一致性，考虑到铁路安全管理的关键性，应对共同的铁路管理挑战，川渝两地人大确定铁路安全立法为协同立法项目，这也是川渝两地协同立法第三次协作。双方遵循"立法文本协商起草、立法程序同步推进、立法成果共同运用、法规实施联动监督"的原则，确保两地在铁路安全领域的法规在起草、审议和施行过程中都能同步进行。

同步施行的《四川省铁路安全管理条例》和《重庆市铁路安全管理条例》均突出以下几个方面：第一，建设环节安全要求。条例对铁路建设的安全准则进行了强化，并对铁路线路规划控制线进行了明确的划定和管理规定，特别指出规划控制线内的任何新建、改建、扩建活动都需经过正式审批。第二，建设风险评估。铁路建设单位在项目的可行性研究阶段被要求进行全面的建设风险评估，并依据评估结果，实施相应的安全措施。第三，安全质量监督管理。地方铁路建设项目的安全质量标准由市交通主管部门进行监管，并根据国家及地方的相关法规进行执行。第四，铁路安全区域管理。条例明确了铁路线路的安全保护区界定，并对该区域内的禁止性和限制性行为作了规范。例如，明确规定铁路两侧各五百米范围内禁止无授权的无人机飞行。

针对铁路建设、线路以及运营等各个方面实施协同规范，从而确保成渝地区铁路事业的健康稳定发展，能为川渝两地的产业、人口、资源和其他生产要素的高效流动与集聚创造有利条件。

4. 公共服务领域

公共服务一体化在推动成渝地区双城经济圈建设的过程中备受重视，成渝地区正通过各种合作机制不断深化公共服务的整合和共享。首先，从教育领域的视角看，川渝两地已经跨越了传统的行政边界，形成了学前至高等教育的全方位合作框架，这种合作不仅体现在简单的资源共享，更重要的是在共同规划和发展战略的构建上，例如，西部科学城与长江教育创新带的共建项目，这为区域内人才流动、科研合作及知识转移提供了坚实的基础。其次，医疗卫生领域的合作反映了川渝两地在公共健康管理上的高度一致性，联防联控机制的建立及卫生应急信息的共享，从微观层面提供了对公共卫生事件的及时响应，而从宏观层面来看，则为区域内的公共健康安全构建了一道共同的防线；体育领域的合作则揭示了双方在文化交流和品牌塑造上的策略眼光，通过共同策划和举办如山地马拉松等户外精品赛事，不仅促进了民间文化的交融，更为双方提供了展现自身特色与魅力的平台。最后，两地在税收、资质互认及住房公积金等领域的政务合作为双方在公共服务与资源要素流动上提供了更多便利条件，这也意味着双方已经在行政管理、政策制定和公共服务提供上逐步形成了更高程度的一体化。而且两地人大正积极探索公共服务领域协同立法的新路径。具体而言，为了确保成渝地区双城经济圈的健康、持续发展，这种协同研究将涵盖川剧的保护与传承、社会保障卡的"一卡通"服务管理，以及法律援助等重要议题。上述所有旨在通过更加完善的立法措施，为该经济圈的运行提供坚实的法律保障，确保其在未来的发展中能够受益于更为明确和高效的政策与法规。

（二）成渝地区双城经济圈协同立法的经验总结

1. 成渝地区双城经济圈协同立法的基础支撑：外部合力与内部推动

（1）国外国内经验吸收。

第一，借鉴区域联合立法的国际经验。在国际上有一些区域联合立法的经验可以借鉴，最经典的案例当属欧盟以及其相关的立法机制。欧盟作为欧洲地区规模较大的区域性经济合作的国家组织为寻求经济发展而推动区域经济一体化，区域经济一体化客观上就要求法律一体化，在区域协同发展里区域联合立法是保障该目标实现的基础性和龙头性环节。

第二，吸收区域合作立法的国内经验。国内在区域协同立法也积累了一些经验可以参考。目前，京津冀、长三角等地已形成比较成熟的协同立法工作机制，在跨区域生态环保、大气污染防治、疫情联防联控、交通一体化等方面发挥了积极作用。事实上在近几年，积极推进区域协同立法已经成为一些地方立法的亮点和特色，为成渝地区双城经济圈推进区域协同立法提供了丰富的经验。

（2）现行立法体制支持。

从现行立法体制来看，成渝地区双城经济圈区域协同立法拥有存在的空间。我国现行立法体制的特点可以被概括为"一元两级多层级"，成渝地区双城经济圈协同发展虽然已经被上升为国家战略，本质来看还是属于四川省和重庆市两地的地方性事务，如果由中央包揽全部，客观上也会给国家加重立法成本和立法负担，与此同时也与立法的地方性要求不切合，因此区域协同立法推进协作再深入、改革的力度再大，也不会超出"多层级"的范畴，更不会突破现行立法体制框架。

另外，区域协同立法需要具备相应的能力和经验。能力和经验需要积累和准备，我国在多样性立法机制的探索中积攒了许多实践经验，并且在区域协同发展的进程中，有关区域为区域协同立法的行动规则和准则作出了大量尝试、积累了有益经验，这些都为成渝地区双城经济圈区域协同立法提供了实践经验支撑。

（3）诸多因素合力支撑。

立法原则中的科学立法要求综合考虑各种因素，立法作为顶层设计所受到制约的因素很多，除了经济基础这一决定性因素以外，受到最紧密、最直接影响的应该是环境、历史和文化因素。

首先,从自然环境方面来看,成渝两地在地理方位上都属于我国的西南地区,地理环境、气候类型相同或相似。成渝两地多城市位于长江沿岸,成渝都处于长江经济带与"一带一路"和南向大通道对外的重要节点交汇处,有着共同的生态环境和生态保护需求。两地的生态环境质量相连相关,因此一体保护和协同发展既是顺应自然的要求,也是对科学原则的遵守。

其次,从历史源流来看,四川和重庆同属于巴蜀文化。先秦时,成都为蜀中心,重庆为巴中心,但重庆与四川密不可分。自汉朝开始至1997年以前,重庆与四川在行政区划上虽曾经历两次分合,但总体上仍呈现出密切的聚合状态。即使在短暂的分治时期,现今属于四川的部分地区也曾短暂划归重庆管辖,随后又重归四川。这种频繁的行政区划调整并未割断两地之间的文化交流与人员往来,反而强化了重庆与四川之间密切而特殊的文化衔接和人脉联系,在社会心理层面也有广泛认同。

最后,是地域文化相同。尽管1997年重庆市正式脱离四川省的管辖成为中央直辖市,但巴蜀和巴渝自古以来在文化上有千丝万缕的联系,四川省和重庆市两地有着共同的民间文化和习俗,两地的方言从语系上看均属于北方语系中的西南官话,思维习惯、语言表达相同或者相似,各种文化遗产、文化品性非常相近,从而形成了共同的巴蜀文化地域文化特征。

2. 成渝地区双城经济圈协同立法的立法定位:新型立法与制度创新

区域协同立法生长于中央立法和地方立法的关系范畴,但协同立法并非主体之间的简单合作,不同于区域协同执法和区域协同司法,在区域协同立法推进过程中存在几个问题:第一,协同立法的主体都有谁以及对级别有无做要求;第二,协同立法应该集中于哪些事项;第三,如何处理协同立法过程中人大和政府的关系。

长期以来区域性行政协议、公共政策等在跨区域治理方面颇有成效,但由于区域发展产业同质化,行政壁垒和恶性竞争也愈加严重,区域内各种主体从最初的协同积极性也逐渐被消磨。区域协同立法不仅是一种交涉过程,更是一种制度创新。它通过人大主导立法的方式,将区域内的不同利益进行整合、平衡和协调，为区域协同发展提供了坚实的法律保障。同时，区域协同立法的实施，也有助于弥补行政协作方式的不足，使其更加符合法治化的要求。

区域合作立法是一种创新性的立法形态，旨在针对区域重大发展领域中存在的规范缺失或冲突等问题，提供有效的解决方案。它以已有的区域公共政策与行政契约为依据，通过主动协调和整合各地区的法律规范，实现区域内的协同发展。这种新型立法形态不仅有利于促进区域内的经济繁荣，更有助于推动整个区域的法治建设。

成渝地区双城经济圈协同发展的基本目标在于消除行政区划内的地方性保护，建立跨区域的合作机制，促进资源的合理配置和流动，推动区域经济健康、稳定地发展。这种发展方式不仅有利于提升成渝地区双城经济圈区域内各地区的经济发展水平，更有助于提高整个区域的综合竞争力，为国家的可持续发展作出贡献。从实质上看，区域协作立法是一种以政策为动力的法律行为，它着眼于解决区域内的重大问题，通过制定和实施相应的政策法规，推动区域内的协同发展。这种法律行为不仅具有明确的政策目标，而且还需要建立一套完整的法律框架来确保其有效实施。同时，区域协同立法也是一种以区域法治为基础的法律行为，它强调在现行立法体系下，通过人大主导立法、政府协作立法的方式，实现区域内法律规范的协调与统一。

3. 成渝地区双城经济圈协同立法的角色定位：市场主导与政府引导

《成渝地区双城经济圈建设规划纲要》（以下简称《纲要》）提出"要以发挥优势、彰显特色、协同发展为导向"，因此要尊重经济规律即要坚持市场主导和政府引导。坚持市场主导和政府引导既是推进成渝地区双城经济圈协同发展应遵循的原则，又是对成渝地区双城经济圈协同发展进程中市场和政府的定位。成渝地区双城经济圈协同发展意味着各种资源要更大范围地流动和再配置，市场主体的自发行动与合理选择是实现成渝地区双城经济圈区域协同发展的原动力，也是实现可持续发展的根本途径。与此同时，要实现成渝双城经济圈协同发展，政府就必须要有主动作为，通过行政规划、行政协议和行政指导等手段，破除行政壁垒，促进区域市场统一和产业优化升级。

长期以来，"以经济建设为中心"的发展任务使政府站在宏观视角包揽区域间协同立法，区域间的协同立法体现政府意志，随之而来的问题就是弱化了市场和其他社会组织的作用。但是，政府是根据法律授权来行使管辖权管理和引导市场的，也就是说市场主体多元性和主体行为自发性需要法律法规加以规范。虽然法律制度是一种抽象的规则，无法改变市场竞争的结果，但是可以提供公平竞争的机会，维持市场秩序。而政府方面，应该更好地发挥统筹协调、规划指导和政策支持的职能，绝不允许通过具体的行政命令对市场进行干预和调节。成渝地区双城经济圈区域协同发展过程中，如何科学地界定市场与政府的关系，是其相应的制度安排与权利责任分配必须及时辨识与坚持的原则。

4. 成渝地区双城经济圈协同立法的实现方式：人大立法与政府立法

从现有的立法体制来看，成渝地区双城经济圈协同立法有人大立法和政府立法两种路径。放眼我国已有的区域立法实践，无论是珠三角的区域协同发展规划立法还是长三角区域的制度协调，都积极推动了区域内经济社会的一体化发展。但从严格意义上来讲，成渝地区双城经济圈区域协同立法旨在就省（市）际共同发展的重要事项、重大项目，由两地有权主体共同采取立法行动，构建协同一致的法律规则体系。为此，2015年5月四川省和重庆市两地签署并付诸实施的《关于加强两省市合作共筑成渝城市群工作备忘录》（以下简称《备忘录》）积极解决区域内横向的冲突、支持成渝城市群交通基础设施建设，也为两地政府开展政府协同立法提供了重要借鉴。2020年7月四川省和重庆市两地人大常委会签署《四川省人大常委会重庆市人大常委会关于协同助力成渝地区双城经济圈建设的合作协议》，则标志成渝地区双城经济圈人大立法协同机制正式确立。在成渝地区双城经济圈协同立法中，要推动形成人大政府良性互动的新格局，也就是既要发挥人大立法的主导作用，也要注重与政府立法的协调对接。

四、成渝地区双城经济圈协同立法的优化路径

（一）立足成渝地区双城经济圈区域立法协同机构

在我国的立法体制下，设立成渝地区双城经济圈区域立法协调机构应当在我国现行法制框架内进行。针对成渝地区双城经济圈就立法事项进行制定地方性法规或规章的不同需求，可以根据省（市）际合作协议共同成立专门的成渝地区双城经济圈立法协调常设机构，由该机构来协调四川省与重庆市两地地方性法规和地方政府规章的矛盾和冲突。

可以将成渝地区双城经济圈立法协调常设机构分为两种。一是四川省与重庆市两地行政机关成立立法协调机构，由地方政府有关人员组成，负责政府规章的协调。二是四川省与重庆市两地的立法机关成立立法协调机构，由四川省与重庆市两地的人大派出部分人员组成，负责地方性法规的立法协同。

成渝地区双城经济圈立法协调常设机构可以由四川省与重庆市两地的政府或人大负责牵头，通过共同签署协议的方式建立，性质即为两地立法的协调机构。主要职能有三项：第一，专门协调区域协同立法活动。在国家立法机关的领导下，紧扣中央要求和地方实际，以推动改善成渝地区双城经济圈协同发展的法治环境。第二，承载区域协同立法协调机制的运作。对各界资源和建议进行整合，并和区域内各个立法机构保持紧密联系，共同草拟区域协同立法规划和实施方案并呈送全国人大常委会备案监督。第三，开展区域协同立法有关的其他协调工作。立法协调机构不具有区域协同立法事项的决策权，其协调的立法事项应当在四川省与重庆市两地的权力机关和人民政府有权决定的事项范围内，并且内容应当为涉及两地共同利益的事项，而非省（市）内部行政区关系的事项。另外，为

保证成渝地区双城经济圈立法协调常设机构规范有效运作还应设立科学的运行机制。

(二) 完善成渝地区双城经济圈区域立法交流平台

《纲要》提出"要加快构建高效分工、错位发展、有序竞争、相互融合的现代产业体系"。为保障实现区域内现代产业体系的顺利建立，区域立法协作工作的开展要求立法信息在区域内迅速、顺畅、及时并准确地互联共享。以成渝地区双城经济圈里的成都和重庆为例，各自的产业优势特点明显。重庆市的金融服务业，制造业优势明显。而四川省成都市依托众多的高校和科研机构，具有很强的创新动力，因此两地的发展必须要发挥好各自的特色，高校分工，融合发展。因此要进一步完善高效的成渝地区双城经济圈区域立法信息交流共享平台，加强四川省与重庆市两地在区域立法工作中的沟通协作，促进立法工作进展顺利互通，及时就立法工作中遇到的冲突、疑问进行协调、解答，提高区域立法的预知性，最大程度地发挥四川省与重庆市两地在立法资源、信息以及规则规范方面协同推进的优势。

立法协调机构负责建立四川省与重庆市两地的立法信息数据库，对立法信息进行汇总、分类、整理和更新，并定期向两地立法机关汇报立法信息，不定期向两地立法机关汇报重要或紧急的立法信息。这一举措方便两地的立法机关查询，不仅有利于两地在法规、规章制定、修改和解释方面进行有效的协调沟通，而且还能避免两地法律出现重复、矛盾的现象，有助于提高区域协同立法工作的透明度。该机构还负责对两地法律实施情况进行监督，并及时发现和纠正法律执行中存在的问题。同时，立法协调机构还负责组织两地立法机关进行定期交流，分享各自在立法过程中的经验和做法，以及学习借鉴先进的立法技术和经验，提高两地立法质量和水平。此外，该机构还积极推动两地司法机关之间的合作，加强司法解释的协调和统一，确保法律在两地得到有效实施。

（三）调优成渝地区双城经济圈协同立法工作机制

随着成渝地区双城经济圈协同发展战略的实施和持续推进，需要各地人大和政府通过协同立法作出调整和进行规范的事项层见叠出，由此，四川省与重庆市两地应提升人大和政府协同立法工作机制支撑平台的系统功能和运行效率，除了应该保证地方权力机关立法协作工作顺利、高效开展之外，还应在省（市）级人大立法机关与政府法制机构之间建立动态的协同立法沟通工作机制。

成渝地区双城经济圈协同立法工作机制应包括以下几个方面。第一，建立定期沟通机制，加强两地立法工作的交流与合作。双方应定期召开立法工作联席会议，共同探讨立法重点和难点问题，分享立法工作经验和成果，加强信息共享和资源整合，提高立法质量和效率。第二，建立联合调研机制，深入了解成渝地区经济社会发展情况和两地立法需求。双方应共同开展立法调研，了解两地立法工作的实际情况和发展需要，及时发现和解决立法工作中存在的问题和困难，推动立法工作的顺利开展。第三，建立立法项目协作机制，共同推进重点领域立法。双方应根据两地经济社会发展需要和实际情况，协商确定共同关心的重点领域和立法项目，共同研究制定相应的法律法规，实现两地立法工作的协同发展。第四，建立地方立法和中央立法的衔接机制，确保两地协同立法工作与国家法律体系相一致。双方应加强与国家立法机关的联系和沟通，及时了解国家立法动态和趋势，积极向国家立法机关提出立法建议和意见，推动成渝地区双城经济圈协同立法工作与国家法律体系相一致。第五，建立监督和评估机制，及时发现和解决协同立法工作中存在的问题和不足。双方应定期对协同立法工作进行监督和评估，及时发现和纠正工作中存在的问题和不足，推动协同立法工作不断完善和提高。

（四）创新成渝地区双城经济圈协同立法备案制度

根据《中华人民共和国立法法》的规定，区域立法工作应切实做好备案审查工作。这一举措对于发现并解决立法冲突、维护法治的统一与规范具有至关重要的作用。

在成渝地区双城经济圈协同立法开展过程中，创新协同立法备案制度可分为以下几个方面：第一，建立联合备案机制。成渝两地可以共同制定联合备案规定，明确双方在协同立法中的责任和义务，规范联合备案的程序和流程。通过联合备案机制的建立，可以加强双方的沟通和协调，促进协同立法的有效实施。第二，完善备案审查机制。成渝两地可以共同建立备案审查制度，明确审查标准和程序，对协同立法进行全面审查。审查过程中，可以邀请相关领域的专家学者提供意见和建议，提高协同立法的科学性和合理性。第三，加强信息共享和交流。成渝两地可以建立信息共享平台，及时交流协同立法的工作进展、经验总结和问题反馈等信息。通过信息共享和交流，可以促进双方互相学习、共同进步，提高协同立法的质量和水平。第四，探索建立惩罚机制。成渝两地可以探索建立惩罚机制，对未按照联合备案规定进行协同立法的行为进行惩戒。通过惩罚机制的建立，可以加强双方的约束力，保证协同立法的顺利实施。

五、成渝地区双城经济圈协同立法的未来向度

推进成渝地区双城经济圈区域协同立法无论是在法治与改革关系的战略部署上还是从立法体制机制的完善上都有深远意义。成渝地区双城经济圈协同立法的未来向度可以从经济领域和社会领域进行讨论。从经济领域审视，可以从成渝地区双城经济圈扩大内需、数字经济发展、创新体系建设、要素资源市场建设、成效评估体系建设、现代化产业体系建设、民营经济高质量发展等层面的协同立法进行着手；从社会领域探究，立法应聚焦于加强成渝地区双城经济圈的社会治理，推进基本公共服务的共建与共享，促进人口与资源的高质量发展，建立合理的城镇化体系，构筑现代流通网络，以及确保城乡公共资源的均衡分配。

最后，在维护以国家宪法为核心的法律制度体系稳定和社会主义法治统一的前提下发挥地方立法权的主动性和创造性能为成渝地区双城经济圈协同发展战略的持续推进提供法律依据和法律保障。

（本专题执笔人：冼志勇，四川省社会科学院法学所副研究员；阳卓伶，四川省社会科学院硕士研究生；苟圣杰，四川省社会科学院硕士研究生。）

专题六 川渝两地流域生态环境公益诉讼检察协作研究*

流域具有整体性、跨区域性和专业技术性等特征，过去的分段管理、分区保护模式给流域环境治理带来了诸多问题，造成流域管理低效运行。[①] 近年来，川渝两地检察机关积极开展流域生态环境公益诉讼检察协作，推动流域生态环境一体化保护。但当前川渝两地的流域生态环境公益诉讼检察协作仍处于探索阶段，各种检察协作机制仍不健全。本研究试从川渝两地流域生态环境公益诉讼检察协作的必要性分析出发，以川渝嘉陵江流域生态环境公益诉讼检察协作为样本，分析当前川渝两地流域生态环境公益诉讼检察协作存在的问题及困难，并提出相应的完善建议，以期为推动川渝两地流域生态环境公益诉讼检察协作提供一定参考。

一、川渝两地流域生态环境公益诉讼检察协作的必要性

（一）共筑长江上游生态屏障的必然要求

2021年3月1日施行的《中华人民共和国长江保护法》第六条规定"长

---

* 第二届成渝地区双城经济圈发展论坛优秀论文。
① 张建伟. 关于中国设立流域保护检察院的基本构想——以司法管辖制度改革为背景［J］. 中国检察官，2019（8上. 司法实务）：29.

江流域相关地方根据需要在地方性法规和政府规章制定、规划编制、监督执法等方面建立协作机制,协同推进长江流域生态环境保护和修复"。2021年6月发布的《中共中央关于加强新时代检察机关法律监督工作的意见》要求"加强区域执法司法协作,服务保障国家重大战略实施"。2021年10月,中共中央、国务院印发的《成渝地区双城经济圈建设规划纲要》也提出"推动生态共建共保""加强污染跨界协同治理""共筑长江上游生态屏障"等要求。四川、重庆均处于长江上游地区,两地检察机关加强流域生态环境公益诉讼检察协作,形成全流域、跨区域生态环境保护合力,是严格落实《中华人民共和国长江保护法》《成渝地区双城经济圈建设规划纲要》等文件,筑牢长江上游生态屏障,促进长江流域生态环境保护的必然要求。

(二) 流域生态环境整体性的客观要求

流域环境的时空整体性非常强,上下游之间、左右岸之间、各个生态要素之间相互联系、相互影响、相互制约。[①] 流域以水为载体,水的自然流动性以及污染物质的扩散性使得流域环境污染最终必然损害的是整个流域的生态环境公共利益和不特定多数人的利益。[②] 近年来,长江上游嘉陵江流域跨界水污染事件时有发生,严重影响了流域内人民群众正常的生产生活,造成了巨大的经济损失。例如,2015年11月23日,甘肃某公司选矿厂尾矿库溢流井破裂,尾砂泄漏,导致溢流井周围大量尾矿浆经太石河进入西汉水,形成了自甘肃省西和县境内太石河至四川省广元市白龙江入嘉陵江前、长度为344公里的污染带[③];2017年5月5日,四川省广元市环境保护局例行预警监测时发现嘉陵江由陕入川断面水质异常,西湾水厂饮用水水源地水质铊浓度

[①] 吴勇. 我国流域环境司法协作的意蕴、发展与机制完善 [J]. 湖南师范大学社会科学学报,2020 (2):39.

[②] 李爱年,何双凤. 我国流域环境污染纠纷解决机制的问题与完善——基于近两年典型案例实证分析 [J]. 南京工业大学学报 (社会科学版),2022 (1):50.

[③] 刘晓星. 全力保障嘉陵江沿线群众饮水安全——甘肃陇星锑业有限公司尾砂泄漏重大突发环境事件应急综述 [J]. 中国环境报,2016-02-16 (1).

超标4.6倍[①];2021年1月20日,嘉陵江陕西入四川断面铊浓度出现异常,铊浓度峰值超过《地表水环境质量标准》(GB 3838—2002)1倍。[②] 流域生态环境的整体性客观上要求检察机关在履行流域生态环境公益诉讼法律监督职能时,必须要树立流域系统治理理念,加强跨区域检察协作,实现优势互补、联防共治。

(三)抓实检察一体化建设的内在要求

在我国,各级检察机关作为一个不可分割的整体而存在,每个检察机关和检察官的活动是整个检察机关和检察官全体活动的组成部分,各级检察机关和全体检察官相互协调、配合,形成一体。[③] 最高检要求,要更加注重推进检察一体化建设,四级检察机关、各个业务条线、院内各个部门都要更加注重系统观念,树牢"在办案中监督、在监督中办案"理念,增强一体意识。流域生态环境公益诉讼案件具有极强的复杂性、专业性,加强流域生态环境公益诉讼检察协作,促进检察机关内部各个部门以及上下级人民检察院一体履行公益诉讼法律监督职责,是推进检察一体化建设,全面提升法律监督质效的内在要求。

二、川渝嘉陵江流域生态环境公益诉讼检察协作的现状

(一)基本情况

嘉陵江为长江干流上游左岸主要支流,发源于陕西省秦岭北麓,流经陕西省、甘肃省、四川省、重庆市,于重庆汇入长江。河流干流全长1132公

---

① 关于妥善处置嘉陵江(广元段)铊污染事件情况的通报[EB/OL]. https://www.mee.gov.cn/gkml/hbb/bgth/201707/t20170717_417946.htm.
② 嘉陵江"1·20"甘陕川交界断面铊浓度异常事件调查报告[EB/OL]. 中华人民共和国生态环境部网站, https://www.mee.gov.cn/ywgz/hjyj/yjxy/202107/t20210716_847470.shtml.
③ 张建伟. 异地异级调用检察官制度的法理分析[J]. 政治与法律, 2021(9):27.

里，流域面积 158958 平方公里。四川境内嘉陵江流域范围涉及阿坝州、绵阳市、德阳市、遂宁市、资阳市、广元市、南充市、广安市、巴中市、达州市 10 个市（州）的 66 个县（市、区）。① 重庆市境内嘉陵江流域范围涉及合川区、北碚区、渝北区等 14 个区（县）。② 为加强嘉陵江流域生态环境的协同保护力度，四川省、重庆市立法机关分别制定了《四川省嘉陵江流域生态环境保护条例》《重庆市人民代表大会常务委员会关于加强嘉陵江流域水生态环境协同保护的决定》。作为国家法律监督机关，近年来川渝两地三级检察机关严格落实《中华人民共和国长江保护法》《成渝地区双城经济圈建设规划纲要》等法律、文件及地方性法规的要求，大力加强嘉陵江流域生态环境公益诉讼检察协作，努力形成同防共治监督合力，打造嘉陵江流域生态环境保护共同体，为推动嘉陵江流域生态文明建设贡献检察力量。

1. 建立多层级协作机制

四川省人民检察院、重庆市人民检察院联合印发了《关于长江流域生态环境行政公益诉讼跨省际区划协作办法（试行）》；重庆检察一分院与四川省广安、广元、南充、遂宁、资阳五个市人民检察院会签了《嘉陵江流域生态环境资源保护公益诉讼检察跨区域协作意见》。川渝两地嘉陵江流域基层检察机关也积极开展跨区域检察协作，会签了一批公益诉讼跨区域协作机制。例如，四川省武胜县人民检察院与重庆市合川区人民检察院会签了《关于建立嘉陵江生态环境资源保护公益诉讼跨区域协作机制的意见》；又如，重庆市潼南区人民检察院与遂宁市船山区人民检察院、遂宁市安居区人民检察院、蓬溪县人民检察院、安岳县人民检察院会签了《关于建立涪江、琼江流域生态环境保护公益诉讼检察工作协作机制的意见》。

2. 加强跨区域办案协作

牢固树立"一盘棋"思维，加强上下游检察机关办案协作，促进流域内

---

① 关于四川省行政区域内嘉陵江流域范围划定初步成果的公示［EB/OL］. http：//slt. sc. gov. cn/scsslt/gsgg/2022/5/12/37a396c13a8541809268770eb3c0de59. shtml.

② 重庆市人民代表大会常务委员会关于加强嘉陵江流域水生态环境协同保护的决定［EB/OL］. https：//www. cqrd. gov. cn/article? id = 281794731257925.

联防联治，确保"上下游同行，左右岸同步"。例如，重庆市合川区人民检察院在办理督促整治川渝跨界河流南溪河水污染行政公益诉讼系列案中，在督促当地政府依法履职加强对南溪河水污染治理工作的同时，按照会签的跨区域协作机制，将调查中发现的四川省武胜县万隆镇场镇污水直排南溪河和沿河倾倒生活垃圾线索移送武胜县人民检察院办理。① 同时通过召开座谈会、联合巡河等方式加强协作，共同推进南溪河流域水污染联防联治。2021年四川省人民检察院、重庆市人民检察院联合发布的10件川渝检察协作服务保障成渝地区双城经济圈建设案例中有3件为嘉陵江流域生态环境公益诉讼检察协作案例。

3. 开展跨区域交流学习

川渝两地检察机关通过互派检察人员交流挂职、举办交流会、培训会等多种形式，加强流域内川渝两地检察机关的沟通交流，互相借智借力，增强协作办案能力。例如，2021年7月，四川省人民检察院、重庆市人民检察院在国家检察官学院四川分院联合举办川渝检察机关公益诉讼专业团队研修班，来自重庆市公益诉讼检察人才库暨专业团队的25名成员和四川省相关毗邻院18名业务骨干同堂参训。② 又如，2022年3月，重庆市合川区人民检察院与四川省武胜县人民检察院互派1名公益诉讼业务骨干至对方公益诉讼业务部门进行为期6个月的交流锻炼。

（二）存在的问题及困难

1. 协作机制呈现碎片化特征

（1）缺乏覆盖川渝嘉陵江全流域、公益诉讼全领域的检察协作机制。近年来，川渝两地三级检察机关围绕嘉陵江流域生态环境公益诉讼工作构建了

---

① 崔佳，常碧罗. 法治力量 守护长江——重庆检察机关设立长江生态检察官办公室［N］. 人民日报，2021-11-10（18）.
② 首次公益诉讼同堂培训！川渝检察这波深度协作很"对味"［EB/OL］. http：//www.cq.jcy.gov.cn/jcyw/202107/t20210727_3437303.shtml，2021-07-24.

多层级的检察协作机制，但因嘉陵江流域面积广大，涉及行政区域众多，尚未形成一个覆盖川渝嘉陵江全流域、公益诉讼全领域的检察协作机制。川渝两地省级检察机关虽然联合印发了《关于长江流域生态环境行政公益诉讼跨省际区划协作办法（试行）》，但仅涉及行政公益诉讼方面，对于跨省际区划的民事公益诉讼、刑事附带民事公益诉讼检察协作暂无专门规定。重庆市人民检察院第一分院虽与四川省广安市等五地市级检察机关签订了《嘉陵江流域生态环境资源保护公益诉讼检察跨区域协作意见》，但其并未覆盖川渝两地嘉陵江流域全境。四川省境内嘉陵江流域范围涉及的10个市（州）仅5个参与该机制，重庆市渝中区虽位于嘉陵江干流末端，但因其属于重庆市人民检察院第五分院辖区，故不受上述协作机制调整。

（2）各协作机制之间缺乏流域层面的有效统筹。相关协作机制大多由各地检察机关自行签订，缺乏流域层面的有效统筹，导致各协作机制之间标准不一、内容各异，碎片化特征明显，一定程度上阻碍了嘉陵江流域检察协作效果的充分发挥。例如，在案件线索移送方面重庆潼南与四川蓬溪等四地基层检察机关会签的《关于建立涪江、琼江流域生态环境保护公益诉讼检察工作协作机制的意见》规定"各协作院对在工作中发现的协作范围内涪、琼两江流域跨区域生态环境和资源保护的公益诉讼线索，要及时与涉案地区检察院反馈，商讨联合办理"，而重庆市人民检察院第一分院与四川广安等五地市级检察机关会签的《嘉陵江流域生态环境资源保护公益诉讼检察跨区域协作意见》规定"跨省域的案件线索，应当层报省级检察院统一管理并确定管辖后移送"。又如，四川省广安市武胜县人民检察院与重庆市合川区人民检察院会签的《关于建立嘉陵江生态环境资源保护公益诉讼跨区域协作机制的意见》规定有案例指导制度，但重庆市潼南区与四川省蓬溪县等四地基层检察机关会签的《关于建立涪江、琼江流域生态环境保护公益诉讼检察工作协作机制的意见》并无相关规定。

2. 协作范围仍需进一步拓展

（1）协作的主体范围偏窄。当前嘉陵江流域内检察协作的范围主要为检察系统内部各检察机关之间的协作，而对于跨区域多部门的协作探索仍相对较少。公益诉讼案件异地发现线索难、调查取证难，需要与当地检察机关密切协作，需要与当地政府、行政部门、行政相对人做大量的协调沟通工作。①仅靠检察系统内部的协作很难从根本上改变当前流域环境公益诉讼所面临的困境。例如，重庆市生态环境局、重庆市市场监督管理局联合发布的《农村生活污水集中处理设施水污染物排放标准》规定，化学需氧量最高允许排放浓度的二、三级标准分别为100毫克/升和120毫克/升，但四川省生态环境厅、四川省市场监督管理局联合发布的《农村生活污水处理设施水污染物排放标准》中规定的化学需氧量二、三级标准分别为80毫克/升和100毫克/升，对于该类问题很难通过检察系统内部协作加以解决。

（2）协作的广度深度不足。从川渝嘉陵江流域已出台的生态环境公益诉讼检察协作机制来看，协作内容主要集中于信息共享、跨界协查、线索移送、联合巡查、专项行动、生态修复等方面，对于与案件密切相关的统一办案标准、办案尺度等方面内容涉及较少。实践中，两地检察机关开展协作也主要以线索移送、信息通报等低层次的协作方式为主，对于联合办案、协同治理的探索还较少，无法有效满足流域环境一体化治理、检察一体化建设的要求。

3. 协作质量有待进一步提高

（1）协作机制的制度刚性不足。当前川渝嘉陵江流域内的检察协作机制多以"意见"的形式出台，"规则""办法"等则相对较少。协作机制的内容也以"可以""应当""原则上"等倡导性、宣誓性规范居多。例如，重庆市人民检察院第一分院与四川省广安市等五地市级检察机关会签的《嘉陵江流域生态环境资源保护公益诉讼检察跨区域协作意见》对于联合巡查机制规定"协作各方可以沿嘉陵江流域干流和支流，适时开展巡江、巡河、巡湖、巡山等巡查活动，必要时可以联合巡查，及时发现线索，核查治理整改情况"。这样规定虽然有利于实践中灵活进行处理，避免协作中可能出现的分歧，但

---

① 朱小芹，王志民，王笑男. 集中管辖跨行政区划公益诉讼检察实践［J］. 中国检察官，2020（2上. 司法实务）：62.

却降低了协作机制的强制力，协作各方的主动性、积极性缺乏有效的保障，不利于跨区域检察协作的有效开展。

（2）协作机制的效率不高。例如，针对信息共享当前主要通过定期通报、联席会议、联络员制度等方式实现，但上述方式均需消耗大量的人力、物力资源，且能够获得的信息量有限、时效性不足，制度的执行也具有很强的主观性、随意性，随着相关分管领导、经办人员的更换，相应的信息共享渠道也会随之关闭，难以长期坚持。又如，针对线索移送，规定跨省域的案件线索，应当层报省级检察院统一管理并确定管辖后移送，这样层层报批、一案一指定的方式虽然有利于避免管辖权争议，但却导致了协作效率的低下。

三、完善川渝两地流域生态环境公益诉讼检察协作的建议

（一）对流域生态环境公益诉讼案件进行相对集中管辖

流域生态环境公益诉讼检察协作呈现碎片化特征一个重要原因就是流域内生态环境公益诉讼检察职能的分散化。以嘉陵江流域为例，其在四川省、重庆市境内涉及的县级行政区域有80个，涉及的检察机关更是多达90余个，如此多的协作主体之间很难实现协调统一，办案标准、办案尺度也难以实现统一。因此推进流域生态环境公益诉讼检察职能的集中化，就成为破解流域生态环境公益诉讼检察协作碎片化的一种重要方法。流域内生态环境公益诉讼检察职能的集中既有利于减少检察协作主体，提升协作效率；又有利于推动生态环境公益诉讼的专门化进程，提高案件质量；同时，还有利于避免地方保护主义的干扰，促进司法公平、公正。

当前推进流域生态环境公益诉讼检察职能的集中化有两种途径：第一，对流域生态环境公益诉讼案件实行集中管辖；第二，设立专门的流域检察机关。对于以上两种方式重庆司法机关均有一定程度的探索，例如，重庆市高级人民法院于2016年出台了《关于环境资源案件集中管辖的规定（试行）》，

要求"渝北、万州、涪陵、黔江、江津区人民法院集中管辖所在中级人民法院辖区发生的，依法应由基层人民法院管辖的第一审环境资源民事、行政（包括非诉行政执行）、刑事案件"；又如，2020年3月，重庆市检察机关推动设立两江地区人民检察院，其主要职责是管辖长江流域重庆境内发生的跨区域生态环境和资源保护领域行政公益诉讼案件。① 相较于设立专门的流域检察机关，对流域生态环境公益诉讼案件实行集中管辖，对当前的司法体制改变最小，改革的阻力也最小，最符合当下川渝两地流域生态环境公益诉讼检察协作的需要。虽然目前重庆市已设立两江地区人民检察院，但因其系依托重庆铁路运输检察院设立，本身编制体量有限，难以有效办理长江流域重庆境内发生的所有的生态环境公益诉讼案件。故可在两江地区人民检察院管辖跨区域生态环境和资源保护领域行政公益诉讼案件的基础上，根据长江上游各支流流域面积情况，在各支流流域内指定1~2个检察机关集中管辖该流域内的生态环境公益诉讼案件，最大限度实现流域生态环境公益诉讼案件的相对集中管辖。

（二）加强对流域生态环境公益诉讼检察协作的统筹

1. 建立全流域、全领域的公益诉讼检察协作机制

川渝两地省级检察机关根据各流域生态环境具体情况，牵头制定涵盖全流域、生态环境公益诉讼全领域的检察协作机制，同时进一步明确流域内各级检察机关开展检察协作的职责范围，推进川渝两地流域生态环境公益诉讼检察协作的深入发展。

2. 对流域内原有的生态环境公益诉讼检察协作机制进行清理

组织力量对近年来川渝两地三级检察机关签订的各类生态环境公益诉讼检察协作机制文件进行清查，对不符合上位规范的制度文件及时进行修订，对缺乏操作性的机制制度及时进行规范、细化，对没有制定必要的一些规范

---

① 吴晓锋．"检察蓝"守护一江碧水和两岸青山——重庆在全市推广长江生态检察官制度［N］．法治日报，2021-08-10（3）．

性文件及时予以废止。同时，川渝两地省级检察机关要加强对下级检察机关新签订的生态环境公益诉讼检察协作机制的审核把关力度，防止"滥发文件""层层照抄照转"等问题的发生。

3. 将落实流域生态环境公益诉讼检察协作纳入考核

要充分发挥考核"指挥棒"作用，将检察机关落实流域生态环境公益诉讼检察协作的情况纳入各单位目标绩效考核范围，增强检察机关开展流域生态环境公益诉讼检察协作的积极性、主动性。

（三）推动统一流域内生态环境公益诉讼办案标准

办案标准、司法尺度不统一将导致流域生态环境保护呈现差异化，严重影响流域生态环境治理的整体效果，严重影响司法权威和司法公信力。川渝两地检察机关加强流域生态环境公益诉讼检察协作，必须要积极推动流域内生态环境公益诉讼办案标准和司法尺度的统一，防止"同案不同判"等情形发生。一方面，川渝两地检察机关可以根据近年来流域内生态环境公益诉讼案件情况，联合出台类案工作指引等规范性文件，进一步明确流域内生态环境公益诉讼案件的立案标准、办案程序、证据要求等方面内容，确保流域内法律适用的一致性和协调性。另一方面，可以通过联合编发流域生态环境公益诉讼典型案例，组织两地生态环境公益诉讼办案人员开展同堂培训、联合调研、互派学习等措施，促进川渝两地生态环境公益诉讼司法理念、证据标准、司法尺度的统一。

（四）开展跨区域多部门生态环境公益诉讼检察协作

相较于生态环境、市场监管等行业行政主管部门，检察人员大都教育背景比较单一，对于当前公益诉讼主要涉及领域，如生态环资和食药品等欠缺专业知识储备，也缺乏相关专业检测设备和鉴定资质，一线执法经验的欠缺也使其难以及时发现违法线索并准确深入调查。[①] 因此，川渝两地检察机关

---

① 上海市人民检察院第三分院课题组. 跨区划检察公益诉讼机制研究［J］. 中国检察官，2020（2下. 经典案例）: 45.

在开展流域生态环境公益诉讼检察协作的过程中必须要主动加强与当地生态环境部门、水利部门、农业部门等政府职能部门的工作衔接。一方面，川渝两地检察机关可以联合相关行业行政主管部门共同出台加强流域内生态环境公益诉讼检察协作的机制制度，推动流域内跨区域多部门生态环境公益诉讼检察协作的广泛开展。另一方面，可以与相关行业行政主管部门开展跨区域、多部门的联合巡查、交叉巡查，形成流域生态环境保护的整体合力，推动区域性生态环境问题有效解决。

（五）建立长江流域生态环境公益诉讼信息共享平台

当前川渝两地流域生态环境公益诉讼检察协作质量不高，很大程度上是由于信息共享的效率不高导致的。传统的信息共享方式，如定期通报、联席会议、联络员制度等，均需消耗大量的人力、物力资源，但能够获得的信息量却十分有限，且时效性不足。致使流域内行政机关之间、行政机关与司法机关之间、区域与区域之间信息数据共享不通畅，长江大保护缺乏有效的数据整合和信息融合。① 对此，可以充分运用现代信息化手段，建立长江流域生态环境公益诉讼信息共享平台，将川渝两地司法机关的司法办案系统与生态环境、水利、农业农村等行政机关的执法办案系统联通起来，打破流域内行政机关之间、行政机关与司法机关之间、区域与区域之间的信息壁垒，实现长江流域内关键生态环境信息自动提取、实时共享，提高流域内生态环境公益诉讼信息共享的效率，推动川渝两地流域生态环境公益诉讼检察协作深入开展。

（本专题执笔人：王鹏，合川区人民检察院检察七部副主任。）

---

① 于萧，马弘．贺恒扬代表：建立长江流域生态环境信息资源共享平台［Z］．"最高人民检察院"微信公众号，2022－03－07．

专题七 成渝地区双城经济圈建设背景下的川渝毗邻乡镇协调发展研究报告——以安岳县为例[*]

近年来,川渝地区围绕《成渝地区双城经济圈建设规划纲要》(以下简称《纲要》),相向而行、同向发力,四川省资阳市安岳县周边的广安、遂宁、眉山等地开展了诸如"统筹、互动、融合、一体化"等研究,重点关注于打破行政区域壁垒,致力于经济社会共建共融共享。本课题组认为,站在国家战略和顶层设计的成渝地区双城经济圈建设背景下,安岳出台了一系列指向性操作性强的措施办法,川渝毗邻乡镇更加注重协调发展的重要性,从基层行政区域小单元做起,在支持政策衔接、项目资金倾斜、产业发展兴旺、人才共育共用、机制联动联建等方面先行先试。"协调"是优于"协作"的更高水平的发展,"协调发展"不仅是地区间的携手共进,更主要的是关注地区间不平衡不充分发展现状,致力于国省政策层面上的平衡统一,加快补短强效,避免川渝两地"中部塌陷"、发展"跛脚"。

---

[*] 第二届成渝地区双城经济圈发展论坛优秀论文。

一、在成渝地区双城经济圈背景下川渝地区毗邻乡镇协调发展的重要意义

（一）乡镇发展对县域经济发展的基础性作用

县域经济作为一种区划型区域经济，具有特定的区域空间，区域界线明确，能动性和独立性都较强。县域经济高质量发展不仅包括工业化、城镇化的更新迭代，更重要的是实现农业现代化，依托乡镇基层行政单元，提高围绕以农业农村资源为基础的生产和交换活动质量。

新中国成立以来，县域经济获得了"两次解放"，国民经济也随之实现了"两次提速"。第一次是土地改革，第二次是家庭联产承包制。2012年，党的十八大召开，中国特色社会主义进入新时代。2021年，脱贫攻坚取得全面胜利，区域性整体贫困得到解决，全面消除绝对贫困，中国全面建成小康社会，为第二个百年奋斗目标奠定坚实基础，同时拉开了乡村振兴战略帷幕，中国正在为实现社会主义现代化而接续奋斗，县域经济也必将实现第三次生产力解放。

综观中国历次县域经济的发展，都离不开农业农村的发展，都离不开以农村为主的乡村基层发展。乡镇行政单元处于县域重要一环，对县域经济的支撑基础作用不可忽视，对国家发展战略的支撑基础作用意义重大。

（二）川渝毗邻乡镇发展的龙头牵引作用

实施成渝地区双城经济圈建设，不仅有利于区域经济布局，有利于拓展市场空间、优化和稳定产业链供应链，更是为了构建以国内大循环为主体、国内国际双循环相互促进的新发展格局。成渝地区毗邻乡镇作为两地互通共融的"桥头堡垒"和"关口要塞"，其发展成效如何，直接影响着"双圈"建设成效。成渝两地不仅要重视两个都市圈的中心辐射作用，一个重要的支

点在于毗邻地区乡镇的相向发展、抱团发展和协调发展。

成渝地区毗邻乡镇要发挥好龙头牵引作用和示范引领作用，在产业发展、基层治理、乡村振兴等工作中站高谋远，走在前头、站在前列，做到"一业举而百业兴"，为未来"双圈"建设发展提供有力标杆样本，为解决发展中出现的矛盾问题提供有价值的参考方案。

（三）安岳毗邻乡镇发展对成渝中部塌陷地区崛起的示范作用

安岳有 11 个乡镇（姚市镇、云峰乡、龙台镇、护龙镇、毛家镇、石羊镇、双龙街乡、两板桥镇、忠义镇、合义乡、元坝镇）与重庆 3 区 9 镇（潼南区的崇龛镇、柏梓镇、塘坝镇、新胜镇；大足区的高坪镇、中敖镇、高升镇、铁山镇和荣昌区的吴家镇）边界相连。11 个乡镇总人口 37.5 万人，约占全县的 25%；土地面积 651.28 平方公里，约占全县的 24.12%；柠檬种植面积 9 万余亩，约占全县的 18.8%；中药材种植面积 5000 余亩，约占全县的 41.7%；蔬菜种植面积 4.2 万余亩，约占全县的 12.3%；不可移动文物 218 处，约占全县的 24%，其中国家级保护文物 4 处、省级保护文物 5 处。[①]

安岳是传统的人口大县、农业大县，是成渝两个都市圈极点直接接壤的地区，县域内 11 个川渝毗邻乡镇对全县第一产业经济贡献率约 1/4。[②] 川渝地区毗邻乡镇具有山水相连、地缘相近、人文相亲、资源相通等优势，历来两地群众生产生活、经济往来较为频繁。安岳作为成渝地区中部崛起先行区，借势借力"双圈"建设重要契机，统筹区域协调发展，从毗邻重庆周边乡镇基层单元入手，破除行政区划壁垒、打通要素流通关节，优化农业产业布局，调整农业产业结构，大力发展规模化、机械化、现代化农业，赋予乡村发展新动能，有效解决农村地区生产条件薄弱、生态环境脆弱、农业产出效益不高、农村人才培养乏力等问题，最终发挥成渝地区中部崛起的示范作用，引领"圈内"其他地区高质量发展。

[①②] 2022 年安岳县政府工作报告。

二、安岳毗邻重庆乡镇相对比较发展现状

(一)经济基础发展现状

1. 重庆方面

南向乡镇多为深丘型地势,北向乡镇多为浅丘型地势。9个乡镇的基础设施都比较完善。如高坪镇境内有省道52公里,农村道路73公里,其中黑化路面达32公里;高升镇境内有农村四好路144公里[①];铁山镇周边有高速公路互通出入口3个。各镇产业发展思路较为明确,均立足自身特色优势,大力推动"一乡一品"建设,设立了相应的节庆活动,打造特色乡村旅游景点。如高坪镇举办了"5·20世界蜜蜂日",开发蜂蜜系列产品,注册"楠密高坪""足村味"品牌商标;中敖镇打造有"故里·火龙湾"非遗传统文化村落;高升镇、铁山镇围绕成渝地区双城经济圈建设,联合打造"大安农业园区";柏梓镇发展柠檬标准化种植园40000亩,举办了"国际柠檬节";崇龛镇打造万亩油菜花基地,连年举办"菜花节";吴家镇打造有"棠堰飘香"乡村旅游景点。

2. 安岳方面

地理环境与重庆毗邻乡镇类似,北向乡镇的基础条件相对南向乡镇有优势。如姚市镇有国省干道和县乡公路27.95公里,通村通组硬化道路230公里,入户硬化路83公里,高标准农田2000亩,灌溉渠系73.078公里,集体经济组织(种养大户)49户,2022年农村人均可支配收入增速达6.8%;云峰乡有国省干道和县乡公路10.4公里,通村通组硬化道路158公里,库容15.46万立方米的水库一座,集体经济组织(种养大户)52户,农业机械1328台,从业人员645人,2022年农村人均可支配收入增速8.1%;石羊镇

---

① 2022年安岳县政府工作报告。

有国省干道（含在建）和县乡公路80.8公里，通村通组道路456公里，入户硬化路310公里，高标准农田41439.3亩，工业企业152户，集体经济组织（种养大户）145户，2022年农村人均可支配收入增速达12%；龙台镇有国省干道和县乡公路39.2公里，窄道加宽项目和建制村畅通工程项目47.5公里，柠檬种植面积4.3万亩，柠檬加工企业643户，服务业企业526户，2022年经济增速6%。①

两地四区县经济发展比较来看，2022年安岳地区生产总值（GDP）总量明显低于毗邻的重庆三个区县，而经济增速却高于毗邻的重庆三个区县。与2022年的全国GDP增长率3.0%和四川省GDP增长率2.9%相比，安岳的发展后劲是充足的。要知道，这一年，新冠疫情才刚刚结束。这表明，安岳虽然经济基础落后，但发展势头良好，我们应该更有信心为安岳今后的发展注入更多动能。

（二）基层治理发展现状

1. 重庆方面

通过智能化、数字化、科技化手段融入基层治理工作，干部下沉一线，采取线上线下联动方式，发挥基层积极主动响应解决问题。例如，荣昌区以农家小院为基本单元，推动"小院+"党建引领乡村善治，融入了数字乡村管理平台，健全党组织领导的"四治融合"乡村善治体系，为村民提供积分兑换、事件上报、新闻资讯、个人求助、求职评比等丰富功能，以数字化赋能乡村治理；大足区依托"爱大足"App建立"云号手"党建引领基层治理信息化平台，志愿者主动接单，各部门乡镇针对某项具体工作发出吹号集结令；潼南区依托网格建立"潼心共治"网格服务微信群，通过推行"群众点单、平台派单、网格接单"的工作模式，网格员及村（社区）干部、党员骨干、网格长24小时在线，提供"一站式服务"。

---

① 2022年安岳县政府工作报告。

2. 安岳方面

以"微治理"破解基层治理"大难题",聚焦打造富有安岳特色的市域社会治理现代化试点品牌。如忠义镇、双龙街乡、合义乡、两板桥镇等与重庆大足毗邻乡镇建立镇村"乡邻乡亲"工作站(室),创建"五联"工作机制,深度开展边界地区平安建设协作;龙台镇、姚市镇、云峰乡等与重庆潼南毗邻乡镇建立联合巡河治理机制,定期召开联席会议,共商治理河道污染问题办法措施,联动保护河流生态环境。

(三)人才队伍建设现状

1. 重庆方面

农村人才队伍建设成规模,基层岗位具有一定吸引力。例如,潼南区优化村干部的待遇体系,实行"固定补贴+养老保险+绩效考核+集体经济奖励"制度,建立3岗6级职业等级,动态调整补贴标准,增强村干部岗位吸引力;荣昌区持续完善"百名人才入乡,赋能乡村振兴"的"派、管、激"的工作机制,推动人才入乡的制度化、常态化,聚力农业高质高效、乡村宜居宜业、农民富裕富足,激发乡村振兴"源头活水";高坪镇政府机关近年来招录5名研究生(含2名留学生)学历人员,补充了基层干部队伍力量;高升镇聘用10余名公益性岗位人员,为机关事务性辅助工作补充力量。[①]

2. 安岳方面

积极探索培育壮大乡村振兴的农村基层人才队伍。如元坝镇把村级后备干部队伍建设作为建强基层党组织的一项重要举措,通过实地走访、主动报名和村民推荐等方式选用培养24名挂职干部,培育乡村振兴的"后备军"[②];石羊镇利用"农家书屋"、网上教育平台等资源,由产业带头人讲授创业经验、专业技术,开展有针对性的培训,探索"一带十、十带百"的农村人才创业模式;龙台镇将在家看护老人小孩的闲散劳动力组织起来,利用合乡并

[①②] 2022年安岳县政府工作报告。

镇的闲置资产，引进鞋服企业"微车间"，实现务工顾家两不误，增加群众收入；毛家镇大力扶助种养大户、家庭农场等新型农业经营主体，通过政策争取、技术指导、资金支持等方式，及时为企业纾难解困，助推蚕桑、蔬菜、禽蛋等产业发展壮大。

（四）民生政策保障现状

安岳与毗邻重庆区县都出台了住房、教育、医疗和困难帮扶等方面的民生保障政策，特别是脱贫攻坚以来，向农村基层倾斜力度较大，广大农村基层群众的民生保障水平大幅度提高。重庆整合农业、交通、乡村旅游、乡村振兴等项目，加大项目规划力度，统筹实施乡村道路建设，财政投资额近100%，群众基本不用自筹资金；实施"渝快保"的医保政策，医保个人账户（含补充医疗保险）余额将结转到下一年度，费用不清零，普通人员住院报销比例最低达50%，最高可达85%。[①]

三、安岳毗邻重庆周边乡镇发展存在的问题及原因分析

（一）基础设施建设相对滞后

安岳北向乡镇与重庆差距不大，甚至在柠檬产业发展上超过重庆毗邻乡镇。但是南向乡镇与重庆毗邻乡镇对比，差距较大。

（1）道路建设有差距。重庆毗邻乡镇乡村道路、生产便道、乡村旅游通道覆盖面广，基本实现"通村通组"，10户以上连片入户路也纳入了政府统一规划实施，整合交通、农业、乡村振兴等方面的项目，打捆包装申报，区县基本可以不用配套资金，更无须群众集资。各种产业项目、基础设施项目资金当年就能兑现，无截留、拖欠现象。

---

① 2022年安岳县政府工作报告。

(2) 场镇建设有差距。重庆毗邻乡镇街道路面直观感受较宽阔、平整，功能分区较为完善。例如，崇龛镇场镇建设按古镇风格打造；高升镇分三期规划建设标准化农贸市场；高坪镇建有1000平方米的大型停车场等。各场镇能做到统一规划，农贸、商业功能分区设置，有相应项目资金支持。

(3) 人居环境治理效果有差距。重庆毗邻乡镇基本形成了生态环境优美、公共秩序井然、服务功能完善的良好社区环境。如高升镇打造了成渝地区双城经济圈"美丽巴蜀"宜居乡村示范带，依托本地竹资源丰富的实际情况，每户庭院实施有统一的竹栅栏，太阳能路灯、分类垃圾箱等设施也较完备。群众参与性、主动性强，财力保障到位。

以上几个方面对于安岳来说，争取政府专项资金渠道较窄，经费来源投入不足，项目包装零散，群众筹资负担较重，在实施过程中群众的积极性不高，社会评价满意度相对较低。

(二) 民生保障政策存在差异

(1) 医保政策有差别。安岳周边乡镇有部分群众直接到重庆毗邻乡镇购买医保现象。主要原因在于，重庆医保基金雄厚，报销程序更简化便捷，转诊转院更方便，个人门诊账户余额部分可以转结到下一年度。以2022年为例，重庆出台"渝快保"商业补充医疗保险政策，政策规定只要是重庆基本医保参保市民，每人每年最低只需缴纳69元，就可享百万医疗保障，最高保障350万元，不限年龄、健康状况、职业等，有69元普惠款、169元升级款两种保障方案，最高报销比例达80%。安岳目前医保政策实施的是年度余额清零政策，报账比例相对于群众直观感受比重庆方面低。

(2) 营商环境有差别。重庆毗邻地区业主集中流转土地发展产业的意愿较强烈，群众支持度高。如崇龛镇土地流转金坡地为500元/亩/年，田地为700元/亩/年。[①] 乡镇能够为企业提供各种平台，一旦引进业主成功，政府政

---

① 2022年安岳县政府工作报告。

策支撑力度较大。农业支持的项目较多，申报较容易，而且政府会主动给予生产便道建设、水利基础设施等配套项目支持，能够保障业主无后顾之忧，有的生产便道可达3.5米宽。

（3）在渝购房读书的多。重庆毗邻区县、乡镇城市化程度高，小区容积率小，绿化率高，居住舒适性强，房价与安岳差不多；重庆高考招录比例高于四川，相对来说，本专科录取比例、"985""211"等高校在渝招生比例更大，升学率相对较高，导致安岳周边乡镇一些群众早早到重庆购房，以取得孩子就学读书资格。

（三）项目建设投放力度偏弱

重庆作为直辖市之一，行政层级由国家、直辖市到区县仅三级，直接到位政府专项资金相对充足，项目投放力度较大，基层政府争取项目的比例明显较高。2023年，安岳县目前共争取乡村振兴项目中省级专项资金17459万元，涉及巩固拓展脱贫攻坚成果、农文旅发展、柠檬产业发展、粮油果蔬种植、生态园区建设等项目。这些项目的实施，确实对于推动乡村发展能起到较为明显效果，但是这些项目除巩固拓展脱贫攻坚成果项目属于全县性项目之外，毗邻重庆周边乡镇仅龙台、石羊、元坝、合义、两板桥等5个乡镇享有其他项目安排，且项目投放不均衡，最多的乡镇2000万元，最少的才150万元，对于乡村发展属于杯水车薪，难解燃眉之急。[①]

（四）协调发展制度设计有空白

实施"双圈"建设，顶层政策制度已出台，效果如何，还要看最终的基层落实情况。近年来，安岳围绕加快建设成渝地区中部崛起先行示范区，实施了一系列与重庆毗邻区县的联合联动机制。如把安岳石刻文化艺术发展融入资大文旅融合示范片建设，把合义乡农业产业纳入"大安农业产业园"建

---

① 2022年安岳县政府工作报告。

设等。这些制度的建立和实施，对于两地协调发展起到了很好的作用。但是，也有不完善不健全的地方。比如，毗邻乡村之间在政治、经济、文化、社会、生态文明等各个方面的互动交流沟通平台还不完善，没有形成常态化机制；两地的民生保障政策一致性机制、协调发展的投入机制、人才队伍交流培养机制等几乎没有建立，行政区划的壁垒依然存在。

（五）行政办公保障水平不一

安岳与重庆毗邻乡村干部的办公保障水平差距明显，重庆方面明显优于安岳，主要体现在：

（1）事务性工作有专人负责。重庆各乡村公益性岗位设置多，每个镇均设置有10多个公益性岗位人员，为政府机关干部做辅助性工作，机关干部能够腾出更多时间、更多精力抓发展和服务群众。

（2）公务出行保障条件好。重庆每个镇均配有1辆公务用车，个别镇多达3辆，还配备了特种车辆（消防车、执法车）等。干部开展下村、出差、执法、宣传等工作都能及时解决用车。

（3）公务费保障充足。以重庆市大足区为例，每个乡镇工作经费保底为300万元，人数较多的镇按每年5万元/人预算。镇级工作人员人头经费保障预决算较宽裕，还可以通过税收自留部分，补充行政运行工作经费保障的不足。

（4）干部学历层次高。重庆各乡镇近年来新考录的工作人员中研究生以上学历占比高。如高坪镇，近年来新考入的研究生就有5名（含2名留学生）。主要原因在于，乡镇岗位待遇相对较好，晋升渠道宽，对高学历人才的吸引力较强，也留得住人。①

---

① 2022年安岳县政府工作报告。

四、抢抓成渝地区双城经济圈建设机遇，实现川渝地区毗邻乡镇协调发展的建议

（一）培养乡镇基层干部系统思维观念和宏观战略眼光

（1）树立整体性思维，培养战略格局眼光。乡镇干部特别是乡镇主要领导，要站在成渝地区双城经济圈建设发展高度，用习近平新时代中国特色社会主义思想、宏观战略眼光、全局系统思维思考谋划工作，提升基层视野格局，树立"一盘棋"思想，乘势借力，实现相邻乡镇组团式、差异化、互补型发展。要把乡村振兴战略摆在更加突出的位置，以乡村振兴引领成渝地区中部崛起、川渝毗邻乡镇发展的"牛鼻子"和"新引擎"，不断夯实农业农村基础，坚持农业农村优先发展，按照"产业兴旺、生态宜居、乡风文明、治理有效、生活富裕"的总要求，统筹推进安岳毗邻重庆乡村经济建设、政治建设、文化建设、社会建设、生态文明建设和党的建设。

（2）加大乡村干部培训力度，增强理论与实践经验。要把新发展理念、高质量发展、《纲要》精神纳入乡村干部培训教育课程，开展安岳建设成渝地区中部崛起示范区"大学习、大调研、大讨论、大实践"活动，增强乡村干部主动意识、创新意识、拼争意识。要经常性听取乡村基层意见建议，不断总结经验，优化政策措施，促进基层干部善于运用新时代新思想新理论指导工作实践，指导乡村干部提高实践实战水平。

（二）挖掘地方特色资源优势，锚定毗邻乡镇发展定位

（1）围绕资源禀赋条件，塑造安岳特色品牌。地方特色资源是一个地方生存和发展的基础。特色资源包括文化资源、物产物种资源、生态环境资源、气候气象资源等。安岳毗邻重庆乡镇有许多共同共通的特色资源，要大力挖掘、充分利用这些特色资源，邀请高校、科研机构的专家学者深入基层开展

科研调研，围绕特色资源开发利用价值最优解，找准政策的结合点和工作的突破口，突出自身特色，树立品牌意识，打造一批竞争力强的优势农产品。

（2）优化产业协调布局，盘活毗邻乡镇资源。要在乡村旅游、农业产业现代化发展、基层联动治理等方面加快统筹协调发展，实现资源互补共享、产业延链共建，做大做强相关产业，增加群众收入。如龙台镇与潼南崇龛镇利用长江上游琼江河共谋琼江河流域治理保护，发展生态渔业；毛家镇、护龙镇联合潼南柏梓镇利用安岳柠檬的成熟品牌建设柠檬现代化种植园区，进一步擦亮安岳柠檬金字招牌；两板桥镇、双龙街乡与大足高坪镇依托千亩楠木林共同打造玉龙山康养产业，打造川渝两地休闲娱乐康养的"后花园"；合义乡、忠义镇联合大足高升镇、铁山镇利用边界地理优势共建大安农业园区，发展"瓜果蔬菜"和"芳香"产业，建设重庆、成都两个大都市的"菜篮子"。

（三）加大支持政策倾斜力度，积极包装投放建设项目

成渝地区中部崛起示范区建设，必须依靠国家和省级政策的导向功能、调控功能和分配功能，加大政策支持倾斜力度，投入一批作用强、效果好，符合成渝地区毗邻乡村实际的项目。

（1）加快实施农村基础设施建设补短项目。统筹规划成渝毗邻乡村经济社会发展，强化道路、农田、水利、能源、人居环境治理等项目，在实施成渝中线高铁、渝蓉高速、成资渝高速等交通项目"大动脉"的基础上，打通两地县乡村交通"毛细血管"，构建完善的交通网络，方便两地群众经济交往。

（2）加快实施农文旅产业融合发展项目。将安岳柠檬、安岳石刻与大足石刻等农文旅元素融入两地毗邻乡村发展规划，将正在推进中的大安农业园区、玉龙山康养产业园区和潼南柠檬种植园区等项目进行提档升级，一体化打造现代化农业产业发展体系和乡村旅游业发展体系。

（3）加强国家和省级项目联合申报。安岳与重庆毗邻乡镇要站高谋远，

规划一批高质量、高水平发展项目，抢抓成渝地区双城经济圈建设战略契机，客观分析两地发展现状，利用两地强大的优势资源，双向借力，加大项目策划力度，主动联手，争取更多一致性政策的支持，力争更多项目纳入政府专项资金"大盘子"，减少基层配套和群众筹资，增强群众获得感、幸福感。

（四）改革创新川渝毗邻乡镇沟通协调机制，打破区域行政壁垒

中央财经委员会第六次会议指出："要发挥比较优势，推进成渝地区统筹发展，促进产业、人口及各类生产要素合理流动和高效集聚"。

（1）组建专班力量加强协调。两地要树立创新精神和改革的勇气，敢于突破行政壁垒，组建专班队伍力量，建立健全跨区域协作协调机制，加快省市县乡各个层面的沟通交流，特别要加强安岳与毗邻区县乡镇的沟通交流，建立沟通交流衔接事项清单，落实责任主体和实施年限、协作标准等要求，推动科技创新在乡村发展中的聚力驱动，互通信息有无、相向发力、联合实施、协调发展，保证支撑政策一致、执行落实连贯、民生服务贯通、成效考核同步，为安岳加快建设成渝中部崛起示范区从制度上落实保障措施，提升川渝毗邻乡村整体竞争力，辐射带动其他乡镇发展，进而推动县域经济整体发展。

（2）主动出击加强协调。为了较高水平发展成渝中部，安岳应当更加积极有为，在交通、能源、产业、人才、民生保障、生态环境保护、基层治理等方面争取更多的国省项目资金支持，出台更加完善的政策配套措施，调动一切积极因素，集聚更多有利资源要素，实现两地更加协调发展，确保地区间平衡发展、充分发展，用发展解决发展中的现实矛盾。

（五）加快人才队伍建设选育管用机制，提升行政办公保障水平

（1）优化两地人才政策吸引。联合川渝两地高校、科研院所、重点企业，培养和引进高素质人才队伍，建立更加优厚的政策待遇，鼓励优秀大学毕业生、青年学者投身基层、奉献基层，把自己的青春智慧运用到川渝毗邻

地区，让这支新生力量在成渝地区双城经济圈建设中大展身手。

（2）加强县乡村干部锤炼锻造。建立"双圈"建设"专项干部池"，鼓励部门乡镇干部到村任职或兼职，出台考核评比量化指标体系，对工作认真负责、富有成效的干部在考核、评优、晋升上优先考虑，拿出专门名额作为优秀者提拔任用晋升渠道。

（3）探索干部挂职和跟班学习。从强化干部实践锻炼入手，开展安岳干部到重庆毗邻乡镇挂职跟班学习，促使干部在挂职锻炼、跟班学习工作的过程中拓宽视野、积累经验，接受先进发展理念，学习改革创新举措，在实战中"拜师"取经，把管用"真经"融入成渝中部崛起先行示范区建设。

（4）提升基层干部行政办公保障水平。要加大对基层办公保障投入，在办公用房、办公经费、公务用车、差旅费等方面给予合理保障，拓宽基层经费投入来源，缩小与重庆毗邻乡镇差距，解决基层干部具体实际困难。

（本专题执笔人：唐德双，中共安岳县委党校机关委员会书记、校务委员；黄自力，中共安岳县委党校科研办主任、高级讲师；李纳，中共安岳县委党校党政办主任、三级主任科员；刘柯红，中共安岳县委党校助理讲师；张梓涵，中共安岳县委党校工作人员。）

专题八 成渝地区双城经济圈建设背景下泸州融入重庆都市圈的对策研究[*]

2020年1月,中央财经委员会第六次会议作出"推动成渝地区双城经济圈建设"的重大战略部署,标志着成渝地区双城经济圈建设正式上升为国家战略。[①] 2021年10月,中共中央、国务院印发《成渝地区双城经济圈建设规划纲要》,为成渝地区双城经济圈建设提供了指导方向和行动指南。[②] 2021年11月,四川省发展和改革委员会、重庆市发展和改革委员会共同印发《泸永江融合发展示范区总体方案》,为省际区域实现融合发展提供了政策依据。2022年8月,重庆市人民政府、四川省人民政府共同印发《重庆都市圈发展规划》,规划范围里包含着四川省的广安市,是中西部地区首个跨省域都市圈规划,为跨省域都市圈融合发展提供了先例。地处川南的泸州市,既在成渝地区双城经济圈建设规划的范围之内,又与重庆都市圈发展规划中的荣昌区、永川区和江津区相邻,泸永江融合发展示范区还是重庆市和四川省政府共同确定的推动川渝毗邻地区加快融合发展的重点功能平台。基于此,在成渝地区双城经济圈建设背景下,及时研究泸州融入重庆都市圈问题,不仅有

---
[*] 第二届成渝地区双城经济圈发展论坛优秀论文。
[①] 杨继瑞,杜思远,冯一桃.成渝地区双城经济圈建设的战略定位与推进策略——"首届成渝地区双城经济圈发展论坛"会议综述[J].西部论坛,2020,30(6):62-70.
[②] 李东晋,林楠.推动成渝地区双城经济圈建设具有全国影响力重要经济中心[J].宏观经济管理,2022(10):55-60,69.

利于推动国家战略落地落实，还可降低中部地区的塌陷风险和提升泸州的城市能级，具有重要的理论价值和现实意义。

一、泸州融入重庆都市圈的有利条件

（一）具有融入的支持政策

泸州融入重庆都市圈具有政策上的支持。一是长江经济带发展的政策支持。2016 年 9 月，《长江经济带发展规划纲要》正式印发，要求发挥重庆等城市的核心作用、中心城市的辐射作用及地级城市的支撑作用，聚焦保护和修复长江生态环境、建设综合立体交通走廊、创新驱动产业转型、海陆统筹的对外开放新格局等多项任务，将长江经济带建成长江黄金经济带。泸州和重庆同属于长江经济带上游城市，共同享有《长江经济带发展规划纲要》的政策支持。二是成渝地区双城经济圈建设的政策支持。2021 年 11 月，《成渝地区双城经济圈建设规划纲要》正式印发，要求发挥重庆、成都两个中心城市的核心作用，处理好中心与区域的关系，强化协同辐射带动作用，以大带小、加快培育中小城市，以点带面、推动区域均衡发展。泸州是《成渝地区双城经济圈建设规划纲要》中的区域城市和培育城市，其高质量发展需借助重庆、成都两个中心城市的辐射作用。三是泸永江融合发展示范区建设的政策支持。2021 年 11 月，《泸永江融合发展示范区总体方案》正式印发，要求探索川渝毗邻地区融合发展模式，在互联互通、产业协作、绿色发展、对外开放、公共服务、体制机制等六个方面提出了重点任务。《泸永江融合发展示范区总体方案》中的永川区和江津区为《重庆都市圈发展规划》中的城市，《泸永江融合发展示范区总体方案》的正式印发为泸州融入重庆都市圈奠定了坚实基础。

（二）具有融入的区位优势

泸州融入重庆都市圈具有区位上的优势。泸州地处长江上游、四川省东南、重庆市西南、川渝滇黔接合部，是川渝滇黔接合部区域中心城市和成渝地区双城经济圈南翼中心城市。泸州位于重庆都市圈的西南方，与重庆都市圈的城市同属于长江上游地区，与重庆都市圈中的荣昌、永川和江津相邻。表1显示，泸州距离荣昌、永川和江津分别为75.9公里、91.0公里和128.3公里，在1.5小时车程范围；距离重庆都市圈中心城区最近的是大渡口，为150.0公里；距离重庆都市圈中心城区最远的是渝北，仅为180.6公里，在2小时车程范围；距离重庆都市圈中心城区的平均距离为162.4公里。

表1　　　　　　　　泸州与相应地区距离

序号	地区	距离（公里）	类别	序号	地区	距离（公里）	类别
1	荣昌区	75.9	相邻地区	7	沙坪坝区	153.8	中心城区
2	永川区	91.0	相邻地区	8	渝中区	162.3	中心城区
3	江津区	128.3	相邻地区	9	江北区	167.8	中心城区
4	大渡口区	150.0	中心城区	10	南岸区	169.5	中心城区
5	巴南区	152.6	中心城区	11	北碚区	171.4	中心城区
6	九龙坡区	153.8	中心城区	12	渝北区	180.6	中心城区

注：距离数据采用高德地图测度两个地区人民政府的导航最短路程。

（三）具有融入的交通条件

泸州融入重庆都市圈具有交通上的条件。一是公路通道互联互通。高速公路通道方面，泸州可通过成渝环线高速（G93）、广泸高速（G8515）、厦蓉高速（G76）、泸永高速（S33）、江泸北线高速（即将通车）等直达重庆都市圈中的相应地区。快速公路通道方面，泸州与荣昌、永川和江津均有国道通道，并开通了重庆永川（朱沱）—泸州市高铁东站（云锦）、泸县（喻寺）—重庆荣昌（高铁北站）、合江（白鹿）—江津（塘河）三条跨省公交线路。二是铁路通道从少到多。客运铁路通道方面，泸州现可通过绵泸高铁和成渝高铁到达重庆都市圈中的相应地区，待渝昆高铁正式通车后，泸州将实现 0.5 小时到达重庆都市圈中心城区的目标。货运铁路通道方面，泸州现可通过隆黄铁路和成渝铁路到达重庆都市圈中的相应地区，待隆黄铁路（隆叙段）扩能改造完工后，货运铁路通道将更加便捷。三是水运通道紧密合作。泸州与重庆都市圈中的永川、江津、巴南、大渡口、南岸、江北、长寿等拥有共同的长江航道，现已常态化运行泸州至重庆"挂港""水水中转"班轮，正在协同推进长江干线川渝段生态航道整治工程和共建长江上游航运中心。四是空运通道合作加快。泸州已在荣昌建立泸州云龙机场荣昌城市候机厅，重庆也在泸州建立重庆机场泸州城市候机楼，泸州与重庆正推动江北国际机场和泸州云龙机场的合作，将共同打造成渝地区双城经济圈枢纽机场群。

（四）具有融入的产业基础

泸州融入重庆都市圈具有产业上的基础。泸州的七大重点工业产业是白酒（食品）、电子信息（数字经济）、装备制造、现代医药、能源化工、纺织新材料和绿色建材，重庆都市圈的七大重点支柱产业是电子信息、汽车摩托车、装备制造、医药、材料、消费品（食品）、能源工业等重点支柱产业。泸州的产业与重庆都市圈的产业相比，泸州的白酒（食品）产业具有绝对优势（泸州市 2022 年规模以上工业企业的白酒和啤酒产量达到 221.6 万千升，而重庆市仅为 80 余万千升[①]），其他六大产业具有一定的比较优势和区域特色，具备承接重庆都市圈产业转移和做好重庆都市圈产业配套的基础，有条件形成产业协同发展。

（五）具有融入的资源保障

泸州融入重庆都市圈具有资源上的保障。一是开放平台上的保障。泸州与重庆都市圈的开放平台相比，只是没有一类口岸，其余的如自由贸易试验

---

① 2022 年泸州市国民经济和社会发展统计公报。

区、综合保税区、保税物流中心（B 型）、跨境电商试验区、国家高新技术产业开发区等都有。二是医疗资源上的保障。泸州现有 7 家三甲医院和 1 所"本硕博"一体化培养的医科大学，医疗资源除成都和重庆主城区外，是四川省和重庆市医疗资源最为丰富的地区，具备为川渝黔滇接合部上千万人提供优质医疗健康服务的能力。三是人力要素上的保障。泸州 2022 年常住人口 426.3 万人，比邻近的荣昌（66.8 万人）、永川（114.7 万人）和江津（135.4 万人）三区之和多 109.4 万人，常住人口约为重庆都市圈的 1/5。四是资金要素上的保障。泸州 2022 年财政收入 192.5 亿元，川内市州排名第三，比邻近的荣昌（26.8 亿元）、永川（42.1 亿元）和江津（67.7 亿元）三区之和多 55.9 亿元，与重庆都市圈中心城区任意三个区的财政收入之和相近。[①]

（六）具有融入的人文基因

泸州融入重庆都市圈具有人文上的基因。一是地缘相似。泸州老城区与重庆的地形几乎无异，都是"两江交汇"，都是建在江边和山上，都是因水而兴旺，泸州素有"小重庆"之称。二是人文相亲。泸州因距离重庆比成都更近，加之向东必经重庆，两地的商贸物流、人文习俗在交往中相互融合。三是文化相同。泸州与重庆同属于巴蜀文化，具有相同的性格特点、地方方言、码头文化及美食文化。

二、泸州融入重庆都市圈的制约因素

（一）重庆都市圈强大的虹吸效应

泸州与重庆都市圈的城市相比，在区位、人才吸引、资金供给、技术创

[①] 2022 年泸州市国民经济和社会发展统计公报。

新、支撑平台、公共服务等多个方面存在差距，与重庆都市圈的中心城区相比，存在的差距就更大。[1] 泸州位于成都和重庆两地中间，随着绵泸高铁的开通，泸州进入了1.5小时成都经济圈，但由于渝昆高铁尚未开通，泸州还未进入0.5小时重庆都市圈的中心城区。已有学者研究了高铁对沿线城市经济的影响，发现高铁两端的城市对沿线城市产生了明显的虹吸效应。[2] 由此可见，一旦渝昆高铁正式开通，泸州将面临重庆都市圈强大的虹吸效应，可能导致更多的人力、资本、技术加速向重庆都市圈集聚，加大泸州"中部塌陷"的风险，对泸州经济社会发展产生较大的负面影响。

（二）产业协同发展面临诸多困难

泸州与重庆都市圈的城市在产业协同发展上面临以下问题：一是泸州的产业竞争力不强。从泸州与重庆都市圈的三次产业结构和三次产业就业比例对比看，泸州第一产业的占比过高，而第二、第三产业的占比过低，尤其是第三产业存在较大差距。从泸州的七大重点工业产业与重庆都市圈的七大重点支柱产业对比看，泸州仅白酒（食品）产业具有绝对优势，其他六大重点工业产业的优势不明显，缺乏龙头企业。二是区域内的产业同质化严重。从表2可以看出，各地区的重点产业（支柱产业）几乎相同，都有食品、电子信息、装备制造和材料。泸州与邻近的荣昌、永川和江津相比，相应的产业虽有自身特色，但产业同质化现象仍然严重，以致各个地区很难将该产业做大做强，难以形成集聚效应。三是彼此之间的竞争大于合作。各地区基于自身发展和目标绩效考核需要，往往会选择利于自己发展的方式。从调研中了解到，泸州与永川和江津搭建了合作平台、构建了合作机制、签订了合作项目，但合作进程较为缓慢，不及双城经济圈中的川渝高竹新区、遂潼一体化

---

[1] 刘涛. 成渝地区双城经济圈建设背景下重庆主城都市区产业政策创新研究［D］. 中共重庆市委党校，2021.

[2] 黄振宇，吴立春. 京沪高铁对沿线城市经济的影响——基于空间经济学理论的实证分析［J］. 宏观经济研究，2020（2）：165－175.

发展先行区。

表2　　　　　　　　　　　各地区的产业对比

序号	地区	数量（个）	重点产业（支柱产业）
1	泸州市	7	白酒（食品）、电子信息（数字经济）、装备制造、现代医药、能源化工、纺织新材料、绿色建材
2	荣昌区	7	消费品、智能装备、电子信息、新材料、大数据区块链、运动健康、农牧高新
3	永川区	5	汽车摩托车、电子信息、智能装备、智能家居及材料、特色消费品
4	江津区	4	消费品、装备制造、汽车摩托车、材料
5	重庆都市圈	7	电子信息、汽车摩托车、装备制造、医药、材料、消费品（食品）、能源工业

资料来源：各地政府工作报告和新闻报道。

（三）经济发展面临生产要素短缺

经济高质量发展离不开充足的生产要素资源，但泸州的生产要素资源与重庆都市圈的城市相比，面临着短缺难题。一是人才要素资源短缺，高层次人才和产业技术工人缺口较大。由于泸州在城市能级上与成都和重庆存在较大差距，难以引进高层次人才，即便引进来后也容易流失。泸州每年毕业约2.2万名中职生和1.7万名大学生，但由于就业机会少，加之工资水平低，多数毕业生流向了成都和重庆。二是资金要素资源短缺，财政收支矛盾突出。泸州2022年财政收入192.5亿元，财政支出458.7亿元，财政收支差额为266.2亿元，泸州财政自给率为42.0%，低于重庆都市圈的城市。① 三是土地要素资源短缺，建设用地供需矛盾突出。泸州建设用地指标主要由国家和四川省确定，泸州自身的决定权非常有限，虽然泸县试点了宅基地制度改革，

---

① 2022年泸州市国民经济和社会发展统计公报。

但供给的土地远远满足不了实际需求。四是技术要素资源短缺。无论是技术创新服务平台、高等院校及科研院所,还是高新技术企业和专利授权量,泸州都无法与重庆都市圈的中心城区相比,两者完全不在同一个水平。五是信息要素资源短缺,信息基础设施薄弱。泸州在5G基站建设、5G覆盖区域、5G用户、物联网的硬件设施等方面存在明显短板。

(四)思想观念与体制机制存在差距

泸州与重庆都市圈的城市相比,在思想观念与体制机制上还存在一定差距。在思想观念上,有个别领导干部存在安于现状、不思进取的思想,缺乏勇于创新、勇于开拓、勇于奋争的意识。在体制机制上,体制机制的灵活性不够、相应领域的深化改革还不足、相应的制度政策还不完善。此外,由于泸州市下辖区县与重庆都市圈的城市存在行政级别不对等问题,导致在融入中面临困难。由于行政级别的差异,导致多个方面也存在较大差异,如重庆都市圈的支持政策、营商环境、产业配套、基础设施、公共服务等多个方面明显优于泸州。

三、泸州融入重庆都市圈的对策建议

泸州应围绕新时期国家战略布局调整的新格局,抢抓重庆都市圈发展的机遇,以思想观念、体制机制、营商环境、基础设施、公共服务五个方面的接轨为前提,以强化生产要素资源的保障、提升泸州的城市能级、建设泸永江融合发展示范区为重点,以优势产业主导和弱势产业配套的方式实现产业互补发展,采用三步走策略梯次推进,形成与重庆都市圈一体化互动协调发展的新格局,实现全面深度融入重庆都市圈。

(一)五项接轨

泸州应在思想观念、体制机制、营商环境、基础设施、公共服务五个方面与重庆都市圈进行接轨。

第一，思想观念上接轨。坚持以解放思想为根本，主动学习重庆都市圈的思想观念，以解放思想推动作风大转变和质效大提升，进一步增强开放意识、创新意识、开拓意识、进取意识和服务意识，在思想观念上缩小与重庆都市圈的差距。

第二，体制机制上接轨。坚持以深化改革为动力，以制度创新为核心，参照重庆都市圈的体制机制，不断转变政府职能，不断缩小政策差距，逐步实现体制机制上的接轨，确保重庆都市圈的产业和资本转移到泸州后能够快速落地生根。

第三，营商环境上接轨。坚持深化"放管服"改革，持续优化营商环境，增强泸州对外吸引力。在软环境方面，充分发挥自贸区政策创新的优势，借用重庆都市圈的政策，整合泸州试点平台政策，创造良好的产业发展软环境；在硬环境方面，抢抓国家新基建机遇，推进5G的落地发展，加快通信网络技术设施建设，推动人工智能等新技术基础设施建设和数据中心算力基础设施建设。

第四，基础设施上接轨。坚持以交通设施建设为抓手，不断缩小基础设施上的差距。在公路通道建设上，力争江泸北线高速和渝赤叙高速早日建成通车，全面提升泸州至荣昌、永川和江津的快速通道，开通更多跨省公交线路。在铁路通道建设上，加快渝昆高铁和隆黄铁路（隆叙段）扩能改造进程，力争早日实现通车；共同争取汉南渝泸铁路（延伸至贵州毕节）、重庆经泸州至昭通铁路（沿江铁路）、川南渝西城际铁路等进入国家新时代中长期铁路网发展规划。在轨道交通建设上，争取重庆轨道交通经永川、江津延伸到泸州。在水运通道建设上，与重庆都市圈的长江沿线城市共同呼吁加快推进三峡水运新通道建设，协同推进长江干线泸渝段生态航道整治。在空运通道上，集聚渝西荣昌货运机场、永川通用机场和重庆第二国际机场航空资源，建设国家战略储运走廊的空运中心。此外，还应强化电力、水利、教育、医疗、公共服务等基础设施建设，补齐基础设施短板。

第五,公共服务上接轨。坚持以基本公共服务为导向,缩小与重庆都市圈的差距。加大教育医疗投入,不断提升教育医疗水平。完善文化设施,使文化服务惠及面更广;顺应数字化发展趋势,加快发展数字文化新型业态,打造智慧城市。

(二) 重点突出

泸州融入重庆都市圈应围绕强化生产要素资源的保障、提升泸州的城市能级和建设泸永江融合发展示范区三个方面作为重点。

第一,强化生产要素资源的保障。在人才要素上,实施更加积极的人才政策,加强与重庆都市圈的联动,实行"人才+项目+资本"协同引才模式,加大引进具有世界水平的科技领军人才、工程师和高水平创新团队;依托泸州优质中高等教育资源、博士后科研工作站,抢抓中国西部工匠城建设,探索创新人才培养模式,培育知识型、技能型、创新型高技能人才。在资金要素上,提高财政资金效率和优化金融保障服务。综合运用金融工具,推动金融创新实践,拓展多元筹资方式,合力化解融资难题。在土地要素上,用好用足泸县宅基地试点改革政策,力争试点政策在全市推广;不断缩短供地周期,优化弹性年限出让供地审核流程,开通用地报征绿色通道。在技术要素上,加大研发投入,创新科研机制,争创国家科技创新基地。加大财政对重点科研项目、关键技术的投入力度,确保研发投入强度达到重庆都市圈中心城区的平均水平;建立科技成果转化投入补偿机制,引导企业投入科技成果转化工作。在信息要素上,加快建设覆盖全区域的5G信息基础设施,实现高速网络普遍覆盖;推动电子政务平台跨城市横向对接和数据共享,建立与重庆都市圈的政务信息共享和业务协同机制。

第二,提升泸州的城市能级。在城市辐射力上,要发挥优势,打造城市特色。充分利用好自由贸易试验区、综合保税区、跨境电商综合试验区等国家级开放平台,发挥开放平台体系的引领作用,利用现有平台拓展政策优势,进一步改善发展的政策环境。利用好泸州的医疗资源优势,增强泸州医疗对周边区域医疗卫生事业的辐射力和影响力。在城市吸引力上，要补齐短板，提升城市内涵。发挥院士工作站、博士后科研工作站、高校、院所的科研优势，争取国家级和省级研究平台和机构落户泸州，吸引研究型大学入驻泸州。构建以白酒主题文化、红色传统文化、绿色生态文化、少数民族文化、泸菜文化为载体的城市文化品牌，打造科创融合、产教融合、产城融合、城乡融合的高品质生活宜居地。在城市竞争力上，要创新思路，加快城市发展。加快发展战略性新兴产业和数字经济，形成做大经济规模的新支柱。推动生产性服务业向专业化和价值链高端延伸，推动各类市场主体参与服务供给。[①] 推动生活性服务业向高品质和多样化升级，加快发展健康、养老、文化、旅游、体育等服务业，强化公益性和基础性服务业供给。

第三，建设泸永江融合发展示范区。要抢抓泸永江融合发展示范区建设契机，进一步完善泸渝通道，构建全面融入的体制机制，探索经济区与行政区适度分离改革，创新毗邻合作的新模式。建议在泸永江融合发展示范区上探索经济区和行政区适度分离，建设类似于粤桂合作特别试验区。重庆在招商政策上明显优于泸州，与永川和江津进行合作是泸州的最优选择，这既符合国家的政策方针，又能让泸州有新的经济增长点。三方应共同争取建立省市联合指挥部，并尽快形成工作合力。要以"经济功能区"理念推进泸永江共建融合发展平台，给予充足政策支持和要素保障，鼓励先行先试、率先突破，力争建设成为中西部地区最有实力、最有特色的省际区域融合发展示范区。

（三）产业互补

泸州融入重庆都市圈在产业发展上要以优势产业主导和弱势产业配套的方式实现产业互补发展，既要享受重庆都市圈经济发展的辐射效应，还要塑造自身特色，提升自身竞争力，形成特色产业结构和经济增长点。

---

① 张占斌，黄锟. 牢牢把握"十四五"经济社会发展主题主线［J］. 人民论坛·学术前沿，2020（22）：11-18.

在优势产业上，要形成主导地位。要发挥"泸酒"优势，整合酒类资源，打造高水平世界级白酒产业集群；突出固态酿造与绿色循环发展，强化"中国白酒金三角核心腹地"战略定位，"浓、酱、清"三香发展，形成以白酒产业为核心、其他食品饮料业互动发展格局。整合市内酒类企业资源和重庆都市圈的白酒资源，筑牢以泸州老窖、郎酒、川酒集团"三大龙头"为引领，绿地、环球佳酿等"小巨人"企业为支撑，其他企业梯队协调发展格局。支持永川和江津种植好高粱，推进白酒企业调整产品品种，提升产品品质，讲好泸酒故事，做强产品品牌，促进产业智能酿造升级，完善全产业链条，实现全产业链追溯，形成高质量集聚发展格局，打造成为高水平世界级白酒产业集群。

在弱势产业上，要形成合理配套。在电子信息（数字经济）领域，推动一批传统优势产业向数字化转型，在智能城市建设、数字要素流通、体制机制构建等方面先行先试，力争与重庆都市圈的相应城市共建数字经济发展新高地。在装备制造领域，依托泸州为全国工程机械生产基地和国家高性能液压件高新技术产业基地，主动对接重庆都市圈，共同打造承接装备制造业配套产业创新发展示范区。在现代医药领域，依托泸州和借助重庆的医药资源，建设现代医药研发基地，打造医药制造产业集群，建设川渝地区医疗救治第三极，建设区域医教研人才培养高地，提供多元化多层次康养服务。在能源化工领域，依托川渝两地签订的《共同推进成渝地区双城经济圈能源一体化高质量发展合作协议》，创建深层页岩气国家级示范区。在纺织新材料领域，发挥龙头企业恒力（泸州）产业园的引领作用，把深耕泸州和服务重庆都市圈发展结合起来。在绿色建材领域，紧抓重庆建设1500亿元级绿色建材产业集群的机遇，建设一批研发平台和试验基地，推动泸渝绿色材料领域合作、资源互补配套、资源融合发展。通过强化弱势产业的特色，不断补链、强链和延链，与重庆都市圈的支柱产业实现互补发展。

（四）梯次推进

泸州融入重庆都市圈采用三步走策略梯次推进。第一阶段，以泸永江融合发展示范区建设契机，推动泸州与永川和江津的融合发展，探索全面融入的体制机制，打破各自封闭发展的格局，奠定后续融入的基础。第二阶段，结合泸永江融合发展的经验，推动泸州与重庆都市圈其他城市的融合发展，推动双方在基础设施建设、科技协同创新、营商环境优化、产业协同发展、公共服务供给等方面迈出坚实的步伐。第三阶段，在第一、第二阶段发展的基础上，进一步校准合作偏差、发展偏差，加大更宽领域、更深层次的合作开放，促进区域产业、经济和社会的深度融合发展，形成与重庆都市圈一体化互动协调发展的新格局，实现全面深度融入重庆都市圈。

（本专题执笔人：唐亮，泸州职业技术学院副教授；张涛，泸州市社会科学院院长；罗朝刚，泸州市社会科学院管理八级职员。）

专题九　成渝地区双城经济圈卫生健康一体化发展策略研究[*]

一、成渝地区双城经济圈卫生健康一体化发展的背景和意义

成渝地区双城经济圈是党中央、国务院作出推动成渝地区双城经济圈建设、打造高质量发展重要增长极的重大决策部署，是新形势下促进区域协调发展、形成优势互补、高质量发展区域经济布局的重大战略支撑。而卫生健康作为人类社会发展的重要基础，是国家治理体系和治理能力现代化的重要内容，更是衡量国家综合实力和民生水平的重要指标。因此成渝地区双城经济圈卫生健康一体化发展，是当前推动成渝地区双城经济圈建设的重要内容和关键领域，也是促进成渝两地协同创新、协同发展、协同治理、协同共享的重要途径。

成渝地区双城经济圈卫生健康一体化发展的意义在于：

（1）有利于提高成渝地区双城经济圈人民群众健康水平和生活质量。该经济圈人口规模大、老龄化程度高、慢性病负担重等复合特征决定了该区域将会长期面临较大的卫生健康需求和压力。通过加强以成都、重庆为核心代

---

[*] 第二届成渝地区双城经济圈发展论坛优秀论文。

表的公共卫生、医疗服务、人才培养、健康产业等方面的合作，将助力实现这一区域优质卫生健康资源的共建共享，提高卫生健康服务能力和水平，满足经济圈人民群众日益增长的多样化、个性化的卫生健康需求，增强经济圈人民群众对美好生活的获得感和幸福感。

（2）有利于促进成渝地区双城经济圈经济社会高质量发展。卫生健康事业不仅是社会事业，也是经济事业。卫生健康事业发展能够有效降低疾病负担，提高劳动力素质和参与度，增加居民消费能力和需求，促进人力资本积累和社会资本形成，从而提高经济增长的质效水平。通过推动成渝地区卫生健康一体化发展，可以激发经济圈卫生健康产业的创新活力和竞争优势，培育形成一批具有国际影响力的卫生健康产业集群和品牌，打造成渝地区双城经济圈建设新的经济增长点和持续动力源。

（3）有利于增强成渝地区双城经济圈对外开放和区域合作的能力和水平。成渝地区位于"一带一路"和长江经济带交汇处，是西部陆海新通道的起点，具有发散辐射国内国际的独特优势。通过加强以成都、重庆为核心代表的卫生健康领域合作，可以提升成渝地区在全球卫生治理中的话语权和影响力，增强该区域在国际卫生健康合作中的参与度和贡献度，为共建"一带一路"、推进长江经济带绿色发展、促进西部大开发提供有力支撑。同时，也能够促进成渝地区与周边省市在卫生健康领域的交流合作，形成协调发展的"大健康"示范格局。

二、成渝地区双城经济圈卫生健康一体化发展的理论基础

（一）卫生健康一体化发展的内涵、特征和模式概述

卫生健康一体化发展是指在区域范围内，通过制度创新、资源整合、服务协调、政策协同等方式，实现卫生健康领域的规划统筹、标准统一、管理共享、服务互通，提高卫生健康服务质效水平，促进人民群众健康

福祉。①

卫生健康一体化发展特征包括：第一，跨区域性②，即卫生健康一体化发展不受行政区划的限制，而是根据区域内人口流动、疾病分布、医疗资源配置等因素，确定合理的区域范围和边界，以实现区域内卫生健康事业的优化布局和有序发展。第二，全周期性③，即卫生健康一体化发展涵盖人民群众的生命全周期和健康全过程，包括预防保健、医疗救治、康复护理等各个环节，以形成连续对接且无中断的卫生健康服务链条。第三，多主体性，即卫生健康一体化发展涉及政府部门、医疗机构、社会组织、企业机构、个人居民等多种主体，需要各方面共同参与、合作共赢，以形成多元化的"大健康"治理格局。第四，创新性，即卫生健康一体化发展要求突破传统的行政管理模式，探索适应区域特点和需求的制度安排和运行机制，运用信息技术、大数据分析等手段，以提高卫生健康决策和服务的科学性和智能化水平。

由于不同的区域特征和梯度的发展阶段存在，卫生健康一体化发展可以采取不同的模式，第一，城市群模式，即以城市为核心，以城市群为平台，实现城市之间和城乡之间的卫生健康资源共享和服务互通，提高城市群整体的卫生健康水平，例如京津冀地区深化公共卫生一体化合作与协同创新、长三角地区强化域内医保互通和信息互联建设、粤港澳大湾区创新医院管理模式和卫生人才聘用等。④ 第二，跨境模式，即以国家或地区为单位，通过双边或多边合作机制，实现跨国或跨地区的卫生健康规划对接、标准互认、信息互通、服务互认，促进国际或区域间的卫生健康合作与交流，例如香港大学深圳医院依托"一国两制"下的行动空间通过充分发挥所长，巩固了基于

---

① 国务院办公厅. 关于印发"十四五"国民健康规划的通知［EB/OL］. https：//www.gov.cn/zhengce/content/2022－05/20/content_5691424.htm，2022－05－20.
② 中共中央办公厅，国务院办公厅. 关于进一步完善医疗卫生服务体系的意见［EB/OL］. https：//www.gov.cn/zhengce/2023－03/23/content_5748063.htm，2023－03－23.
③ 王水平. 推动卫生健康事业高质量发展［N］. 人民日报，2021－09－30（9）.
④ 胡巧凤，潘宇佳，辛军国，等. 经济圈卫生健康协同发展现状对成渝经济圈的启示［J］. 成都医学院学报，2022，17（1）：106－109.

医疗服务利益形成的共生互赖关系。① 第三，特色模式，即以特定的地理环境、文化传统、产业结构等为依托，发挥地方特色优势，打造具有鲜明特色和品牌影响力的卫生健康一体化发展模式，例如国家癌症中心/中国医学科学院肿瘤医院通过肿瘤专科区域医疗中心输出单位优势，实现了以重点专科建设带动区域全面提高的目的。

（二）卫生健康一体化发展的动力和条件

（1）卫生健康一体化发展需要有政治上的坚强领导。必须坚持党中央、国务院把保障人民健康放在优先发展的战略位置，严格实施《"健康中国2030"规划纲要》决策部署。各级党委政府要切实履行保障人民群众生命安全和身体健康的政治责任，加强对卫生健康事业改革发展的统筹规划、组织领导、督促落实。

（2）卫生健康一体化发展需要有法理上的规范完善。卫生健康法律法规体系的完善必须要同中国式现代化发展相适应，通过以人民健康为中心的法治保障机制建立，制定或修改相关法律法规，明确各方面的权利义务和责任追究，规范卫生健康行为和活动。

（3）卫生健康一体化发展需要有制度上的创新突破。通过持续深化医药卫生体制改革，构建中国特色基本医疗卫生制度，完善分级诊疗制度、现代医院管理制度、全民医保制度、药品供应保障制度、综合监管制度等，激发各类医疗卫生机构和人员的活力和创造力，提高卫生健康服务的公平性、普惠性和可及性。

（4）卫生健康一体化发展需要有科技上的强大支撑。通过卫生健康科技创新，突破关键核心技术，提升重大疾病防治能力，推动中医药宝库创造性转化运用，加快发展数字健康、智慧医疗、健康大数据等新兴领域，建设国家卫生健康科技创新中心。

---

① 肖棣文，廖了，王琳. 理念认同与共生互赖：大湾区跨境公共服务中的合作治理——基于香港大学深圳医院的分析［J］. 公共行政评论，2020，13（2）：142-159，198-199.

（5）卫生健康一体化发展需要有社会上的广泛参与。通过形成政府主导、社会参与、公众支持的卫生健康治理格局，营造全民参与、全社会共建共享的良好氛围，进化出"大健康"的生活方式、生产方式、消费方式。

（三）卫生健康一体化发展与双城经济圈建设的关系和作用

（1）卫生健康一体化发展是双城经济圈建设的重要内容和目标。卫生健康是人民群众的基本需求，也是经济社会发展的重要支撑。卫生健康一体化发展可以提高成渝地区双城经济圈内部的协调性和互补性，促进卫生健康资源的优化配置和效率提升，满足人民群众日益增长的多样化和个性化的卫生健康需求，提高人民群众的健康水平和幸福感。同时，卫生健康一体化发展能够提升人力资本的质量和数量，进而提高人的劳动生产率和创新能力，释放消费潜力和市场需求，更反向推动卫生健康产业的创新发展和转型升级，为经济增长注入新动能，为社会保障体系建设提供坚实基础。此外，卫生健康一体化发展可以有效增强社会应对重大疫情和突发公共卫生事件的能力，保障人民群众的生命安全和身体健康，维护社会稳定和国家统一，为国家治理体系和治理能力现代化提供有力支撑。

（2）双城经济圈建设是卫生健康一体化发展的有利条件和动力。双城经济圈建设可以为卫生健康一体化发展提供良好的政策环境、技术环境和人才环境，以及充足的内部资源、强大的制度保障、广阔的市场空间和活跃的社会参与，将更有利于推动卫生健康领域的制度创新、服务创新、模式创新和管理创新，激发卫生健康领域的创新活力和合作潜力，进而形成卫生健康的高质量发展新高地。

因此，卫生健康一体化发展与成渝地区双城经济圈建设是相互促进、相互支撑、相互融合的，加强成渝地区双城经济圈卫生健康一体化发展对于增进人民福祉、维护国家安全等方面具有重要意义，将有助于实现成渝地区双城经济圈建设的高质量发展，更有助于推动国家西部地区、全国乃至全球卫生健康事业的进步。

三、成渝地区双城经济圈卫生健康一体化发展的现状评估

(一) 成渝地区双城经济圈卫生健康资源的配置和利用效率评价

卫生健康资源是指用于保障和提高人民群众健康水平的各种物质、人力、财力、信息和服务供给等资源。卫生健康资源的配置和利用效率是影响卫生健康服务质量和效果的关键因素。

1. 成渝地区双城经济圈卫生健康资源总量较为充足，但分布不均

2022年，成渝地区双城经济圈共有医疗机构7.5万个，占全国的7.3%；卫生技术人员80.2万人，其中执业（助理）医师31.3万人，注册护士38.8万人，分别占全国的7.1%和7.5%。从总量上看，成渝地区双城经济圈卫生健康资源规模居全国前列，为满足人民群众日益增长的健康需求提供了有力保障。但从分布上看，胡巧凤（2022）的研究表明四川卫生资源配置总体上呈现由北向南、由西向东逐渐增加的态势，而重庆市卫生资源配置整体上呈现为两极分布态势，因此成渝地区双城经济圈卫生健康资源仍存在城乡、区域、层级之间多重不平衡问题。[①] 以2022年为例，重庆片区每千人口拥有执业（助理）医师2.9人，低于全国平均水平0.2人；而四川片区每千人口拥有执业（助理）医师4.7人，高于全国平均水平1.6人。[②] 此外，在两地内部，中心城市和周边地区、城市和农村、三级医院和基层医疗机构之间的卫生健康资源差距也较大，与地方经济发展水平呈显著正相关。

2. 成渝地区双城经济圈卫生健康资源利用效率有待提高

2022年，成渝地区双城经济圈实现地区生产总值（GDP）7.9万亿元，

[①] 胡巧凤. 成渝地区双城经济圈卫生健康发展现状及协同度研究［D］. 成都：成都医学院，2023.

[②] 成渝地区双城经济圈规划范围所覆盖行政区域的国民经济和社会发展统计公报、卫生健康事业发展统计公报、2022年一般公共预算支出决算情况。

占全国比重为6.5%；2022年该地区的卫生健康支出达到了1026亿元，占全国比重为4.6%。而京津冀地区和长江三角洲地区2022年GDP和卫生健康支出占比分别为8.3%、10.9%，24.0%、21.3%，这表明同两大内陆城市群相比，成渝地区双城经济圈的卫生健康投入产出比较低，卫生健康资源的利用效率有待提高。

　　成渝地区双城经济圈卫生健康资源配置和利用效率的影响因素较为复杂。一方面，成渝地区双城经济圈的自然环境、人口结构、疾病谱等客观条件对卫生健康资源的需求和供给产生了重要影响。例如，成渝地区双城经济圈地处长江上游，山地丘陵占比较大，交通不便，导致卫生健康资源的分布和流动受到限制；成渝地区双城经济圈内的16个城市在2020年已进入深度老龄化社会（65岁以上人口占比≥14%），其中自贡、德阳等6个城市已进入超老龄化社会（65岁以上人口占比≥20%），区域人口老龄化程度上领先于全国平均水平[1]，导致卫生健康服务的需求增加和结构变化；该区域慢性非传染性疾病负担较重，以居当前全球死亡原因的第4位慢性阻塞性肺疾病为代表，川渝地区40岁以上慢性阻塞性肺疾病发病率分别为9.6%和12.8%，高于全国8.2%的发病率[2]，导致卫生健康服务的内容和方式亟须相应调整。另一方面，成渝地区双城经济圈的制度安排、政策措施、管理模式等主观因素对卫生健康资源的配置和利用效率也有重要影响。例如，成渝地区在医保制度、医疗价格、药品目录、医师资格等方面存在差异，导致两地居民在跨区域就医时面临诸多困难和障碍；推进分级诊疗、医联体、远程医疗等方面的速度和深度不一致，导致两地医疗机构之间的合作和协作不够密切和有效；在卫生健康规划、标准、监管等方面缺乏统一和协调，导致两地卫生健康事业发展存在重复建设和错位竞争的现象。

---

[1] 张宇争. 成渝地区双城经济圈人口老龄化对产业结构升级的影响研究[D]. 重庆：重庆工商大学, 2023.
[2] 郭述良, 江瑾玥. 慢性阻塞性肺疾病急性加重抗感染治疗川渝专家建言[J]. 中国呼吸与危重监护杂志, 2014, 13（1）：1-4.

（二）成渝地区双城经济圈卫生健康服务的供给和需求匹配度评价

卫生健康服务是指由卫生健康机构和人员提供的，旨在保障和提高人民群众健康水平的各种服务，包括预防、诊断、治疗、康复、保健等。卫生健康服务的供给和需求匹配度是反映一个地区卫生健康一体化发展水平的重要依据。

1. 卫生健康服务数量基本满足需求，但存在波动性和结构层次差异性

2022年，成渝地区双城经济圈医疗机构总诊疗人次约为12.9亿人次，医疗机构出院量达7288.6万人次。从数量上看，成渝地区双城经济圈卫生健康服务的供给能够基本满足人民群众的需求，但也存在以下问题：一是卫生健康服务的供需之间存在着季节性和突发性的波动。由于气候变化、流行病发生、突发事件等因素，卫生健康服务的需求在不同的时间段会出现不同程度的增加或减少，而卫生健康服务的供给则相对固定或缓慢变化，导致供需之间出现不平衡和不匹配的情况。例如，在冬季和春节期间，由于呼吸道感染等常见病和慢性病的发病率增加，以及大量成渝地区务工人群返乡形成的人口流动和聚集等因素，卫生健康服务的需求会显著增加，而部分医疗机构和人员则会因为休假或调整而减少服务时间和数量，导致供不应求的现象。二是卫生健康服务的供需之间存在着结构性和层次性的差异。人民群众对卫生健康服务的需求日益多样化和个性化，而卫生健康服务的供给则相对单一化和同质化，导致供需之间出现不适应和不符合的情况。例如，在高端医疗服务方面，由于人民群众对于特殊疾病、罕见病、重大疾病等方面的诊治需求增加，而高端医疗资源则相对稀缺和集中，导致供不应求的现象；在基本医疗服务方面，由于人民群众对于常见病、慢性病、老年病等方面的预防保健需求增加，而基本医疗资源则相对过剩和分散，导致供大于求的现象。

2. 卫生健康服务的结构呈现结构性不匹配和空间性不匹配的问题

从卫生健康服务的结构来看，成渝地区双城经济圈存在以下特点和问题：一是卫生健康服务以诊疗服务为主导，预防保健服务较弱。这体现出大多数人民群众仍然针对自身已经发生的疾病或损伤来进行相应的诊疗服务，相比

于先期就进行预防保健而言，潜在的疾病或风险发生后才采取举措所要付出的成本较高、效果较低、风险较大。此外还有一个重要的心理原因在于，适宜的自然条件使这一地区物产丰富、百姓富足，人民群众幸福感较高，但由于叠加了地震频次多发、震级偏高的因素，致使人们形成了"及时行乐"的心理诉求，加深了人们"讳疾忌医"的心理暗示。二是成渝地区卫生健康服务仍以医院为主体，缺乏对基层医疗机构和社区卫生服务的支持和激励；仍以公立医疗机构为主力，缺乏对社会办医和民营医疗机构的引导和规范。这些都导致了卫生健康服务供给的结构与需求的结构不相适应，造成了供需错位和浪费。

3. 卫生健康服务在发展专业范围和空间范围边界还存在掣肘

从卫生健康服务的范围来看，成渝地区双城经济圈存在以下特点和问题：一是卫生健康服务以传统领域为主，新兴领域较少。传统领域指包括内科、外科、妇产科、儿科、眼科、耳鼻喉科等在内的常见科室和专业，新兴领域指包括心理咨询、康复治疗、老年护理、家庭医生、远程医疗等在内的新型科室和专业。传统领域是卫生健康服务的基础领域，但也存在着同质化、竞争激烈、创新缺乏等问题。新兴领域是卫生健康服务的发展方向，但也存在着政策不明、标准不统、监管不足等问题。二是卫生健康服务以本地区域为范围，跨地区域较少。本地区域指成渝地区双城经济圈内部的卫生健康服务，跨地区域指成渝地区双城经济圈与其他地区的卫生健康服务。本地区域是卫生健康服务的主要范围，但也存在着资源浪费、服务重复、效率低下等问题。跨地区域是卫生健康服务的拓展范围，但也存在着信息不通、协作不畅、质量不保等问题。

四、成渝地区双城经济圈卫生健康一体化发展的策略构想

（一）建立成渝地区双城经济圈卫生健康一体化发展的总体目标和指标体系

为了推动成渝地区双城经济圈卫生健康一体化发展，需要明确总体目标

和指标体系，以便对卫生健康合作的进展和效果进行科学评估和监督。根据《成渝地区双城经济圈建设规划纲要》的要求，结合两地卫生健康现状和发展趋势，以及国家和国际相关标准，本文提出以下总体目标和指标体系。

1. 总体目标

到 2025 年，成渝地区双城经济圈卫生健康一体化发展水平明显提高，卫生健康服务供需匹配度显著提升，卫生健康服务质量和效率显著提高，卫生健康服务结构和布局更加合理，卫生健康服务创新能力和国际竞争力显著增强，人民群众健康水平和满意度显著提高。到 2035 年，成渝地区双城经济圈卫生健康一体化发展水平达到国际先进水平，卫生健康服务供需匹配度达到优化水平，卫生健康服务质量和效率达到高水平，卫生健康服务结构和布局达到优化水平，卫生健康服务创新能力和国际竞争力达到领先水平，人民群众健康水平和满意度达到高水平。

2. 指标体系

根据总体目标的不同方面，分别选取相应的量化或定性指标进行衡量。具体如表 1 所示。

表 1　成渝地区双城经济圈卫生健康一体化发展的总体目标和指标体系

一级指标	指标内涵	二级指标
卫生健康一体化发展水平	主要反映成渝地区双城经济圈在卫生健康领域的合作程度、深度、广度和效果	医疗机构互联互通覆盖率
		医疗机构检查检验结果互认覆盖率
		医疗机构远程医疗覆盖率
		医保异地就医结算比例
		公共卫生联防联控覆盖率
		传染病防控联动覆盖率
		突发公共卫生事件应急联动覆盖率
		基层卫生交流合作覆盖率
		科技创新与人才培养合作覆盖率
		中医药创新协作覆盖率
		健康产业协作覆盖率等

续表

一级指标	指标内涵	二级指标
卫生健康服务供需匹配度	主要反映成渝地区双城经济圈在卫生健康服务方面的供给能力是否满足人民群众的需求水平	居民人均预期寿命
		居民死亡率
		婴儿死亡率
		孕产妇死亡率
		居民慢性非传染性疾病负担
		居民健康素养水平
		居民人均医疗费用支出
		居民医疗费用负担
		居民医疗服务满意度
卫生健康服务质量和效率	主要反映成渝地区双城经济圈在卫生健康服务方面的服务水平和服务效果	医疗机构等级评审合格率
		医疗机构质量控制覆盖率
		医疗机构临床路径覆盖率
		医疗机构感染控制覆盖率
		医疗机构绩效评价覆盖率
		医疗机构医疗质量和安全指标
		医疗机构医疗效率指标
		医疗机构患者满意度等
卫生健康服务结构和布局	主要反映成渝地区双城经济圈在卫生健康服务方面的服务内容和服务空间是否合理	卫生健康资源总量和人均水平
		卫生健康资源城乡、区域、层级分布情况
		卫生健康资源利用效率
		卫生健康服务供给结构（预防、治疗、康复、保健、管理等比例）
		卫生健康服务需求结构（不同年龄段、不同性别、不同收入等比例）
		卫生健康服务供需结构差距

续表

一级指标	指标内涵	二级指标
卫生健康服务创新能力和国际竞争力	主要反映成渝地区双城经济圈在卫生健康服务方面的创新活力和国际影响力	卫生健康领域科技投入总量和人均水平
		卫生健康领域科技产出总量和人均水平（论文、专利、奖项等）
		卫生健康领域科技转化总量和人均水平（成果转化、技术推广等）
		卫生健康领域国际合作总量和人均水平（国际项目、国际会议、国际交流等）
		卫生健康领域国际排名（科技影响力、学术影响力、品牌影响力等）
人民群众健康水平和满意度	主要反映成渝地区双城经济圈卫生健康一体化建设对人民群众的实际效益	人民群众身体素质（身高、体重、体质指数等）
		人民群众心理素质（心理压力、心理幸福感等）
		人民群众社会适应能力（社会参与度、社会支持度等）
		人民群众对卫生健康一体化发展的认知度和满意度

（二）制定成渝地区双城经济圈卫生健康一体化发展的重点领域和项目清单

为了实现成渝地区双城经济圈卫生健康一体化发展的总体目标，需要明确重点领域和项目清单，以便对卫生健康合作的重点和方向进行科学规划和部署。根据《成渝地区双城经济圈建设规划纲要》的要求，结合两地卫生健康现状和发展需求，本文提出以下重点领域和项目清单。

（1）公共卫生领域。重点推进成渝地区双城经济圈在传染病防控、突发公共卫生事件应对、公共卫生监测预警、公共卫生科技创新等方面的合作，提高经济圈公共卫生服务水平和应急能力。具体项目包括：共建辐射西南地区的重大疫情救治基地和公共卫生临床研究中心，加强经济圈公共卫生领域的科研协作攻关，增强公共卫生应急救治能力。建立完善经济圈联防联控的常态化机制，建设经济圈互联互通、安全有效的数据共享平台，增强区域内突发公共卫生事件的早期监测预警能力。推进经济圈卫生应急协同运行机制，尤其是在川渝跨界毗邻地区开展应急救援协作，增强急救一体化服务；同时，经济圈应相互对接，特别是在区域卫生应急联合演练与卫生应急处置中应做到支援互助。

（2）医疗服务领域。重点推进成渝地区双城经济圈在医疗资源配置、医疗服务质量、医疗服务创新等方面的合作，提高两地医疗服务水平和效率。具体项目包括：共建国家医学中心，提升成渝两地医疗救治综合实力。在国家儿童区域医疗中心共建的成功经验基础上，继续合作共建区域医疗中心和国家临床重点专科群，打造医疗高原，不断推动经济圈群众共享优质医疗资源。深化推进成渝临床专科协作，建设跨区域专科联盟，加快优质医疗机构跨区域办医，推动经济圈中部地带医疗协作。利用信息化手段，破除两地群众就医壁垒，实现川渝两地居民健康档案信息和就诊信息等互联互通，推动检查、检验结果信息等有效互认，不断减轻居民就医费用负担，更好提升群众获得感。借用信息技术，发挥远程医疗服务优势，推动成渝两地优质医疗资源向经济圈中部地带共享交融，深化"互联网+医疗服务"合作，推动便民惠民服务在川渝不断落地。

（3）基层卫生领域。重点推进成渝地区双城经济圈在基层卫生人才培养、基层卫生服务能力提升、基层卫生服务创新等方面的合作，提高经济圈基层卫生服务水平和质量。具体项目包括：加强经济圈基层卫生人才培养，建立常态化人才培养项目，共建名老中医传承工作室，建立基层卫生人才互派互访交流机制。推进经济圈基层卫生服务能力提升，加强两地社区卫生服务中心、乡镇卫生院、村卫生室等基层卫生机构的设备配备、技术指导、质量监督等方面的支持和帮扶。推进经济圈基层卫生服务创新，探索建立基层医疗机构与上级医院的长效合作机制，推动分级诊疗制度和家庭医生签约服务制度的深入实施。

（4）科技创新与人才培养领域。重点推进成渝地区双城经济圈在科技创新平台建设、科技创新项目合作、科技创新成果转化、科技人才培养等方面的合作，提高经济圈科技创新能力和国际竞争力。具体项目包括：共建辐射西南地区的国家重点实验室和国家工程技术研究中心，加强经济圈在生物医药、医疗器械、健康大数据等领域的科技创新平台建设。加强经济圈两核心成渝在公共卫生、重大疾病防治、中医药现代化等领域的科技创新项目合作，共同申报国家重大科技专项和国家自然科学基金等项目。加强成渝在经济圈覆盖地带的科技成果转化和技术推广方面的合作，建立健全科技成果转化机制和激励政策，促进科技成果与临床需求对接，推动科技成果产业化和市场化。加强成渝两地对高层次人才和骨干人才的联合培养，实施常态化人才培养项目，共建名校名院名师工作室，建立科技人才互派互访交流机制。

（5）中医药创新协作领域。重点推进成渝地区双城经济圈在中医药资源保护、中医药服务发展、中医药文化传承等方面的合作，提高经济圈中医药发展水平和影响力。具体项目包括：加强经济圈中医药资源保护，开展中药材种植、采集、加工、流通等方面的标准化规范化管理，建立中药材质量追溯体系，保障中药材质量安全。加强经济圈中医药服务发展，推广中医药特色诊疗服务，提高中医药服务覆盖率和满意度，建立经济圈属地特有中医药服务品牌，打造全国中医药服务高地。加强经济圈中医药文化传承，开展中医药文化交流活动，推动经济圈中医药文化遗产的申报和保护，建立成渝两地中医药文化传承基地，培育区域内中医药文化影响力。

五、结论

本研究从卫生健康一体化发展的理论基础、现状评估和策略构想三个方面，对成渝地区双城经济圈卫生健康一体化发展进行了系统的研究，得出了以下主要结论。

（1）成渝地区双城经济圈卫生健康一体化发展是国家战略规划的重要组成部分，其对于提高成渝两地人民群众健康水平和生活质量、促进成渝两地经济社会高质量发展、增强成渝两地对外开放和区域合作的能力和水平具有重要意义。成渝地区双城经济圈在卫生健康一体化发展方面存在着资源分布不均、利用效率不高、服务供需匹配度不够、结构和布局不合理等问题，需要采取有效的措施进行改善。

（2）为了推进成渝地区双城经济圈卫生健康一体化发展，本研究提出了总体目标和指标体系，并根据公共卫生、医疗服务、基层卫生、科技创新与人才培养、中医药创新协作等重点领域，制订了具体的项目清单和实施方案，以期能够为相关部门和机构提供参考依据，为促进成渝地区双城经济圈卫生健康一体化发展作出贡献。

（本专题执笔人：唐艳，中共金堂县委党校高级讲师；张警晔，四川省监狱管理局中心医院。）

专题十　成渝地区县域社会治理现代化新模式研究[*]

党的十九届四中全会《中共中央关于坚持和完善中国特色社会主义制度、推进国家治理体系和治理能力现代化若干重大问题的决定》提出，完善党委领导、政府负责、民主协商、社会协同、公众参与、法治保障、科技支撑的社会治理体系，构建基层社会治理新格局，加快推进市域社会治理现代化。党的十九届五中全会进一步提出"加强和创新市域社会治理，推进市域社会治理现代化"。这凸显了市域社会治理现代化的重要性和紧迫性。治国安邦重在基层，党的工作最坚实的力量支撑在基层，最突出的矛盾和问题也在基层，抓基层、打基础应作为长远之计和固本之举。

成渝地区作为中西部地区，基层治理目前仍然存在着管理体制机制不顺畅、部门联动协作不够、基层群众自治主体作用发挥不强、社会力量参与治理机制不完善、智能化手段及运用水平不高等问题。因此，着力构建基层党组织领导、基层政府主导的多方参与共同治理的基层治理共同体，进一步补齐短板，完善体制机制，提升治理能力，加快形成成渝双城经济圈社会治理"人人参与、人人尽责"的良好局面，全面提升人民获得感、幸福感、安全感，具有现实意义。

---

[*] 第二届成渝地区双城经济圈发展论坛优秀论文。

一、文献回顾

国内学者研究城乡治理的文献众多，在城乡基层治理的路径与方法上，典赛赛（2018）通过分析四川成都、浙江嘉善、河南邓州、河北青县四地的乡村治理机制探索实践，指出城乡互动背景下乡村治理机制出现了多元主体合作机制不完善、资源整合力度不够等现实问题[①]；周志旺（2014）利用案例分析的方法对城乡发展一体化中乡镇政府的治理做了探讨[②]；夏可恒（2020）基于对浙江省某村多年治理实践的考察，针对城乡接合部的村落治理讨论了村治规则的多元呈现形式及其背后的社会逻辑[③]；刘建凤（2013）选取遵义市南关镇作为研究载体，对城乡接合部社区的公共安全作了专门研究[④]。在党建引领基层治理的实践与路径上，王咏剑、白俊莉（2020）立足于克拉玛依市南林社区的基层实践，在中国特色社会主义进入新时代的背景下总结阐述了党建引领社区治理的"南林模式"[⑤]；张佃虎（2020）根据山东省莒南县的基层实践提出打造城乡基层治理服务"莒南样板"[⑥]；胡元坤（2019）对党建引领城乡社区发展治理的成都实践作了思考总结[⑦]。综合以上文献可以看出，县域社会治理现代化的实践遍及四川、新疆、江苏、山东等多个省份，围绕国家治理体系和治理能力现代化，各地推出了多种多样的创新举措，取得了较好效果。

西方国家社会治理的重点是守住"底线"，集中资源、集中力量打击惩

[①] 典赛赛. 城乡互动视角下的乡村治理机制再造研究 [D]. 四川：四川农业大学，2018.
[②] 周志旺. 城乡发展一体化进程中乡镇政府治理发展 [D]. 江苏：苏州大学，2014.
[③] 夏可恒. 城乡接合部城乡治理中"规则复合"问题研究 [D]. 吉林：吉林大学，2020.
[④] 刘建凤. 城乡接合部社区的公共安全治理研究 [D]. 重庆：重庆大学，2013.
[⑤] 王咏剑，白俊莉. 城市基层党建引领下的基层治理新格局——基于克拉玛依市党建引领社区治理的"南林模式"探索 [J]. 克拉玛依学刊，2020，10（4）：49-53.
[⑥] 张佃虎. 坚持党建引领推进流程再造 着力打造城乡基层治理服务"莒南样板" [N]. 学习时报，2020-09-28（8）.
[⑦] 胡元坤. 党建引领城乡社区发展治理的成都实践 [J]. 国家治理，2019（15）：31-36.

处违反法律、触犯社会秩序和超越社会道德底线的社会行为，只要"不犯法"，政府就不管百姓事。西方与我国都奉行和强调依法治国，但西方国家更注重法制的实施，注重对于法律和制度的实际落实。与我国社会治理主要运用行政手段不同，西方发达国家在社会治理中特别注重运用经济手段，倾向采用经济处罚规范社会行为，利用经济杠杆调节社会关系。各国的社会治理，一方面，反映了该国基本制度的特质，是该国基本制度的实践与落实，反映了各个国家社会治理的特殊性；另一方面，各国社会治理也有共同性，治理社会具有相同的目标、相似的手法以及普遍性的规律。相较于社会制度和发展道路，社会治理更具有技术色彩，更多地属于管理科学范畴的问题。因此，国外社会治理中一些成功的做法和经验值得研究和借鉴。

二、县域社会治理存在的难题

（一）基层党组织、党员的作用发挥不理想

《中国共产党农村基层组织工作条例》（以下简称《条例》）中指出：乡镇党的委员会和村党组织是党在农村的基层组织，是党在农村开展全部工作的基础，全面领导镇村各类组织和工作。[①] 但是，有的基层党组织认识不足、定位不高，工作方式方法缺乏创新。部分党组织设置跟不上城市化进程，不能实现有效治理。有的基层党员干部没有用自己的所学所长主动参与、积极融入基层社会治理。究其原因，主要在于以下几个方面。

（1）部分村级领导班子老化弱化，缺乏带领群众致富的能力。城乡大部分有文化、有远见、有学识的劳动力人口外出务工，在家群众文化素养普遍不高，再加上政府没有政策鼓励和支持，对基层党员干部的教育培训缺乏针对性，造成基层治理人才缺乏。

---

① 中共中央. 中国共产党农村基层组织工作条例［M］. 北京：党建读物出版社，2018.

（2）部分村党支部组织涣散，缺乏凝聚力。部分村级党支部在对党员的日常教育管理上形式单一，"三会一课"形同虚设，对党员的生产、生活关心帮助少。部分村党支部的民主决策程序没有健全，重大决策没有征求党员的意见，更没有召开党员会议酝酿讨论，党员的民主权利得不到保障，党员的荣誉感得不到增强，造成党员对党组织越来越疏远，参加党组织教育活动的积极性降低。这些都是造成党员党性观念、宗旨意识淡薄的原因。

（3）村级集体经济薄弱，缺乏为民办事的实力。从调查情况看，村级集体经济比较发达、村财政收入较多的村党组织作用发挥通常比较明显，反之，则作用发挥较差。

（4）城乡党支部书记"主角"作用不明显，缺乏党建责任意识。俗话说"村看村、户看户、群众看干部"，一个好的党支部，一个强的党支部书记能带动一片、带富一方。但在实际工作中，部分村党支部书记存在着重经济、轻党建，认为党建工作是软任务，在短期内难出成绩，一些村党支部的主角作用发挥不明显。没有正确把握好发展经济与党建工作的关系，在推进城乡基层党建工作方面，投入精力不够、办法不多、成效不明显。正是基于这样的认识，造成对党建工作不够重视，对党员放松管理，使党员思想上降低了对自己的要求标准，甚至参与违法乱纪活动，不能很好发挥党员对城乡发展的带动作用。

（5）城乡党员队伍老化，缺乏生机和活力。当前城乡党员中普遍存在"一高三低"现象，即年龄高、文化低、技能低、致富本领低。近年来新发展的党员中，外出打工的逐年增多，再加上城乡党员得到的关心照顾和教育帮助少，一部分农民党员荣誉感、责任感淡化。

（二）治理单元过大、精细程度不够

部分村（社区）、村（居）民小组规模偏大，治理幅度过广，村（居）民之间缺乏情感认同、日常生活联系和共同利益追求，而村（社区）工作力量又严重不足，导致治理难度不断加大，主要表现在以下几个方面。

（1）基层群众面临主体地位缺失、参与渠道狭窄、参与水平低的困境，导致利益诉求渠道不畅，从而产生怨气、愤怒等情绪。有的群众与政府之间、群众与群众之间，遇到矛盾纠纷时，不是讲理讲情讲法，而是选择极端的方式。同时，个别党员干部理想信念缺失、群众观念淡薄、缺乏担当精神，工作中"慵、懒、散、慢、拖"，不作为、乱作为，世界观、人生观、价值观和党性修养、宗旨意识、思想作风缺位或错位。

（2）经济社会发展常态化下，现有的道德建设与地方文化联系不够紧密，没有把社会所提倡的道德理念和价值追求与人们的日常生活紧密联系起来，社会风气对基层意识形态建设是严重障碍和重大挑战。

（3）近年来，随着外出务工人员增多，农村空心化日渐突出，农村信息资源建设落户，社会不良风气的渗透，加上基层自治意识薄弱，老百姓对现实生活的感受力和参与感逐渐丧失，道德感、义务感不断下降。

（4）广泛动员和组织群众参与社会各种活动不够充分，还没有完全做到"官本位"向"民本位"、"管控型"向"服务型"，发动群众由"事后"向"事前"的转变，影响群众参与城乡治理作用的发挥。

（三）治理力量分散、合力不强

随着社会结构变化，治理主体多元带来利益诉求多元，因各治理主体参与治理的热情、能力、程度不一，使得力量分散，难以凝聚共识、形成合力。

（1）组织架构还不明晰。基层治理最为突出的在于，多头参与、多头管理，缺乏牵总的部门。以居民自治为例，民政系统应为业务主管部门，而实际上，组织部门牵头基层党建，政法部门牵头法治、德治、自治"三治融合"治理体系，造成分工不明确、各行其是、统筹乏力。

（2）权责匹配还不合理。乡镇（街道）、村（社区）处于整个社会治理体系的最底层，事情多、压力大，但存在职能定位不够清晰，权责不匹配、事权财权不对等、权不随事转、人不随事走、钱不随事拨，造成街道、社区实施时往往存在人力、物力不足，想办事无资金，要办事无方向的问题。

（3）部门信息存在壁垒。乡镇（街道）、村（社区）缺少一条涵盖所有政府职能部门进行线上集中整合、对基层力量进行线下整合的专网，造成部门之间难以实现"多网合一、一网到底"与"横向到边、纵向到底"的有机衔接；减少审批向放权、监管、服务并重转变，着力解决跨领域、跨部门、跨层级的重大问题。

（4）工作保障还不充分。目前很多乡镇财政划归区县财政统筹安排，其经费采用预算和报账制，社会治理经费严重不足。

(四) 治理手段单一、城乡治理不畅

部分自治组织发展不充分，城市的物业管理、城乡的集体经济发展等很多本应该由自治组织主导解决的事项都靠政府增加人力物力财力投入来管理，既加大了行政成本，政府也无力管好。

（1）"管理"与"治理"混淆。"社会管理"体现无所不包、无所不能的"官本位"惯性思维，更突出地强调政府的管控，而社会治理不仅是政府的工作职能，而且也需要社会各界一起参与，要从政府包揽向政府主导、社会共同治理转变，进一步激发社会组织活力、预防和化解社会矛盾、健全公共安全体系。

（2）"以罚"与"依法"越位。长期以来，基层对一些不该管、管不好、管不了的事，不坚持依法依规治理，普遍存在"以罚代管""以批代管"等问题，切实需要从管控规制向法治保障转变，进一步加强法律宣传，树立法治思维，改进法治方式，做到解决问题用法、化解矛盾靠法的法治环境。

（3）"无序"与"发展"滞后。城乡基层治理普遍存在行政行为单一问题，同时缺乏足够的法律支撑，以及职能部门职责不明、头绪不清、运转不畅等体制机制问题；同时，对于治理中涉及的拆违建筑、整治摊贩、规范停车秩序、旧城改造等事项，在运用"疏堵结合"上存在差距，缺乏与群众交流沟通机制，导致法律效果和社会效果都不尽如人意。

三、合川区社会治理现代化新模式的经验做法

合川区位于成渝地区双城经济圈建设的重要节点，全区面积2344平方公里，辖30个镇街，总人口156万，是全市规模第三的人口大区。城市建成区面积50平方公里、人口50万，城镇常住人口96.86万、城镇化率68.83%。[①] 近年来，随着合川经济社会的快速发展，城乡基层的经济社会结构以及人们的思想观念、行为方式发生深刻改变，对城乡治理提出重大挑战。为此，合川区深入学习贯彻习近平总书记关于社会治理的系列重要论述，牢牢把握推进治理体系和治理能力现代化的总要求，把市域社会治理现代化试点摆在重要位置，遵循社会治理创新发展规律，准确把握社会需求，不断增强推进社会治理现代化的思想自觉、政治自觉和行动自觉，以加强基层党的组织建设为切入点，广泛发动群众参与基层社会治理，着力破解城乡发展难题，变"反应式"管理为"参与式"治理，实现党的组织延伸到底、治理路径畅通到底、服务触角覆盖到底，走出了一条党建引领基层社会治理的新路子，形成了共建共治共享的基层社会治理良好局面。

（一）完善治理体制，构建一体化治理格局

系统治理，就是要加强党委领导，发挥政府主导作用，鼓励和支持社会各方参与社会治理，形成社会治理合力。依法治理，就是要加强法治保障，运用法治思维和法治方式化解社会矛盾，破解社会治理难题，提升社会治理的法治化水平。综合治理，就是要强化道德约束，规范社会行为，调节利益关系，协调社会关系，解决社会问题。源头治理，就是要标本兼治、重在治本，以网格化管理、社会化服务为方向，健全基层综合服务管理平台，及时反映和协调人民群众各方面各层次的利益诉求，从源头上解决影响社会和谐

---

① 李应兰. 加快融合发展 增强综合实力 奋力在全面融入成渝地区双城经济圈建设中展现新作为［J］. 重庆行政（公共论坛），2020（3）：8-11.

稳定的各种深层次问题。

（1）党委领导强统揽。成立了以区委书记任组长，区长和区委副书记任副组长，10名区级领导为成员的领导小组，下设办公室和11个专项工作小组。小组分别由9名区级领导挂帅，9个总牵头单位牵头推进。61个部门、30个镇街作为牵头单位和责任单位，构建了"1+1+11+N"（1个领导小组+1个办公室+11个专项小组+具体责任单位）的"闭环管理"组织体系。区委常委会19次、政府常务会议14次专题研究试点重难点问题，为推进工作提供了坚强组织领导保障。[1] 充分发挥区、镇街平安建设暨防范化解重大风险领导小组的作用，构建权责明晰、高效联动、上下贯通、运转灵活的平安建设暨社会治理组织指挥体系。

（2）政府负责抓执行。出台《加强和创新社会治理实施意见》《合川区社会治理"十四五"规划》等规范性文件60个，对全区社会治理理念、工作目标、实现路径进行了明确。累计投入经费近2亿元，全面建成社会治理智能化建设、社会心理服务体系建设等引领性、基础性、支撑性项目15个。建立完善平安报表、问题清单、绩效排位、责任追究等专项工作制度1131个，明确镇街层级权责清单197项，以标准化流程规范镇街审批服务。围绕《试点工作指引》形成11个板块、63项重点任务、286项基本要求的《工作任务清单》，压茬推进。[2]

（3）群团助推促联动。印发《合川区引导社会力量参与社会治理的实施意见》，强化群团组织参与社会治理的职责任务，团区委、区妇联、区总工会、区法学会等群团组织结合自身职能职责，围绕生态环保、平安创建、法治宣传、扶贫济困、环境整治等方面打造"冬日阳光·温暖你我""青少年之家""巾帼志愿服务队"等特色品牌，2020年以来，开展送法律、送文艺、送服务、送实惠等活动960余场，受益群众达15万人次。[3]

（4）社会协同增动能。建立社会组织党建工作"三同步两纳入"工作机

---

[1][2][3] 2022年合川区政府工作报告。

制，实现党建工作全覆盖。精心培育平安志愿者联合会、景盛青年社会工作服务中心、江城社会工作服务中心等特色社会组织，发展城乡社区社会组织3005家，广泛开展扶贫济困、心理疏导等社会服务。发动企业、单位、个人募集社区公益基金，支持社会组织承接生活服务、心理疏导等45类微服务，受益群众达30余万人，形成融合共治、和谐共享的生动局面。

（5）公众参与添活力。建立举报奖励、积分制、志愿服务嘉许奖励细则等激励措施，推行"道德银行""时间银行"等积分管理制，鼓励群众参与邻里守望、反诈宣传等22个特色项目"充值"积分，通过颁发爱心小勋章、兑换爱心超市货物、享受爱心商家折扣等方式，广泛动员城乡群众参与社会治理。创新互联网时代群众工作机制，依托合川社会治理公众版App、今日合川App、区政府公开信箱等线上平台，鼓励群众及时反映自身诉求、报送身边隐患、表达监督意见。

（二）注重源头治理，风险防控化解有力

社会治安综合治理是中国特色社会治理方式之一，也是我国社会治理的一大优势。面对社会治安新形势，必须以提升人民群众安全感和满意度为目标，以突出治安问题为导向，完善社会治安综合治理体制机制，提高动态化、信息化条件下驾驭社会治安局势的能力和水平。合川区牢固树立大抓平安、抓大平安理念，全方位、全过程、全要素、全周期、全天候抓好平安建设，着力防范化解"五类风险"，实现重大涉稳事件、"暴恐案"事件、"个人极端案"事件、重大刑事案件、重大公共安全事故、重大网络舆情"六个零发生"。

（1）防范化解政治安全风险。成立合川区国家安全人民防线建设领导小组，完善防范严密、应对有力的维护国家政治安全工作体系。完善多维一体反恐怖防范体系，推行"网格化+反邪教"工作模式，将反邪教工作纳入综治网格化管理，开展清理、取缔、打击"地下宗教"专项行动，同时，创新开展"关爱之家""和谐家园"等教育转化平台建设。重点邪教人员转化全部清零，进一步巩固了"全国无邪教示范区"创建成果，筑牢了政治安全的钢铁长城。

（2）防范化解社会治安风险。严格落实《中华人民共和国反有组织犯罪法》，常态化开展扫黑除恶斗争，2020年以来，全区摸排、核处涉黑涉恶线索12条，办理9类涉恶案件333起，打击违法犯罪人员240名。深入开展"全国社会治安防控体系示范城市"创建，落实"打防管控建"各项措施，深入开展"云剑""净边""猎狐"等专项行动，严厉打击涉枪涉爆、跨境赌博和"盗抢骗""黄赌毒"等违法犯罪，纵深推进全民反诈及打击整治养老诈骗专项行动，2022年全区刑事案件、八类案件同比下降18.13%和3.08%，十万人命案发案率低于0.5。建立了政府、社会、家庭"三位一体"的关怀帮扶体系，健全完善了社区矫正、吸毒人员动态管控、未成年人及其家庭维权服务等机制，2020~2022年严重精神障碍患者规范管理率为88.28%、94.85%和93.91%，吸毒人员社戒、社康在控率达99.19%、98.08%和100%。[①]

（3）防范化解社会矛盾风险。深化"枫桥经验"合川实践十项行动，完善主要领导专题研究、联席会议定期分析、区级领导包案化解、政法信访牵头协调、责任单位挂牌办理"五级联动"工作机制，聚焦房地产、集资融资、劳动社保等领域，深入开展"治理重复信访，化解信访积案""3+1"信访突出问题专项治理等专项行动，2020年以来，累计化解信访积案154起，合川区获评建党100周年、党的二十大等重大节庆安保活动先进区县。健全人民法庭、派出所、司法所"一庭两所"矛盾纠纷联调机制，拓展第三方参与社会矛盾化解的制度化渠道。依托"社会治理智能信息平台""合舟共济e+平台"等信息系统，全面联通52个区级部门、30个镇（街道）、419个村（社区）、2353个网格，有效整合449支基层调解队、14个行业性专业性调解组织提供法律咨询、诉讼评估等服务，实现调解、诉讼、仲裁一网联通，确保矛盾纠纷"一窗受理、分类转办"，推动形成"左右互援、上

---

① 2022年合川区政府工作报告。

下联动"的大调解工作格局。2020年以来,我区各级人民调解委员会共排查受理纠纷28375件,调解成功28183件,形成了"申明亭""合事佬""黄巧嘴""隆乡说理""老肖说事""弯桥有礼"等16个调解品牌。①

(4) 防范化解公共安全风险。完善预防为主防治结合的生产安全体系,开展安全生产专项整治三年行动,完善风险滚动排查、监测预警、应急处置机制,落实安全生产"十五条硬措施",深入开展道路交通、矿产资源、工贸企业、消防等重点行业领域风险隐患大排查大检查大整治,2020年以来,全区各镇街、区级行业部门共拉网式检查企业95059家,经营性生产安全事故数、死亡人数及企业职工十万人死亡率、万车死亡率均逐年下降,未发生一起重大以上的安全生产事故。开展危险化学品集中治理专项行动,协调解决危化品安全重大问题2项,对210余家涉危单位实行挂牌公示,落实生产、经营、储存、运输、使用、废弃处置全链条监管责任。突出抓好新冠疫情等公共卫生风险防控工作,大力推进心理知识普及、预警疏导、干预化解为一体的社会心理服务体系建设,校园服务已全覆盖,受益学生达11万人。构建"两委、四指、十一办"应急组织指挥体系,组建区级＋镇(街道)综合应急救援队伍1253人,依托预警信息精准发布平台,健全"区—镇(街道)—村(社区)"三级灾害信息员机制,开展各类演练700余次,建立应急物资保供企业名录,全面提升灾前预警、灾中救援、灾后重建能力。②

(5) 防范化解网络安全风险。深入推进"网络清朗"专项行动,严格落实依法办理、舆情引导、社会面管控"三同步"工作机制,完善线上线下协同高效的网络治理体系,围绕重要媒情、网情、社情,主动回应社会关切,及时引导社会舆论,2020年以来,网络意识形态阵地属地管理覆盖率达100%,重大网络安全事件零发生,将网络安全风险防范化解在市域。有序开展"打击网络直播、短视频领域乱象"等10项专项整治行动。深入打击网络黑色产业链违法犯罪活动,网络执法案件办结率达100%。成功举办中国

---

①② 2022年合川区政府工作报告。

工业互联网安全大赛、第五届 XCTF 国际攻防联赛总决赛，培育了一大批网络安全人才。深化网络安全防护，部署 360 城市安全大脑及 360 盾甲卫士，对全区党政机关、重要信息系统、设施等实时监测预警。

（三）深化"五治融合"，治理水平持续提升

当前我国处于改革攻坚期深水区，社会管理领域面临一系列新情况和新问题，迫切需要通过深化改革，实现从传统社会管理向现代社会治理转变。创新社会治理，必须创新社会治理体制。创新社会治理体制，要坚持完善党委领导、政府主导、社会协同、公众参与、法治保障的体制机制，实现政府治理和社会调节、居民自治良性互动，推进社会治理精细化。这种新的社会治理体制，与传统的社会治理体制的最大差别，就在于强调社会治理的主体不是一元的，而是多元的。政府、社会、公众要各归其位、各担其责。党的十九大报告进一步指出，要以提升组织力为重点，突出政治功能，把基层党组织建设成为宣传党的主张、贯彻党的决定、领导基层治理、团结动员群众、推动改革发展的坚强战斗堡垒。因此，坚持党对城乡基层治理工作的领导，立足党领导下的政府治理和社会调节、居民自治良性互动，坚持以基层党建引领基层治理，加快形成社会治理"人人参与、人人尽责"的良好局面，使人民获得感、幸福感、安全感更加充实、更有保障、更可持续，进一步巩固党在基层的执政基础。首先，政府要发挥社会治理的主导作用。政府的主导作用不是包办一切，而是健全社会治理的体制机制，完善社会治理的政策法规，引导和支持社会力量积极参与社会治理。其中最重要的，也就是要健全利益表达、利益协调、利益保护机制，引导群众依法行使权利、表达诉求、解决纠纷；改革社会组织管理制度，鼓励和支持社会力量参与社会治理、公共服务，激发社会活力；支持各类社会主体自我约束、自我管理；发挥市民公约、乡规民约、行业规章、团体章程等社会规范在社会治理中的积极作用；加强社会治理基础制度建设，建立国家人口基础信息库，完善社会信用体系，健全社会心理服务体系和疏导机制、危机干预机制等。其次，社会要发挥社

会治理的协同作用。这里说的"社会",是指各类社会主体,主要包括企事业单位、工青妇等群众组织、基层群众性自治组织以及其他各类社会组织等。企事业单位、工青妇等群众组织、基层群众性自治组织以及其他各类社会组织要积极参与社会治理,努力实现社会事务的多方共同参与治理。最后,公众要积极参与社会治理。社会治理要人人参与,共建共享。每个公民都要自觉遵守法律,依法行使权利、表达诉求、解决纠纷,都要自觉遵守市民公约、乡规民约、行业规章、团体章程等社会规范,都要依法理性有序地参与社会治理和公共服务,自觉维护和谐稳定的社会秩序。这样,政府、社会、公众在党的领导下,依据宪法和法律参与社会治理,从而实现政府治理和社会调节、居民自治的良性互动。

合川区按照"做强市域治理、做实基层治理、做精网格治理"思路,守牢政治引领制高点、抓细法治保障关键点、夯实自治基础立足点、选准德治先导结合点、撬动智治支撑创新点,着力提升市域社会治理系统化、社会化、精细化、法治化、智能化水平。

(1)政治引领强示范。持续开展"党建统领·赶考亮卷"行动,以街道社区党组织为主导,建立开放性的互联互动纽带,落实资源、需求、项目"三张清单"。深入开展农村和城市基层党建"整镇推进、整区提升"示范创建行动。组织3.5万名党员到社区、小区"双报到",推动各领域党建互联互动,完善党建联抓、事务联议、治理联动、服务联推、文化联建"五联共建"机制,变"各自为战"为"集团作战",促进上下联动、政治力量的作用得到充分释放。在网格、小区、楼栋、院落建立2255个党组织,推动商务楼宇、各类园区、商圈市场、网络媒体党组织全覆盖,形成了区、镇(街道)、村(社区)三级加行业性、区域性的"3+N"党组织体系。开展讲党课活动2037次、各类宣讲1.3万场,覆盖群众93万人次。扎实开展政治督察、纪律作风督查巡查、政法队伍教育整顿,2020年以来,整顿软弱涣散党组织151个，办结政法干警违纪违法问题线索34件，立案审查调查9件。①

（2）法治保障促规范。全面推进依法治区，深入推进法治政府建设和执法规范化建设。强化执法监督和执法评议，深化执法司法规范化建设，严格落实行政执法"三项制度"，深入落实镇街行政执法"双随机、一公开"监管模式，持续加强业务指导，清理审核公示全区行政执法主体资格单位74个、行政执法人员3000余名。全区306家党政机关和企事业单位聘请"法律顾问"，419个村（社区）实现"法律顾问"全覆盖。组织培训1267名"法律明白人"，每个村（社区）至少配备3名，为群众提供多层次、多样化的法律服务需求。持续开展"法律服务园区行""万所联万会"等活动，走访企业52家，出具"企业法治体检报告"26份，帮助企业妥善处理法律问题657个。线下构建起"区—镇（街道）—村（社区）"法律服务实体平台，统筹法律咨询、公证、行政复议等资源提供"一站式"服务，线上打造集"学习强国"、办事指南等功能模块为一体的公共法律服务辅助平台，2020年以来，依托三级实体平台、网络、热线提供法律咨询6.62万人次，办理法律援助案件4051件，为困难群众和特殊案件当事人挽回经济损失1.08亿元。组建"法治文艺轻骑队"，推出了普法海报、曲艺说唱、微电影等法治文化产品，形成了"老兵说法团""法治茶馆""背篓普法队"等一批群众喜闻乐见的普法品牌，全区司法公信力、群众满意度指标连续多年在全市保持前列。②

（3）德治教化树新风。依托新时代文明实践中心、所、站，发挥志愿服务总队、分队、小队作用，开展"解读24字价值观"宣讲活动2241场次。打造"五善堂""道德讲堂"等基层宣讲阵地品牌，常态化开展"最美合川人""合川新乡贤""好家庭""好家训"等评选活动。常态化开展志愿服务工作，全区16万注册志愿者奋斗在疫情防控、洪旱救灾、紧急救援第一线，群众参与志愿服务1.5万余场，市民对志愿服务认同和支持率达95%以上。持续加强四德建设，制定《深化移风易俗工作方案》，推进婚丧喜庆新风尚

---

①② 2022年合川区政府工作报告。

等七大专项行动。建立未成年人思想道德建设联席会议机制，形成党政引领、学校主导、家庭支持、社会参与的育人网络，城市社区家长学校建设率达100%。制定《见义勇为工作联席会议工作规则》，筹集资金300万元设立"见义勇为基金"，已累计使用90万元，表彰22人。①

（4）自治强基暖民心。加强村（居）民委员会规范化建设，417个村（社区）书记、主任实现"一肩挑"，1318名"两委"干部交叉任职，换届选举期间对14846名村（社区）"两委"成员人选进行区级联审，419个村（社区）建立下设委员会。大力推进"五社联动"，深入推进"新时代新社区新生活"服务质量提升工程，促进社区服务标准化。推进村（社区）综合服务管理平台建设，开展就业、养老、医疗等服务，明确代办事项101项。全面修订完善村规民约，30个镇（街道）全部建立审核、备案公布和督促落实机制。实施"红细胞·微治理"工程，通过建好网格微组织、定好网格微规则、抓好网格微协商、用好网格微能量等途径，成立楼院、院落治委会3926个，引领全区700名专职网格员、114名协管员和1万余名兼职网格员参与基层治理，创新"六步议事"（多方提事、科学分事、协商议事、联动办事、专责监事、共同评事）流程，推出"公事""共事""私事""三事分办"机制，推行"道德银行"等积分管理制度，通过协商议事解决"共事"1.5万余件，有效解决物业管理、环境卫生、土地流转等基层治理难题。形成了"黄葛树下""红领旌""万元村""善治双槐""阳光物业""邻聚里"等基层治理品牌34个。持续加强民主法治示范村创建，截至目前，全区共有全国"民主法治示范村"3个、市级"民主法治示范村（社区）"66个。创新"一管五带双考评"机制，落实"党建强网、干部包网、群团联网、志愿助网"措施，推行"入户办、马上办、线上办"，推动形成"综治中心+网格化+精细化+多元化+智能化+社会化"社会治理模式，日均办理网格事项2300余件，群众满意度达98.6%。②

---

①② 2022年合川区政府工作报告。

(5）智治支撑提效能。完善智慧城市总体规划，升级运用社会治理智能信息系统2.0，实现26项治理业务全主体全流程运行，将185项工作指标与社情、警情、案情、舆情等情况实时碰撞，自动生成研判报告，对10种社会风险及时监测预警，推进治理区域全息感知。结合热力感应、无人机、高空瞭望等技术手段，预警处置、预防化解出租车停运、油罐随洪峰过境险撞桥墩等重大风险8起。开展"互联网＋基层治理"行动，实现乡村地区政务、民生等基础设施与互联网深度融合，建成市级"互联网小镇"4个、"移动互联网村"49个，419个村（社区）智慧社区云平台应用率达100％。[①] 推进政务服务"一网通办"，聚焦教育、卫生、交通等民生事项，打造智慧应用亮点、构建智慧停车平台、优化智慧环保体系等。强化校地、校企合作，开展多项课题研究，成功申报中央社会治理智能化实验基地，完成10余项社会治理智能化建设项目。创新"公共安全＋AIoT"（人工智能/物联网），从提升能力、人才培养、技术研发三个维度赋能智慧城市安全。"360合川"运营模式获评中国智慧城市安全运营中心最佳实践案例（全国仅2个），现已被推广至上海、天津等多个城市。

（四）强化系统集成，试点工作亮点纷呈

（1）全面完成三级综治中心实体化运行。合川区加快推进自主创新，全覆盖建成区（1个）、镇（街道）（30个）、村（社区）（419个）三级综治中心450个，联网运行，上下联动，实现实时可视化调度。把综治中心建成服务群众的窗口、治理社会的平台、保障平安的枢纽，一方面，优化明晰职能职责：区级综治中心重在培训指导、统筹协调、分析研判、预防预警；镇（街道）综治中心重在矛盾化解、协调配合、上下联动、具体处置；村（社区）综治中心重在情况收集、政策咨询解读、群众服务。另一方面，强化联动融合，打通关键环节，整合资源力量，有效形成"统一指挥、协调联动、

---

① 2022年合川区政府工作报告。

即时响应、有效处置、精准考评"实战化体系。

（2）率先建成社会力量参与社会治理的共治中心平台。按照"党建统领、政府兴办、专业运营、部门参与、社会协同、群众受益"工作思路，创新建立2000余平方米的社会治理共治中心，实现社会组织孵化、社工志愿者实践、市民参与社会治理、企业服务社会、群团组织联络的全方位策动、全链条融合、全覆盖服务。按照"摸清需求、集约资源、策划项目、打造品牌、展示成效"五步策略，有效策动区内工青妇等群团组织、571家社会组织、300余家爱心企业、1万余名社工志愿者等力量有序参与社会治理，推动实现治理主体多元化、治理手法多样化、治理内容丰富化，社会治理秩序与活力融合共生。

（3）做实做细基层治理网格化管理。一是强力量。2022年，为全区所有社区新招录100名社区专职网格员，专业从事网格工作。二是划网格。规范建立"四全"网格管理（全域、全员、全科、全程）2353个，推进党建网格、治理网格"双网融合"，同步建设线上网格，聚合资源力量向网格延伸。三是明职责。建立网格事务清单及准入退出机制，明确服务事项七大类35项，强化网格员基础信息采集、社情民意收集、风险隐患排查、矛盾纠纷调处等基本职责。四是提能力。开办网格学苑，累计培训7000余人次，深入开展网格工作大练兵大比武活动，持续开展优秀网格员评选活动，不断提升网格员能力水平。①

（4）创新运用信访工作"五化"工作法。维护社会和谐稳定，重在妥善处理社会矛盾。现阶段我国处于社会矛盾凸显期，社会矛盾错综复杂，最主要的就是社会利益矛盾错综复杂。因此，维护社会和谐稳定，重在妥善处理社会矛盾。"遇到关系复杂、牵涉面广、矛盾突出的改革，要及时深入了解群众实际生活情况怎么样，群众诉求是什么，改革能给群众带来的利益有多少，从人民利益出发谋划思路、制定举措、推进落实。"因此，要增强发展

---

① 2022年合川区政府工作报告。

的全面性、协调性、可持续性，积极推动解决人民群众的基本民生问题，不断打牢和巩固社会和谐稳定的物质基础，从源头上预防和减少社会矛盾的产生。对初信初访且有合理诉求的，限时消化；对有合理诉求但涉法涉诉的，引导向司法渠道转化；对涉众且诉求多元的，快速区分人员和诉求，进行分化；对不符合政策法规的诉求，通过做思想工作，解决实际困难进行软化；对无理取闹、恶意缠访、寻衅滋事的坚决打击，证据及时固化，推动矛盾纠纷源头治理，着力控增量、减存量、防变量，全区初次信访事项化解率达90%以上。

（5）健全完善大调解工作体系。坚持活力和秩序的统一，一方面，要把群众合理合法的利益诉求解决好；因此，"要把群众合理合法的利益诉求解决好，完善对维护群众切身利益具有重大作用的制度，强化法律在化解矛盾中的权威地位，使群众由衷感到权益受到了公平对待、利益得到了有效维护"。另一方面，"要处理好活力和秩序的关系"，既不能管得太死、一潭死水，也不能管得太松、暗流涌动。要充分调动一切积极因素，发动全社会一起来做好维护社会稳定工作，使社会既生机勃勃又井然有序。坚持和发展新时代"枫桥经验"合川实践，构建以区大调解中心为中枢，横向以"五调"（诉调、检调、警调、访调、仲调）联动为重点，纵向以区级部门、镇（街道）、村（社区）三个层面为基础的"一心多点三层面"的大调解工作体系。推进诉调、检调、警调、访调、仲调对接平台建设，实现调解、诉讼、仲裁、公证等调解方式无缝衔接，各级调解组织年均化解纠纷1.5万余件，成功率达99%以上。建强用好区、镇（街道）、村（社区）三级调解专业人士队伍，推动矛盾风险化解在基层、消除在萌芽。

四、县域社会治理现代化新模式

总体来看，合川区社会治理现代化工作全面系统，基础比较扎实，典型经验较为突出，无负面清单事项。同时也存在基层社会治理基础薄弱、参与度不够、智能化程度不高等问题。推进新形势下县域社会治理现代化工作，需要进一步聚焦"政治更加安全、社会更加安定、人民更加安宁、网络更加清朗、治理更加高效"五个工作目标，以加快完善平安建设工作"八大体系"、健全平安风险闭环管控"七项机制"为抓手，健全完善系统治理、综合治理、依法治理、源头治理、专项治理风险闭环管控机制，着眼长效常治，抓好试点验收和示范带动的衔接，巩固试点工作成果，固化、推广创新经验，推动县域社会治理工作不断向纵深发展，以高效能治理护航中国式现代化建设。通过近几年的实践探索，我们对推进新形势下基层社会治理工作，有了更深的认识和体会。

（一）新形势下的基层社会治理，必须坚持党的领导

党的组织建设是基层社会治理的"龙头"与核心。只有充分发挥基层党组织的作用，社会治理重心才能有效下移，社会治理重心下移到哪里，党的基层组织就应建设到哪里。加强基层党组织建设，充分发挥其优势，对村（社区）资源进行系统挖掘与整合，有助于调动党员的积极性、主动性、创造性，充分发挥他们在工作、学习和社会生活中的先锋模范作用；有助于密切联系群众，及时向党组织反映基层群众的民生诉求，维护基层社会和谐稳定。合川区在创新社会治理中，把党的领导放在首位，以党的建设贯穿基层治理、保障基层治理、引领基层治理，充分发挥了党组织在城市基层治理中的领导核心作用。

（二）新形势下的县域社会治理，必须坚持各方联动

社会治理新格局是一项系统性联动工程。建设共建共治共享的社会治理新格局，需要从多个方面、多个角度采取措施，综合施策，形成合力，才能达到事半功倍的效果。随着人们物质文化生活水平的提高，利益诉求也更加多元，以往政府大包大揽的做法已很难兼顾各方需求，"做好事落埋怨"的情况时有出现，社会治理仅靠基层党委政府和党员干部的力量是远远不够的。

一条很好的解决办法，那就是"大家的事由大家商量着办"。转变政府包办一切的思维方式，以更充沛的智慧，调动方方面面的力量，共同想办法、作决策、办实事，是社会治理创新的一个重要途径。合川区在创新社会治理中，充分凝聚政府、市场、社会等各种主体的治理合力，鼓励和支持各社会主体参与社会治理，寻求社会意愿和诉求的最大公约数，实现了政府治理和社会自我调节、居民自治良性互动。

（三）新形势下的基层社会治理，必须坚持以人为本

加强和创新社会治理的核心是人。社会是由人构成的，错综复杂的社会关系都是人与人之间的关系构成的。人与人之间的关系理顺了、和谐了，社会才能安定有序，才能和谐稳定。因此，社会治理要紧紧抓住人这个核心。人民是社会治理的基础，社会是由人民组成的，社会治理本质上需要人民的共同参与。这就意味着社会治理必然以人民的利益为旨归，维护和增长人民利益是社会治理的最高追求。获得感、幸福感和安全感是对人民利益的高度概括和集中表述，更充实、更有保障、更持久地满足人民获得感、幸福感和安全感是社会治理的公共利益最大化本质所决定的。合川区践行以人民为中心的发展思想，回应群众期待，发挥群众主体作用，创新社区治理体制和方式，推动从"管理"到"治理"的根本转变，确保百姓安居乐业、社会和谐稳定。

五、结论

个案研究未必能够准确地揭示普遍性，但县域社会治理现代化作为中国社会治理的微缩，个案的剖析无疑有助于对整体的诠释。随着社会治理体系和治理能力现代化进程的进一步加快，党建工作重心下沉，工作的关键已经逐步转移到村居两级，党建引领下的多主体协同治理体系优势越来越明显。当前，县域社会治理面临许多新问题和新情况，基层党建引领工作是否有效

地开展，对城乡的管理、区域内的治理和城乡一体化的进程都会有深刻的影响。合川区社会治理模式作为一种新的县域社会治理现代化模式，具有以下特点：以党建引领为突破口，全面统筹推进社会治理水平；以三级综治中心为平台，提升社会治理效能化；以网格化治理为抓手，提升社会治理精细化；以大数据智能化为支撑，提升社会治理精准化；以大调解体系为机制，确保矛盾纠纷不化解不落地；以社会协同为载体，实现社会治理共治共享。最后指出新形势下的基层社会治理，必须坚持党的领导，坚持各方联动，坚持以人为本；整合力量，构建组织体系促"共建"，找准路径，构建联动体系促"共治"，解决难题，构建服务体系促"共享"；在一定程度上推动了县域治理现代化新格局的形成与完善。

合川区社会治理现代化模式其积累的先进经验是我国基层社会治理摸索过程中宝贵的政治财富，但正如我们所看见的一样，基层党组织的重要性对于执政党和城乡统筹一体化来说都不言而喻，但是县域社会治理现代化工作的实践探索才刚刚开始，作为县域社会治理现代化新兴领域，必定是一个包含众多社会子系统的复杂过程，从理论、制度和实践上学懂弄通做实，不断提升推进新时代县域社会治理的政治站位、思想认识和行动自觉。要从总体的角度去深度把握，对牵涉各个层面方方面面的现实问题，有时需要通过许多新的角度和创新原有传统的工作方法去进行认识和把握，在抓牢"大党建"的定位意识基础上，尽可能地扩大党的覆盖面和外围组织，实现各主体之间需耦合互动、互补互促，方可成为保障城乡社会治理目标实现之合力。然而不管怎样，将合川区社会治理现代化模式累积的经验以及存在的问题进行总结分析，可以给我国其他正处在城乡统筹一体化转型进程中的县域社会治理现代化工作给予一定的参考和指导价值。

（本专题执笔人：来玉伍，合川区法学会秘书长；张昕，上海兰迪（重庆）律师事务所市场部经理。）

后　　记

为了持续深入推进成渝地区双城经济圈建设的研究，在四川省社科联、重庆市社科联、成都市社科联的大力支持和指导下，由西南财经大学、重庆工商大学、成都大学三所高校牵头，组成了"《成渝地区双城经济圈发展研究报告》编委会"（以下简称"编委会"）。在编委会的领导下，组成了《成渝地区双城经济圈发展研究报告（2023—2024）》编写小组（以下简称"编写小组"），编写小组在成渝地区双城经济圈开展了大量深入的调查研究。在此基础上，完成了编撰工作。

《成渝地区双城经济圈发展研究报告（2023—2024）》的第一章由成都大学何悦执笔，第二章由重庆工商大学胡歆韵执笔，第三章由重庆工商大学梁甄桥执笔；第二篇由重庆工商大学熊兴、黄潇、宋瑛执笔；第三篇主要来源于第二届成渝地区双城经济圈发展论坛的优秀征文，各章节的执笔人均在报告相应位置进行了标注，在此不再赘述。全书由杨继瑞、黄潇、马胜、宋瑛、熊兴修改、统稿。

《成渝地区双城经济圈发展研究报告（2023—2024）》在编写和出版过程中，得到了中共四川省委党校、四川省社科院、成都市社科院、四川大学、电子科技大学、西南财经大学、西南交通大学、成都大学、成都师范学院；中共重庆市委党校、重庆市社科院、重庆大学、西南大学、西南政法大学、重庆理工大学、重庆工商大学、长江师范学院等"成渝地区双城经济圈智库联盟"主席团成员单位的大力支持。本书第三篇"成渝地区双城经济圈的专题研究及建议"组稿，得到了相关作者的授权与支持。本书第二篇的数据采集得到了重庆艾思亿德科技有限公司（艾思产业研究院）的大力支持。在此，编委会向各单位及个人表示诚挚的谢意！

《成渝地区双城经济圈发展研究报告（2023—2024）》在编写和出版过程中，充分听取和吸收了从事成渝地区双城经济圈研究的成渝地区知名专家学者的真知灼见。他们是（以姓氏笔画为序）：丁任重、王川、王冲、王擎、王崇举、毛中根、文传浩、尹庆双、汤继强、杜伟、李好、李后强、李萍、李敬、杨文举、陈光、陈滔、易小光、周兵、黄进、周铭山、徐承红、盛毅、阎星、盖凯程、蒋永穆、黄大勇、唐旺虎、廖元和、熊平、戴宾等。还有不少专家为本书的编写和出版提出了宝贵的意见和建议。在此，编委会向各位专家学者表示衷心的感谢！

由于编写小组水平有限，存在挂一漏万和若干不足之处。还请专家学者以及各位读者批评指正。我们将在此基础上不断改进，持续做好后续年度的《成渝地区双城经济圈发展研究报告》的编撰工作。

《成渝地区双城经济圈发展研究报告》编委会
2024 年 8 月